中國和日本

本書對中日之間長達十五個世紀、深刻而複雜的關係作了精闢論述，堪稱非凡之作。而這段歷史，一直讓中日兩國的學者都深感難以明斷。傅高義作為一位對中日兩國都有濃厚感情、並能提供理性的「旁觀者」視角的外國學者，我想不到會有第二個人能比他寫得更精彩，更能精準地理解這兩個歷史悠久並懷有深刻歷史關懷的國家。所有關心東亞地區未來的讀者，都不應錯過該書。

——王賡武
香港大學前校長、新加坡國立大學特級教授

傅高義先生是久享盛譽的中國與日本研究的社會學家，《中國和日本》則是他第一次把中日兩國作為合一研究對象的新著。八十九歲的傅高義，以中日兩國朋友的身份，以抱同情態度的旁觀者的身份，期待兩國面對歷史，以同理心尋求互解互諒，開啟一個和平、發展的歷史交流的新起點。這是一本充滿「善意」與「智慧」的好書，我鄭重推薦給對中日關係存有良好願望的讀者朋友。

——金耀基
香港中文大學前校長、社會學榮休講座教授

這是一本由一位美國當代偉大的亞洲問題專家撰寫的精彩著作。它的重要性在於警示本書的廣大讀者中日關係是如何複雜和關鍵。只要理解了中日兩國之間漫長、複雜並且經常充滿火藥味的歷史，任何認為中日關係發展易如反掌並且一帆風順的想法都將會被打消。

——凱利·布朗（Kerry Brown）
倫敦國王學院中國研究教授、劉鳴煒中國研究院主任

一千五百年來，中日輪流成為亞洲最具影響力的強國。儘管兩國常有分歧，卻塑造了對方的命運。傅高義追蹤了這個歷史過程的細節。

——《紐約書評》

這必將成為一本必讀書。通過廣泛研究中日社會，傅高義呼籲兩國減少敵意，加深相互理解。本書展現了作者一生在英文、中文和日文資料上下的深厚功夫，他也是碩果僅存的一位既可以與中日兩國領導人，又能與街頭百姓平等交流的思想家。

—— 杜登（Alexis Dudden）
康涅狄格大學歷史系教授

傅高義的這本《中國和日本》，其價值遠遠超越了學術界。這本權威論著基於他超過半個世紀的研究，追溯了中日兩國間源遠流長的交流史，秉筆直書，毫無偏袒，並涵蓋兩國社會、政治、經濟和文化上的廣泛聯結。一般讀者和學者都可通過閱讀這段非凡的中日邦交史獲益良多。

—— 傅佛果（Joshua A. Fogel）
加拿大約克大學歷史系教授

幾十年對此專題的深入研究使作者揮灑自如，對中日這兩個東亞主要國家一千五百年的歷史娓娓道來，呈現出兩國影響力和勢力此消彼長的恢宏圖景。

—— 芮納・米德（Rana Mitter）
牛津大學現代中國歷史及政治教授

基於其對中日兩國語言、文化和社會的深厚知識，以及作為少數在中日均曾出版開創性暢銷書的學者，傅高義是寫作本書的不二人選。

—— 謝德華（Edward S. Steinfeld）
布朗大學政治學系院長教授、沃森國際公共事務學院院長

全面而引人入勝的敘述……本書研究博通、書寫精簡，及時提醒我們公眾認知是如何被政治謀略塑造的，以及新一代領導人和宣傳機器如何抹去現存的善意。

——《日本時報》

中國和日本
1500年的交流史

傅高義（EZRA F. VOGEL）著

毛升 譯

香港中文大學出版社編輯部 譯校

香港中文大學出版社

《中國和日本：1500年的交流史》

傅高義　著

毛　升　譯

香港中文大學出版社編輯部　譯校

© 香港中文大學 2019

本書版權為香港中文大學所有。除獲香港中文大學
書面允許外，不得在任何地區，以任何方式，任何
文字翻印、仿製或轉載本書文字或圖表。

國際統一書號 (ISBN)：978-988-237-117-0（精裝）
　　　　　　　　　　　978-988-237-115-6（平裝）

出版：香港中文大學出版社

　　　香港 新界 沙田 · 香港中文大學

　　　傳真：+852 2603 7355

　　　電郵：cup@cuhk.edu.hk

　　　網址：cup.cuhk.edu.hk

China and Japan: Facing History (in Chinese)

　　By Ezra F. Vogel

　　Translated by Sheng Mao

　　Edited by Editorial Division, The Chinese University of Hong Kong Press

English Edition © Ezra F. Vogel 2019
Chinese Edition © The Chinese University of Hong Kong 2019
All Rights Reserved.

ISBN: 978-988-237-117-0 (Hardcover)
　　　978-988-237-115-6 (Paperback)

Published by　The Chinese University of Hong Kong Press
　　　　　　　The Chinese University of Hong Kong
　　　　　　　Sha Tin, N.T., Hong Kong
　　　　　　　Fax: +852 2603 7355
　　　　　　　Email: cup@cuhk.edu.hk
　　　　　　　Website: cup.cuhk.edu.hk

Printed in Hong Kong

目 錄

中文版序

　　我自小就認識到戰爭的嚴重性。我的父親是猶太人，他從波蘭來到美國。而他的兩個姐姐與丈夫和孩子留在波蘭，最後都死在納粹的集中營裏。當1945年二戰接近尾聲時，我十五歲，那時我們學校的初中和高中部在同一幢樓裏。比我高三個年級和更大的男生幾乎全去了戰場，他們中的大部分人我都認識。那時美國剛開始有電視機，但獲取新聞主要還是靠收音機。我們每天收聽新聞，希望聽到勝利的消息。家中有兒子上戰場的鄰居，都在窗口掛上小旗，一顆星星代表一個正在服役的孩子。和鄰居一樣，我們都期盼着他們能平安歸來。我們中學有好幾位學生死於抗擊日本的太平洋戰爭。

　　戰爭結束後，我們都深信全世界必須聯合起來，避免再次發生戰爭。戰後不久，我上了大學，同學中就有參加過二戰的退伍軍人。有大學老師教導我們，為了防止戰爭，我們需要更多地了解其他國家，學會跟它們合作。戰後，我所在的學校及其他大學，都增開了有關外國的課程。這樣做不只有利於外國，美國也能受益。我們認識到，為了讓美國人生活在和平中，就要跟世界上其他國家保持更好的關係。

　　二十一歲時，我和男同學們都被徵召入伍，準備前往朝鮮打仗。我接受了為期四個月的作戰訓練。有些共同受訓的朋友戰死在朝鮮，

而我幸運地被派到美國的一所軍隊醫院，服務軍隊裏的精神病人。因為覺得這份工作非常有意思，戰爭結束，退了伍，我決定攻讀社會學和精神病理學的博士學位。

我始終記得二戰即將結束時得到的教訓，那就是美國人要生活在和平中，就需要跟世界上其他國家和平相處，這就需要對其他國家的人有更深入的了解。我快寫完博士論文的時候，哈佛大學的佛洛倫斯・克拉克洪 (Florence Kluckhohn) 教授對我說，你的見識還不夠，因為你從沒出過國。她告訴我，想對我們自己的社會有深入的理解，就要出國去感受文化差異。她建議我去日本，並幫我申請到為期兩年的博士後獎學金，第一年學語言，第二年訪問日本家庭。我將此視為一個了解外國人的機會，馬上就同意了。

讀研究生時，教授們都鼓勵我們將深度訪問作為了解其他文化的方法。要真正了解某種文化，我們必須真正熟悉為該文化所化之人，並像他們那樣去看世界。這也是一個交朋友的方法，無論是對個人，還是對研究而言，都是值得的。此後，我一直在用深度訪問的方法。我在 1958 至 1960 年間認識的日本人中，不少已經離世。我跟那些在世的人仍保持聯繫，當我去日本時，也會去見他們的孩子。為了了解日本社會的變化和保持友誼，我每年都去日本，這有助於我理解究竟日本人自己如何看待他們的社會。此外，有很多日本人來哈佛讀書。我教過不少優秀的日本學生，並跟其中的大部分人成為好友。我是他們的老師，但也從他們那裏學到很多。有些學生已在日本擔任重要職務，我一直從他們那裏學到東西。我相信，這些友誼使我能更深地理解日本。

另一位對我的思想產生影響的教授是塔爾科特・帕森斯 (Talcott Parsons)。他認為，要理解另一個社會，必須了解該社會的所有主要方面，包括政治結構、經濟制度、社會組織，以及來自歷史的核心價值觀。我仍然相信努力了解一個社會各種不同方面的重要性，在研究

日本時，我盡力去了解日本社會的各個主要面向，並將獲得的總體性
認知和我所認識的日本人的看法結合起來。

1960 年，我從日本回到美國。在和一位從前的老師談論未來規劃
時，他問道，「你去研究中國如何？」我之前從未想過這個問題。他解
釋說，令任何想與「紅色中國」沾邊的人恐懼的麥卡錫時代正在終結，
好幾所重點大學正準備加強對現代中國的研究。在麥卡錫時代，哈佛
曾開設一些中國歷史、文化、語言的課程，但因為怕遭到強烈的公眾
反對，沒有開設有關現代中國社會、經濟、政治、人類學或法學的課
程。1960 年代初，負責挑選新教員的哈佛資深教授們認為，那時美國
的資深學者中無人具備足夠的學識，可以勝任這些學術領域的教授職
位。因此，裴澤 (John Pelzel) 和費正清 (John Fairbank) 等決定挑選一
些擁有博士學位、有興趣研究中國的年輕人，讓他們將關於中國的知
識與自己學科的特殊方法相結合。如果這些年輕人能勝任，或許就可
以保住教職。我說，如能允許我繼續從事日本社會的研究，我對這個
工作有興趣。就在我與裴澤談話的那天，他給費正清打電話，告訴他
我的學術興趣和研究背景。在四十八小時內，我得到了為期三年的博
士後資助，用於學習中國語言、歷史和經濟，為研究中國社會做準
備。如果我的表現令人滿意的話，就可以在哈佛教授相關課程。兩年
後，我去香港待了一年，訪問曾生活在中國大陸或常去大陸的人。從
香港回美後三年，我完成了書稿《共產主義下的廣州：一個省會的規
劃與政治 (1949–1968)》(*Canton under Communism: Programs and Politics
in a Provincial Capital, 1949–1968*)。幾個月內，教授們通讀了書稿，參
加了一些我按要求做的講座。1967 年，我被哈佛大學授予教研中國社
會的終身教職。

我在哈佛的工作是幫助學生理解中國社會。我第一次獲得前往中
國的簽證是在 1973 年春，作為一個科學家代表團的成員，在中國待
了三個星期。訪問的一項內容是會見周恩來、喬冠華、周培源、郭沫

若和費孝通等人。1967年春，我在哈佛首次講授關於中國社會的課程。1980年，我在廣州的中山大學待了兩個月，這也是我首次能在中國某個地方待久一點。我開始與中山大學的學者們交朋友。

　　1980年代初期，我所在的麻薩諸塞州與廣東省結好。因為曾以香港為基地研究廣東，並寫了一本關於廣東的書，我被選為麻州委員會成員，接待來自廣東省的官員。又因為我能說一些中文且去過廣東，當廣東的官員訪問麻州時，我協助陪同工作，並與他們成了朋友，包括省長梁靈光、省經濟委員會主任張高麗以及副主任楊邁。一些官員知道我寫了《日本第一》，該書在美國和日本大賣。他們認為，如果我能去廣東待幾個月，寫一本關於廣東的書，外國人就可以獲得更多信息，更願意來廣東投資。當時，他們非常希望獲得更多外資。1987年，我作為廣東省經濟委員會的客人，受邀前往廣東七個月。我感到很幸運，有這樣一個在廣東交朋友的好機會。派來陪我的年輕幹部竇新元成了我的好友，從1986年開始一直跟我合作，直到不幸於2018年因心臟病去世。我從竇新元那裏受益良多。在廣東時，我得以觀察該省各地，看到有些貧窮地區的小孩瘦骨嶙峋、衣不蔽體。那時改革開放剛開始，我已經能見到改革政策的成果。回美後，我寫了一本研究廣東省的書，叫《先行一步：改革下的廣東》（*One Step Ahead in China: Guangdong under Reform*）。此後的從教生涯中，我認識了多位中國學生，我把他們中的大部分人視為朋友。我還與一些學生保持聯繫，並繼續從他們那裏學到有關中國的知識。

　　2000年從哈佛退休時，我感到作為一名學者最重要的責任，是幫助美國人理解中國，正如在1970年代，我認為需要讓美國人更好地理解正在成為競爭對手的日本。我相信中國最重要的事情就是改革開放，因此花了十年時間研究和寫出了《鄧小平時代》（*Deng Xiaoping and the Transformation of China*）。

　　2010至2011年間，在即將完成《鄧小平時代》一書時，我開始極度擔心中日關係。之前我一直認為，作為哈佛學者，我的主要責任是幫助美國人理解中國和日本各自的發展情況。但到2010–2011年，當發現中日關係變得如此糟糕和危險後，我認為自己應該幫助兩國改善關係。我知道兩國間存在一些基於歷史的嚴重問題。我有很多日本朋友，我希望日本成功。我也有很多中國朋友，我希望中國成功。如果兩國可以改善關係，對兩國人民都有好處。

　　我相信自己可以在改善中日關係方面扮演一個特殊的角色，因此也有了一種特殊的責任感。我是唯一的外國人，既寫了一本關於日本的書（《日本第一》），在日本成為暢銷書，也寫了一本關於中國的書（《鄧小平時代》），在中國也成為暢銷書。我認為，如果自己能寫一本關於中日歷史的書，也許在兩國都會有些讀者。一些中日專家對兩國關係史的了解比我多得多，但我希望我這樣一個旁觀者，對中日關係進行的客觀理解，能對改善關係有所貢獻。在接下來的七年裏，我閱讀了能看到的所有相關書籍，學到了很多知識。我確實希望這本根據個人所學寫成的書，既能幫助中日更好地理解彼此，也能幫助西方更好地理解這兩個國家的關係。

　　我還不至於天真到相信只要中日人民互相理解，兩國關係就能自動得到改善。美國曾發生過內戰，彼此非常了解的南方和北方兵戈相向；在日本，擁有相同文化背景的群體間也曾發生內戰；中國也不例外。但我深信，理解歷史、直面歷史，對那些願意改善關係的兩國領導人是有用的——他們可以善用共同的文化遺產，一起來解決問題。特別是對中國人來說，歷史問題在處理對日關係方面尤其重要。

　　現在的中美關係如此緊張，我認為日本可以對溝通中美關係起一點作用，中日關係的改善也有助於減少中美之間的誤解。毋庸贅言，今天的中日關係比七年前我開始研究這個問題時有了很大改善，令我很欣慰。但兩國仍存在一些嚴重問題，希望他們可以找到更多符合雙

方利益的合作方式，繼續改善關係。我希望自己作為學者所做的努力，對那些希望為改善關係做出貢獻的兩國領導人有所助益。

在本書中，我努力呈現中日雙方的觀點和立場，並力求準確。希望中文讀者發現書中關於中國的表述大體準確，也希望本書對日本角度的表述，能幫助他們理解日本人的想法，更好地與日本人打交道。

在1980年代，我在香港中文大學做了幾個月的訪問學者，期間認識了很多中大的教授，以及大學出版社的工作人員。2010年《鄧小平時代》即將殺青時，為了出版中文版，我聯繫了香港中文大學出版社，他們給我留下了非常深刻的印象：其領導層具有全球出版人的寬廣視野，對中文出版業瞭如指掌，工作人員極富專業素養。因為出版《鄧小平時代》時的合作極其愉快，我對出版本書的中文版自然也不作他想，直接聯繫了甘琦社長。

在我長達六十年的著述生涯中，曾有過很多優秀的同事，擔任我的研究助理和編輯。但從來沒有哪一位合作者比香港中文大學出版社的編輯葉敏磊女士，在史實核對上做得更多、更認真、更專業。她和本書譯者毛升、特約編輯林少予先生一起，不辭辛勞地工作了八個多月，對譯本進行逐行譯校、核對史實、查找引文出處，並邀請多位專家校讀譯稿。我很感激他們的付出，讀者也一定能從他們的努力中受益。在此我特別致謝香港中文大學出版社優秀的編輯團隊，這是一支夢之隊。和《鄧小平時代》一樣，在甘琦和林穎的出色領導下，他們盡心盡責地工作，使譯本更準確，更富學術價值。

傅高義

2019年9月

譯者序

　　我還在美國賓夕法尼亞大學歷史系讀博士的時候，曾聽過傅高義教授來我校作的一次演講。那是在2012年的2月，《鄧小平時代》（*Deng Xiaoping and the Transformation of China*）在哈佛大學出版社出版不久，他演講的題目就是書名。當晚，我們研究東亞的研究生和訪問學者接到通知，明天早上傅高義教授願意抽時間與我們見面。當時中日關係因尖閣諸島／釣魚島爭議正劍拔弩張，席間一位來自日本的訪問學者向傅高義提出，中國的崛起是東亞的威脅，日美應該聯合起來，對抗中國。因為話題涉及中日衝突，講者又語帶激憤，會議室的氣氛有點尷尬。傅高義馬上轉移了話題，臉上似乎還有一絲慍色。我一直記得他當時的表情，也很好奇他對中日關係究竟持何種看法，直到翻譯完這本2019年哈佛大學出版社出版的新作 *China and Japan: Facing History*，才明白他何以如此反應。

　　《中國和日本》是一本充滿善意之書。一位自認是中日兩國共同的朋友的美國人，痛心於兩國之間不斷激化的矛盾，希望能化解彼此的誤會與敵意。為此，他花了七年時間，參考了無數資料，寫了這本書。今天，倡導中日和解的人不在少數，但和解的基礎不應是忘記歷史，或對過去諱莫如深，而是要用新的、建設性的視角看待中日之間的歷史。傅高義教授的著作就是一個重要的嘗試。

　　本書將中日關係放入一千五百年的長時段中審視。全書共十二章，從593年推古天皇執掌大和政權，開始引入中國文明講起，一直講到當下的中日關係。在今天這個強調分科治學，鼓勵做窄而深學問的時代，要講述這麼長時段的歷史，對任何學者來說都是一個挑戰，傅高義教授也不例外。儘管他是少數精通中文和日語，對中日皆有深入研究，並出版過《日本第一》和《鄧小平時代》等重要著作的學者，仍然需要研讀大量他人的研究。全書筆墨主要落在近現代中日關係，但當傅高義給了我們一個長達一千五百年的視野時，讀者可以發現，在絕大部份時間，和平與合作是中日關係的主流。無論中日之間的戰爭如何殘酷，在一千多年裏，那只是一瞬，並不足以定義兩國關係的歷史。

　　中日之間的交流才是一千五百年兩國關係的主流。國家之間，尤其是鄰國之間的關係，往往錯綜複雜，恩怨情仇，不知從何說起。歷史學家在書寫歷史時，該強調什麼？傅高義用主要的篇幅，強調了中日之間深入地互相學習的三個時期：從600年到838年，日本學習中國文明；從1895年至1937年，中國學習日本西化的經驗；從1978年至1992年，中國獲得日本的技術支持和經濟援助，發展經濟。如果中日關係的主軸是深入地互相學習，那麼兩國關係史就不是一部「恨史」，而是互利、互惠、互幫、互助的交流史。正因為這些深入的交流，中日之間共享某些文化和歷史，這一特質也使得兩國人民更容易產生親近感，甚至有惺惺相惜之情。傅高義指出，這種感情是西方人無論與中國人還是日本人交往時，都是很難產生的。顯然，本書意在強調，看待中日關係，應多強調彼此的共同之處，而不是分歧。中日歷史上因共享所產生的親近感，是中日友好的基石。

　　本書突出歷史偶然性（historical contingency）。中日和解無法跨越的一個障礙，就是日本發動的侵華戰爭。那麼，日本如何走上了戰爭之路？很多中國人相信，日本人侵略中國蓄謀已久，有着周密的計

劃，並一步步加以實施。有的甚至認為，日本人頻頻鞠躬的文明舉止背後，其實隱藏着邪惡的天性。在明代，日本人就曾做「倭寇」，燒殺搶掠，攪得中國的沿海不得安寧。倭寇畢竟是倭寇，即使到了二十世紀，仍難移嗜血的本性，發動侵略自然也不意外。傅高義卻強調，日本侵華，既不是日本人的本性使然，亦沒有一個精心設計的計劃，只是一段偶然的歷史。明治天皇去世後，曾將中日兩國結合在一起的各種體制發生了根本的變化，兩國都無法重建一個有效而穩定的政治制度。當中國出現軍閥割據時，日本的政治權力亦為軍人所竊取。日本政府無能，軍人不服東京管制，越來越肆無忌憚。而到了1931年末，日本民眾的反華情緒也已經異常激烈，即使關東軍佔領滿洲這一明顯的軍事獨斷，民眾也樂見其成，還繼續予以支持。政治上的失序、軍人的不服從，以及民眾的非理性，再加上日方嚴重低估了中國人抵抗的決心，最後導致日本走上了萬劫不復的戰爭之路。當我們將中日戰爭這一事件「本質化」(essentialization)，將其看成歷史的「必然」，並相信這就是日本人的「本性」使然，那麼不僅戰爭無法避免，仇恨也無法化解。歷史偶然性則強調「機會」(chance)、「變化」(change)與「非必要性」(unnecessity)，戰爭只是一次各種因素機緣巧合所產生的意外，事先沒有計劃，並不必然會發生，也未嘗不能避免。戰爭中日軍的暴行，與其歸結為他們的本性邪惡，不如說他們當時面臨着一個別無選擇的困境。

除了視角上富有新意，本書還博採英文、中文、日文學界有關的研究，並努力讓各種不同的聲音都能夠進入中日關係的歷史論述。對中文讀者來說，這是一個很好的了解非中國人，尤其是日本人，對於中日關係史的看法的一個機會。除了開闊眼界，或許亦能產生「了解之同情」。傅高義認為，今天中日關係已經進入了「新時代」，從近代以來主要由日本主導，變成了由已是世界第二大經濟體的中國主導。中日之間的權勢發生轉移後，該如何相處？有西方學者將今日中日之

間的糾葛，形象地概括為兩個詞，即「對不起」和「謝謝你」。中國總
是指責日本，「對不起」説得太少，也説得不夠真誠。而日本則認為，
自改革開放以來，中國從日本獲得了大量的經濟援助，才有了之後的
經濟奇蹟，卻從來沒有充分表達過感激之情，不肯説聲「謝謝你」。既
然中日之間的矛盾根植於對歷史問題的認識，傅高義對中日一千五百
年關係史的新論述，也許可以促進和解，互相尊重，從今天兩國的
「政冷經熱」過渡到「政暖經熱」。

　　本書雖為紮實的學術著作，目標讀者並非專家，而是對中日關係
有興趣的普通讀者。作者在寫作時，亦為此目的用心加以安排，如不
用術語，不引理論，多講故事，少用註釋，並詳述了當下中日之間的
重要議題，以增加現實感。因此，在翻譯的過程中，我盡量保留英文
原書的特色，使中文版的文字清通可讀，並力求在史實上更加準確。

毛升

2019 年 8 月於香港

前 言

　　如果説作為世界第一與第二大經濟體的美國與中國之間的關係是最重要的國家關係，毫無疑問，第二重要的應該就是即將成為世界第一大經濟體的中國與其鄰國 —— 世界第三大經濟體的日本 —— 之間的關係。中國最大的貿易夥伴是美國，第二大貿易夥伴是日本，而日本最大的貿易夥伴則是中國。

　　中日關係可謂緊張、危險、深厚、複雜。在日本稱為尖閣諸島、中國稱為釣魚島的地方，兩國的船艦與飛機互相對峙。該島現由日方管轄，但中方也宣稱對該群島擁有主權，雙方隨時可能爆發衝突。民意調查顯示，經過2010年與2012年兩次衝突，如今對日本有好感的中國人不到10%，日本人中對中國有好感的也低於10%。中國反日情緒之高，政府可輕而易舉地動員民眾加入反日遊行。最近幾年發生的事情足以證明，一旦受到媒體反日情緒的煽動，民眾甚至會向日本大使館和日本商舖投擲石塊。如今，來中國的日本遊客減少了，一些在中國生活、工作的日本人有時都不敢透露自己的國籍。

　　中日如果處理不好兩國關係，將會導致嚴重的後果。比如，兩國軍費都將大幅提高，涉及雙邊、地區性以及全球性議題的合作關係將會惡化，甚至陷入對抗。如果處理得好，兩國就能在多個方面實現合作，比如維持國際秩序，以及支持旨在推動貿易、基建、科研、維和與救災等方面的區域性組織。

　　兩國領導人都聲明，為了改善關係，對方必須正視歷史。中日關係的歷史比世界上任何國家之間的關係都悠久：長達一千五百年。考慮到中日兩國人民對歷史有着複雜難解的感情糾葛，如果不先討論歷史，則無法使他們對中日關係有一個公允的評判。

　　中日兩國學者對本國歷史了解之深，是我們外國人不可企及的。不幸的是，當兩國的學者聚在一起試圖解決彼此的分歧時，結果卻往往是針鋒相對，無法在重大問題上達成共識。外人則可以相對客觀公允地研究中日之間的歷史，倒是有可能促進中日雙方的互相理解。中國有句俗話，「旁觀者清」，日語中也納入了這一俗諺。

　　我把自己看成中日兩國共同的朋友。半個多世紀以來，我一向以對兩國都抱同情態度的旁觀者的身份研究兩國歷史，我希望這兩個國家都能成功。因此，在本書中，我試圖盡自己最大的努力為中日關係史提供一個客觀的解讀，以改善兩國關係。我要做的就是實事求是，決不歪曲歷史、在中日之間拉偏架，也不偏向我自己的國家——美國。

　　在我的整個職業生涯中，我一直希望將自己關於中國與日本的研究成果與有意了解這兩個國家的美國及其他西方國家的讀者分享，我將此視為自己的使命。在寫這本書的過程中，我總在考慮如何使該書的讀者不只包括西方人，也包括中國和日本讀者。我明白，很多不喜歡對方國家的中國人或日本人不會對一本西方人寫的關於中日關係的書感興趣，寫得再準確無誤也是徒勞。然而，這本書是寫給中日兩國那些和我一樣，希望中日能夠互相理解的人讀的。作為一個在兩國都擁有讀者的旁觀者，我覺得這是我的一個責任。我很幸運，我的書《日本第一》的日文版在日本成為暢銷書，而《鄧小平時代》的中文版也在中國一紙風行。作為中日兩國的朋友，我熱切地希望這兩個國家能加強為共同利益進行合作的能力。我相信，中日合作也是世界其他國家之福。

　　我並非學歷史出身，而是一位社會學家。直到寫這本書之前，我關心的都是當代社會的各種議題。寫作本書時，我採納老師 (後來在哈佛大學的資深同事) 塔爾科特‧帕森斯 (Talcott Parsons) 的研究視角，以一位歷史社會學家的身份來寫。作為研究馬克斯‧韋伯 (Max Weber) 的領軍人物，帕森斯在分析社會時，關注該社會的政治、經濟、社會結構及其核心價值。我對使用大的社會學框架分析民族國家的社會史的興趣可追溯至研究生時代，也就是在成為一個亞洲研究專家之前。當時我特別受益於帕森斯教授的教學以及與一群以教授為核心的研究生的討論，那些研究生包括羅伯特‧貝拉 (Robert N. Bellah)、克利福德‧吉爾茲 (Clifford Geertz)、查爾斯‧蒂利 (Charles Tilly)、傑西‧皮茲 (Jesse R. Pitts)、諾曼‧貝爾 (Norman Bell)、愛德華‧圖亞江 (Edward A. Tiryakian) 和李華賢 (Bobert A. LeVine)。我們都對了解民族國家的社會總體結構特徵與價值系統充滿熱情。

　　本書根據時間順序，討論了中日之間有史料可證的一千五百年的交流史。除了論及最重要的歷史事件外，我自始至終都努力關照比歷史事件更宏大的、中日各自的總體社會結構，以及兩國關係的結構。

　　中日關係史不僅受制於歷史大勢，也受到某些個人的影響。本書最後附上〈中日關係史上的關鍵人物〉，介紹相關重要歷史人物。這幾個世紀以來，這些人物的傳記日益豐富。我的目的是要理解他們受到什麼力量驅使，如何與對方國家發生關係，以及他們對歷史產生了何種影響。

　　我沒有能力閱讀以中、日古文記載的文獻，也不可能通讀與如此長時段的歷史相關的原始資料，也許沒有哪個人或哪一小群學者可以做到這一點。我能閱讀現代漢語和現代日語。為了寫這本書，多年來我遍讀西方、中國、日本學者們有關中日關係的研究成果。這些學者中，不少人能力強、治學勤，研究了自中日開始交往以來的全部歷史，出版了很多優秀的成果。我也有機會向其中的一些專家請益。他

們的著作給本人撰寫一部中日關係通史提供了條件，在此特別致謝。我在書末的〈進一步閱讀書目〉附有每一章的參考資料。

為提高本書的可讀性，我盡量少用註釋。我也簡化了音譯，比如英文版中的日語拼寫沒有使用長音符號。關於中文人名，英文版使用了西方讀者最常見到的拼法，比如蔣介石 (Chiang Kai-shek)、蔣經國 (Chiang Ching-kuo)、孫中山 (Sun Yat-sen)；其他人名，我全部使用中國大陸的拼音。關於中國的城市，全書使用現在的城市名稱。只有一個例外，就是在不是首都的情況下我稱北京為「北平」，以「北京」和「北平」兩個稱呼區分它在當時的歷史時點是否首都。清代的廣州被西方人稱為 Canton，我在英文版中還是使用了今天的拼音 Guangzhou。東北的瀋陽，滿清稱為「盛京」(Mukden)，日本稱為「奉天」(Hoten)，我在書中一律只用「瀋陽」(Shenyang)。英文版中日人名的表述方式按本國習慣，姓在前，名在後。*

書中兩章分別與寶拉・赫瑞 (Paula S. Harrell) 和理查德・戴瑞克 (Richard Dyck) 合寫，這兩位朋友對他們的時間、專長和學術貢獻都毫無保留。寶拉利用中日文史料研究十九世紀末及二十世紀早期的中日關係，已出版關於甲午戰爭以來中日交流的數種優秀著作。理查德獲哈佛大學博士學位，居住日本四十多年，並在那裏成為一個獨具特色的學者和成功的商人。

本書特別關注中日關係史上的三個時期。在這三個時期，日本或中國都在深入地學習對方：600–838年，日本在學習中國文明的基本要素；後面的1895–1937年和1978–1992年這兩個時期，都是中國在學習日本。我按時間順序安排全書章節，但第5章至第7章除外。這三個章節講述1895–1945年，中國學習日本、日本殖民主義以及引發戰爭的政治因素。這些議題很重要，但太過龐雜，於是我決定用三章

---

* 譯註：美國人名一般是名在前，姓在後。

把它們講清楚。作為一個研究當代東亞的專家，我描寫近兩百年歷史所花的筆墨遠多於之前的歷史時期。第1、2章就追述了超過一千兩百年的中日關係，即600–1862年。在前幾章，我盡力做到既有概論性的勾勒，也選擇一些對理解當下中日關係非常關鍵的重要議題加以詳述。

第 1 章

日本學習中國
600–838

593年，時年三十九歲的推古天皇執掌日本大和政權。為了擴張領土，她開始引入更先進的中國文明，因為中國文明使其統治者得以控制比日本大得多的領土。[1] 589年，也就是推古天皇掌權前四年，隋朝 (581–618) 的文帝將分裂了幾個世紀的中國統一了起來。為與鄰國保持和睦，隋文帝恢復接見外國使團代表，並將佛教傳播到今天的朝鮮半島和日本。從600年大和王朝派遣第一批使團前往中國，*直到838年最後一次遣使，日本一直在學習和借鑑中國文化。日本之所以遣使中國，既是機緣巧合，也是因為兩國統治者的想法不謀而合：推古天皇希望學習中國，隋文帝也希望跟大和 (後來成為日本的一部份) 建立正式關係。

在此階段，日本熟練掌握了一種書寫語言，即中國的漢字。官員們因此得以擴大交流的地域範圍，身處高位的京官與地方官員的交流更具持續性。日本自此發展出一套可以規範地方官員行為的更精確、更標準化的規則，並培養出能管理更加龐大而複雜的組織機構的專業行政人員。他們學會了通過撰修前朝歷史，提升統治者的合法性。他

---

* 譯註：據《隋書》記載600年日本首次遣使通隋，而《日本書紀》所記首次遣隋時間為607年。

們也接受了佛教，並通過將統治者與自然秩序合一，提高其神聖性。他們學會如何有系統地規劃社會，修建大型寺廟，甚至接受了以「忠」和「禮」維護社會穩定的儒家思想。學習中國文化後，日本發展出一套新的藝術技法及詩歌風格，也引進了中國樂器。當然，日本人改編了中國文化，以更好地滿足自己的需要、適應自己的趣味。

中國樂於輸出文明，因為當時中國在文化與軍事上充滿優越感，從不擔心境外四夷超越自己。教化四夷事實上就是中國有意為之的政治策略。

推古天皇所繼承的大和政權本質上是以某一氏族（日語為「氏」）為尊、多個氏族聯合的同盟。推古女皇的母親是蘇我氏的一員。當時，蘇我氏試圖通過控制約三十個氏族掌控大和政權，這三十個氏族均獲當時佔統治地位的「氏」的大王賜予「姓」。[2] 推古女皇即位時，因為天皇或皇后並不必然從皇族中挑選，皇族正與蘇我氏爭奪對其他氏族的統治權。理論上，皇族是作為太陽神的天照大神，以及初代天皇神武天皇的後裔。蘇我氏之所以能崛起，在於他們擁有進出口貨物的權力，從而能賺取更多的資金，比其他氏族更有優勢。其他氏族則通過給皇族中的男性提供妻妾，成為皇室的姻親，而獲賜姓。四世紀以來到六世紀，掌管特殊職務的個人亦可被賜姓，比如掌管朝廷儀式、製造與儲藏武器、負責灌溉以及養馬，就可以被賜姓。這些人的後代被允許繼承該姓，擔任同樣的職位。這些承擔特殊職能的氏族被稱為「部」，其等級比蘇我氏和皇族低。* 各部之中，最難被蘇我氏控制的是物部，因該部負責武器的生產與保管，可以接觸到武器。†

---

* 譯註：「氏」是原來諸多「王」被大和政權統合後產生的豪族，其首領獲賜「姓」。隨着六世紀朝鮮技術移民來到日本，朝鮮半島以職業或地緣劃分「部」的制度傳入日本，大和朝廷開始給這些「部」賜姓，「部」的地位低於「氏」。645年大化改新後採用戶籍制度，氏姓制度隨之消亡。

† 譯註：587年，蘇我氏消滅物部，開始把持朝政。

推古天皇托舉姪子為攝政，後人稱其為聖德太子。[3] 與姑母一樣，聖德太子早在成為攝政之前就對佛教表現出興趣。推古天皇與聖德太子合作無間，利用從中國學到的東西加強對其他氏族的控制。聖德太子也積極推動與隋朝以及控制朝鮮半島西南部的百濟王國的關係。

推古天皇登基時，任何一個氏族都難以全面控制其他氏族，因為有些氏族很強大、版圖廣闊。推古天皇以及蘇我氏盡力維持對部以及獲得賜姓的氏族的控制。在此過程中，他們設計出了一套新的有利於中央集權的行政職位，形成了更有效的總體架構。儘管蘇我氏的權力受到其他氏族的挑戰，總體而言，推古天皇與蘇我氏比前人更有效地強化了中央集權。596年飛鳥寺建成，推古天皇統治日本的時期也稱為飛鳥文化時期。

618年，隋朝被推翻，唐朝 (618–907) 取而代之。645年，蘇我入鹿被暗殺，蘇我氏失勢。然而，蘇我氏所開啟的、通過與隋朝合作學習中國的進程，不僅得以繼續，還在不斷升溫。

中國形成了一種西方學者稱之為「朝貢體系」的外交形式，藉此與周邊無法直接統治的地區維持穩定、和平的關係。這並非一套正式的契約體系，而是以大量規則與儀式來指導中國與外邦及各族的關係。每隔幾年，朝貢國會帶著比如動物、植物，以及中國稀有或沒有的貢品前來朝貢。中國則予以回饋，甚至用價值更高、朝貢國稀有的禮物薄來厚往。外國朝貢的使臣與中國東道主之間的這種禮尚往來，象徵着四夷承認中國文明在道德和軍事上的優越性。為交換計，作為文明中心，並聲稱皇帝為「天子」的中國，通過冊封與賜予貿易機會的方式使朝貢國君主的統治合法化。朝貢體系的靈活性使之足以應付不斷變化的經濟政治形勢。該制度也適用於處理中央與邊境外族的關係，包括在北方和西方長達幾千里的邊境上生活的通古斯人、蒙古人、突厥人和藏人，以減少這些外族入侵中原的風險。而中國周邊一些更大的民族的國家，如朝鮮、越南、尤其是日本，在七至八世紀吸收了中國文化後，有時卻拒絕承認中國文明更加優越。

推古時期派往中國的朝貢使團並不常見，比起有些國家經由陸路派遣小型使團，日本派遣大型使團渡海訪華要遠為複雜。即位不久，推古天皇就開始為600年的首次遣使進行準備工作，包括下令備好船隻、準備航行的必需品，及挑選參加航行的使團人員。

推古天皇之前的中日交流與日本借鑑中國文化的基礎

日本古代墓葬中所發現的考古證據顯示，早在可上溯至公元前1000年的彌生時代，中國的陶器、銅鏡、劍、串珠、金屬工具就已通過朝鮮半島傳至日本。[4]比如，福岡縣發現的一枚金印據信就是東漢時期(57年)賜予日本使節的。水稻種植的技術，以及用於農業、製造箭矢和切割的金石工具都是在那個時期從中國傳入日本的。

七世紀前的日本留下了少量文字記載，但這些都不足以證實日本與朝鮮早期接觸的性質。專家們認為，在完成於712年的《古事記》和720年的《日本書紀》這兩本日本最早的史書中，涉及712年前幾十年的記載是可靠的，但關於500年之前的部份則並非信史。有學者認為，這兩部書的作者利用了後來佚失的六世紀日本與朝鮮百濟王國的文字紀錄。

《古事記》成書前日本沒有文字記載，傳説以口耳相傳的方式流傳。最有名的一則傳説是「徐福東渡」。根據該傳説，統一六國的秦始皇(公元前221–前210年在位)為求永生，派徐福去仙山尋找長生不老之藥。據説徐福最終抵達日本，卻滯留不歸。儘管今天的日本多處矗立着徐福雕像，以紀念該傳奇，但其事跡終不可考。

在日本引入中國文字之前，中國有文字記載已達數世紀，並留下了關於日本的零星記錄。比如，成書於82年的《漢書》已提及日本，雖無細節，但書中談及居住在現今朝鮮和日本地區的「倭人」。[5]

　　據稱成書於297年的《三國志．魏志》，包含了所有語言中關於日本的第一份可靠的文字記載。《魏志》以及中日學者對該書的研究，包括最近由傅佛果 (Joshua Fogel) 翻譯成英文的日本學者佐伯有清的著作，都有足夠詳細的信息證實這些文字記載乃基於曾造訪九州甚至日本主島本州的人士的親眼所見，比如提到九州的幾處地名。《魏志．倭人傳》記載：邪馬台國女王卑彌呼 (約170–248) 於238年首次遣使曹魏，魏明帝下詔冊封卑彌呼為「親魏倭王」。240年曹魏使臣造訪女王並贈送厚禮。243年，卑彌呼再次遣使曹魏。

　　據《魏志》，倭國有數以百計的氏族，規模從「千餘戶」到「七萬餘戶」不等。有人指出，日本人從事農業和漁業，有糧倉和集市。《魏志》也記載，日本有時以男子為王，有時立女子為王。該書對日本的描述比較正面，如「不盜竊，少諍訟」，「及宗族尊卑，各有差序，足相臣服」。

　　《魏志》成書後不到二十年，就有中國人為躲避本國政治動盪逃難至日本的記載。據日本古代史專家王勇教授的研究，較大規模的中國人移居日本的移民潮最少有兩次：一次是在313年之後不久，估計有七千戶人口東渡；另一次則在幾十年後。王勇教授還指出，在五世紀與六世紀間，移居日本的朝鮮人數量更多。這些朝鮮人中有能寫漢字者，而當時的日本還無人認識漢字。*

　　專家們在一些三世紀建造的日本君王的墓葬中，發現了可能來自中國的貴重物品。此後發現的日本氏族首領的「前方後圓墓」也證明，中國的銅鏡、銅劍和串珠早在四至五世紀前已傳入日本。日本於478年向中國遣使，但並不清楚日本使節從此次出訪中學到了什麼，也沒有證據證明在此之後直到六世紀末隋朝建立，兩國之間有任

---

* 譯註：詳見王勇：《日本文化：模仿與創新的軌跡》(北京：高等教育出版社，2008)，第四章第二節〈移民之波〉。

何正式接觸。478年後的兩百年間，相關史料大量出現，歷史也開始豐富起來。

推古天皇在600年學習中國的基礎，早在其掌權前的三個世紀就已奠定，那時日本已取得了一些進步。有些日本人從南部的九州島遷移到本州的奈良附近，那裏土地肥沃、可以種植水稻。該地區的另一些人則學會了製作須惠器，且正在使用從朝鮮傳入的青銅和鐵器。日本在六世紀引進馬匹，官員們從此可以用更少的時間到達更遠的地方。有些氏族雖然尚未熟練掌握某種書寫文字，但已進入大和政權的行政體系。

和日本其他地區的居民一樣，奈良附近的人以標記的方式對一些令人驚嘆的自然景觀表示敬意，如山峰、峭壁、瀑布、參天大樹、岩石等。崇拜這些景觀中的「神」，也就是景觀所具有的精神力量，引導日本人學習佛教這種教導人們廣泛敬畏各種精神力量的宗教。有研究説，朝鮮半島的百濟王國早在538年即開始派遣使者到日本傳播佛教。派往日本的朝鮮人各有所長，如靜坐、念經和建築寺廟。推古天皇在引入佛教和學習中國上發揮了重要作用。據説她的姪子聖德太子相信佛教鼓勵人們尊重社會秩序，可以對挑戰政治等級制度的言行產生約束力。聖德太子一上台，就鼓勵佛教的引入和傳播。

奈良地區的諸多先進之處得益於朝鮮移民的到來。日本離中國最近之處，也要隔海約五百英里。而朝鮮毗連中國，地理接近帶來的優勢使其得以吸收一些尚未傳到日本的中國文明元素。九州離朝鮮的釜山不到一百二十英里，日本通過朝鮮學習中國文明更為便捷。當時，朝鮮半島分成了三個王國，北部是高句麗，與日本聯繫最緊密的百濟在西南，新羅在東南。三個王國互相撻伐，據説有些移民到日本的朝鮮人就是鬥爭的失敗者。另一些朝鮮人因為唐朝軍隊的入侵而逃往日本。有些學者相信，在600年決定派出遣隋使的蘇我氏中，就有朝鮮人。不管怎樣，日本的朝鮮人對中國的發展更熟悉，必定在日本遣使中國的決策中起了作用。

600年後日本如何學習中國

600年，在推古天皇和聖德太子當政時期，日本向中國派出了自478年以來的第一個使節團，即「遣隋使」。隨後很快在607年、608年和614年再派遣隋使。607年和608年的使節團各有幾十名佛教徒，他們留在長安（今西安）提高佛學修養，再將學到的知識帶回日本。618年，隋朝被推翻，唐朝建立，但日本僧侶仍留在長安繼續學習。其中的僧旻和尚在632年才回到日本。另一名僧人惠隱一直待到639年。回到日本後，這些僧侶不只在宗教方面發揮了作用，也是知識分子和政治領袖們的顧問。僧旻和惠隱輔助著手改革的領袖，為他們提供中國文化和制度方面的知識。618年隋滅唐興，此後繼續出使長安的使節團，被稱為「遣唐使」。

長安當時是一個世界性的大城市，人口超過百萬，吸引了來自朝鮮、中亞、中東和中國各地的人。長安附近的黃河比日本任何一條河流都要大得多，長安周圍的平原也更廣闊，因此可以比日本任何一地擁有更多的人口和更大規模的農業生產。可以說，隋朝和唐朝在組織管理上達到的複雜程度，遠遠超過了當時日本的認知。

聖德太子致力於建立一套能瓦解氏族權力的制度。604年，他制定「冠位十二階」制度（有時也稱作「冠階」制），該制度強調在選拔官員上不拘氏族等級。他以個人為對象任命官員，並授予此人官職。模仿中國的做法，官員被賜予官帽，官帽的顏色和形狀表明此人的等級。此外，聖德太子引進了人口登記制度，用於徵稅和招募男子服徭役或兵役。他也任命僧侶為官。

為進一步改革氏族制度以提高政權的穩定性，聖德太子頒布了所謂的「十七條憲法」。學者對「十七條憲法」的真實性有所爭議，但據《日本書紀》記載，它是在604年由聖德太子頒發的。儘管不像現代憲法那麼具體，它是根據早期從中國學到的經驗和教訓所形成的一套初

步指導原則，也反映了推古女皇和聖德太子試圖集權、削弱氏族的努力。官員不再世襲，改由天皇任命。以前屬於氏族的土地，可以由中央的官員轉讓，不屬於氏族的個人和群體也可擁有土地。當時，儒家思想還沒有有組織地引入日本，但儒家的理念，比如德行、尊重官員等，經由朝鮮人引入日本並納入「十七條憲法」之中。百姓以「和」為貴，官員服從天皇，孩子孝順父母。規範各級官員關係的禮儀也建立了起來。（直到七世紀後期，以教授儒學為主、培養年輕學子參加科舉考試的太學制度才引入日本。*）

聖德太子安排了少量在日本的中國人和朝鮮人當顧問。以中國為師，朝鮮的百濟已經引入了一套官僚系統，設立了六部。推古天皇以及628年她死後的繼任者舒明天皇都未能建立官僚系統，但舒明天皇模仿中國和百濟的例子，引進了賓禮，用於歡迎國外的訪問者。另外，依靠百濟工匠的幫助，日本開始建築寺廟，作為中央集權的象徵。

推古天皇和聖德太子希望日本能得到中國尊重。當時的中國官員認為，只有中國的皇帝才有資格稱「天子」，日本及其他朝貢國的最高統治者只可稱「王」，不能和「天子」平起平坐。607年，推古天皇簽署了一份國書，由使節呈送給隋煬帝，國書中說：「日出處天子致書日沒處天子無恙。」隋煬帝對信中平起平坐的口吻表示不悅，據說吩咐下屬：「蠻夷書有無禮者，勿復以聞。」[6]† 然而，日本的使節認為本國應該得到尊重，從此不再自稱「倭國」，改稱「日本」（字面意思是「太陽升起的地方」）。

和中國的宇宙觀一樣，在日本，天皇也被視為與上天緊密連結的自然秩序的一部份。關於日本宇宙觀發生變化的確切時間，學者們莫

---

* 譯註：670年，以唐朝的太學為模型，日本設置了培養律令官僚的大學寮。
† 譯註：引文見《隋書》卷八十一，〈東夷傳・倭國傳〉。

衷一是。推古在位時被稱為「大王」，只有在駕崩後才被日本人稱為「天皇」。日文中「天皇」的「天」字和中文中「天子」的「天」是一樣的。對日本人來說，「天皇」這個稱謂表明，日本的帝王與中國的皇帝地位相當，這個稱謂也使天皇凌駕於服務朝廷的氏族成員之上。此後，天皇之下的官員成為天皇的臣子。

大化改新

645年，大和政權發生內鬥，蘇我氏敗於皇族，皇族的孝德天皇掌權。跟之前的蘇我氏首領一樣，孝德天皇也希望加強中央集權。他的優勢是可以利用大批歸國的遣唐僧，也能借鑑唐朝發展出的綜合性的法律條文。繼位後不久，孝德天皇就在645年進行了大化改新。和蘇我氏相比，孝德天皇的改革借鑑了唐朝的制度，更大程度地弱化了氏族的勢力、加強了中央政府的控制。

大化二年正月初一（即646年1月22日），孝德天皇公布《改新之詔》。一些日本學者將《改新之詔》的重要性與1868年明治天皇上位後發布的《五條御誓文》相提並論。《改新之詔》第一條是廢除氏姓制度，剝奪氏族操控成員命運的權力。第二條是重新劃分行政區域，由地方行政單位而不是氏族對中央負責。京師分成四個區，較遠些的畿內（京師周邊）也劃分了疆界，歸中央政府直接控制。第三條規定實行戶口登記制度，方便徵稅和徵徭役、兵役。第四條是公開應徵繳的稅款以及政府官員的俸祿。除九州和四國以外，新的行政制度擴大到本州島的大多數地區。地方設「國」，國以下設「評」（701年以後稱「郡」），行政區劃變得更加清晰。隨着新政的實施，日本仿照唐朝模式，終結了氏族控制朝堂的局勢，建立起一個覆蓋廣闊地理範圍的行政國家。

儘管氏族的權力基本終結了，但在廢除世襲權力方面，日本不如中國走得那麼遠。從有記載的歷史開始，直到德川時期（1603–1868）

結束，日本遠比中國更重視出身，這是授予官職的重要標準。在選拔
人才上，也沒有像中國那樣依賴科舉制。但日本非常重視培訓官員。
孝德天皇領導下的新統治集團設立了一項計劃，輸送年輕官員去中國
接受培訓的人數比蘇我氏時期更多。登基不久，孝德天皇馬上安排了
兩組遣唐使。第一組由一百二十一位有前途的年輕人組成，沿北路航
線，經過朝鮮半島沿岸前往中國。另一組規模相似，走南路航線，跨
海前往中國。南路的船隻遭遇風暴，幾乎所有人都被淹死。走北路的
那組最終到達了唐朝，學習政務管理，幾年後返回日本。

　　唐代的中國非常國際化。朝鮮人和日本人都來學習，一些朝鮮人
以及一位才華橫溢的日本人還通過科舉考試得以出仕入官。這位日本
人叫阿倍仲麻呂，717年隨遣唐使團來到中國。他自725或726年開始
在唐朝為官，官至安南（今越南）節度使。阿倍也是一位詩人，以一
首關於奈良的思鄉詩知名，與當時一些著名的唐朝詩人過從甚密。他
曾多次嘗試返日，都因船隻遭遇風暴而作罷，於770年埋骨唐土。

敗於唐朝後日本得到的軍事教訓

　　在661年前，日本還沒有在四島之外的軍事作戰經驗。* 而唐朝
已經發展出一支強大的軍隊，並於618至628年發動了一系列統一中
國的戰爭。整個七世紀，唐朝都維持了強大的軍事力量。

　　朝鮮半島與中國只有一江之隔（鴨綠江），更容易受到中國軍隊的
攻擊，從而也更快地學到了中國的軍事技術。因此，到五世紀，朝鮮
軍隊比日軍更加先進。朝鮮半島當時有三個王國 —— 百濟、新羅和
高句麗，日本與百濟關係較好。

---

*　譯註：《日本書紀》等記，相傳神功皇后向新羅出兵，征服朝鮮半島，稱「三韓征伐」。

　　660年，唐朝聯合盟友新羅入侵百濟，百濟向日本求助。由於缺少準確的記錄，我們看到的數字難免有誇大之嫌，但是據估計，日本於661年派出了五千人的軍隊，662年派出更多兵力，663年日軍多達二萬七千人。在663年，唐朝和新羅的統治者派出更多兵力，並在白村江海戰中擊敗了百濟和日本。據說日方損失了四百艘船，一萬人死亡。當時日本已經從高句麗人那裏學會了使用馬匹，據說他們還損失了一千匹馬。[7]以往日本都是通過和平出使長安向唐朝學習，此次通過與更強大、技術更先進的唐軍正面作戰獲得了軍事方面的教訓。《古事記》解釋說，日本之所以被擊敗，是因為唐軍人數更多、裝備更好，並使用了大規模步兵進攻的戰略，而日本對此毫無準備。此後，一些日本人開始佩帶武士刀和短劍，準備了盾牌和弓箭應對可能的進攻。朝鮮一戰之後，日本致力於培育戰馬。672年日本發生內戰（壬申之亂），剛開始只是爭奪繼承權，後來擴張到整個皇族。[*]日本在此次內戰中進行了大規模的騎兵戰。輸給更強大的唐軍後，日本於670年開始準備設立類似中國的徵兵制度，招募更多身強力壯的男性進入軍隊。701年頒布的《大寶律令》也鞏固了這一制度。

《大寶律令》，701

　　《大寶律令》進一步加強了日本的中央集權。人口普查制度的設立有助於政府徵募農民服兵役或徭役。據此律令，日本推廣了儒學教育，強調下級官員要服從上級，子女要尊重父母。《大寶律令》由十八位日本人在一位中國專家協助下起草完成。八世紀晚期從中國引入日本的雕版印刷技術，使日後律令在政府官員中的廣泛傳播成為可能。

---

[*]　譯註：即壬申之亂。

《大寶律令》頒布之時，日本在研究中國制度上已取得很大進步。日本減少了遣唐使的數量，建立了自己的官員培訓機構——大學寮。與中國相仿，這些機構的學習重點是儒學，其他課程則包括數學與中國文學。既然要求所有學生都會寫漢字，中文訓練就很關鍵。中國文學是最受歡迎的課程，白居易的詩歌以通俗的語言表達日常生活，尤其受到學生的歡迎。

日本實行蔭位制。貴族子弟即使從未在大學寮讀過書、沒有通過考試，也可出任高官。因此，很多孩子不願多此一舉去大學寮。大學寮的大部份學生是低級官員的孩子，特別是地方官員子弟。考試成績優秀的學生，有機會在官僚系統中謀得一官半職，但最終可以得到什麼官職，血緣仍然比考試成績更重要。

制定701年的《大寶律令》和718年的《養老律令》時，官員們關心的是土地稅的徵收問題。作為農村的組織方式，日本引進了中國先秦時的「井田制」，即把土地分成井字形的九塊，八戶家庭耕種自己的私田，圍着中間的一塊公田。*地方官吏能夠從首都附近的私田順利收稅，但如果是偏遠地區，收稅就不那麼容易了。此外，日本允許一些跟高層官員關係良好的人購置地產，不必繳稅。佛寺也無需繳稅。這些免稅政策和收稅的難處都加重了京師附近小地主的負擔，他們既要繳稅，又要送年輕人去服徭役和兵役。

奈良時代，710–794

經過兩年的建設，日本於710年遷都平城京（今奈良），這是城市發展上一個新的里程碑。奈良比原來的首都難波京、飛鳥京和藤原京規模大得多。在設計上和長安一樣，呈長方形。皇宮在北面，主幹道

---

* 譯註：指奈良中期至戰國時代施行的「條里制」。

貫通南北，巷道連結東西。其行政中心的面積只有3乘2⅔英里（約4.8乘4.3公里），比長安的6乘5英里（約9.66乘8公里）小得多。在奈良時代之前，每位天皇都是以自己的所在地為中心加以統治，因此換一個天皇就得換一個首都。在遷都奈良之前的兩個半世紀，大和平原（奈良盆地）出了二十三位統治者，有過三十一個不同的首都。大家希望奈良能像中國的長安那樣，長久地成為日本的首都。的確，奈良作為日本首都歷時近一個世紀。

平安時代，794–1185

794年，強勢的桓武天皇開創了平安時代，並選擇平安京（今京都）作為中央政府所在地。有些官員擔心奈良的神社和佛寺權力不斷增強，希望建立一個新的、免於佛教壓力的首都。

京都比奈良更大，面積達3乘3⅓英里（約4.8乘5.4公里）。京都最終也成了一個長命的首都，持續了一千多年。為了防止遊牧民族的突然襲擊，中國的城市四面都建了圍牆。京都沒有這樣的擔憂，因此也沒有建造城牆。平安時代相對和平，只是到了後期，周圍地區發生過動亂，有些城市建造城堡以防禦外部攻擊。與長安和奈良一樣，京都的皇宮坐北朝南，主幹道貫通南北，東西向的街道則按序編號。今天的京都仍保持着當年的網格狀結構，這是794年這個城市的設計者從長安學到的。

與七世紀後半葉相比，平安時代前往中國的僧侶沒有那麼多，但還是有些人陸續前往中國，並為日本朝廷提供關於唐朝的信息。在遣唐僧中，有些是當時一流的知識分子。比如空海（774–835，謚號弘法大師），他於804至806年留唐，回到日本後創辦了真言宗。還有謚號傳教大師的最澄（767–822），將天台宗引入日本。838至846年在中國學習的圓仁法師，留下了詳細的日記，賴世和（Edwin O. Reischauer）

曾將其譯成英文。該日記的真實性已得到證實，近幾十年來有些人重
走了他當年的訪唐路線。圓仁的日記提供了最可信、最完整的出使記
錄以及當時唐朝的情況。連中國學者也利用這一日記描述當時的中
國。圓仁回到日本之前，中國曾嚴格限制佛教徒的活動。* 在接下來
的一個世紀，由於日本不再向中國派出朝貢使團，日本僧侶不能搭乘
官船，前往中國就變得困難多了。

語言、文學和音樂

　　直到六世紀，日本尚未有書寫文字。七世紀前，連神職人員和高
官要員都一字不識。但是在五至六世紀，中國的書面文字已經開始出
現在來自朝鮮的佩劍、鏡子、硬幣和陪葬品上，但當時的日本仍舊沒
有以文字書寫的文本。因為還沒有印刷作坊，第一批出使中國的佛教
僧侶主要的工作就是不辭辛勞地抄寫佛教經文，並將它們帶回日本供
本國僧侶學習。一份來自757年的文獻顯示，日本朝廷藏有大約一千
五百部漢文典籍。

　　中文典籍從朝鮮和中國各地傳到日本。由於中國和朝鮮各地發音
不同，最初並沒有標準的方法使文字與發音相匹配。這些典籍的寫作
風格和內容包羅萬象，顯示引進漢字的不同目的：比如為國家的建
構、提高統治合法性、滿足在複雜的行政系統中溝通的需求、寫詩作
賦以豐富日本文化並支持國家，以及傳播宗教信仰。

　　600年之後，隨着中央集權政體的建立以及文書成為交流的手段，
日本官員開始將他們使用的語言標準化，書面作品數量大增。正在修
建寺廟或與外地的僧侶有聯繫的僧人也希望將他們的書寫文字標準化。

---

* 　譯註：842至846年唐武宗推行了一系列滅佛政策，史稱「會昌滅佛」。

　　從712年到760年，日本有三部重要文集編纂面世。它們成了永恆的文化豐碑，包括712年的《古事記》、720年的《日本書紀》，以及完成於759年的詩集《萬葉集》。前兩部都是用漢字寫成的史書，體例模仿中國歷朝編纂的斷代史。這三部書代表了為天皇的統治提供合法性，以及為其治下的子民提供一套共同文化的努力。三部經典也有助於天皇將統治延伸到奈良地區之外。書中收錄材料非常多樣，彼此也沒有緊密地合為一體，反映了各地不同的觀點。大部份內容是七世紀日本開始普及識字前代代相傳留下的口說傳統。通過記錄古代傳奇、並將其納入新創作的文本，編纂者創造了持續至今的日本共享文化的核心。八世紀晚期從中國傳入的雕版印刷技術及十一至十九世紀該技術在日本的廣泛使用使這些文集擁有更多讀者。

　　三部文集中，出版最早的《古事記》是在711年編撰完成的。該書在遷都奈良之後兩年出版，旨在為一個長存不朽的首都提供穩定的文化基礎。《古事記》是日本現存最古老的文獻。在撰寫前幾十年的歷史時，編撰者利用了可能是朝鮮人撰寫的文獻，因為這部份史實相當可靠。但書中關於日本早期歷史的部份很明顯都是神話。研究文獻和考察遺址的專家們都懷疑《古事記》中關於六世紀前的歷史記載是否可靠。

　　《古事記》的第一部份是關於諸天神如何創造日本諸島嶼，此後天照大神派遣天孫瓊瓊杵尊下凡，其曾孫即於公元前660年建立日本的神武天皇。古代日本史專家推測，之所以將公元前660年作為神武天皇下凡的年份，是因為這距離聖德太子營建斑鳩宮的601年，正好是二十一個甲子，即一千二百六十年。

　　儘管《古事記》中的一些記載只是根據口頭傳說，但《古事記》和《日本書紀》仍然是目前所能找到的、研究七世紀前日本歷史最好的文字材料。二十世紀後半期，墓葬中發現的木簡也證明，《古事記》中的有些記載是有根據的。自那以後，學者一般將考古證據和《古事記》結合起來，試圖了解七世紀初以前的日本史。無論是傳說還是歷史，

《古事記》中有關聖德太子的報告和其他內容仍然留在日本的小學教科書中，始終是日本歷史意識的一部份。

中國歷朝修撰前朝斷代史時，都自承本朝受之於「天命」。《古事記》則是一部通史，自日本神秘的誕生寫起。它記載了歷代天皇繼承權的鬥爭，當然傾向於強調勝利者的美德，他們的後代仍在統治着日本。每一代天皇，無論男女，都在連續的歷史長河中獲得一席之地，這條歷史長河在理論上可以一直追溯到日本的源起。

在發展文字書寫系統之後，日本遵循中國模式開始編纂官修史書。712年之後的歷史記錄比早年歷史在細節上更豐富，也更可靠。同樣仿照中國的做法，日本開始編撰《風土記》以詳細記錄各地發展情況。

《日本書紀》對歷代天皇與皇后的記載比《古事記》更詳細，一直追溯到虛構的神武天皇。書中記載了日本與中國和朝鮮之間的交往。該書強調天皇譜系的連續性，但對於每個天皇的優缺點都有臧否。書中還有來自中國道教的一些創世觀和神話。

《萬葉集》是一部卷帙浩繁的作品集，收錄了日本數個世紀的文學作品，包括二百六十五首長詩，以及四千二百多篇短詩、散文和故事。《萬葉集》中的絕大部份詩歌和散文都是在推古天皇和聖德太子之時或之後所作。與前面兩本史書相比，《萬葉集》所表達的是更寬廣的人類情感，以善於打動讀者著稱。書中除了文人，也有農民和工匠的作品。

中國文字傳入日本之初，有些文本已使用漢字。逐漸地，漢字配上日語同義詞彙的讀音（訓讀），並根據日語句式重新排序、加上日語助詞——這種以漢字寫日語的方式，成為日後的標準日語，《古事記》中已經使用。在選編《萬葉集》的時代，一些作者使用「萬葉假名」。這種用發音相似的漢字表示日語音節的系統，使很多日本獨特的方言及其發音都能保留在該文集中。

　　《萬葉集》的藍本是唐代的《藝文類聚》，這是一本類書，匯集了各種知識供官員使用。而《古事記》和《日本書紀》這種關注歷代天皇並追溯其承繼更迭的史書，主要是為當下統治者的合法性服務。《萬葉集》的編撰者則並未試圖將各種思想定於一尊，所收入的詩歌大多比較簡單，直白地表達了對日常生活的各種觀察和感受，從而豐富了日本文化。

　　《萬葉集》編撰完成後，假名開始普及，以口說傳統為基礎的日本文學因此得以發展。如果不使用假名，而是使用規範漢字，就會受到很多限制。幾個世紀以來，並沒有人試圖將兩種高度不同的書寫系統（其一是用簡化的漢字表達日文音節，其二是用漢字表達它們的中文原意）加以合理化和統一化，因此日語的發展是兩個系統各自演化形成的複雜組合。

　　和中國人一樣，日本也將使用毛筆和墨水的書法變成了一種藝術形式。*中日兩國有相似的書法風格和流派，也共享一套評價書法家的標準。長期以來，兩國對彼此書法家的作品都很關注，一些日本最有名的書法家也受到中國同道的好評。

　　聖德太子時期從中國引入了樂器和宮廷音樂。被日本改造的中國樂器包括箏和琵琶。這些樂器及音樂仍是日本文化中頗受歡迎的一部份，至今仍在一些正式場合使用。

　　日本在保存歷史文物方面做了很多工作，訪日的中國專家目睹以中國工藝製造的日本文物時大為讚嘆，其中有些工藝在中國都已經失傳。比如，皇室保護下的奈良東大寺內的正倉院，便深受中國專家讚賞。正倉院很少向公眾開放，但每年秋天奈良國立博物館都會陳列一些藏品，展品包括被評為中國史上最優秀作品的四世紀的書法、八世紀的五弦琵琶，以及各種佛教珍品。

---

*　譯註：即書道。

佛 教

中國人最初是從前往印度的旅人那裏得知佛教。到四世紀初，佛教在中國已經扎下了根：朝廷崇佛，各地佛寺林立，興建僧院，成立了供僧尼學習的機構。聖德太子開始將佛教引入日本時，佛教在中國和朝鮮都已十分發達，幾乎沒有日本人去印度學佛了。他們從朝鮮人那裏學習佛教，而朝鮮佛教又是學自中國；遠赴中國的日本僧侶也將佛教帶回本國。對日本佛教徒來說，中國是一個聖地，那些著名的中國高僧是他們的老師，中國的名山古剎就是他們尋訪開悟契機的朝覲聖地。

佛教進入之前，日本人崇拜各種讓人歎為觀止的自然現象，並參加祈豐收、避災難、求長壽的儀式。一些日本作家將拜訪奇異的自然景觀稱為「神道」（神的道路），對這些自然景觀的崇拜後來成了神道信仰的一部份。佛教傳入前，聖德太子時期的日本沒有全國性的宗教組織，神道信仰當然也不是某個複雜宗教組織的一部份，《古事記》甚至並未提及神道。因此，佛教幾乎沒有遭遇抗拒，一進入日本就得以迅速傳播。

對中日兩國的統治者而言，通過傳授統治者與上天相連的教義，佛教為他們提供了統治的合法性。聖德太子就有一位佛學老師。此後，其他統治者也邀請佛教法師和自然溝通，特別是祈求適合耕種的天氣。宗教性的僧侶和世俗性的佛教法師截然不同，法師可以通過誦經祈福提升地位，也會因為無法控制自然災害而遭貶斥。

朝鮮和日本引入的佛教哲學的核心，是一種天地和諧的世界觀。佛教鼓勵通過冥想達到悟道和節制世俗欲望的目的。這是一個和平的宗教，對朝鮮和日本的政治領袖都有吸引力，他們都在尋找保持國人健康的精神基礎，以及能形成和平團結的政治制度的社會基礎。例如，在日本佛教最初得以傳播的原因是朝廷和氏族的支持，但逐漸在普通人中開始流行。大家相信，通過施行合適的佛教儀式，可以在平靜中獲得重生。

　　一些統治者相信，興建大型佛教寺廟可以得到上天庇護。僧侶們在僧院居住和學習，通過誦經幫助信徒尋找涅槃和節制欲望。統治者可以利用佛教組織打擊反對者和反對派系，但由於不需要繳稅，擁有土地的僧院也可能侵蝕稅基、給統治者出難題。到奈良時代晚期，一些統治者發現，佛教徒勢力已經擴張到難以控制的程度。

　　到六世紀中期，朝鮮佛教工匠開始前往日本參與興建佛像和廟宇，並訓練日本工匠。靠着朝鮮佛教徒的幫助，日本人學會了相關工藝，得以複製在中國和朝鮮看到的藝術和建築。

　　隋唐時期，只有極少數日本僧侶得以訪問中國的名寺大剎。這種訪問使日本僧侶能夠提升佛學修養，被視為是一種特權。日本僧人與中國僧院關係良好，他們在那裏落腳，並向中國高僧學習。在日本向中國學習的全部時期，日本僧侶很珍惜訪問名寺大剎的機會，以加強自己對佛經的理解。反之，中國僧侶也去日本傳播教義，聲明如果成為佛教信徒，則可減輕痛苦、在西方極樂世界得到重生。佛教在日本昌盛後，出現了各種宗派：有些源自中國或朝鮮的宗派，在日本受到歡迎，其中有些宗派則吸引了普通大眾，如淨土宗。

　　與敬畏自然景觀的神道傳統相比，佛教提供了一套更全面的信仰系統。佛教從中國傳入之後，日本人將佛教之前的傳統信仰和實踐納入一個更包容的結構中。佛教並未取代傳統信仰，只是使其更加系統化。因此，佛教和神道在日本得以共存。即使在佛教成為日本國教的奈良時代和平安時代早期，神社在佛教的保護傘下得以繼續存在。

　　由於僧院不交稅，唐武宗於 842 至 846 年間推行了一系列滅佛政策，而日本沒有出現滅佛運動。除了僧院數量增加，日本也擴展了佛畫像、佛塑像和寺廟等佛教藝術。除了中國的滅佛時期，佛教可謂一種世界宗教，在中日之間建立了強大的文化聯繫。神道則只侷限於日本。後來民族主義在日本抬頭，日本領導人利用神道而非佛教為自己的行為辯護。

建 築

中國在開始興建佛寺之前已經建造了大型宮殿。日本則不同，他們靠來自中國的新技術先修建起大型廟宇，然後才開始建造大型宮殿。日本建造大型建築能有突破，得力於建造寺廟的經驗，日本工匠把從朝鮮和中國工匠那裏學來的技術，應用到大型公共建築上。

為了還原建築寺廟技術傳到日本的過程，學者們仔細研究了日本現存的建築和文獻，儘管信息並不充分，但有證據顯示，赴華朝貢的日本使節設法將一些技藝精湛的中國和朝鮮木匠與藝術家帶回日本。從六世紀早期開始，就有朝鮮設計師、木匠、工匠和油漆匠移居日本，傳播來自朝鮮和中國的建廟技術。他們在日本成家，並將技藝傳給後代建築師，建設寺廟的技藝得以代代相傳。*

在引入中國新的寺廟建築工藝前，日本的寺廟採用頂樑柱加門框的抬樑式結構，以茅草覆頂，木柱不上漆。其茅草屋頂和陷入泥地的木柱，很快就會腐爛，而且無法支撐比較重的屋頂。朝鮮工匠將來自中國的新施工方法引入日本，可以搭建主體空間更寬敞的建築。利用這種新方法，通過支架和橫樑，沉重的磚瓦屋頂的份量可以通過外圍的樑柱分散承重，如此建築物內部可以有不必分割的大面積區域。磚瓦屋頂比茅草屋頂可以更好地防雨防雪，建築內木架構的壽命因此延長了很多。日本的建築工匠從中國人那裏學會如何將木樁打入石地基，而不是直接插入泥地，這一技術也極大地延長了建築的壽命。

寺廟規模龐大，興建寺廟需要大量勞力。當日本開始建築大型廟宇時，一種招募勞力的制度已經形成，各種與建廟有關的工程都能找到足夠的工匠。

---

* 譯註：從中國、朝鮮等地移居日本的移民，稱為「渡來人」。

伊勢神宮是建在志摩半島上的國家級神社，通常認為它是佛教建築從中國傳入日本之前，完全由本地技術建成的神社。但日本學者現在承認，這一國家神社包含了一部份來自中國的建築特徵。佔地面積極大的內宮，使用傳統的茅草屋頂和木柱。因為很容易腐爛，必須每二十年重建一次。但是，最近的分析表明，伊勢神宮的一些建築特點在天武天皇 (673–686) 之前的日本並不存在。690年重建神宮之時，熟練的技術工匠已經從朝鮮和中國來到日本。神宮內的建築物均位於南北中軸線，這是中國廟宇建築的共同特徵，在之前的日本並不存在。這種一進門套着一進門的建築方式，是中國的特色，在建造伊勢神宮前，日本也不存在這種建築。為保存傳統，每二十年，日本就會按照原來的風格重建內宮，連茅草屋頂也保持原封不動。為每二十年的重建所做的精心準備，使新一代的日本建築師可以不斷重溫傳統的建築技藝，從而加強對傳統的認同，包括一些最初來自中國的傳統。

法隆寺 (即斑鳩宮) 是現存最古老的木構建築。使用榫接工法，需要考慮木頭所能承受的重量。該古剎於607年在聖德太子指導下建成，當時他正熱心學習中國。670年，法隆寺被焚燬，但歷經幾十年的重建後，寺內西院從七世紀以來一直在使用。法隆寺的佛教徒社群是日本最早的佛教社群。利用分析建築物年代的新研究技術，專家們認定，建於711年的法隆寺五重塔的塔心柱，使用的是594年採伐的扁柏木。因此，法隆寺使用的一些木材，在建廟前一個世紀就已成材，之前就已在建造別的建築時使用過了。這顯示出扁柏木柱的堅固性，如保護得當使用壽命可以非常之長。

法隆寺比中國現存的任何一個寺廟更古老。比如五台山的佛光寺，在857年才建成。因此很難追溯中國建築對法隆寺的影響。相反，中日兩國的學者都試圖利用法隆寺的結構去推測，在該寺建立之前，中國的建築大概是什麼模樣。

735至737年，日本遭遇了毀滅性的天花疫病，接踵而來的是嚴重的饑荒。聖武天皇因此在741年頒詔，下令各地興建寺廟，以保護國家免於災難。743年，為了加強保障，他又下詔在金光明寺（後來的東大寺）建造大佛，金光明寺成為全國的總寺。幾十名來自中國和朝鮮的木匠指導當地工匠建寺，並徵募大量農民參與工事。這種建築工程不僅需要木工技藝，也依賴鑄造技術的巨大進步。

東大寺以中國和朝鮮的同類建築為藍本，比日本以往任何建築都要先進得多。除了陳列的小型佛像外，寺內的大佛高達近五十英尺（十五米），重約五百公噸。這尊大佛是根據已損毀的一個更大的中國佛像所建，是現存世界上最大的銅鑄佛像。東大寺大佛遭到幾番破壞與修復，但仍保持了原初的形狀。總的來說，大佛的規模和寺廟的起造與擴建消耗了大量人力、銅和其他材料，朝廷花費甚巨，但日本的統治者還是認為，為了消災避難，為了國家昌盛，這樣的花費是值得的。

754年，中國高僧鑒真應天皇之邀到奈良參加敬獻東大寺大佛的典禮。早在742年，兩名訪唐的日本留學僧邀請他去日本為僧侶傳授佛學。鑒真先後五次試圖東渡，但多次因天氣原因無法成行。第六次，他搭上日本遣唐使回國的船隻，終於如願到達日本。那時，鑒真已經雙目失明，但還是在東大寺起壇，為聖武上皇等多人授菩薩戒，繼於寺內建立戒壇院。隨鑒真一起到日本的木匠和僧侶建造了另外一座寺廟，即唐招提寺。在唐招提寺，鑒真與同行弟子講經傳法，培養年輕一代的日本僧侶。弟子為其建造一座與本人一樣大小的雕像，細部可謂刻畫入微，包括下顎下方的筋脈、閉着的雙眼（顯示他已失明），還有耳孔裏的毛髮。雕像雖遭損壞，但傳世至今，被認為是東亞藝術史上最重要的作品之一，也是當中日兩國希望強調共同的傳承時的文化紐帶。

貨幣和商品經濟的起源

儘管日本墓葬中曾發現奈良時代之前就已經進入日本的中國貨幣，但直到708年，也就是奈良時代來臨前夕，日本才以中國為師，開始鑄幣。因鑄幣技術不如中國，後來日本乾脆放棄貨幣鑄幣，從中國進口了大量銅幣。八世紀，日本的貨幣經濟主要侷限於奈良地區。在奈良時期，該地區有兩個市場，銷售稻米、藥物、布匹、一些簡單的手工製品，還有陶瓷。當時，貨幣經濟在中國已覆蓋廣闊的地理範圍。此後幾個世紀，稻米仍舊是日本最主要的交換媒介，在與朝鮮人和中國人交易的時候，除了稻米，絲綢也可以作為等價交換物。

借鑑中國對日本的影響

600年到838年，日本從中國學到了文字、佛教、儒學、文學、音樂和建築，這些都成為日本文化的基本組成部份，即使在十九至二十世紀西方文化進入日本後，仍保存了下來。中國文化元素進入日本，不是因為軍隊的入侵，也不是通過大規模的移民，而是少量朝鮮人和人數更少的中國人將中國文化的一部份帶入日本。但最主要的還是通過為數不多的去長安學習的日本僧侶和官員，有些人在中國生活了很多年。考慮到中國對日本影響之深遠，不禁令人驚嘆如此全方位的學習居然只是通過如此少的人得以實現。

838年之後，日本派出了最後一個正式的遣唐使團，此後日本不再積極以中國為師。在學習中國的關鍵時期，日本統治者正試圖建立中央集權制以管理更廣袤的領土。而日本停止派出遣唐使時，地方勢力開始坐大。792年，也就是遷都京都以及平安時代開始的前兩年，

日本結束了全國徵兵制，允許地方發展武裝勢力。那時，皇室宗親開始在遠離京都的區域擴展勢力，並建立了自己的地方武裝。

隨着這個去中央化的進程，日本從中國學到的文化元素也擴散到了更多的主要島嶼上。二十世紀，漢字在中日兩國多次的文字改革中以不同的方式進行了簡化，但很多基本特徵還是保留了下來，成為中日交流的基礎。直到今天，中日兩國在學習對方的書面文字時要比西方人快很多，他們也能抓住西方人難以理解的中日文字的精妙之處。

幾個世紀以來，儒學教義在兩國都發生了很大的變化，但作為共同核心的典籍、信仰和實踐留存至今。在日本，人們還能背誦一些從中國傳來的格言。他們彈奏源自中國的弦樂器，背誦來自中國的詩歌，彷彿就是日本原創。隨着十九世紀末大眾教育在兩國得到普及，更多日本和中國的年輕人在本國接受了標準化的教育。中日兩國現在幾無文盲，全國人民既可以學習西方，也可以學習本國傳統。

佛教的普及提供了中日共同的信仰和儀式。佛教宗派在日本比在中國強得多，它們的源頭不只可以追溯到引入該宗派的日本和尚，而且可以追溯到宗派創始人留學的中國寺廟。佛教引入日本之初，中日僧侶之間的交流經由朝鮮，但在九世紀之後，日朝聯繫變少了，改為直接從中國向日本傳播佛教。

民族主義勃興時，中日之間不同的歷史記憶有時候會成為同仇敵愾的焦點，但兩國廣泛的文化共性可以成為互相理解的基礎。日本人去中國旅遊，以及中國人去日本旅遊時，他們看到漢字寫的路標，都會有一定程度的熟悉感，而這種感覺是西方人所沒有的。中日兩國的佛教徒共享一套儀式、信仰和文化，為彼此合作以及跨國界的同情心和援助提供了基礎。日本僧侶繼續前往中國參拜歷史聖地。兩國虔誠的信徒可以背誦共同的經文，欣賞彼此的寺廟和佛教藝術。1980年，中國將一座鑒真和尚的漆像請回他在中國的本寺——揚州大明寺，日本僧人贈送了一座石燈籠，這座石燈籠來自

鑒真在日本講經的寺廟唐招提寺，其年代可以追溯到八世紀。今天，當兩國領導人強調中日友好時，鑒真仍然是中日文化共通的象徵符號。

第2章

未帶來文明轉型的中日貿易
838–1862

　　到838年，日本統治者已經成功地將原來依靠氏族之間關係的治理結構，轉變為中央集權國家。日本仍然有些地方可以向中國學習，前往中國的日本人、赴日的中國人，以及把從中國學到的技藝帶到日本的朝鮮僧侶和工匠，都是日本統治者繼續獲得知識的來源。但與之前相比，838年後日本從中國學到的東西要少得多。838年之前，日本已從中國學到如何建立政府賴以運作的官僚組織，以及如何建立指導政府運作的基本規則。他們引入了中國的儒學和佛教，以提供統治的合法性。他們學會了漢字，得以保存文字紀錄，並編修正史使其統治正當化，也可以比較容易地與散布於偏遠地區的官員聯絡交流。他們興建城市、修建寺廟、創作寫實的人物畫像、學會演奏中國樂器，並提高了製作陶瓷的工藝。那時的日本統治者有理由相信，日本的政府架構、哲學基礎、宗教和藝術都可以跟中國相媲美。因此，日本無需再接受正式的朝貢關係，承認中國統治者是地位遠在「日本的大王」之上的「天子」。

　　再者，那時的中國也不再是值得效仿的對象了。安史之亂（755–763）後，唐朝開始衰弱。到838年，中國已不復盛唐時期的吸引力。中國境外很多政權都停止了朝貢，日本在838年最後一次向中國派出朝貢使節團。907年唐朝滅亡前後，中國發生了持續幾十年的權力鬥

爭，此後幾個王朝均無法完成統一大業，也無法擁有足夠的實力控制中國的貿易夥伴。

六個世紀之後的1403至1547年，明朝（1368–1644）強盛而日本幕府弱小，日本同意恢復朝貢關係，向中國稱臣。明朝開國皇帝朱元璋（1368–1398年在位）相信中國無所不有，提出日本如果想繼續跟中國貿易，就要重續朝貢關係。幕府將軍足利義滿認為與中國貿易對日本有利，要是中國認可幕府將軍為合作夥伴，當可加強幕府威信。1403年恢復的中日朝貢關係持續了一個多世紀，直到日本統治者再次感到自己足夠強大，不必再以小事大。

838至1862年的一千多年間，中日關係基本圍繞貿易展開。[1]中國的造船能力在宋元兩朝得到提升，開始建造更大更堅固的船隻，對外貿易亦有所增加。[2]但是與十九世紀末和二十世紀相比，當時中日之間的貿易額還是微乎其微。

總體來說，中日兩國的領導人都希望和平共處，只有兩位欲圖征服海外、野心勃勃的統治者例外：一位是蒙古可汗忽必烈，他在十三世紀率領元朝軍隊進攻九州；另一位是日本的豐臣秀吉，於十六世紀末侵略朝鮮，並計劃佔領中國。結果，兩位強人誰也沒能征服對方的國家。此後，中日貿易得以持續進行，中日官員也在繼續促進兩國間的友好關係。

中日對彼此的印象隨時間而變化。傅佛果發現，早先中國人關於日本的印象主要來自隋唐時期來中國學習的日本「高僧」。而到了明代，中國人眼中的日本人形象變成了在中國沿海搶劫的「嗜血海盜」。

而日本人心目中的中國和中國人的形象，主要來自對學識淵博的中國官員與高僧的尊重。日本人從未忽略中國遼闊的幅員、豐富的資源以及令人讚嘆的工藝品。日本商人也從未低估中國商業活動所達到的高水平。但豐臣秀吉的軍隊在朝鮮數次戰勝明軍，證實明軍並非不可戰勝，這降低了日本對中國的敬畏之心。

1895 年前，日本人對中國的興趣遠遠超過中國人對日本的興趣。日本學者繼續閱讀中文經典，而對日本文化有興趣的中國人則寥寥無幾。到十九世紀中葉，日本開始放眼世界，他們主動提出恢復中日間的官方接觸。

600 至 838 年，日本學習中國帶來了本國文明的轉型；1895 年後，中國開始學習日本，也因此改變了中國。與這兩個時期不同的是，838 至 1862 年的一千年間，中日都沒有因為學習對方而發生根本性的轉變。為追蹤這一長時段下中日關係的主要變化，筆者將這一千年劃分為以下幾個階段：838 至 1403 年，此階段中日之間沒有朝貢關係；1403 至 1547 年，中日之間恢復了朝貢關係；1547 至 1862 年，中日之間沒有任何官方接觸。

港口監管官員、商人和僧侶，838–1403

到 838 年日本停止派遣朝貢使節團之前，中國的經濟中心已從渭河河谷的西北地區轉移到東海的長江下游地區。長江下游在灌溉和耕種方面的進步，使水稻種植得到發展和擴張。該地區的良港有利於經濟快速發展，也導致人口增長。

因為日本的中央政府不再控制貿易，商人可以自由地將商品運到長江下游地區的港口，比如揚州、杭州、寧波，以及長江以南的福建和廣州。然後，他們再將從中國進口的商品運回日本。同樣，中國商船將中國貨運往日本銷售，然後運回日本貨再賣到中國市場。當時，日本最活躍的國際港口是九州的博多（位於福岡），由中央任命的當地官員管理國際商船的進出。

中國經濟在宋朝（960–1279）變得更加商業化，銅幣成為交易媒介。宋朝官員發現與日本貿易並徵收關稅是有利可圖之事，因此沒有

再堅持繼續朝貢關係。中日貿易增加了，交易也相對順利。總體上來說，中國商船比日本船隻更堅固，在博多和寧波之間來往的中國船也比日本船更多。

過去的船隻體積小、不堅固，日本商人通常選擇走北路，即先從九州到朝鮮，再沿着朝鮮的西海岸，穿過渤海灣到達華北。萬志英（Richard von Glahn）解釋說，有了大船後，更多商人選擇危險但路途更短的南路，穿越急風大浪，從博多直航到達寧波。

宋朝在大多數時候都能與北方的遼朝（907–1125）和平相處。大部份日本貿易都在宋朝的長江下游進行，但日本與遼之間也有少量貿易。遼的國土包括今天中國東北的大部份地區，來自遼的商品通過朝鮮半島運到日本。

1127年，女真南下，佔領了宋朝首都開封。宋朝南遷，後定都臨安（今杭州），史稱南宋（1127–1279）。之前以開封為首都的朝代，史稱北宋（960–1127）。杭州位於長江南岸，大可利用長江下游的經濟增長，因此南宋時長江三角洲各港口與博多之間的貿易蓬勃發展，直到1276年杭州被蒙古人攻佔為止。

日本人意識到，宋朝幅員遼闊，擁有大量的公共工程，經濟更發達，市場專業化程度更高，有很多對日本富有吸引力的商品。隨着海外貿易的增加，中國沿海地區的工匠紛紛擴大生意，生產瓷器、陶器、絲綢和棉布，賣給日本人和其他外國人。

早在漢朝建立四年前的公元前206年，中國人已經開始製造銅幣（有時也叫青銅幣），到北宋時他們鑄造了大量這種銅幣。學者估計，宋代流通的銅幣多達二十億枚。[3] 銅幣不僅用來作為收稅的標準，也用於長途商業貿易。宋代時期，日本也曾自行鑄幣，但鑄幣技術不如中國，不久即放棄自行鑄幣而改用中國的銅幣。日本需要大量銅幣，願意向中國出口布料、陶器以及其他商品以換取銅幣。有時中國沿海城市管理外貿事宜的市舶使努力限制流到日本的銅幣數量。九世紀

末，日本和尚圓仁等用砂金購買中國商品，稻米和砂金間有一個固定匯率。到十世紀，砂金不易獲得，日本又再次使用稻米換取中國商品。中國的造紙技術當時有了很大的改進，有一段時間，宋朝使用紙幣，但幾十年後，又放棄了紙幣，重新使用銅幣。

838 至 1403 年這段時期，沒有朝貢關係 —— 也就不存在外交關係，中日兩國的中央政府都沒有在組織貿易方面發揮重要作用。進行貿易和管理貿易方面最關鍵的人物就是通商口岸的監管官員、商人和僧侶。

港口監管官員

838 年朝貢關係終止後，無論在中國還是日本，後繼的政府都不再組織貿易使團互相來往。但他們仍然制定了管理貿易的規則，在港口城市安排官員監管貿易，檢查進出港口的貨物和收取關稅。

負責監管港口貿易的官員試圖確保政府可以從進口貨物中獲得適當的份額，同時禁止本國短缺的貨物出口。與日本相比，中國有更多的商船，與更多的國家有貿易關係，交易的商品也更多，因此中國的口岸官員市舶使更容易實行標準化管理，收取固定的費用。相反，日本的商船很少，不容易設立固定的費用，這樣就給當地官員更多自行設定收費標準的餘地，商人與口岸官員之間針對收費問題的矛盾一直存在。兩國的口岸監管官員也有權力拒絕一些貨物入關。無論中國政府還是日本政府都很難對港口的官員實行嚴格的控制：一來很多商品需求量巨大，二來中國港口離宋朝都城的距離和日本港口離京都的朝廷都很遙遠。港口監管官員經常利用職權將部份商品和收取的費用轉移給家人和朋友。因為腐敗的特殊性，學者無法考察那些官員所達到的腐敗程度，但當時留下的材料確認存在這樣的問題，犯科者還受到了懲罰。

　　在有些年份，為了防止某些貨物外流，中日兩國的港口監管官員會對商船進入港口的次數以及出口商品的數量加以限制。比如，中國官員擔心銅幣短缺以及日本對銅幣需求巨大，便要求市舶使限制銅幣出口到日本的數量。

　　管理博多港貿易的部門是九州政廳大宰府（位於今福岡縣太宰府市）。七世紀，大宰府剛建立時，京都的朝廷派一些貴族去那裏任職，確保中央在對外貿易上的控制權，以及保證京都的朝廷可以優先挑選來自中國的商品。然而，在現代通訊和交通工具出現之前，朝廷其實很難對遠在港口的官員實行監管，地方官員在管理貿易上有相當大的獨立性。

　　中國商品在博多入關後，有一部份通過船運到達其他一些不能直接從事對外貿易的日本港口。到1469年，位於大阪郊區的堺開埠。大阪當時是一個如同中世紀歐洲商業城市的獨立城市，以金屬加工業和紡織品著稱。從博多經過瀨戶內海到達堺的船隻，可以將進口到博多的外國商品運輸至日本內地。包括現在的大阪、神戶、京都和奈良在內的繁榮興旺的關西地區，其富有家庭可以通過堺獲得進口商品。當時的日本只有少數幾個港口可以直接從事對外貿易，其中一個港口就是九州東北部的豐後府內（今大分縣大分市），在那裏設立了一個區域性的貿易總部，由官員監督貨物的進出口。

　　在西方，博多沒有像長崎那麼有名，但作為當時日本唯一的開放港，* 它所實行的很多政策為長崎採納，而長崎是德川時期唯一的開放港。比如說，博多的地方官員要向京都的朝廷匯報來到日本的外國船隻以及進出口商品的情況。附近設有為外國人提供住宿的鴻臚館，以便當地官員對外國人的行為加以控制，他們的船隻就停泊在附近。十

---

* 譯註：開放港指國家公開宣布或同意外國籍船舶可以進出停泊、上下旅客或裝卸貨物的商業性港口。

一世紀中期之後，鴻臚館被棄置，在博多的中國商人開始在「唐房」聚集，類似後來德川時期長崎的唐人街。1987年，鴻臚館的一些遺跡被發現。考古學家一直在研究，試圖了解當時外貿商品的類型。

917年，北宋在廣州設立市舶司，作為中方的對外貿易管理機構。後來，長江下游地區開始富裕起來，先後在杭州（989）和寧波（992）也成立了市舶司。商人必須先得到許可證，才能從事對外貿易。1080年，寧波是唯一可以向前往朝鮮和日本的商船發出貿易許可證的城市。所有到達中國的商船都要經過檢查，商品都要徵稅。實際徵收的稅額因時而異，變化很大，低至5%、高可達70%。當稅額很高時，商人有更強烈的動機進行走私活動。因為中國港口的商船遠遠多於日本港口的商船，中國成立了機構並施行了更標準化的方法對進口貨物徵稅。

在唐代以前，廣州是對外貿易的主要港口。山東省的登州一直是對朝鮮貿易的港口，十一世紀前也用於對日貿易。直到十三世紀，廣州一直都是從事對外貿易的活躍港口。但在十三世紀後，福州和泉州這兩個福建省的港口，逐漸變得更重要。由於福建的瓷器是出口日本和東南亞的主要商品，在福建南部甚至南至廣東省東北部的潮州，瓷器的產量都有所增加。

中國港口的市舶司允許日本和其他國家的商船在指定港口卸貨，因為官吏經常扣押日本的商品，他們與日本商人之間不斷出現磨擦。1309年，寧波的日本商人被市舶司沒收了很多商品，心情煩悶，於是用原本準備賣給中國人製造炸藥的硫磺縱火，造成寧波諸多建築被毀壞，包括寺廟和官衙。後來該地立起一塊漢字寫的石碑，碑文沒有指責日本人，相反，描述了中國人試圖佔有日本人財產的不當行為。

總之，在這段時期，中國人製造商品的技術比日本高明。根據費許爾（Charlotte von Verschuer）的考察，中國製造和出口瓷器、藥物、香料和絲綢，而日本則出口砂金、水銀、絲織品、珍珠和陶器。749年，

日本發現了一座金礦，之後其他金礦陸續建立，黃金迅速成為了日本的主要出口商品。到十一世紀，可以獲得的金子少了，但在十三和十四世紀發現了新的金礦，黃金又成了日本的重要出口物資。日本的工藝技術持續提高，到十一世紀，日本開始出口紙扇、刀劍、盔甲、絲綢和一些陶瓷。1242年，一場大火將杭州附近的徑山寺化為灰燼。因為中國缺少木材，日本僧侶將木材運到了中國，用來修建寺廟和製作棺材。

商 人

商人自然希望多賺錢，少交關稅。港口城市的監管官員可以對進口的商品進行檢查，但對商人準備出口的商品和將進口商品運送到何處卻很難控制。當時的貨船規模都不大，很難運輸大型貨物。因為航行費用昂貴，事前往往需要進行大量準備工作。商人有時會運輸木材以應對某些特殊建築工程的需要，偶爾也會運輸馬匹和其他動物。但通常來說，用於交換的商品是那種體積更小、價值更低、易於存放於船艙箱子中的貨物。由於經過長途運輸到達港口的商品數量不多，能分到物品的是官吏、豪門、寺廟和有錢的社會精英，普通農民無緣享受。

由於京都的朝廷官員和富足的日本人都渴望購買中國商品，宋代前往日本的中國商人經常能與日本各地官員建立良好的合作關係。進口商品經大宰府的官員課稅後，中國商人有時可將商品運往其他城市銷售。由於需求巨大，他們通常獲利豐厚。

僧 侶

作為信佛之人，僧侶比唯利是圖的商人更容易獲取信任。訪問中國的日本僧侶與中國僧侶發展出互相信任的關係。中日朝貢關係結束後，這些在中國的日本僧侶除了發揮宗教角色以及擔任當時的知識分

子外，在官員缺席的情況下，成了值得信任的中間人，促進了兩國之間的貿易。

在北宋時期，只有二十位日本僧人曾到訪中國。但到了南宋，到訪的日本僧侶多至一百位，他們通常搭乘宋商船隻來到中國。在宗教方面，日本僧侶繼續在中國的寺廟進修，走訪名勝古剎。李怡文研究了中日之間沒有朝貢貿易的 838 至 1403 年這六個世紀中，僧侶所起的作用。她指出，日本僧侶除了去山西五台山、浙江天台山等地朝聖外，繼續在中國高僧的指導下研讀佛經、增進知識。儘管日本僧侶在理解佛經上有了長足的進步，他們仍然尊敬德高望重的中國高僧，渴望將佛經和藝術品帶回日本展示。一些日本佛教徒相信，中國的佛教徒已掌握了治癒某些身體疾病的知識，希望能知道其中的秘密。

當時的佛教信徒往往認同於某一宗派，這種情況在日本尤盛。一些留學中國的日本高僧歸國後創立宗派，這些宗派與中國佛教宗派相關。著名的中國宗派禪宗，強調通過沉思、而非讀經，獲得頓悟。禪宗在八世紀傳入日本，在日本以「禪」為名。日本禪宗發展迅速，在鎌倉非常流行，這是 1185 至 1333 年的幕府所在地。榮西和尚（1141–1215）將禪宗之一派引入日本，* 道元和尚（1200–1253）則引入了另一派禪宗。† 禪宗強調強大、堅定的個人精神，對知名日本武士產生了巨大的吸引力，有些人還利用禪宗訓練年輕武士。

在宗教界之外，日本僧侶與京都的朝廷、中國的官員、中日兩國的港口官員以及商人都保持溝通。845 年，唐朝頒布滅佛敕令，並因為寺廟不納稅，拆毀寺廟。但幾年後，滅佛政策廢止，僧侶又可以公開禮佛，與朝廷官員往來。

---

*　譯註：指臨濟宗。

†　譯註：指曹洞宗。

在北宋時期，就像早年日本朝貢團的使節得到的禮遇一樣，有三位日本僧侶甚至得蒙皇帝召見並敬獻禮物。984年，宋太宗接見了一位名叫奝然的日本和尚，並接受了上呈的兩卷記錄日本情況的文書，*其中一份含有六十四位天皇的名錄，代表自神武天皇以來持續不斷的天皇譜系。宋太宗對奝然頗有興趣，並於985年再次接見了他。第二位日僧寂照（又作寂昭）於1004年得到宋真宗的召見，而第三位和尚成尋則在1072年得以謁見宋神宗。

日本僧侶有時能與中國官府和京都的日本朝廷談判。京都朝廷的很多官員都是佛教徒，與僧侶交往方便。一些商人也是佛教徒，他們計劃遠航中國時，更願意與僧侶合作。

有些扮演了各種談判角色的日本僧侶在管理僧院的過程中獲得了大量經驗。這一時期的大部份時間裏，日本寺廟都不必納稅，有些寺廟因此集聚了大量財產。入宋僧作為商人的助手可以通過航海貿易獲得酬金，他們常為寺廟化緣，堅持將一部份酬金用於本寺的翻新和擴建。比如天龍寺住持曾派人前往中國，並將行程所得酬金用於興建寺廟，該寺於1345年完工。靠近港口的大僧院比地處邊緣的小僧院有更多機會參與貿易並由此獲利。據說有幾位僧侶因為參與貿易而變得腐敗。

儘管日本不情願接受中國的朝貢制度強加的從屬地位，但他們仍尊重中國的佛教和文人的生活。新儒學的偉大思想家朱熹（1130–1200）創立了一套新的儒學體系，強調天理在形成人與宇宙的和諧關係中的重要性。朱熹在日本廣受尊重，其哲學思想在日本得到發展，成為德川時期的哲學基礎。

簡言之，宋代時中國開放對外貿易，佛教僧侶有助於中日關係的平穩發展，也促進了兩國之間的貿易。

------

* 譯註：即《王年代記》與《職員令》。

第二次中日衝突：1274年與1281年元軍侵略九州

中日軍隊首次發生衝突是在七世紀六十年代的朝鮮半島。第二次則發生在日本，蒙古人率領的元軍向日本發動進攻——這是歷史上唯一一次中日兩國軍隊在日本發生戰事。

蒙古人與漢人種族不同，但他們在建立元朝（1271–1368）並於1279年消滅南宋統一中國後，還是以漢人的方式統治中國疆域。在1274年元軍進攻日本之前數年，日本已獲得消息，元軍準備沿朝鮮半島南下侵略日本，這是其征服世界的一環。在實現對朝鮮半島的控制後，忽必烈從1266年開始六次遣使日本，意圖迫使其成為元朝的附庸國。1271年，他再次要求日本成為元朝的一部份。未得到答覆的忽必烈開始在朝鮮半島的高麗大規模造船，為入侵日本做準備。

1274年，由大約一萬五千至兩萬五千名蒙古和高麗人組成的元軍從朝鮮半島啟航，準備進攻日本。* 在佔領了朝鮮與日本之間的對馬島以及幾個遠離九州的小島後，他們在博多灣登陸。最初，因為日本沒有對外作戰的經驗，元軍取得了幾次勝利。戰鬥中，博多部份地區被焚毀，包括一處中國商船水手的居住地。此後兩軍展開激戰，元軍決定撤退。在撤退途中，元軍遇到一陣強風，返回朝鮮半島。

此次戰爭後，日本在博多灣海岸元軍可能登陸的多處地方建造了高約六英尺的石壘（日本稱「元寇防壘」）。† 1275年與1279年，忽必烈兩度派出使臣，但均被日本斬首，導致元軍發動第二次更大規模的侵略。

---

* 譯註：《元史》載為一萬五千人，《高麗史》載為兩萬五千人。歷史學家對元軍人數持不同看法：日本學者服部英雄推測有一萬六千五百人，包括九千名士兵和七千五百名水手；美國學者托馬斯・康蘭（Thomas D. Conlan）認為這些數字被遠遠高估，元日雙方實際只有兩三千人。

† 譯註：康蘭指出石壘的高度只有三至四英尺，武士可以坐在石壘上或在石壘前打仗。

　　1281年，大約四萬人的蒙古高麗聯軍，加上大約兩萬名來自浙江的江南軍（南宋降軍）一起，發動了第二次侵略。*日本在此役前集中了龐大的抵抗力量，再加上研究了前次戰役中元軍的戰術和裝備，準備更充分。從朝鮮半島出發的蒙古高麗聯軍率先到達博多灣，他們很快佔領了對馬島和壹歧島。但由於石壘的阻撓，一直無法在博多登陸。六個星期後，江南軍到達附近的高島。當元軍匯合後再次試圖在博多登陸時，一陣猛烈的颱風襲來，停泊在高島海灣的江南軍幾乎全部沉沒。蒙古高麗聯軍可能在颱風過後成功退回了朝鮮半島。

　　日本官員斷定是「神風」拯救了他們。把日本說成是受上天保護的特殊國家這一說法，後來被極端民族主義者利用來宣傳日本不可戰勝的民族精神，「神風」一詞則被用於描述二戰中對太平洋上的聯軍艦隊進行自殺式攻擊的日本飛行員。史學界對颱風影響戰事的程度有不同看法，但颱風的確摧毀了一些船隻，使元軍陷於困境之中。

　　元軍撤退後，中日貿易迅速恢復。數年後，元朝的蒙古統治者為了與日本恢復關係，派遣一名禪師作為使節前往日本。他留在幕府所在的鎌倉市，擔任雙方都能信任的中間人，就像日本僧侶曾起過的作用一樣。

恢復朝貢，1403–1547

　　明朝開國皇帝朱元璋相信中國無所不有。因為有來自水稻種植的固定稅收，明朝官員們認為不必通過對外貿易獲得更多的收入。此外，朱元璋希望沿海地區維持秩序。登基第一年，他就宣布禁止

---

* 譯註：服部英雄推測從朝鮮半島出發的元軍約有兩萬七千人，江南軍約有五萬人。康蘭認為元軍總人數最多只有一萬。

一切對外貿易，並加強海防取締走私。他知道日本商人希望與中國做生意，但除非日本接受朝貢關係，否則絕不允許。而且，所有在兩國之間航行的船隻都要持有被稱為「勘合符」的通行證才可以運輸某些商品。

　　1369年，即朱元璋登基第二年，他派出使節前往日本和東南亞，試圖恢復朝貢關係和增設勘合制度。他確信日本比中國更需要貿易，因此中國有足夠的優勢實行對貿易的嚴格控制。1371年，日本派出十名僧侶前往中國，他們帶去了後醍醐天皇之子懷良親王的信。朱元璋派遣一個由八名僧侶組成的回訪團，給懷良親王帶去禮物。談判從1370年一直持續到1402年，兩國談判使節團均由僧侶率領。

　　此後數年，日本繼續跟中國談判，但並沒有接受朝貢關係的意向。1380年，一個來自日本的貿易代表團到達中國，因為日本不同意恢復朝貢關係，中國拒絕讓船隻和商品入境。日本商人試圖卸貨，同樣遭到斷然拒絕。情況變得越來越複雜。朱元璋懷疑宰相胡惟庸與日本人合謀，試圖奪權篡位。中國官員態度明確，他們不允許日本和中國貿易，除非日本接受朝貢制度，在禮制上承認中國的中心地位。

　　1394年，足利義滿把將軍之位傳給兒子，自己成為太政大臣。他敏銳地意識到室町幕府 (1333–1573) 不具備鼎盛時期的鎌倉幕府 (1185–1333) 所擁有的日本全國的支持。他相信恢復與中國的貿易對日本有利，有助於足利將軍建立在日本的合法地位，而日本實在沒有和中國談判的優勢。最終足利義滿緩和態度，同意接受使日本的地位低於中國的朝貢關係。

　　正當足利義滿準備承認中國皇帝是天子，自己實際為其從屬之時，朱元璋駕崩了，皇孫朱允炆 (皇長子之子，即後來的建文帝) 和皇四子朱棣 (後來的永樂帝) 之間發生了權力鬥爭。1403年，足利義滿派出一個由約三百人組成的使節團乘船前往中國朝貢稱臣。他們帶了兩封國書，第一封在建文帝登基的情況下使用，第二封則用於建文

帝的叔叔稱帝的情形。船隻抵達時，建文帝的叔叔已經成了永樂帝，使節團呈送了第二封國書。兩國重建朝貢關係、恢復貿易的協議在1403年達成。永樂帝允許日本每十年進貢一次，每次只能派兩艘船。*日本將獲發勘合符，允許其從事私人貿易。足利義滿的使節團返回日本之時，永樂帝也允許八十位中國人搭乘日本船。

沒有史料顯示足利義滿恢復朝貢關係的決定得到日本天皇或者朝廷的批准。一些日本專家推測，因為朝廷從未支持過該決定，朝中某些官員必定持反對態度。後來，日本人對足利義滿極盡批評之能事，認為他沒有骨氣，接受了臣屬地位。

1404至1410年間，除了朝貢使團，明朝也允許另外六艘日本商船來華。明宣宗（1425–1435年在位）允許每十年內日本可以有三艘私人貿易船隻抵岸，但實際上有很多日本船隻跟隨朝貢使團前往中國。日本的使節團到達北京後，先交換貢品，其他商品則在討價還價後出售給中國官員。如果中國官員沒有買走全部商品，他們就將餘下的貨物拿到市場上售賣。

1451年，一個由九艘船組成的日本使節團來到中國，運載的貨物極多，中方很難將那麼多商品全部高價售出。有一次，大內氏和細川氏這兩個交戰中的氏族無法在組織聯合朝貢使節團一事上達成協議，於是各自派出使節團。一些日本官員仍然不願意接受朝貢制度下日本的臣屬地位，到十六世紀中期，內部爭執使得組織朝貢使節團變得更加困難。1403至1547年間，幕府一共向明朝派出十七個朝貢使節團，帶來貢品和其他可供出售的商品。最後一次遣使是在1547年。†

---

* 譯註：《明史·卷三百二十二》載，「永樂初，詔日本十年一貢，人止二百，船止二艘，不得攜軍器，違者以寇論。乃賜以二舟，為入貢用，後悉不如制。宣德初，申定要約，人毋過三百，舟毋過三艘。而倭人貪利，貢物外所攜私物增十倍，例當給直。」

† 譯註：參見村井章介等編：《日明関係史研究入門——アジアのなかの遣明船》（東京：勉誠出版，2015），頁32。

日本海盜及其在中國歷久不衰的「倭寇」形象

　　在朝貢關係期間，明朝禁止私人貿易。除非持有特許的勘合符，任何在該規定之外試圖在中國銷售商品的日商被視為「倭寇」。對中國人來說，「倭寇」包括走私者以及那些在海上搶劫船隻的人。朝貢關係結束後，明朝不允許日本與中國進行貿易，任何與中國貿易的日本人都被歸入「倭寇」之流。其實，走私商品以及在中國沿海搶劫的人，有日本人、朝鮮人，也有中國人。中外學者估計，大部份倭寇實則是中國人，有時一個海盜團伙的成員來自不同的國家。早在四世紀，中國就已經有關於日本海盜的記錄，但直到十五世紀中期，他們的數量都很有限。但在整個十六世紀，海盜非常普遍。

　　導致走私氾濫和海盜猖獗的原因，包括貿易禁令本就難以執行，中日兩國內部的動亂導致查緝難以執行，還有就是走私能獲得巨大利潤所產生的驅動力。

　　中國長長的海岸線有無數水灣，走私者可輕易進入。中日兩方都沒有足夠人力逮捕所有走私犯或搶劫船隻的海盜。外國走私者很容易沿着廣東、福建、浙江以及江蘇省內的長江沿岸找到想分一杯羹的當地人合作。中國官員曾試圖強行將沿海地區參與走私的人搬遷，但這些人可以輕而易舉地偷偷跑回來。

　　對走私者來說，此時正是極佳的牟利機會。十六世紀中期的中國，白銀可用於貨品交換和納稅，國內因此出現了對白銀的極大需求。1530年，日本發現了白銀，石見銀礦開發後，開始大量生產這一貴重金屬。與白銀相比，黃金在中國的價格比在日本低。海商將日本的白銀賣到中國，然後購買中國的黃金賣到日本，即可賺取快錢。中國走私者則將絲綢和其他商品運到日本港口換取白銀，他們僱傭日本海員在船上工作。當日商及其中國合夥人在中國沿海地區走私遇到困難時，有些人就使用武力來奪取他們無法買到的貨物。

　　日本海盜大多來自九州，尤其是北部的肥前沿海地區和離島。長崎附近的平戶島和松浦島成為走私中心。在日本，大部份進口貨物最終銷往京都、堺港所在的大阪及其附近都市。

　　中國在控制海盜行為上確實有所進展。兩位因抗擊倭寇成名的軍事將領俞大猷和年少成名的戚繼光，今天仍被視為抗倭英雄。明朝前三位皇帝在位期間（1368–1424），組織了上百次針對海盜的軍事行動。但是，由於缺乏持續的、有力的領導，明軍有時甚至會加入海盜隊伍而不是抗擊海盜。一些所謂的「倭寇」實際上是能夠獲得船隻和軍事裝備的中國官兵。

　　有些明代官員建議，通過馳禁貿易減弱走私和從事海盜的驅動力。1567年，福建巡撫接到許可，給前往東南亞從事貿易的私人船隊發放執照。這一局部解禁是中日商人到東南亞交易並採購當地貨品回國銷售的誘因。如果沒有這條出路，他們可能會一直從事海盜活動。

　　明朝官員徐光啟（1562–1633）贊同放寬對日貿易。徐光啟於1604年中進士，此後跟隨當時在中國的著名耶穌會士利瑪竇（Matteo Ricci）學習，受洗入教。徐光啟也許是二十世紀前皈依基督教最有名的中國人。他對農業和國防有深入了解，認為兩者對國家實力至關重要。作為耶穌會士，他可以接觸到其他國家耶穌會士收集的信息，他後來成了皇帝的顧問。徐光啟認為禁止海盜根本不可能，沿岸有大量地方可供海盜藏身。在他看來，海盜猖獗不是因為日本人貪婪，而是因為不允許他們做買賣，另外一個原因是一些中國人從日本人處購買了商品卻試圖賴帳。他提出的方法是允許日本人從事貿易，如此他們就可獲得想要的絲綢、陶瓷和藥物。

　　徐光啟的建議並未得到採納。其他官員認為日本人是狡詐嗜血的海盜，對付他們的最好辦法是嚴厲打擊。徐光啟在世之時，海盜猖獗的問題一直未得到解決，這些海盜大多是中國人，偶爾也有歐洲人。

　　1587年日本開始取締海盜時，*豐臣秀吉正強迫九州諸大名服從其權威、共同鎮壓海盜。豐臣秀吉及其繼任者德川家康禁止海盜行為，船長們認識到在其他國家的領土或海域上燒殺搶掠會激怒幕府。1592年，豐臣秀吉頒發了九張印有朱印的特許狀，持有朱印狀的商船可以合法從事海外貿易。1603年德川家康成為幕府將軍，他繼續執行豐臣秀吉的反海盜政策，用朱印狀管理對外貿易的政策，因此降低了商人訴諸海盜行為的需求。海盜們明白，如果掠奪獲發朱印狀的朱印船，他們將面對官員的嚴厲懲罰。德川家康之孫德川家光在1635年頒布了禁止日本人海外航行的規定，進一步控制海盜行為。

　　海盜行為達到巔峰時，歐洲人開始在亞洲貿易中扮演更重要的角色，首先是葡萄牙人，然後是西班牙人、荷蘭人和英格蘭人。從1557年在澳門建立據點到1639年被日本驅逐出境，葡萄牙人為日本以白銀交換中國的絲綢和黃金提供了合法渠道。從中獲利的葡萄牙人也因此阻礙了「倭寇」從中獲利的機會，再加上日本政府的鎮壓，海盜行為日趨衰落。

　　1603年之後德川日本對海盜行為的打擊，以及明朝採取相對開放的貿易政策，都導致了海盜行為的減少。到了清朝（1644–1912），就像徐光啟當年建議的那樣，中國允許進一步開放與日本的貿易，從事海盜行為就更加沒有必要了。

　　日本海盜終於消聲匿跡，但所謂狡詐嗜血的日本海盜的故事仍然在中國的文學作品中流行。中國孩子被警告要聽話，否則日本海盜會來抓走他們。這些故事都是關於日本海盜如何使用詭計搶劫當地人。聳人聽聞的傳說描述他們如何竊財、放火、掘墓、殺人、強暴婦女。據說他們殘酷地將婦女開膛破肚，將男人扔進水中煮沸。這種殘酷的日本人形象可以在流行小説《水滸後傳》中找到，該故事的結尾是英

---

*　譯註：1588年豐臣秀吉發出《海盜停止令》。

雄們向日本海盜報仇。*在另一部豐臣秀吉征韓不久後問世的小說中，他被描述為是邪惡的洪水龍的化身，最終被英雄們斬殺。《日本傳》是官修史書《明史》的一部份，虛構成分少一些，但仍然有關於日本人如何殘忍的描述。如此，可怕的日本人的形象在中國代代相傳。

第三次中日衝突：豐臣秀吉侵略朝鮮，1592–1598

中國的戰國時期終結於一位強人的成功崛起，即公元前221年建立秦朝的秦始皇。同樣，日本的戰國時代終結於1590年，豐臣秀吉在織田信長成就的基礎上成為贏家，統一了日本。就像秦始皇、亞歷山大大帝、成吉思汗等統治者一樣，豐臣秀吉雄心勃勃，意在征服天下。他可以調動大量能征善戰的士兵，也不畏懼征服新世界之艱難。有些歷史學者認為，豐臣秀吉對外征戰的原因之一就是要使軍隊有事可做。他擔心，士兵如果賦閒回家，可能無法獲得體面的生活，會變得不安份，導致國內動亂。與十九世紀末精心準備甲午戰爭的日本人不同，豐臣秀吉沒有事先對敵人以及戰場的地形地貌進行過仔細的研究。

豐臣秀吉相信自己承天命征服世界。他在1590年成功地統一了日本，但早在1585年擊敗了幾個國內對手後，他就有了征服中國的念頭。他計劃經朝鮮到中國，並認為擊敗中國易如反掌。征服中國後，他打算到北京，將其作為首都，然後在寧波落腳，既可統治中國也可保持與日本的緊密聯繫。征服中國後的目標是印度和東南亞國家。豐臣秀吉開始收養兒子，培養他們充當未來被征服各國的首領。儘管野心勃勃，他對其他國家的情況一無所知，也對實現野心過程中會遇到的問題毫無認識。

---

* 譯註：晚明陳忱所著《水滸後傳》為四十回白話章回小說。

　　豐臣秀吉命令朝鮮人讓日軍毫無障礙地通過朝鮮征服中國。朝鮮多次嚴詞拒絕，因此在1590年8月，豐臣秀吉著手準備侵略朝鮮。除了徵召經驗豐富的劍手、槍手和騎手，他還要求所有大名(即各地封建領主)從全日本徵召步兵。1592年4月，豐臣秀吉在其領地名古屋下令，運送十六萬名士兵前往釜山，意圖讓他們從朝鮮行軍至滿洲，然後進入北京。他另外動員了十二萬名士兵作為預備部隊。

　　十三世紀元軍侵略九州時幾乎無法上岸。日本人則不同，他們在釜山一登陸，就迅速北上。朝鮮人準備不足，而日軍有騎兵、有刀有槍，在大炮的掩護下，從釜山向北前進二百七十五英里(約四百四十公里)，試圖拿下首都漢城(今首爾)。朝鮮軍隊對豐臣秀吉軍隊的進攻無能為力。朝鮮人民心生畏懼，激發地方首領組織游擊戰進行抵抗，最終拖慢了日軍的前進速度。日本人可以控制朝鮮的軍事據點和城鎮之間的小路，朝鮮人則控制了農村。

　　六個星期內，日軍從漢城向北到達平壤，準備繼續向中國進軍。日軍佔領平壤之時，明朝萬曆皇帝派出的幾千名將士越過鴨綠江進入朝鮮半島，但很快被日軍擊敗。萬曆帝對戰事失利深感驚訝，迅速派出一支多達四萬三千人的軍隊，跨過鴨綠江進入朝鮮北部。如此龐大的明軍令日本震驚。日軍分散在朝鮮全境，首尾難以兼顧，明軍成功地將他們驅逐出了平壤，並對南撤的日軍窮追不捨。在漢城以北大約十英里處的一個山谷，兩軍再次開戰，這次明軍敗於日軍。但當日本在漢城附近的幸州進攻明軍時，他們再次敗北。日軍知道如何使用火槍，這是從歐洲人那裏學到的。明軍也掌握了先進的軍事技術，比如他們從葡萄牙人那裏學到的製造大炮的方法。

　　朝鮮人那時善於造船。在日軍入侵前，朝鮮將軍李舜臣一直在建設海上兵力，他建造了具有高度機動性、裝有鐵甲的「龜甲船」，其火力十分強大。在1592年5月至9月，朝鮮海上部隊在李將軍的指揮下，與日軍在朝鮮沿岸進行了十次戰役。朝鮮船比日本船先進，李將

軍也很聰明，善於進行突襲和智取，每次總能擊敗日軍。他控制了朝鮮周圍的海道，使日軍無法增兵，也無法輸送必需物資。為了解決軍糧問題，日本人將朝鮮的大糧倉洗劫一空，但日軍的糧食供應仍然十分緊張。

在戰爭的第一年，日軍因為打仗、寒冷、飢餓和疾病，死亡人數高達約三分之一。[4] 到年底，日軍進駐據點以自保，但他們無法前進或控制鄉村地區。1593年4月，僵持中的中日雙方終於達成停火協議，日本人同意將軍隊從漢城撤到釜山地區的營地。1593年5月，中方派人前往名古屋進行停火談判。豐臣秀吉自認日本是神的土地，態度強硬，似乎日本是戰勝國。他提出把朝鮮的一部份割讓給日本，並要朝鮮派遣數名高官到日本當人質。明朝則要求日本恢復朝貢關係，向中國稱臣。停火談判持續了兩年多，雙方立場仍然南轅北轍。

部份日軍撤回本國，留下的軍隊則駐紮在釜山附近不遠處。1593至1597年，一些士兵甚至在朝鮮從事農業以養活軍隊，他們保持了自我保護的能力，每次遇襲都可以成功地擊退進攻者。

1597年8月，豐臣秀吉發動了第二次進攻，試圖打破僵持的局面，讓日軍進入中國。這次朝鮮和中國的軍隊準備更充分，迅速調動兵力抵抗日軍的進攻。日軍向西進入朝鮮西南的全羅道，然後北上漢城，在那裏遭遇了強大的抵抗。

此時一個嫉賢妒能的朝鮮官員取代英雄大將李舜臣擔任指揮。在豐臣秀吉第二次進攻初期，日本海軍擊敗了試圖阻止他們的朝鮮海軍，成功登陸。絕望中的朝鮮人只好請出告老還鄉的李舜臣。因為在戰術上比日本人靈活，他在多次戰役中成功擊毀日本船隻，並阻止了他們增兵的企圖。1598年初，明朝派出了約十五萬人的軍隊。日軍在陸地和海上兩面受阻。到1598年年中，戰事尚在進行，豐臣秀吉卻因病去世。豐臣秀吉的繼承者沒有像他那樣在日本人中製造恐慌情

緒，因此無法強迫很多人來參軍。日本統治者最初試圖隱瞞豐臣秀吉的死訊，但後來他們意識到，即使他活着日本也無法獲勝，於是開始撤軍。日軍撤退時，中朝集結了大量軍力進行追擊，日本損失慘重，但偉大的朝鮮英雄李舜臣也不幸死於海戰。

這場戰爭沒有贏家，對中日韓三國都是一個災難。儘管日本多次贏得戰役，並將俘虜的朝鮮工匠帶回了日本，但他們也遭受重創，並招致中國和朝鮮的長期怨恨。

中方傷亡慘重，朝鮮傷亡更重。很多朝鮮文化珍寶遭到破壞，經濟蒙受巨大損失，戰時糧食匱乏問題難以解決。大將李舜臣的功績使他成為朝鮮迄今最偉大的民族英雄，他的雕像至今仍矗立在首爾，作為抗日的象徵。

儘管朝鮮和中國是盟軍，很多朝鮮人卻憎惡明軍，因為他們在打仗時掠奪和破壞農村地區，還對朝鮮軍隊頤指氣使。朝鮮人對明朝的領導者也很反感，戰事結束後明朝開始和日本人談判，卻將朝鮮晾在一邊。

對中國來說，萬曆朝在朝鮮的戰事枯竭了明朝包括人力、財政和軍事裝備的資源，也弱化了明軍抵抗女真入侵的能力。女真就是後來的滿人，他們正在滿洲厲兵秣馬，準備與明朝一戰，以建立清朝。

德川日本與清朝的地方經濟發展

德川日本 (1603–1868) 和清朝 (1644–1912) 各自獲得了長達兩個半世紀相對穩定的環境，但彼此接觸不多。德川幕府建立的統治體系使地方發展出一套能夠促進當地經濟和教育發展的制度。而清朝建立的制度，則使這一地域廣大、文化多元的國家避免強大地方勢力的挑戰，但同時也抑制了地方經濟的發展。

　　1598年豐臣秀吉病逝後，日本內戰頻仍。他曾任命五大老輔佐其幼子豐臣秀賴為繼承人。但其中最具權勢的大名德川家康及其盟友在今名古屋西邊的關原，與支持豐臣秀賴的勢力大戰一場，並徹底擊敗對方。關原之戰終結了戰國時代。1603年，天皇正式任命德川家康為幕府將軍，德川於是開始在國內建立新秩序，實行新的對外關係模式。與豐臣秀吉不同，德川家康沒有征服外國的野心。他首先專注於建立一個穩定的國內制度，然後試圖消除朝鮮和中國因為豐臣秀吉的入侵而產生的不滿，努力改善與這些國家的關係。儘管很多外國人錯誤地將德川的政策描述為「鎖國」政策，實際上德川家康及其繼任者和明朝開國皇帝朱元璋一樣，試圖維持對外貿易以及對外關係，只不過是要對此加以嚴格控制。

　　德川家康極其成功地建立了一個穩定的體制，維持了國內和平。1605年，他把將軍之位傳給兒子德川秀忠，但直到1616年去世前他一直掌握實權。傳位予子使他有時間消滅反對派，建立新制度。1623年，德川秀忠依序將大位傳給兒子家光。德川家光延續中央集權的幕藩制度，將二百七十位大名的家人扣押在江戶（明治維新後改名為東京）作為人質。早在1603年，德川家康開始建造江戶城，該建築在明治維新後成為皇室居住的「皇居」。家康承認自己無法消滅那些在關原與他作戰的大名（尤其是長州和薩摩），因此在遠離江戶的地方賜予他們大量土地，減少對他的威脅。德川的親屬則直接統治關鍵地區，比如日本四島唯一開放對外貿易的港口長崎。

　　與清朝的制度相反，日本控制地方勢力的方式，是將人質扣押在江戶，同時允許大名建立自己的領地，這種方式使地方得到長足發展。每一位大名都決心致力於其領地的長期發展，支持領地內每個人發展經濟和教育。因此，這種「中央集權的封建」制度，既維持了對全國的嚴密控制，又允許大名充分發展地方，為日本打下了強大的經濟和教育基礎，使其有足夠的實力面對十九世紀開始到來的西方人。

　　跟德川幕府一樣，滿人成功建立了一個穩定的新制度，他們於1644年建立的清政權一直維持到1911年辛亥革命。1681年，滿人平定三藩（福建、廣東和雲南）之亂，基本實現了統一，以致日本官員開始擔心來自中國的侵略。清朝以科舉考試選拔官員，考察士子是否有毅力投入多年苦學，及其對儒家經典的掌握程度。官員不得在原籍為官，因此無法聯合鄉黨抵抗朝廷；每兩三年即要易地為官，確保其不能在某地扎根。因此，清朝官員缺乏促進其任職所在地長期發展的動力。監察官員被派往各地，確保地方官員與管治下的老百姓沒有建立特殊關係，評價地方官員最重要的一個標準是他們是否有能力保持當地不出亂子。這樣的制度具有超強的持久性，但不利於地方經濟的發展。

德川日本與中國及其他國家的關係

　　德川家光成為江戶幕府的第三任將軍時，他擔心葡萄牙耶穌會士在日本傳播基督教，特別是傳播天主教，會造成社會混亂。1639年，九州地區皈依基督教的農民發生暴動，事後他禁止了日本與葡萄牙和西班牙的貿易。德川家光認為荷蘭人雖然是基督教新教徒，但他們是歐洲貿易對象中最不可能製造麻煩的人，因此他將荷蘭人安置在一個靠近長崎的人工島 —— 出島，允許他們在那裏繼續做生意。荷蘭商人因此成為日本了解西方發展的一個重要窗口。通過荷蘭人，日本人學到了西方的醫學和軍事技術。

　　德川家光允許中日繼續進行貿易。雖然日本人不准出國，但中國人可以住在長崎。1689年，為了控制走私，要求中國人搬至長崎一個特殊區域，此地最後成了唐人街。*實際上，長崎的中國居民管理着日本與中國的貿易。

---

* 譯註：時稱唐人屋敷，今長崎新地中華街。

　　1611 至 1625 年，中日官員就是否有可能重建朝貢關係有一系列信件往來。中國不滿日本對侵略朝鮮的致歉以及逮捕「日本海盜」的做法，最關鍵的問題還是日本是否願意接受臣屬地位。雙方的通信始於日本致福建巡撫的一封信，該信由德川將軍的一位外交政策顧問署名，* 而不是德川或天皇本人。由於並非來自天皇，中國人拒絕將這封信作為恰當的公文。除此之外，日方在信中用了日本的年號而不是明朝的年號。中國的反饋很緩慢，但他們在 1619 年暗示，如果日方禁止所有海盜行為，恢復正式關係可以有所進展。日本就此建議討論了一段時間，在1621 年他們聲明不會奉中國為正朔，因為這意味着中國皇帝的地位比日本天皇高。也就是說，日本拒絕成為中國世界秩序的一部份。1635年，日本所有對華貿易僅限於長崎，中國船隻必須先取得執照才能入港，但並非所有中國船隻都能獲得執照。中國對執照制度的接受，使日本人產生了一種在中國人面前的優越感。雖然中日之間在 1870 年代前一直未曾建立正式外交關係，執照制度使私人貿易得以繼續進行。

　　在處理與朝鮮、俄國和琉球等國家的關係方面，德川將大部份權責交給與這些國家地理位置最近的大名。他要求離朝鮮最近的對馬島的大名負責處理與朝鮮的關係，委任北方蝦夷島 (北海道) 唯一的藩主松前大名處理與俄國和住在蝦夷島上的阿伊努人的關係，位於九州南端的薩摩大名則負責與琉球群島的關係。

明遺民逃往台灣和日本

　　滿人在北方打敗明朝，於 1644 年建立清朝。此後，從北方逃往南方福建的遺民加入了明朝效忠者的隊伍，持續抗清幾十年。遺民軍

---

* 譯註：指德川幕府中老本多正純。

隊領袖鄭芝龍（1604–1661），原籍福建泉州，年輕時去過澳門，在那裏學會了葡萄牙語。之後去了台灣，二十歲時從台灣來到位於長崎北方的平戶島。鄭芝龍既是商人又是海盜，與日本當地人建立了很多聯繫，在平戶娶日本女子田川松（即翁氏）為妻。她生了一個兒子，即鄭成功（國姓爺）。數年後，鄭芝龍回到福建，而鄭成功隨母親留在平戶，直到七歲才與母親一起搬到福建與父親團聚。

有些明遺民希望利用中日商人之間的關係獲得日本的軍事援助，打敗滿人，在北京重建明政權。長崎的很多中國移民來自鄭芝龍控制的福建。根據歷史學家羅納德‧托比（Ronald Toby）的研究，明遺民首次尋求日本援助是在 1645 年，當時鄭芝龍的手下、住在福建的林高被派往平戶乞師。和鄭芝龍一樣，林高在平戶有一些年輕時結交的朋友，希望朋友們幫助自己為明遺民乞師。

林高於 1645 年到達長崎時，他帶來鄭芝龍助手、水軍將領崔芝的一封信，*請求日本支持他們反清。這封信呈送到江戶後，幕府曾認真討論了幾個星期。由於對中國局勢的不確定性持謹慎態度，日本官員決定不立刻提供援助，繼續觀察形勢發展。日本派人去中國收集有關明遺民反清活動的情報。他們也從其他各處獲取情報，包括長崎的中國商人和荷蘭商人、通過琉球群島獲得報告的薩摩藩以及通過朝鮮得到消息的對馬藩。

1645 年滿洲軍隊南下，為了避免在福建發生大規模戰事，滿清跟鄭芝龍商談條件，希望他放棄反清立場。如果願意，他可以在北京的新政府中獲得一席之地。經過多次談判，鄭芝龍接受條件，搬至北京。但其子鄭成功仍效忠明朝，繼續指揮父親的老部下。跟父親一樣，鄭成功通過長崎政府尋求援助。雖然沒有日本提供軍事援助的歷史紀錄，但鄭成功的帆船仍繼續在長崎航行。儘管自 1621 年起德川

---

* 譯註：崔芝，本名周崔芝或周鶴芝，官至平夷侯。

幕府禁止出口商品，明遺民還通過長崎獲得了一些武器。

日本人獲取明遺民情報的渠道之一是著名的隱元禪師。他來自福建省福州附近的一個農村，與那裏的明遺民保持聯繫。豐臣秀吉掌權時一直擔心來日本的葡萄牙耶穌會士，隨其皈依基督教的人可能會對日本造成破壞性影響，因此在1587年他下令禁止基督教的活動。1640年，幕府將軍要求所有住在長崎的中國人必須到某個佛寺進行登記。佛寺有一些祖籍福建的僧侶，但人數不足以服務那麼多已登記的人，因此僧侶們請隱元來日本。隱元最初猶豫不決，但在第四次受到邀請後，於1654年抵達長崎。

那時日本要求所有中國人住在長崎，但對隱元則以特例待之。在長崎住了一年多後，他受邀前往主持攝津國的普門寺（位於今大阪府高槻市）。1658年，隱元得以謁見幕府將軍德川家綱，德川家綱也利用這個機會向隱元了解明遺民的情況。1661年，隱元獲准在京都附近開山，建立萬福寺。

1659年，效忠明朝的鄭成功實力強大到足以北伐南京，但他們卻被擊敗了。清廷向鄭芝龍施加壓力，要他敦促兒子投降。鄭成功拒降，清廷因此處決了他的父親。鄭成功帶著二萬五千人的軍隊逃到台灣，在那裏攻陷了台南熱蘭遮城的荷蘭堡壘（即安平古堡），控制了台灣島。然而，第二年，三十七歲的鄭成功就死於瘧疾。其繼任者在1683年向清廷投降，台灣被納入福建省。

日本政府從未給予鄭成功任何正式的支持，但在日本的文學作品裏，他成了一位知名的傳奇英雄。近松門左衛門的人形劇《國姓爺合戰》是1715至1717年間頗受好評的江戶歷史劇，而且經久不衰、廣受歡迎。在日本人看來，這齣戲將滿人和蒙古人與韃靼人聯繫起來，認為他們都是外來的野蠻人，侵佔了中國的偉大文明。因為國姓爺有一半日本血統，在日本人看來，他比純中國人更高貴。國姓爺的故事強化了日本統治者比滿族野蠻人優越這一流行日本的觀念。

　　鄭成功選擇和一些明遺民逃亡到台灣，但另一位明遺民朱舜水則有不同的選擇。他是明朝大儒，在滿人入關後拒絕留在中國，遂東渡日本。作為忠於明朝皇帝的知識分子，他在加強日本效忠天皇的討論中起到一定作用。在德川時期，中國文化傳統中的各種潮流仍然活躍。德川家綱的孫子德川光圀想要以中國史書體例編撰《大日本史》，朱舜水擔任該項目的主要顧問，該書一直到1720年才得以完成。忠於王權是朱舜水和《大日本史》編纂者的思想核心。通過歌頌皇室譜系的連續性，朱舜水幫助日本加強了效忠天皇的傳統。

德川日本與清朝之間的貿易

　　在十七世紀中葉，清廷並未阻止長崎和福建之間正蓬勃發展的貿易，而德川政府則在積極促進兩國間的貿易。在十七世紀中葉兩國貿易的高峰期，每年有近四十艘中國帆船來到長崎。日本人喜歡中國的絲綢，尤其是京都西陣紡織廠的織工所使用的絹絲。西陣紡織廠的絹織物當時在日本高官中很受歡迎，因此迅速擴大了生產。另外，日本繼續從中國進口鹿皮和草藥。日本從朝鮮人那裏學到了中國在十五世紀發展出的採礦技術，並利用該技術開採銀礦，取得了很大的進展。好幾位大名開發了新礦場，開採的白銀可以用來換取絹絲。

　　幕府將軍支持該貿易，因為可以對銀礦和提煉純銀的銀座（即銀錠鑄造所）徵稅。幕府將軍還要求長崎的官員將進口絲綢以低價出售給自己的手下，然後將剩餘的進口絲綢以高價賣給絹絲公會。進口絲綢也對京都的絲綢織工有益，這些人直接受幕府將軍的控制。

　　在明遺民和清廷對抗最激烈的時候，中日之間的貿易減少了。從1663年到1673年，每年大約有三十六艘中國商船到長崎，但從1673年到1683年下降到每年二十五艘。[5] 台灣的明遺民於1683年降

清後，中日貿易量陡增。1688年，大約有一百十七艘中國商船到長崎。然而，那時的日本幾乎已經竭盡了白銀供應。為了防止白銀外流，日本官員對貿易實行了控制。同時，因為中國需要用銅鑄造銅幣，日本迅速提高了銅礦的開採量，到1685年銅成了日本最大宗的出口品。此後，日本對進口商品進行更嚴格的限制，並通過奢侈禁制令控制進口商品的消費。

日本也推行進口替代政策。在北方推廣養蠶業，擴大國內絲綢的生產。到十八世紀末，京都西陣紡織廠工匠所需要的所有絲綢全部產自日本。日本人從中國學到了如何種植各種草藥。他們在氣候適宜的南方擴大甘蔗種植，特別薩摩藩以及自1609年以來由薩摩藩統治的琉球群島。薩摩因為生產甘蔗而獲利巨大，這在德川時代晚期為軍事力量的增強提供了財政基礎。

到了十七世紀末，隨着日本限制白銀和黃銅的出口以及進口替代品的出現，中日之間的貿易減少了。十八世紀的大部份時期，平均每年只有二、三十艘中國商船到達長崎。試圖維持業務的日本進口商從中國購買的商品更加多樣化，開始進口書籍、毛筆、墨和高質量的手工藝品。

始於1603年終於1868年的德川日本，與明清兩朝都沒有建立外交關係。德川幕府嚴禁日本人出國，以致於1635年後因為海難滯留中國的日本漁民都不被允許回國。結果，維繫中日貿易的是那些住在長崎和造訪長崎的中國人。

德川日本看清朝的三種視角：民族主義者、漢學家和商人

在清代，除了在長崎和中國之間往返的中國商人外，中國人仍對日本缺乏興趣。日本保留了一些在中國已經失傳的佛教典籍和儒家經典的評註本。當這些著作「重新進口」到中國時，一小部份人表現出

巨大興趣，而有些人對它們的真實性表示懷疑。中國的地方志偶爾會
有涉及日本的信息，有時還很具體，但總的來說，有關日本的書不太
能引起中國讀者的興趣。

　　不同於中國人對日本文化缺乏興趣，即使實行了海禁，日本各界
仍保持對傳統中國文化的高度尊重，並繼續學習中國。一些日本學者
在少數明朝滅亡後流亡日本的中國學者的指導下，學習中國文化。幕
府將軍通過來自長崎的信息了解中國的發展情況。日本僧侶繼續學習
經過長崎傳入的中國佛教經典，或以東渡日本的中國僧侶為師。日本
藝術家繼續向長崎的中國藝術家學習技藝。到德川時代末期，大約有
一百位中國藝術家和藝術經銷商住在長崎，依靠日本人對中國藝術品
的需求謀生。進口的中國手工藝品持續啟發日本工匠。日本醫生學習
中醫，農業專家也學習中國同行的著作以提高日本農業的產量。

　　德川時期日本向中國學習的努力，並未像奈良和平安時代那樣產
生變革性的影響，但在日本有三類人對中國繼續保有極大興趣：幕府
將軍手下的高層官員、在各地大名的學校和江戶教授漢學的老師，以
及在長崎、琉球和對馬島的商人。當日本在明治時期 (1868–1911) 實
行對外開放時，這三個群體將對中日關係產生了重要影響。

民族主義的官員和學者

　　德川幕府統一日本後，國家變得更穩定，很多官員因日本的成功
開始產生自豪感。日本一些崇拜中國文明的人相信，統治清朝的滿人
是蠻夷，中國文明被這些蠻族所破壞，但日本文明因為沒有臣服於蠻
族，得以繁榮昌盛。

　　到 1660 年代，日本官員不再使用「中國」這樣的稱謂，因為這意
味着中國是中央王國。他們相信日本也是世界的中心。借「神風」之
力經受住蒙古人的進攻後，日本既獨特又特殊、是「諸神的土地」這

種觀點變得更加深入人心。對有些人來說，日本從未失去國土的事實是一個信號，證明日本蒙受神明的特別保護。

在十七世紀，一些日本學者開始推廣「國學」，強調日本傳統的純粹性。他們試圖用純粹的日本研究取代「漢學」，也就是中國學。他們鼓吹神道這一本土日本宗教，而不是來自中國的佛教。儘管國學從來沒有獲得漢學那麼重要的地位，它確實吸引了大量的支持者。一些日本人開始認為，日本版的新儒學使日本而不是中國代表了最好的儒家傳統。

籠罩在中國陰影下長達數個世紀之久的日本人，從未獲得中國人那種出自本能的對自身文明優越性不容置疑的自信。很多日本人宣稱相信日本受到眾神保護，但仍擔心中國、朝鮮或西方列強這些外來勢力會進攻日本。他們仍然為日本自豪，這種自豪感在明治時期日益增強，因為日本比中國更早實現了現代化。

少數幾個日本人有意對外擴張。整個德川時期，他們持續不斷地從荷蘭人那裏收集有關軍事技術和戰略的材料。日本東北部仙台藩的軍事戰略家林子平 (1738–1793) 寫道，日本應該對北海道和琉球實行更好的控制，以此作為領導亞洲的第一步。他於1791年出版《海國兵談》一書，意在警告國人留意俄國和中國威脅的嚴重性。從對日本國防急迫性的熱情關注，林子平進一步提出日本如何成為亞洲地區主導勢力的宏大戰略。今天的日本學者將林子平視為諸多觀點中一種極端觀點的代表人物，無疑不算當時的主流。但是，如今一些中國學者對林子平頗為關注，認為他標誌着日本人很早就為後來十九世紀晚期至二戰時期對外侵略的野心打下了基礎。

漢學家與佛教徒

儘管一些日本精英自信日本優於被蠻夷統治的中國，教授漢學的老師和佛教徒則對中國文化持截然不同的觀點，而他們代表了當時日本的主流思想。

　　在德川日本，全國的大名繼續支持培養出身武士階層的年輕人，其中重要的一環就是漢學。儘管德川時期日本人對本土研究的興趣不斷增長，即使那些批評漢學的人也曾研讀中國經典，中國經典仍是當時日本學生的主要課程。德川幕府尋求下級對上級效忠，因為忠君有利於社會穩定，因此他們積極鼓勵學習儒家經典，使人們在思想上獲得正確的訓育。每個領地都有精通中國經典的漢學家，在各處授課。

　　那時，低級別的日本塾師以日語教授漢文，大儒則可用流利的中文閱讀經典。這些學者高度評價中國古代聖人的智慧，也敬重精通中國經典的日本塾師。各藩的漢學老師通常能寫漢詩，精通漢詩者也引以為傲。學者們估計，在德川時期，漢文詩比日文詩數量更多。漢學家大多專注於閱讀與寫作古典中文，一些像荻生徂徠（1666–1728）那樣的日本學者，也以能說中文為榮。荻生徂徠是著名學者，以將儒學應用於政府治理而知名。

　　隨着德川時期識字率的提高，熟悉中國經典的日本人史無前例地多起來。在德川時期的最後幾十年，武士和其他人都在各藩的學校學習漢學。甚至很多信仰國學者，仍對儒家經典以及在中日兩國維護中國文明的人心存敬意。

　　德川時期的日本人無法出國，但他們對中國書籍有着持續的需求，這些書通過長崎進入日本。有些是佛教書籍，有些則是有關中國歷史的書。除此之外，日本學者學習中國的法律，以進一步理解規則在政府管理中的作用。

　　日本僧侶繼續對中國佛教的學問水準充滿敬意。1671年頒布的法令要求所有日本家庭都要在當地的佛教寺廟登記，整個德川時期這項法令都在執行，日本的葬禮儀式也仍然保持着佛教風格。1654年來到長崎的中國禪師隱元，於1661年在京都附近建立萬福寺，招募眾多中國僧侶講經，日本僧侶去萬福寺跟隨他們學習。日本的佛教僧侶仍然敬重中國為佛教的故鄉。

長崎的貿易商

在1571年葡萄牙漁船首次停泊前，長崎一直是一個小漁村。1641年，長崎成為日本四大主島唯一對國際貿易開放的口岸，此後它迅速成為一個國際港口城市。長崎的人口在1609年是二萬五千人，到1696年已達到六萬四千人。[6]因為幕府將軍對貿易進行嚴格限制，十八世紀晚期長崎的人口開始下降，但它仍是日本主要的對外港口。長崎的精神是商業，對馬島和琉球群島也共享這一精神。

長崎成了關於外部世界的信息中心。1641年後，每一艘來到長崎的荷蘭船的船長都要向江戶的幕府將軍提交一份稱為「荷蘭風説書」的報告。荷蘭是唯一獲准與日本從事貿易的西方國家，長崎也成為日本引進「蘭學」的窗口，日本因此可以學習西方在科學、軍事和醫學上的先進知識。

就像日本的中國研究專家大庭脩所言，長崎貿易是真正的中國貿易，當時貿易的大宗是中日貿易。甚至很多經過對馬和琉球的商品，也只是在運往或者來自中國的途中。長崎的官員會給幕府將軍呈送各種詳細的報告，但每天交換中國信息的前線還是在長崎的集市。

德川時代之前，只有少數中國人住在長崎。到1618年，其他港口被禁止進行對外貿易後不久，超過二千名中國人住在長崎從事與中國貿易相關的工作。還有少數中國人留在其他港口，有的從事長崎入關後的商品轉運工作，另一些人則從事其他工作，但長崎的中國人數量持續增長。到十七世紀末，大約有五千名中國人住在長崎的唐人街。[7]他們講多種方言，並與家鄉的商人保持聯繫。1620年代，來自福建福州和漳州的一群人，和來自長江流域的另一群人建造了幾座自己的佛教寺廟，作為客居長崎的華人團體聚會使用的場所。1678年，越來越多的廣東人來到長崎，他們也建造了自己的寺廟。隨着1757年廣州成為清朝唯一的通商口岸，長崎與廣州的貿易量擴大了。1842

年，英國贏得第一次鴉片戰爭 (1839–1842)，強迫清政府開放廈門、
福州、上海、寧波和香港島作為通商口岸。英法於 1860 年在第二次
鴉片戰爭 (1856–1860) 中擊敗中國後，要求再開放十一個新的通商口
岸，給長崎的中國人帶來更多機會。到德川時代末期，日本遏止白銀
外流，並盡力發展國內絲綢和草藥的生產，通過長崎進行的中日貿易
開始衰落。不過，在德川時期結束時，仍有大約一千名華人住在長崎
的唐人街。

　　除了服務於中日貿易外，長崎的中國人也輔助華裔商人在東南亞
的貿易。因此，長崎的中國人成了日本官員了解東南亞以及中國發展
情況的信息源頭。如同學者馬里厄爾‧詹遜 (Marius Jansen) 所指出，
長崎的中國人總體上與當地日本人維持了良好的關係，他們中的很多
人在找機會成為中間商，將中國進口的商品賣到日本其他地方去。

　　長達兩個多世紀，通過長崎進行的貿易活動頗為活躍，但中日政
府官員從未晤面。直到 1862 年，兩國官員才終於在上海見面。

第**3**章

應對西方挑戰與重建中日關係
1839–1882

英國在第一次鴉片戰爭（1839–1842）中擊敗中國，美國海軍准將馬修‧佩里（Matthew C. Perry）於1854年打開日本國門。這兩件事發生後，亞洲再也無法偏安一隅，開始成為了世界歷史進程的一部份。西方對中日兩國的直接威脅，既在於軍事安全，也在於西方人垂涎的經濟資源。為了有效回應這些威脅，中日不得不找出能徵召更多士兵並且訓練他們的方法，也必須建立工業基地、鋪設通訊交通網絡。中日兩國都需要能汲取更多資金的徵稅制度，需要擁有新專業技能的現代官僚制度，需要實現教育的普及化以訓練國民掌握新技能，更需要一個更強大的集權領導制度來對付已經固化的利益，並協調好各種新發展。對於那些因循守舊者，威脅不只來自西方，也來自國內試圖革新的人。1882年，中日兩國在朝鮮發生軍事衝突，中國打贏了第一回合。但是到了1895年，日本在克服國內抵制勢力、實現全面現代化方面比中國做得更成功。在接下去的一個世紀，日本在兩國的關係中處於更強勢的地位。

日本在回應西方挑戰方面的優勢

比起中國來，日本具有一些天然的優勢，使其可以更快地應對來自西方的大量挑戰：一個只有四個小島的小型國家，更容易形成全國性的一致回應；便利的海上運輸也使各地之間的通訊和交通更方便。而在中國，直到1870年代鋪設第一條電報線之前，政府文書從國家的一端傳到另一端需要將近一個月之久。長期以來，身處小型群島的日本人對於來自海上的威脅更加敏感。這種不安全感使他們渴望獲得更多來自海外的信息。而中國統治者總是擔心來自北方遊牧民族的威脅，較少關心隔著大海的外部世界。早在明治維新前的1860年，江戶的幕府將軍就開始派遣使節團出使海外，向其他國家學習如何進行現代化改革，就像日本在七、八世紀派遣使節團去中國學習一樣。中國統治者則對自身的偉大文明充滿自信，從不熱衷於向其他國家學習。

日本是一個領土更小、同質性更高的國家，從而更容易統一。中國人口要多得多，族群也更多元，包括漢族、蒙古族、滿族、回族、藏族，以及其他擁有不同語言和文化的族群，更難形成統一的國家政策以及維持內部和諧。清朝的統治者對不同的族群聚居地區因俗而治。客家人是某些地區較晚遷入的人口，其後代常常對原住民的後代抱有疏離感，也更容易成為叛亂者。到十九世紀，中國所面對的問題是生齒日繁導致嚴重的糧食短缺，由此激起了太平軍之亂、捻亂和回亂。鎮壓起義又耗費了政府的時間和精力，使其無暇回應來自西方的挑戰。

與清朝相比，德川日本的體制更鼓勵地方經濟和教育的發展。儘管個別中國人在文化、科技上有出色的成就，在十九世紀中後期，當中日兩國開始向西方開放時，平均來說，日本各地的教育和經濟基礎都要比中國好。

　　至十九世紀末，日本男性人口的識字率估計已達到五成，高於中國的水平。那些曾在首都待過一段時間的各地青年，將來若是成為其所在地區的領導者，則會擁有共同的語言和文化，發展出跨越領地的友誼。而中國的年輕人只有在北京準備科舉考試時得以見面交流，其共有文化基礎更加薄弱。

　　中國領導人對本國的實力要自信得多，不像日本領導人那麼害怕外國，因此也沒有日本那種要從國外引入新制度和新技術的緊迫感。對日本迅速現代化貢獻最大的因素，或許就是有組織地搜集外部世界的信息、對這些新信息加以分析，並隨時準備據此作出改變。在德川時期，長崎收集資料的部門為日本提供了對付外國人的經驗和外國事務的知識。為捍衛保護國家利益，德川日本比清代中國更渴望獲得信息，對信息的分析也更加系統化。在長崎為日本人工作的荷蘭官員奉命查問到港的每一艘船的船長，以獲取外部信息，他們也必須向江戶的將軍撰寫報告。居住在長崎的中國人也為日本人提供了了解中國時事的窗口。當西方人開始來到日本，日本人又借助長崎的中國人，了解西方在中國的所作所為。位於九州和朝鮮之間的對馬島，是日本了解朝鮮的一個基地，通過朝鮮又可以了解中國。通過北方島嶼（即今北海道）的松前藩可以了解俄國，通過九州的薩摩藩島津氏則可以了解琉球群島。

　　1842年，中國士大夫魏源完成了《海國圖志》，彙總當時有關西方國家的信息。該書有很多不確之處，比如對西方政府體制的描述，但也包含了很多有用的信息。日本人對該書的反應，反映了他們對於來自西方的挑戰的擔憂。不久，魏源這一著作的日本讀者的人數就超過了中國人。1853年，美國海軍准將佩里到達日本時，陪同他的美國官員很驚訝地發現，「鎖國」中的日本領導人對世界地理以及西方科學和工業的最新發展（比如蒸汽機）居然瞭如指掌。

佩里及其艦隊在1854年迫使日本打開國門後不久，日本領導人即認識到，長崎這個窗口可以提供的信息已無法滿足其學習新知以應對外部世界的需求。

美國首任駐日公使湯森‧哈里斯 (Townsend Harris) 於1856年7月抵達日本，那時的日本已經幾個世紀沒有遣使出訪了。哈里斯抵日三個月後，一位幕府官員對他說：「我們很快就會造出你們那樣的船隻，到時我們就能以適當的方式訪問美國了。」[1] 1857年底，幕府高官堀田正睦寫道，日本的政策應該是「建立盟友，派遣船隻與各國貿易，學習外國人最好的東西以補足我們的缺點，壯大國力。……」[2] 中國的統治者則不認為自己有缺點，對學習西方也不熱心。

1860年代的轉捩點

1860年代是發生根本變化的十年，塑造了中國和日本的未來以及兩國的關係。中日都建立了新的政治制度，並在不相往來兩個世紀後重新恢復了官方接觸。

1861年「同治中興」之時，第二次鴉片戰爭已經結束，太平軍正在失勢，到了1864年則被徹底鎮壓。對於同治帝的新領導集團來說，這是一個遏止王朝衰弱、重建國力的機會。在日本，幕府將軍於1868年被推翻，明治維新給了日本一個新的領導體系來應對難題。國家面臨的問題是什麼？回應西方挑戰時應該優先做什麼？對於這些，同治朝和明治維新的領袖有截然不同的看法。

1862年，在中日關係間斷了兩個世紀後，兩國官員終於見面了。1860年代末開始的談判的結果，是雙方在1870年代簽署了一份正式條約，有史以來第一次在對方國家建立了常駐公使館。

同治時期的儒學復興和洋務運動

1861年，五歲的同治帝在父親咸豐帝駕崩後即位。朝廷熱切希望重建被太平天國運動和第二次鴉片戰爭破壞殆盡的社會秩序。咸豐帝駕崩時年僅三十歲，被認為是一位失敗的皇帝，留下了一個災難深重的國家。但第二次鴉片戰爭的結束和太平軍敗北為清朝提供了「中興」的機會。

1875年，同治帝駕崩時年方十九，因此他從未掌握實權。真正掌權的是他的皇叔、咸豐的弟弟恭親王奕訢，及其生母慈禧太后。慈禧進宮時是咸豐帝的嬪妃，誕下皇子同治帝後成為最受寵愛的妃子。同治帝死後，慈禧太后立三歲的姪子光緒為帝，以便繼續垂簾聽政。

事實證明，慈禧太后非常善於管理朝政，是同治、光緒兩朝的實際統治者。恭親王和一些地方官員認識到，要對付洋人必須有新技能、新技術，包括新式船隻和武器。但仍然有很多官員只專注於道德修養，認為這才是存續國祚之道。

慈禧太后與眾多重臣認為，中國面臨的問題的本質，是真正的儒家精神的缺失。為了解決這個問題，他們必須重建傳統文明的道德基礎，重新確立科舉考試的重要地位，取締買官賣官的現象。慈禧太后很重視事物的象徵意義，她認為興建宏偉的園林可以鞏固清王朝的統治。咸豐年間，清漪園在第二次鴉片戰爭中被英法聯軍焚毀。光緒年間，慈禧意圖在原址重建　個龐人而富麗的新園林（即頤和園）。

1861年中國發起了洋務運動，致力於訓練軍隊、建造軍艦和製造武器。在恭親王的支持下，李鴻章（見〈中日關係史上的關鍵人物〉）和曾國藩等人設立了武器製造廠。起初他們請外國工人幫忙建廠，後來在上海建立了江南製造局，到1871年江南製造局已能生產出來復槍。他們也在福州、上海和其他地方建立了造船局。到1880年代，中國購買和製造船隻的數目已經超過日本。1873年，李鴻章建立輪船

招商局，以便擁有為本國商人服務的的中國商業航運。慈禧太后一開始嫌火車過於吵鬧而推遲了鐵路的建造，但到1890年代中國的鐵路已經將港口城市與華東和華中的城市連在一起。中國的公共設施建設也開始進行了。

同治時期，清廷曾派出使節團出洋，以了解外國的發展情況，但不如日本於1871-1873年間派出的岩倉使節團那麼龐大而有系統。同治使節團回國後，也沒能像岩倉使節團那樣在規劃和實施新的發展項目上扮演關鍵角色。平定太平天國的偉大政治和軍事領袖曾國藩曾與很多外國人合作過，中國利用這種對外聯繫獲得洋務運動必需的製造技術和軍事設施方面的信息。

學者皇甫崢崢 (Jenny Huangfu Day) 研究這一時期出洋的中國使節團，認為使節團成員對外聯繫廣泛，其中有些人對他們所考察的科學與技術還有很深的理解。他們各自都努力地去深入理解中西文化的差別。

岩倉使節團啟航三年之前的1868年，清廷派出的蒲安臣使節團於5月到達美國。使節團延長了出使時間，訪問了英國、法國、普魯士和俄國。在1870年10月回國前，還對其他歐洲國家進行了短暫的訪問。派遣使團的目的是為了更好地了解西方人的外交方式，並試圖廢除所謂的不平等條約。蒲安臣 (Anson Burlingame) 是一位在中國深受尊重的美國人。1867年11月他剛卸任當了五年多的美國駐華公使一職，被清廷任命帶領使節團出洋。蒲安臣使節團大約有三十位成員，包括兩位資深的中方代表——滿人志剛和漢人孫家谷，志剛是舉人，孫家谷則出身進士，他們都是熟悉儒家經典的清廷官員。蒲安臣代表中國政府與美國簽訂了《蒲安臣條約》（即《中美天津條約續增條約》），這被認為是中國第一個平等條約。1870年2月蒲安臣在旅途中死於肺炎，此後使團由志剛和孫家谷帶領。蒲安臣使節團會見了包括俄國沙皇在內的多位國家元首、外交官、商人、傳教士和旅居海外的中國人。在歐洲，他們訪問了工業基地、礦山和船塢，觀察了蒸汽

機以及電力的使用。從志剛的日記可以看出，他對途中所見機器以及該新技術背後的科學原理具有深刻的理解。使團代表們也進行了廣泛的討論，其日記顯示，他們也提出了一些富有洞察力的問題。比如，他們問傳教士們，為什麼擁有崇高理想、在中國做好事的基督徒，會欺負加州礦山的華工、壓迫殖民地的百姓？回國後，使團成員都寫了出使報告和奏章。志剛日記中所寫更為詳盡，後日記以專書形式出版。*

　　一些參加使團的中國人對自己在西方觀察到的事物評價正面，被保守派指責過分同情外國習俗。但李鴻章等官員對使團成員報告反映的國外發展情況很感興趣，鼓勵他們對政治和經濟事務進行更廣泛的介紹。慈禧太后也親自接見了一些使團成員，以了解外國時事。然而，一群身處高位、儒學根底深厚的保守派並不支持現代化，未曾落實出使者所提出的任何建議。岩倉使節團回國後領導了日本的快速工業化和技術更新，而蒲安臣使節團成員卻無法很好地利用他們所觀察到的經驗。

　　當日本領導人致力於投資工業和基礎設施之時，朝鮮和中國的統治者正在大興土木，意圖通過建造豪華建築物來展示帝國的偉大，重振民族精神。在1860年代，朝鮮對擁有約三百三十座建築和近六千個房間的皇宮進行了大規模重建。與之相似，慈禧太后挪用了本可用於加強工業基礎建設的資金，擴建並整修了北京的頤和園，包括一座大理石石舫。實際上，重建頤和園內這一昂貴的石舫的錢，本來是用於海軍現代化建設的。

　　李鴻章等官員相信，除了設立新的工廠、軍工廠和船塢外，中國的教育制度也需要根本性的改變。他鼓吹中國要像日本一樣，送年輕人出國留學，而科舉考試應該不限於文化領域，也要在技術領域進

---

*　譯註：即1877年出版的《初使泰西記》。

行。然而，李鴻章的建議未獲採納。通過洋務運動，中國在建立現代
工業基礎建設上取得了一些進步。但1885年後，北京保守派官員對
現代工業的支持減少了。中國在建設工業和製造武器上獲得了很多成
就，但未能像日本那樣實行徹底的制度改革。

明治領袖鼓勵留學與推動現代化

　　與清朝規模有限的洋務運動不同，明治日本在政治、社會組織、
經濟、教育和軍事等各個領域推行全面現代化。1853年美國海軍准將
佩里的到來馬上在全日本引發了如何應對西方的討論。到1861年，
幕府將軍得出結論：日本沒有足夠的軍事力量抵禦西方。來自薩摩、
長州、土佐等西南強藩的青年義士，憤於國恥，於1850年代末開始
聚會議事。1868年2月，以薩摩和長州藩兵為主力的幾百名倒幕派青
年武士從京都出發，東征江戶的德川幕府。幕府重臣意識到他們已失
去各藩支持，與倒幕派達成「無血開城」的協議，同意還政於明治天
皇，以避免國家陷入毀滅性的長期內戰。

　　1868年4月6日，十四個月前即位的十五歲的明治天皇登上神道
祭壇，率領百官向天地神明宣誓獻祭。一名官員代表天皇宣讀《五條
御誓文》，表明「萬機決於公論」，並將「廣求知識於世界」。此後很多
根本性的變化均以天皇名義發布。1869年，天皇在列隊的簇擁下從京
都遷往東京，東京正式成為新首都。

　　發動維新的武士們同意，為保存日本，不僅要依據新的國家行政
機構廢藩置縣，而且要正式廢除賦予武士特權地位的等級制度。1871
年廢止藩地，由東京直接控制的府縣取而代之。士農工商這一等級制
度也被廢除，武士不准再佩戴代表特權身份的刀劍。明治維新最初幾
年，武士還可以獲得俸祿，不久俸祿停發，以現金或債券的方式一次
性償清。天皇詔令擁有的政治合法性，使日本在沒有引發革命的情況

下實現了根本性變革，垂死一搏的1877年薩摩叛亂也很快被鎮壓
了。1869年，天皇御所搬到東京。到1877年，所有政府部門和外國
公使館都在東京落腳。

　　日本向外國學習的規模遠超中國，他們利用海外考察團的方式在
明治時期的領袖中建立了共識，其中岩倉使節團尤為重要。早在1860
年，幕府將軍已經派了一個使節團前往美國。但在1868年，新的明治
政府的領導人開始規劃規模更大的海外考察團，即岩倉使節團。

　　使節團由岩倉具視率領，大久保利通、木戶孝允、伊藤博文（見
〈中日關係史上的關鍵人物〉）擔任副使。當其回國之時，一般認為他
們會在政府中擔任主要領導角色，結果也的確如此。使節團正式出發
前，曾先行派人考察美國、歐洲的大部份國家、東南亞以及中國，以
作準備。岩倉使節團於1871年12月出發，訪問了十五個國家，於
1873年9月回到日本。除了會見各國政要以及學習訪問各國的政府體
制外，考察團分成多個專業小組，分別學習工廠、礦山、港口、鐵
路、研究中心、實驗農業站、大學、中小學、軍事基地和兵工廠的發
展。一個國家派如此多的年輕官員，對其他國家進行如此長時間的考
察，可謂前無古人，後無來者。

　　行程的最後一站是上海，岩倉使節團到達時已是同治朝末期。使
節團成員在上海待了不到三天，當地最高級別的官員陳福勳準備了精
緻的接風宴。自1862年「千歲丸」之行後，日本官員陸續訪問上海，
因而此次在上海的見聞並未給岩倉使節團成員帶來太大的震撼。相
反，看過工業化給歐美帶來的奇蹟後，這些訪問者對中國落後的程度
大感吃驚。使節團的主要行程記錄者久米邦武記載了自己對上海的印
象：「下水不通，溲溺漂流。其內居民，居止恬然。」* 久米知道日本

---

*　譯註：久米邦武編：《特命全権大使米欧回覧実記》（博聞社，1878），第五編第一百
　　卷，頁387。

人基於過去的印象，對中國人的教養保有美好的幻想，他試圖糾正國人的觀念：日本人「想像支那人皆文墨品藻之士，現對彼地所獲之古董、書畫、詩文仍持貴重崇尚之習慣。……抑清國之學，不振已久，雖高名之士，其才藝未必盡足貴，況坊間之俗詩書古董。」*

在唐朝，日本人能從中國學習的東西不勝枚舉；但到1873年，岩倉使節團成員感到中國能讓他們學習的地方乏善可陳。很多成員仍然希望中國、日本和朝鮮能夠攜起手來，共同抵抗西方帝國主義的入侵；而有些成員已開始懷疑是否有這種可能性，中國落後如此之多，又如此混亂，既缺乏回應西方的有效策略，也沒有英明的領袖。和搭乘「千歲丸」訪問上海的日本官員一樣，岩倉使節團成員對赤貧的中國百姓表示深刻的同情。這是一種因為共享同一種文化所產生的親情，是對偉大的中國文明在十九世紀遭遇不幸的感傷，也是希望中國的狀況可以得到改善的期許。

使節團回到日本時，編修官久米邦武將其出使日誌的筆記編為五冊，報告岩倉使節團成員考察所學。† 這五卷筆記成為討論日本該引進何種變革的基礎讀物之一，此後陸續編纂的有關此次考察的書籍則被用作制訂工業政策的指南。日本還增派更多的考察員出國，對某些議題進行更專業的學習。

使節團成員堅信，要將現代化帶到日本必須進行深刻的變革。旅途中，他們有機會討論究竟什麼樣的變革對日本是合適的。關於應該設計什麼樣的改革計劃，他們在回國前已經開始達成共識。回國後，使節團成員在政府中被委以要職，得以著手策劃建設現代國家所需的機構和項目。他們就具體議題分歧眾多，但沒有任何其他國家在現代化過程中對相關議題形成如此深入和廣泛的共識。

---

* 譯註：同上，頁388。
† 譯註：即《特命全権大使米欧回覧実記》。

明治天皇當政時，中朝兩國也和日本一樣，均由年幼的皇帝統治，但他們中沒有誰在成年後能獲得明治天皇那樣的權威。在中國，同治帝在五歲時登基（光緒帝四歲登基），但在他親政後權力仍掌握在母后慈禧手中，而慈禧及其幕僚反對徹底重組政府。1863年，十一歲的朝鮮高宗即位，其父大院君仍然在世並手握大權。1873年後，高宗與閔妃（即明成皇后）及閔氏家族暫時將大院君邊緣化，但保守派的大院君仍然保持一定的影響力。相反，在日本，年青武士們受岩倉使節團途中所見之啟發，以天皇的名義大膽地進行大刀闊斧的改革。1868年，資深顧問們開始輔佐明治天皇，為其成年後代表日本最高權威從容地應對各種問題做好準備。

日本的軍事現代化

在明治維新前二十年間，日本建立了一支方向一致、組織統一的國家軍隊。中國將青年才俊送往海外留學卻往往不能任人以才，而日本將那些曾出國學習公共衛生、科學、技術的人才放在重要位置上，以便將外國最新信息納入國家體制中。

1870年，來自薩摩藩的聰慧青年大山巖被派往法國。接受語言訓練後，他開始學習法國軍事。他到達法國時正好可以觀察法軍在普法戰爭（1870年7月–1871年5月）中的表現，回到日本後，他對日本陸軍的發展頗有貢獻，逐漸升任為陸軍大臣，將國外所學用於治理軍隊。大山不僅提升了日本軍事訓練的水平，也接受了限制暴力的規則。他要求軍官們學習戰爭法，支持日本加入1864年的《日內瓦公約》，即同意給予敵軍傷員適當治療，後來還成了日本紅十字會的發起人。

大山巖出國幾個月後，長州藩的桂太郎也被派往法國接受高級軍事訓練。1871年途徑英格蘭前往法國時，他得知法國不久前在普法戰爭中失敗，覺得與其去法國，不如去戰勝國德國的軍事學校學習。

1873年，桂太郎歸國出任陸軍大尉。1875年至1878年，他再度前往
德國擔任日本駐德公使館副武官。再次歸國後不久，他遞交了一份日
本軍隊現代化的藍圖。明治天皇的最高軍事顧問山縣有朋對此頗為欣
賞，在此基礎上制定了日軍全面現代化的計劃。桂太郎後來連任四屆
陸軍大臣，並於1901年繼伊藤博文之後擔任首相。

　　領導日本軍事現代化的大山巖、桂太郎及其他軍官均出身看重名
譽和紀律的武士階層，那些指導民政現代化的官僚絕大部份也來自武
士階層。日本的武士已有兩百多年沒打過仗了，且在各自的藩地轉變
成了官僚，但他們的精神操練、自律以及對具有自我犧牲精神的勇士
的尊重，在整個德川時代都產生很大影響力，並浸透到明治新軍的軍
官團體中。高識字率使部隊徵召的士兵和軍官都能閱讀文書，同時他
們還受到保持和發揚武士精神的軍官們嚴格的紀律訓練。

中日對外交關係的管理

　　在十九世紀西方人到來之前的幾個世紀，中日兩國對外聯絡不
多，並不需要通曉外交事務的專業官僚。在東亞，外交事務的管理工
作主要包括監督國家間的來往是否符合禮制，以及對貿易口岸的船員
行為進行監管。

　　恭親王和慈禧太后認識到，傳統的官僚制度很難處理與外國人交
往出現的新問題，需要設立新的機構。因此，他們在常規官僚制度外
建立了一個類似政府的機構，該機構有權自行任命官員。這些官員中
有些通過了科舉考試，有些則沒有通過考試。這使中國可以更靈活地
適應正在改變的世界，同時也形成了一個滿族儒家士大夫領導的政府
結構。在這個結構中，大多數人缺乏專業訓練，也不渴望向那些他們
認為是蠻夷的外國人學習。

　　1861年，「總理各國事務衙門」(總理衙門) 成立，以應對清朝與外國接觸日益頻繁而增加的外交需求。官員的任務一方面是接待外國人，另一方面是製造必要的武器抵抗外國的施壓。總理衙門在設計時只是權宜之計，一旦與外國人打交道的危機過去即可廢止。挑選總理衙門的官員的標準並不是他們在外交工作上的訓練，主要是通過中國選拔官員的傳統方式科舉考試。儘管李鴻章和總理衙門中的其他官員獲得了一些處理外國事務的實務經驗，但總理衙門的決策最終是由更高職位的滿洲官員批核。

　　大清皇家海關成立於同治中興前的1854年。1863年開始，由英國人羅伯特‧赫德 (Robert Hart) 擔任總稅務司，他成功地管理晚清海關近半個世紀。赫德學習過儒家經典，於1854年來到中國，任職於英國領事館。他領導的晚清海關與中英法三國政府合作，成功地處理隨着中國對外貿易不斷擴大而與日俱增的對外聯繫。海關工作人員中既有外國人，也有中國人，幾年內全國各港口都設立了辦事處。其收繳的關稅佔政府總預算的半數，同時也管理海港，訓練外交官，進行外交事務方面的研究。在缺乏處理國際關係的正式政府機構的情況下，大清皇家海關成了中國和外部世界的中間媒介。

　　1862年，訓練翻譯人員的學校同文館在北京成立，不久上海、廣州和福州也開辦了外國語學校。和日本相比，清廷對儒學通才應對外國人 (包括日本人與西人) 的能力更具自信，對學習西方法律制度的官員則未曾委以要職。當時對西方制度和思想最了解的中國知識分子之一是嚴復。他曾於1877至1879年在英國皇家海軍學院學習，留學期間廣泛考察英國社會，探求西方富強的原因。嚴復回國後在福州船政學堂和天津北洋水師學堂任教。直到清朝在甲午戰爭中敗給日本，他主張變法圖強的一系列文章才得以出版。1897年，其著名譯作《天演論》首刊於天津《國聞報》。但即便是在甲午戰爭後，嚴復或是具有同等知識水平的其他人才，都無法獲得對外談判方面的高級官

職。滿族重臣沒有花很多時間在外交上，處理晚清外交事務的關鍵人物是李鴻章。

即使在1870年代，中國人對日本還是缺乏興趣。負責訓練譯員的總理衙門，既不培訓日文譯員，也不聘請日本專家或出版有關日本的資料。當時去過日本的中國人很少，羅森是其中之一，他曾任美國海軍准將佩里的翻譯。還有一些中國商人，在長崎或橫濱短暫停留時與日本商人有過接觸。這些人記錄了在日本短期逗留期間自己在街頭的粗淺觀察，但他們對日本的政治、經濟或社會都所知甚少。後來日本在外國壓力下開放了更多的口岸，中國商人的貿易範圍從長崎擴大到橫濱、函館（位於北海道）和神戶，但清政府仍然無意收集有關日本的信息。

中國對培養涉外事務專家不感興趣，對培養日本事務專家更是興味索然。這與日本努力了解外國事務的態度形成鮮明對比。在日本，政府高層官員和對外政策專家，甚至連明治天皇本人也對外國事務頗感興趣。

日本所有政府部門均僱用了多位各有所長的西方專家，訓練包括外交家在內的日本官僚。在高峰期的1874年，有八百位以上外國顧問在日本工作，他們的薪水佔日本國家預算的比例高達三分之一。清廷官員於1877年去日本設立公使館時，驚訝地發現日本外交官員已完全採用歐洲的程序和禮節，這與中國的情況截然不同。

年輕的明治天皇即位時仍在接受輔導，資深官員以天皇名義議定國事。終其一生，他學過日本史、中國儒家經典、中國歷史、歐洲君主的政策以及時事。岩倉具視注意到天皇智識的增長，他相信天皇成年後必能有足夠的知識和判斷力獨立做出決斷。但成年（二十歲）後，明治天皇選擇讓他人進行日常決策。直到二十六歲那年（1879），他才宣布，在評估所有證據後，日本決定將不再向外國借款。之後，他成為高層官員出現意見分歧時的最後仲裁者。

　　明治天皇經常接待外國貴賓和駐日公使。他專注於本國面對的重大問題，在位期間經常列席高層官員的會議，勤政盡責。天皇在包括首相、外務大臣等重要職位的任命上擁有最後決定權，但明治依賴伊藤博文、山縣有朋等官員管理外交和內政。在解決問題的方法上，他更願意選擇外交手段而不是軍事手段，且謹慎行事，避免與西方列強為敵。儘管如此，他也曾批准政府投入更多資源建設軍隊。

　　以明治天皇名義簽署的重要文件，比如《大日本帝國憲法》(即《明治憲法》)和奠定近代日本教育制度基礎的《教育敕語》，均由官員起草，在頒布前經天皇許可。一旦以天皇名義頒布，這些文件就有了神聖的「宮中之物」(雲の上のもの)的光芒，減低了引發爭議的危險。日本人認為明治是初代天皇神武天皇的直接後裔，這種連續性使他的地位比其他很多國家的統治者更高，特別是比朝鮮國王的地位高，可與中國的皇帝平起平坐。1887年，光緒帝給明治天皇送了一封信，自稱「大清朝大皇帝」，稱明治為「大日本大皇帝」，這是中國首次正式承認兩國皇帝地位平等，日本為此很高興。

　　明治政府成立之初即設立「外國官」，該機構於1869年重新命名為「外務省」並開始招募和訓練外交專家。重大外交決策需由明治天皇批准，但決策者是五位資深官員：其中有三位(伊藤博文、大久保利通和木戶孝允)是岩倉使節團的副使；第四位森有禮從1865年到1868年在倫敦留學，是首任日本駐美外交官，於1876至1878年間擔任日本駐大清國公使；第五位山縣有朋曾在1869年8月到1870年9月參加過對歐洲軍事制度的考察團。這五人與岩倉具視等明治官員團結在一起，與應付過海軍准將佩里及其他外國人的德川幕府幕僚們進行過長時間討論，為自己處理外交事務做準備。這五人都是武士，但並非來自高級武士家庭，全靠個人能力被提拔。伊藤博文在加入岩倉使節團前曾在「外國官」工作過，在1885年就任首相前已有豐富的外事經驗。他剛從英國留學歸國之時，注意到日本比西方國家國力弱得多，需要通過

與外國合作向他們學習。因為伊藤博文能用英語工作，與外國談判的工作主要由他負責。1885年中日簽署《天津會議專條》以及1895年甲午戰爭後簽署《馬關條約》時，伊藤就是李鴻章的談判對手。

另一個有影響力的官員是明治時期最著名的專業外交官陸奧宗光，他曾於1884年留學歐洲。1894至1895年的甲午戰爭期間，他在制定戰略性決策中起到了關鍵作用，多年來一直試圖廢除西方加諸日本的不平等條約。在1899年如願取消不平等條約前，陸奧就已因此聞名遐邇。

「千歲丸」訪滬，1862

清代和德川時期，中日間存在一些商品交易以及書籍交換，但日本人不許出國，中國官員也未造訪日本。經過兩個多世紀的隔絕，中日官員終於在1862年「千歲丸」抵達上海時再度見面。「千歲丸」抵滬時，中日雙方官員是陌生人，也無既定規則可循。傅佛果的研究讓西方開始了解「千歲丸」到訪事件，該事件打開了隔離兩國官員的門，但只是開了一道縫。

而在接下來的十年間，兩國按照西方模式發展出了正常的外交關係。一些日本國防專家因為擔心俄國和西歐會在朝鮮及附近島嶼建立軍事基地，開始考慮日本如何利用新建的軍事力量延伸到國境周邊地區，以防敵軍利用這些地區奪取資源、進而控制市場。個別的清廷高官也有相似觀念，但中國並沒有像日本那樣迅速發展出新式軍事力量。

1859年，箱館（現北海道函館市）奉行指出，蒸汽船將來很有可能成為前往中國的主要交通工具。因為日本還要好幾年才有能力建造蒸汽船，他建議日本應該先購買一艘以便用來進行貿易賺錢，他還建議訓練船員，了解哪些日本產品在中國有市場，並熟悉中國的貿易法規。

函館位於北海道，是當時日本兩個新開放的港口中的一個。幕府將軍接受了建言，尋商訪價後，以現金購買了「阿米斯迪斯」(Armistice)號——一艘三百五十八噸的蒸汽風帆雙動力英國船。「阿米斯迪斯」號建於1855年，公認是同等級輪船中最好、運貨能力極強的船，且已經掛着英國國旗在長崎和上海間數次成功航行。日本人將此船改名為「千歲丸」(意為「一艘可以存在千年的船」)。購入和裝備完成不久，「千歲丸」被派往中國。由於日本找不到有駕駛蒸汽輪船經驗的船長，日方僱用了「阿米斯迪斯」號的前船主和領航員亨利·理查森(Henry Richardson)及其船員，於1862年掛上日本國旗進行開往中國的處女航。

參加1862年「千歲丸」首航的成員都經過了精心挑選，他們不僅要有能力了解日本商品在中國的潛在市場，也要向國內報告中國的政治形勢，要為建立與中國的正式關係開展談判，觀察在滬外國人的處境，以及尋找未來的商機等。此次使節團包括大約五十一位日本人，有負責談判的高層幕府官僚、十三位商人、中荷語譯員，以及來自各藩受過良好教育的青年。從長崎到上海的旅程長達五百一十六英里，歷時七天。

因為當時還沒有設立清朝駐日公使，日本沒有直接渠道事先向清廷告知「千歲丸」訪問上海的計劃。到達上海後，在長崎貿易中認識的荷蘭人將日本使節團介紹給中國官員。

在滬兩個月，日本使節團獲最高行政官員上海道台吳煦多次接見。深受困擾的吳煦向北京的上級請示到底應該如何接待日本使節團，但上級的回覆中並無詳細指示，他決定謹慎處理。荷蘭人向他保證，日本人是可以信賴的生意人，吳煦決定善意以待，幫助他們售賣商品。

根據此前中國商船從長崎帶貨前往香港和上海的經驗，日商已對中國市場的需求有所了解。此次上海之行，他們攜帶了各種商品以試探中國客戶的需求，包括一些海產、漆器和紙扇。但即使有荷蘭人的幫助，日本貨物仍然賣得很慢，不少東西完全賣不出去。

　　吳煦感謝日本官員願意配合辦理海關手續，且與當地官員合作，沒有製造麻煩。但他並不準備為這些外國人的活動負責。他建議日本使團盡快離開，以後在沒有接到官方許可的情況下不要再派使節團來華。儘管當時日本高層官員已決定促進與中國的貿易和外交，但中國還沒有準備接受。

　　日本使節團與吳煦的會談通過一名翻譯進行，但他們沒有足夠多的翻譯人員應對與中國方面的所有會談。有些成員用「筆談」的方式，即用漢字寫出自己的評論，拿給中國人看，以此諮詢中國當地的情況、了解中國人對貿易、政治和與西方國家關係的看法。有些成員能通過翻譯與在上海的西方商人交談，特別是來自荷蘭和英國的商人。他們每天記錄交談的內容與自己的觀察，回國後再廣為周知。

　　「千歲丸」從中國回到日本，沒有達成賺錢的交易、沒有談成一個條約、也沒有人迎接他們回國。然而在某種意義上，日本人覺得此次出行為他們了解上海港、了解在中國沿海如何做貿易、以及了解與中國打交道的步驟「付了學費」。因此，使節團成員認為這是一趟成功的旅程。

　　「千歲丸」在上海時，這座城市還沒有從太平天國運動造成的損害中恢復。日本人為當時所見混亂情形感到震撼——貧窮、污穢、公眾缺乏衛生意識。他們對所看到的中國文明大失所望：這與期待中的中國截然相反，也與千年前日本人訪問揚州和西安所留下的報告大相徑庭。當時報紙在日本並不發達（報紙的興盛是好幾年後的事），但「千歲丸」返日後，其行團成員的觀察卻通過報告、書本或口口相傳的方式傳播出去，開始影響日本領導人對中國的看法。

　　儘管對問題重重的中國頗為失望，參加「千歲丸」之行的日本人大多認同中國對待外國人的態度。在中國生活的西方人把中國人當奴隸一樣對待，日本人對這種傲慢態度深感憤怒。使團官員高杉晉作的考察報告在日本產生的影響最大，他表示出對中國人的親近感和對他稱為「野蠻人」的西方人的厭惡之情。

日本國內的官員們擔心，在第二次鴉片戰爭期間進攻中國的英國和法國可能也會進攻日本。實際上，1863年英國攻打了薩摩藩，1864年西方船隻炮擊了長州藩。日本的戰略家開始考慮與中國合作，對付西方列強。

中國官員曾向「千歲丸」的日本官員建議，在得到中方允許之前不要派船來華。但兩年後日本的「健順丸」號在未得到特別批准的情況下在上海靠港，中國人並未驅使其離港。第二年，來自長州藩的商船到達上海，那些日商也被允許上岸做生意。

關於《中日修好條規》的談判，1870–1873

1860年代早期，甚至早在明治天皇即位前，日本已試圖與中國建立外交關係。日本官員認為土地廣袤的中國可以為日商提供市場，但當時的主要目標是與中國合作，共同面對西方帶來的挑戰。

經過中日兩國的磋商，外務省官員柳原前光於1870年9月前往天津，會見剛被任命為談判代表的李鴻章，討論是否有可能簽署建立正式外交關係的條約。根據李鴻章的觀察，明治維新後日本的軍事力量比中國增長得更快，而當日本變得更強大，就會向中國要求更多特權。因此，他肯定與日本建立外交關係的價值，也認可盡快簽訂條約的重要性。對於日本阻止西方入侵、限制西方傳教士在日本傳教，李鴻章也表示讚賞。由於中日雙方都認識到合作對抗西方對兩國都有好處，會議的氣氛特別坦誠友好。

1871年9月13日，在談判開始後一年，李鴻章和作為欽差全權大臣的伊達宗城在天津簽署了《中日修好條規》（日方稱《日清修好條規》），這是中日歷史上第一份正式外交文件。雙方達成了一項約定：兩國互不侵犯，如一方遭到外國侵略，另一方要提供援助。幾個月

後，在條約已經簽署但尚未經由兩國正式批准生效前，日本試圖取消雙方互助這一條，加上日本在中國享有與西方列強同等利益的最惠國待遇的新條款。李鴻章大為不滿，拒絕讓步，條約核准之事因此推遲。日方在1873年4月終於讓步，接受原先的互助條款，並放棄日本在中國享有最惠國待遇。最終，兩國領導人表達了這樣一個觀點，那就是中日「同文同種」，合作應對西方國家的威脅符合雙方的共同利益。

關於台灣和琉球的談判，1873

1873年《中日修好條規》簽訂時，岩倉使節團還沒有回到日本。明治天皇派遣外務大臣副島種臣訪問中國，希望中國了解日本在琉球和台灣問題上的立場，但當時的中國不準備接受日本的説法。副島種臣被認為是日本官員中最好的書法家，而且熟知中國經典，善作漢詩。在溝通中，中國東道主試圖表明，在與偉大的大清帝國的關係中，日本不過是懇求者，但副島利用其對中國經典的淵博知識為日本贏得了特殊的位置。抵達天津港時，副島受到了李鴻章的接待。當時的中國不認同日本急於要以西方禮節取代傳統的做法。穿着傳統服裝的李鴻章見到副島時，第一句話就是批評他身著西裝。

從天津來到北京，副島苦等數日才見到高層官員。對於日本提出的最惠國待遇的新要求，中國明確表示不滿。他們清楚地表明，即使兩國平等，日本才是懇求簽署《中日修好條規》的一方。副島為中方的傲慢態度所苦惱，他引述儒學著作，提出來訪的使臣應該被當作朋友，以誠相待，互相尊重。他説：「夫夷亦人國也，以君子待則為君子，以蠻夷待則為蠻夷。」*

* 譯註：〈清國トノ修好條規通商章程締結ニ關スル件〉，見外務省調查部編：《大日本外交文書》第六卷（東京：日本國際協會，1873），頁152。

副島是近代第一位得以謁見中國皇帝的日本人。恭親王最終決定接見他，副島被告知，因為他熟悉中國習俗，應該不會拒絕謁見皇帝時行三跪九叩大禮。西方公使老早就在抱怨中國要求他們叩頭，副島幫助他們溝通，提出了外國公使不應被要求磕頭的建議。清朝妥協了，不再要求外國人叩頭，只需鞠躬五次。清朝尊重副島淵博的漢學知識，先於其他外國使節接見他，還允許他只鞠躬三次。副島於歸國途中在天津停留，李鴻章比早些時候會面時更誠懇地對待他，還一起為中日永恆的友誼乾了一杯。副島很高興李鴻章對自己表達的善意，也自豪自己淵博的漢學知識受到中國人認可，並因此受到比其他外國使節更高的禮遇。回到日本的副島自信地認為，中國不會制止日本在琉球和中國本土拓展貿易。

在東京設置中國公使館，1877

1873年《中日修好條規》獲得批准後不久，日本準備派遣駐華公使。數月之內，日本就在北京成立了正式的外交辦事處，由此前在華盛頓任臨時代理公使的森有禮擔任駐大清國公使。當時，李鴻章主張清政府應設置駐日公使館。他認為，如果中國有駐日公使館，本可以阻止1874年日本對台灣的進攻，但是十七名中國公使及其幕僚遲至1877年12月才到達東京。儘管對日本的意圖有所疑慮，當李鴻章在1876年11月與森有禮見面時，雙方共同擔憂的是沙俄的侵略問題。李鴻章建議，中日兩國在朝鮮問題上也應該合作。李鴻章仍然希望與日本維持和平關係，在1877年日本意圖鎮壓發動薩摩叛亂的武士時，他甚至向日本政府提供了十萬發子彈，援助其與叛亂者作戰。

根據接到的指令，中國駐日公使館的日常工作要向總理衙門報告，重要及緊急事務則直接向皇帝呈交備忘錄。東京的公使館由三十

九歲的何如璋領導，他是廣東籍客家人，翰林院庶吉士。他是李鴻章的朋友，這次出使日本也得力於李鴻章的舉薦。被派到東京的還有時年二十九歲的黃遵憲。他後來寫了一本關於十九世紀日本最全面、最具影響力的中文著作。與何如璋一樣，黃遵憲也來自廣東的客家家庭。其父親曾考中舉人，擔任中層官員。黃遵憲曾多次落第，但據說為人聰明自信，勇於一試再試。與父親在一起使他對為官生活有所了解，據說其父最終幫他買到了官職。儘管在日本事務方面毫無訓練，何如璋和黃遵憲對外交事務有特別的興趣，兩人因此入選公使館。李鴻章要求駐各國公使撰寫詳述該國重要事件的日誌，以便中國了解外國發展的情況。

根據學者蒲地典子對黃遵憲職業生涯的深入研究，黃遵憲在日期間曾努力理解日本的真實面貌。他不僅研究日本歷史，對其政治制度、經濟和外交政策也頗有研究。東京公使館官員和日本人之間的關係跟經濟和軍事無關，更多的是來自中日文人共享的文化。黃遵憲不會說日語，但通過頻繁「筆談」的方式結交了一些有文化的日本朋友。在整個明治時代，所有接受過良好教育的日本人，包括那些後來與中國作戰的人，都有古漢語的訓練。由於日本學者與官員多用古漢語書寫文獻和文章，黃遵憲很容易和他們溝通，他還隨身攜帶日文詞彙表以助交流。黃遵憲相信，日本和中國有共同的文化，兩國應該攜手合作。他尊重優秀日本文人寫的漢文和漢詩，很樂意與他們相處。黃遵憲高興地發現，在日本還能找到一些佚失的中國古文獻抄本。一些在中國已經失落的古代禮樂，也還保存在日本。他對日本的看法深受那些懂漢文，並尊重中國文化的日本讀書人的影響。

在赴日前黃遵憲已經是一位頗有成就的詩人，在日本時他也積極參加詩歌活動。熟悉中國經典、受過良好教育的日本文人十分尊重何如璋和黃遵憲，且樂於與之會面。在聚會中，中方外交官和日本學者

經常一起飲酒、交換手寫字條，這些字條常常引用著名中國詩人的詩作。雙方都表示很高興參加這些聚會，這也是交換信息的機會，日本官員還藉此提高了他們的中文能力。在參加聚會的日本人中，有後來在促進中日交流的多個團體中扮演重要角色的曾根俊虎。還有川島浪速，他是一位在中國的日本冒險家，後來在訓練中國警察方面起到了核心作用。以及明治政府的官僚宮島誠一郎，他在甲午戰爭中為日本獲取情報。黃遵憲也結交了一些著名學者：比如岡千仞，1884 至 1885 年他在中國住了一年；比如大久保利通，他是明治時代早期的主要政治家，於 1878 年被西鄉隆盛的追隨者暗殺。西鄉隆盛是失敗的 1877 年西南戰爭的領袖。

通過筆談，黃遵憲學到了很多關於日本及日本政治的知識。他驚訝地發現，日本人對於現代科學和國際行為準則竟然如此熟悉。黃遵憲對日本也不是毫無批評的。他認為日本疏遠中國、急速西化的做法是錯誤的。他不喜歡在日本看到的「過度」民主，也反對日本對外國奢侈品的貪求，在他看來這浪費了本來可以用於國家發展的經費。但黃遵憲對日本在政府組織、公共衛生和教育方面的成就讚嘆不已，認為中國應該進行類似的改革。1879 年春，黃遵憲撰寫了一本關於日本的詩集，幾個月後該詩集由總理衙門出版。1887 年，他完成了詳細介紹日本國情的《日本國志》，這是那個時代關於日本的書籍中信息量最大的中文書。他將書稿交給中國的出版商，卻未能出版。十年後，中國在甲午戰爭中失利，國人希望了解日本，這部書稿才終於出版。

在設置駐日公使館前，清朝派往日本的官員都是通過科舉考試選拔的人才，他們接受儒家教育，接觸的主要是崇拜古典漢學的日本人。當時的中國缺乏對日本時事的了解，包括政治、經濟，特別是軍事方面的信息。此種情形使清朝在甲午之戰處於嚴重劣勢。

日本開始面向外部，1869–1879

明治維新之後，日本加強國家安全的努力首先集中在加強北方島嶼（時稱「蝦夷島」）的軍事實力，以防範俄國的軍事行動，以及來自庫頁島（Sakhalin，日文稱樺太島，俄文為薩哈林島）、滿洲和朝鮮的威脅。德川時期，日本在北方島嶼能夠有效控制的只有位於北海道南端的一個藩（松前藩）。該島其他地區人口稀疏，住着一萬七千名阿伊努人。1869年，新成立的明治政府將其改名為「北海道」（意思是「北方海域的環道」），由東京的官員直接領導，對該島實行現代化改革。

北海道的發展成了1895年後日本在台灣推行現代化的榜樣，一些北海道的官員後來也調任台灣。派往台灣的官員畢業於日本的大學，當時教育的主要目標是日本的現代化。後來，他們準備以北海道模式幫助朝鮮和滿洲實現現代化。

日本擔心俄國從海上蠶食北海道，中國則擔心俄國從中俄邊境的另一邊蠶食東北地區。直到1891年俄國才開始建造跨西伯利亞鐵路，但此前他們將更多人口移民西伯利亞以及建設大鐵路的計劃，不僅令中日韓擔心，也讓英法德憂心忡忡。直到那時，清朝統治者不允許不在旗的滿人遷回滿洲故土（今稱東北）。為了加強對抗俄國的實力，清朝一些當地官僚從1870年代開始改變移民政策，允許甚至鼓勵非旗人進入滿洲。幾年之內，來自其他地區的很多移民，特別是來自山東與河北的移民，開始定居滿洲。在阿伊努人居住的、尚未平定的北海道，日本努力推進現代化。與之相反，雖然滿洲乃滿清皇室的「龍興之地」，清廷卻未有任何推進滿洲現代化的計劃。

琉球問題，1871–1874

開始發展北海道後不久，日本進一步試圖控制本土四島以南的琉球群島，這導致當時中日間首次產生了真正的緊張關係。從1862年

到1870年代中期，當日本集中精力關注國防問題時，大部份清廷官員並不擔心日本可能在本土四島之外展開行動。這一時期幾次有限的中日接觸中，兩國互相帶着善意。而在1870年代中期後，隨着日本的實力開始增強，其促進貿易並擴大防禦範圍的做法開始與中國認定的國家利益產生衝突。

十七世紀初以來，由原住民領導的琉球王國統治着一群總面積大約八百六十五平方英里（即二千二百四十平方米）、從日本南部的九州一直延伸到台灣的小島嶼。琉球王國既試圖維持獨立，又想與中國和日本建立友好關係。清朝和德川幕府都在琉球王國維持着勢力：琉球王國為每年定期來訪的日本使者提供住宿，也接待在其他時間來訪的清朝使者。琉球王國向清朝進貢，並保持貿易關係，受中國文化影響，奉大清為正朔。但琉球的語言更接近日語，而不是中文。自從1609年薩摩藩派軍隊征服琉球王國以來，薩摩藩一直是影響琉球事務最主要的外部勢力。

1871至1874年，日本利用琉球漁船在福建省台灣府沿海沉沒的一樁意外事件，強化對琉球群島的管治。1871年，琉球漁民的四艘小船在台灣附近遭遇颱風，其中一艘沉沒，兩艘遇到海難，只剩一艘浮在水面上。倖存的琉球漁民登上台灣海岸後，其中五十四人被台灣原住民殺害，只有十二位漁民倖存，成功地利用那艘未沉的漁船回到琉球。日本政府要求中國對遇害的琉球漁民進行賠償，因為台灣屬於中國版圖。日本隨後宣稱琉球群島屬於日本。經過兩年的時間，賠償問題始終沒有解決。1874年，由於中國對日本要求賠償漁民損失的請求始終不予回應，被激怒的日本派出由西鄉隆盛的弟弟西鄉從道率領的討伐軍。中國官員回應說，中國無法對台灣的原住民進行有效控制，並補充指出中國擁有琉球群島的宗主權。日本軍隊在台灣駐留，而中國人擔心日本接下去會展開進一步的攻擊。

大久保利通和副島種臣赴華交涉，希望贏得駐京各國大使館的支持。迫於壓力，清朝官員同意向日本支付琉球漁民的賠償金，但後來

他們聲稱不知道支付賠償等同於認可日本對琉球的主權。李鴻章深感憤怒，認為日本背叛了他接受與日本關係正常化釋放出的善意。他宣稱，歐洲人在談判中頗為誠實，日本人則表裏不一、不可信賴。

至1870年代中期，日本在琉球群島附近部署了比中國更多的軍事力量，並逐漸強化對該地區的影響力。1879年，東京政府要求琉球停止向中國朝貢，然後通過廢藩置縣將琉球群島變成日本的一個縣，取名沖繩。李鴻章曾經在1870至1871年支持與日本建交，即使日本於1874年進攻台灣後，他仍堅持與日本維持關係。這一次他的憤怒，當然可以理解。1880年，中國拒絕了日本使節團提出的有關琉球的提議，但未曾堅決抵制日本將琉球併入日本國土的做法。

日本打開朝鮮門戶的努力，1873–1879

日本在朝鮮的利益涉及安全與經濟兩方面。對明治初期的政治領袖而言，在日本附近的所有區域中，國家安全最大的隱患就是朝鮮，因為朝鮮在俄、中、日所構成的渦旋的中心。朝鮮曾是中日發生兩次軍事衝突的所在地，一次是在661至663年，另一次是在1592至1598年，朝鮮也是1274至1281年蒙古人入侵日本時的軍隊集結地。十九世紀末，當收到俄、德、中三國船隻在朝鮮附近水域出現的報告時，日本戰略家將朝鮮形容為一把刺入日本心臟的匕首。日本擔心其他國家，尤其是俄國，可能會利用朝鮮為基地向日本發動進攻。如能在朝鮮半島駐紮軍事力量，就可以阻止其他國家在朝鮮建立基地，日本會更安全。

日本與朝鮮的聯繫通過對馬島和釜山進行。自1392年朝鮮王朝（日本稱「李氏朝鮮」）成立後，朝鮮變得比德川時代的日本更封閉。就像日本一直保持以長崎作為唯一的開放港一樣，朝鮮也實行一口通商政策，一直維持釜山港的開放。在德川時期，替日本統治者處理朝

鮮事務，一直是位於九州和朝鮮之間的對馬藩的責任。一直到1868年，住在釜山的對馬藩官員，一直代表幕府將軍進行日本和朝鮮間的有限交流。

到1873年，二十年前被海軍准將佩里強迫開放對外貿易的日本領導人，不僅接受了對外貿易，而且還很積極參與。他們以英國為榜樣，試圖建立蓬勃的經濟。日本官員希望從朝鮮進口大豆和小麥，並將工業產品賣給朝鮮，就像英國向殖民地出口工業產品並以此建設本國經濟一樣。那時日本最大的出口物資是生絲。法國蠶絲業的萎靡不振，以及太平天國運動對中國產絲能力的大規模破壞，都提升了外國對日本絲的需求。1872年，日本第一家現代工廠「富岡製絲場」開業。日本商界期待能在絲織品出口方面大展身手。

1860年代初，日本領導人已經在討論如何讓朝鮮購買更多商品。1868年底，即明治天皇開啟新時代後幾個月，一位來自對馬島的日本代表被派往釜山，宣布自己作為日本天皇的新代表，將取代對馬藩派出的前代表。朝鮮對日本人使用「天皇」這一稱呼感到惱怒，這一稱呼使日本統治者比朝鮮國王的地位更高，與中國的皇帝平起平坐。朝鮮拒絕接受這位新代表及其率領的使團。一心要打開朝鮮國門的日本後來又派出兩個使團，朝鮮均拒絕接受。

1870年代早期，一些年輕武士鼓吹日本應該學習美國海軍准將佩里，他用軍艦打開了日本國門，日本也可派軍艦打開朝鮮國門。在明治維新中扮演重要角色、深具魅力的薩摩武士西鄉隆盛，是這群熱血民族主義者的代言人。西鄉意識到，日本的公眾輿論並不支持派軍朝鮮。於是，他提議以使者身份前往朝鮮，一旦自己被朝鮮人所殺，則可令更多人支持征韓。西鄉成了時刻準備為國赴死的忘我愛國者的標誌性人物。1873年初，日本政府中一些更具國際頭腦的領導人隨岩倉使節團出訪西方。趁此良機，西鄉試圖說服政府支持自己的計劃。但在尚未有定論時，岩倉使節團就回國了。岩倉具視和大久保利通等使

團成員阻止了西鄉的計劃。同時，日本關於征服韓國的爭論也引起中國和朝鮮的警覺，他們開始擔憂日本有侵略的企圖。

1875年9月，日本派出的「雲揚」號軍艦到達朝鮮西海岸，激起了朝鮮人的反擊。「雲揚」號在摧毀朝鮮的岸置大炮後返回日本。通過此次含蓄的進攻，日本試圖表明，如果朝鮮拒絕打開國門，日本就會展開攻擊。日軍也正持續為此種攻擊行動做準備。

西鄉及其追隨者的首要考慮其實並非打開朝鮮國門，而是為阻止即將到來的取消藩地、取締武士階層以及廢止武士特權等改革舉措。在西鄉看來，遠征朝鮮或可鞏固武士的地位。明治政府在取消武士階層時給他們提供了一些補償，但很多前武士對政府進行一次性償清的做法很不滿。1877年，西鄉和大約一萬三千名追隨者發動了西南戰爭。以從前的武士為將領、平民為士兵，新建的國民徵兵軍擊敗了西鄉的軍隊。面對失敗，西鄉按照武士的儀式，面朝天皇的方向剖腹自殺。大眾認識到武士的時代已經結束了，但很多人對西鄉及其展示的光榮赴死的精神表示深切的同情。他自殺後，支持日本對朝鮮採取軍事行動的人增多了。

當時，包括明治天皇和伊藤博文在內的大部份日本領導人希望避免軍事衝突，想要通過外交手段解決與中國和朝鮮之間的問題。李鴻章意識到，日本入侵朝鮮可能刺激俄國做出反應，因此也希望通過外交手段解決問題。中國人對朝鮮擁有正式的宗主權，有權影響朝鮮在外交上的決定，但不能干涉其內政。但數世紀以來，中國並未積極行使其宗主權。1875年11月，日本派遣森有禮作為駐大清國公使（相當於今天的大使）前往北京，為打開日本與朝鮮的貿易尋求清朝的支持。森有禮與總理衙門的官員們進行了一系列談判。中方官員指出，雖然朝鮮是中國的藩屬國，但他們不能干涉朝鮮內政，因此無法要求朝鮮開放與日本的貿易。1876年1月，森有禮和李鴻章就朝鮮問題進行磋商，雙方都試圖達成和平協定。森有禮理解，日本的利益在於開

放朝鮮口岸、從事日朝貿易，而不是派遣軍隊，因此他主張將朝鮮視為國際法下的一個主權國家。

《江華條約》與元山和仁川的開港

伊藤博文擔心，與中國交涉開放朝鮮無法取得進展，因此極力主張日本應該直接與朝鮮談判。他説，應該由朝鮮作出決定，而不是中國。在與日本談判朝鮮問題時，中國原來堅持由朝鮮獨立作出決定，但在1872年後，中國變得越來越積極。1873年，高宗年滿二十一歲，取代父親大院君成為朝鮮的統治者。他比父親更願意考慮打開國門，與日本合作。1876年2月，「雲揚」號日艦進入朝鮮海域數月後，日本派出一名使節前往朝鮮簽署開放朝鮮的條約。高宗簽署了《江華條約》，允許日本在朝鮮的三個港口從事貿易。朝鮮南端的釜山是歷史上長期開放的港口，在簽署《江華條約》後很快重新開放。但朝鮮不情願開放另外兩個口岸——元山和仁川。有些朝鮮人主張以日本為師，打開國門，進行現代化改革，以抵制西方列強，但他們輸給了保守派。日本持續對朝鮮施加壓力，朝鮮東北的元山港在1880年被日本海軍強行打開。當時，朝鮮仍然拒絕開放仁川，但由於日本施加的壓力進一步增強，朝鮮終於妥協，於1883年開放了仁川。

隨着中日兩國開始磋商朝鮮問題，中國擔心日本要求染指朝鮮半島的企圖會與本國利益相衝突。1873年為開放朝鮮準備一戰的西鄉隆盛，從未表達過吞併朝鮮的領土野心。但到1870年代中期，一些日本人已在考慮當日本足夠強大時吞併朝鮮的可能性。李鴻章公開表達了對日本膨脹的領土野心的擔憂。中日雙方仍在商討聯合抵制西歐和俄國的威脅，但1870年代中期兩國對彼此都懷有戒心，而1882年發生在朝鮮的叛亂進一步加劇了雙方的衝突。

日本的軍事野心：精心策劃還是意料之外？

十九世紀七八十年代，日本超過中國，成為一個發展中的工業國家，有了受過教育的愛國公民，還有不斷增強的軍事實力。此時的日本已經有征服中國的計劃了嗎？

一些中國學者認為，侵略中國可謂蓄謀已久，始於十六世紀晚期豐臣秀吉對朝鮮的侵略。他們認為，豐臣秀吉的野心在1850年代得到復活：中日恢復了聯繫，日本向琉球和朝鮮擴張，之後進攻中國，發動了甲午戰爭。這一系列事件之後，日本佔領了台灣，1905年日俄戰爭結束後在滿洲實行了擴張，1931年日本侵略滿洲，在1937至1945年更是佔領了中國其餘大部份地區。在這些學者看來，日本提出所謂中日友好只是為了積蓄更多力量發動進一步進攻。日本可以暫時將臨近地區作為緩衝國，然後會佔領它，再將下一個區域作為緩衝國，再進一步將該國吞併。他們相信，日本人意識到中國太大，無法一口吞下，因此致力於分裂中國，將其分成一塊一塊逐步吞併。在他們看來，日本宣稱的友誼不可相信。這些都是精心策劃的騙人的說法，使受哄騙的中國人產生自滿情緒，而日本則趁機逐漸擴大其控制範圍。

這些中國學者承認，甲午戰爭前的中國領導人太自大，沒有將日本放在眼裏，沒能研究、了解和回應日本採取的行動，對自己國家來說是失職的。

從豐臣秀吉到發動侵略滿洲的石原莞爾（1889–1949）（見〈中日關係史上的關鍵人物〉），在每一個階段，我們都能找到一些意圖征服中國的日本人：當豐臣秀吉在1592年侵略朝鮮時，他顯然有侵略和征服中國的意圖；1596年豐臣秀吉的軍隊再次出征，目標也是入侵中國；在十八世紀，林子平這樣的學者鼓吹日本應計劃征服中國；當山縣有朋在1873年將國民徵兵制引入日本時，他宣稱軍隊將來可能會用來應對中國；1878年，桂太郎在德國軍事學校學習六年後回國，山縣有朋請他幫忙為日本建立現代軍隊；明治維新後，日本政府僱用一

些曾為薩摩藩服務的船隻和工作人員，組建了國家海軍，在1880年代中期，日本海軍進行了大規模的擴張；來自肥前藩（今佐賀縣）的江藤新平於1871年向岩倉具視呈送三十項建議書，指出在向俄國出兵前，日本應該先向中國派遣軍隊。

另一些中國歷史學者，以及研究中日關係的日本和西方學者，沒有找到證據證明，明治領導人設計好了一套全面的長期計劃，先征服周邊地區，再征服中國。十九世紀六七十年代的政治領導人首先考慮的還是如何控制國內政治發展的形勢，以及保衛日本使其免於被俄國和西方列強侵略，他們並未計劃入侵中國。在日本侵略的每一個階段，總有一些日本領導人主張與鄰國保持和平，避免軍事衝突。但在每一個階段，也總有一些日本的激進人士希望採取更激進的政治行動。很多年來，包括首相在內的幾位政治領導人因為採取相對溫和的外交政策被暗殺。

主流學者將日本的侵略看成是國內激進團體採取侵略行動的結果，一些政治領袖試圖制止，一些領袖則被動地接受以避免遭到暗殺或其他激進行為。這種觀點認為，對外侵略的決策不是來自一個整體的、明確的、長時期的計劃，而是一個有各種因素捲入其中的複雜過程的結果，這些因素包括日本的政治狀況、軍事領導、恐怖威嚇，以及激進分子。

主流歷史學家也認為，1894年甲午戰爭的爆發在二十年前無法預料。直到戰爭爆發前幾個月，很多中國和日本的外交官和政客還認為，中日競爭不太可能導致兩國之間的公開衝突。沒有證據顯示，日本在1894年前已經計劃發動戰爭。甚至到1894年，中日許多領導人仍然希望，因為「同文同種」以及共同感受到的對西方列強侵略亞洲的焦慮，將會合作以抵抗來自西方的威脅。然而，在1870年代，中國和日本就已經開始為兩國將來可能發生的戰爭做準備，1882年發生的衝突促使日本進一步擴大了軍事方面的投資。

第4章

爭奪朝鮮與甲午戰爭
1882–1895

1882年朝鮮壬午事變(亦稱「壬午軍亂」)後,中日兩國分別派兵入朝。兩國軍隊發生衝突,清軍獲勝,促使日本將更多資源投入軍隊建設。中日在朝鮮問題上的緊張關係不斷升溫,直至1894年日本發動甲午戰爭(1894–1895)。

在1880年代,對於西方的入侵以及可能被殖民的危險,中國、日本和朝鮮都深感焦慮。三國都有一些領導人希望互相合作,抵禦西方殖民主義。當時,俄國是這一地區最大的外部威脅力量。俄國人到1891年才開始建造橫跨西伯利亞的大鐵路,但他們早在1880年就已經開始討論建造大鐵路的計劃。1882年,俄國謀劃在次年開通一條從烏克蘭直抵西伯利亞沿海阿穆爾(Priamur)的蒸汽船航線。此後,俄國還試圖提升阿穆爾政府的行政級別。* 大量俄國人將會移居東亞的可能性令中日韓三國對長遠發展表示擔憂。然而,1882年中日在朝鮮發生衝突後,兩國在朝鮮問題上的緊張關係蓋過了雙方合作抗俄的願望。

朝鮮位於中日俄三國之間,不幸成為「鯨魚間的小蝦米」:661至663年,中國和日本在朝鮮半島打過一仗,當時日本派兵幫助百濟王國;在1274年和1281年,元軍兩次取道朝鮮侵略日本;1592至1598

---

* 譯註:1884年成立阿穆爾總督府。

年，當豐臣秀吉侵略朝鮮時，中日軍隊再度在朝鮮發生軍事衝突；此後，朝鮮又成為日俄戰爭（1904–1905）的戰場。

中國在1882年時仍然擁有對朝鮮的宗主權，有權決定朝鮮的外交政策，但不得介入其內政。好幾個世紀以來，中國並未行使宗主權。1870年代，當日本討論侵略朝鮮的可能性時，中國開始考慮扮演更積極的角色。1873年，西鄉隆盛等提出「征韓論」。1876年，日本強迫朝鮮簽訂《江華條約》，日韓兩國由此建立外交關係，並開放了元山和仁川兩處新港口。中國與朝鮮僅隔一條鴨綠江，通過朝貢體系與邊境集市與朝鮮保持長期貿易關係，因此開放兩個新港口對中國影響不大。日本卻因此可以從朝鮮獲得更多的稻米，同時出口更多工業產品。

在十九世紀下半葉，1392年建立的朝鮮王朝處於失序和衰落的狀態。日本利用長崎港了解外國事務，而朝鮮則是一個「隱士王國」，試圖通過自我封閉來免受周圍強國的侵略。個別朝鮮人通過中國對外部世界有所了解，但朝鮮政府卻沒有像日本那樣渴望學習外面的世界。在十九世紀，面對周邊強權的蠶食，朝鮮要保持鎖國狀態變得越來越難，王室成員在如何回應這些衝擊上意見不一。高宗生於1852年，在1873年12月年滿二十一歲時開始親政。他不是一個強勢的帝王，但比其父興宣大院君更願意打開國門。從1864年至高宗成年，大院君一直統治着朝鮮，且從未放棄自己的政治野心。高宗的妻子閔氏與其外戚形成了一個反對大院君的聯盟。在分裂的朝鮮王室裏，中日兩國各有盟友。

壬午事變與中日軍隊進駐朝鮮

高宗和那些願意打開國門的官員開始與日本合作，在朝鮮推行明治式的現代化。1880年，有前途的年輕官員金弘集被派往日本學習現

代化經驗。回到朝鮮後，金弘集讓高宗留意兩篇他稱為可用於指導朝鮮國策的文章。高宗尤其喜歡的一篇是黃遵憲的〈朝鮮策略〉。黃遵憲是清朝駐東京公使館外交官，一直關心日本的發展。黃遵憲認為俄國對朝鮮威脅最大，為應對俄國，朝鮮要「親中國，結日本，聯美國」，「以圖自強」。* 另一篇文章出自鄭觀應，他是在廣州長大的商人，對日本的發展情況很熟悉。他向朝鮮建言，為了獲得必要的技術以生產現代工業品，朝鮮必須建立現代政治制度，而學習現代政治制度的地方在日本。金弘集回國數月間，朝鮮擴大了與日本的談判，試圖與中國維持良好關係，並採納鄭觀應的建議提升外交事務的管理水準。1881年，朝鮮還仿效中國的總理衙門，建立了「統理機務衙門」。1894年，金弘集出任朝鮮內閣總理大臣。

　　金弘集提出學習日本的建議後第二年，也就是1881年，為了對日本現代化作出更詳細的報告，朝鮮派出了一個由十二位年輕人組成的「紳士遊覽團」（又稱「朝士視察團」）。紳士遊覽團以岩倉使節團為榜樣，但因為資金緊張只訪問了日本一國，停留了七十八天。跟岩倉使節團成員一樣，朝鮮人考察了政府機構、軍事設施、學校和工業基地。幾位團員在任務結束後留在日本，成為第一批朝鮮留日學生。當時朝鮮國內很多人一提起日本就想到豐臣秀吉，害怕日本會再次入侵。但紳士遊覽團的成員對在日本所見印象深刻，回國後積極尋找學習日本現代化的方法。

　　紳士遊覽團的十二位年輕人中有一位天資聰穎、積極活躍的官員金玉均，他是考察團的非正式領袖。考察結束後，福澤諭吉安排金玉均留在日本慶應義塾（原為「蘭學塾」）學習六個月，蘭學塾是福澤於1858年為推廣西學創立的。福澤可能是當時日本最重要的自由派知識

---

* 　譯註：〈朝鮮国修信使來航ノ件・朝鮮策略：住倭公使參贊官黃遵憲私擬〉，見外務省編：《日本外交文書》第13卷（東京：外務省，1880），頁390。

分子，曾在1860年赴華盛頓的日本考察團中擔任翻譯。金玉均相信，朝鮮強盛並躋身現代國家之林的關鍵是跟隨日本明治維新的道路、走向現代化。第二年返國後，金玉均成立「開化派」(亦稱「獨立黨」)以推動現代化。*他的計劃遭到一些保守派官員的大力抵制，其中部份官員與中國關係良好。

1881年，朝鮮加強了與中國、日本和美國的關係，他們認為這三個國家可以幫助韓國抵制俄國侵略。在中國，處理對朝政策的權力從管理傳統朝貢關係的禮部轉移到了李鴻章手裏。那時日本已發展出培訓外交官的系統制度，但在中國處理外交政策幾乎由李鴻章獨理。李鴻章支持朝鮮通過與中日建立友好關係，努力避免衝突，增進穩定。他不反對朝鮮學生留學日本，也邀請朝鮮使節團訪問天津，參觀天津機器製造局。這個兵工廠是李鴻章推動的洋務運動的成果。那些訪問了天津機器製造局的朝鮮人，於1883年在朝鮮建立了第一個現代兵工廠。李鴻章也相信，美國進駐朝鮮有助於推動朝鮮穩定，因為美國沒有領土野心，可以作為制衡日本和俄國的力量。李鴻章指導簽署了一項中朝條約，還在1882年簽署的《朝美修好通商條約》的談判中調和鼎鼐。這是朝鮮與外部世界關係的轉折點，也標誌着亞洲國家間基於朝貢關係的舊式東亞秩序已經終結，被以法律條款為基礎的西方條約取而代之。相關國家的很多高層官員都希望朝鮮既能實現現代化，又可以與中國和日本維持和平關係。

作為現代化的一部份，1880年朝鮮聘請日本陸軍工兵少尉堀本禮造幫助訓練八十位有望成為現代朝鮮軍隊核心成員的精英。由於預算有限，朝鮮決定裁減舊式軍隊。就像當年日本武士因反對取消俸給而叛亂，1882年7月，一些年齡稍長、被迫退伍的朝鮮軍人開始抗議。

---

* 譯註：朝鮮開化派分為金玉均、朴泳孝等領導的急進開化派和金弘集、俞吉濬領導的穩健開化派。

他們等待一年多才領到餉米，卻發現裏面摻雜了秕糠，不堪食用。退伍軍人氣憤難平，從軍械庫搶到武器後上街攻擊本國改革派人士以及日本人。為了建設現代化的軍隊，一位訓練朝鮮人以建立現代軍隊的日本教官及其三位助理遭到殺害，還有一些日本人被當街打死。日本公使館被燒毀，公使也差點葬身火海。叛亂者還意圖殺害閔妃，但她被一名奴僕背出，得以逃生。最終，叛亂者殺死了一位閔氏家族的官員。1882年的這次事件被稱為「壬午事變」或「壬午軍亂」。

大院君支持叛亂者，高宗則反對。叛亂發生之後，大院君強迫高宗交權，由他重新掌權，裁撤了所有閔氏家族的官員。為應對壬午事變中日本國民被殺害的事件，日本派出數百名官兵赴朝保護自己的國民，並支持朝鮮政府中的親日派。清政府並未支持壬午事變，但對日本駐軍很警覺。作為對策，清朝派出三千名士兵赴朝，這是1636年滿人入侵朝鮮以來，中國對朝鮮的首次軍事干預。清軍迅速壓倒了人數少得多的日軍，並支持朝鮮政府中的保守派。這是在過去二百五十年間，中國第一次放棄不干涉內政的宗主權政策，在朝鮮內政中扮演積極的角色。

負責處理該事件的李鴻章相信，清朝在朝鮮的實力比日本更強，但他也看到日本正在壯大，意圖與日本維持一種穩定的和平關係。他對大院君深感憤怒，此人推翻了合法的朝鮮政府，擾亂了中日關係，導致日本派兵入朝、引發中日對抗。李鴻章抓捕了大院君，將其軟禁在中國三年，並讓高宗重掌權力，閔氏家族的外戚官員恢復職位。李鴻章也設法讓朝鮮為殺害日本國民一事向日本道歉，並支付一筆為數不多的賠償金。高宗認為他不必在中日間作出取捨，希望跟兩國都搞好關係。李鴻章在國內被一些民族主義人士批評對日本過於寬容。清軍滯留朝鮮，成為實際上的佔領軍。有些朝鮮人將清軍視為保護者，而有些人則將他們看成是干涉朝鮮獨立的自大的帝國主義者。

清朝派出三千士兵進入朝鮮之時，李鴻章因丁母憂解職還鄉。但

他很快復職，制定策略，指揮派往漢城的官員。他派出二十三歲的幹將袁世凱，協助漢城編練「新建親軍營」，並督管清軍在朝鮮的活動，這位在1912年成為中華民國總統的青年人還負責編練朝鮮的地方軍。清朝也和朝鮮簽署了《中朝商民水陸貿易章程》，以控制朝鮮的對外貿易。通過軍事和貿易，清朝在朝鮮獲得了比日本大得多的影響力。

壬午事變之後，高宗放棄了早先的現代化政策，一些日本人和朝鮮人中的改革派對朝鮮不再實行明治式的改革深感失望。在日本看來，這樣的改革不僅可以重組朝鮮的政府結構，還可以使朝鮮變成日本的貿易夥伴：朝鮮可出口糧食到日本，同時進口日本正在發展的紡織產品。而現在，因中國對朝鮮的影響力大得多，日本再也無法在朝鮮採取大膽的措施。高宗仍偏好日本式的現代化，但他希望與中國合作，也很警惕冒進式的改革。

對於其小規模駐朝部隊在1882年被中國擊敗，以及中國限制日朝貿易這兩件事，日本十分不滿。如果下次再跟中國在朝鮮發生衝突，他們希望準備得更充分。早在1873年，岩倉使節團遵從德國宰相俾斯麥（Otto von Bismarck）的建議，提出「富國強兵」政策，這是中國早在春秋戰國時期提出的口號。但在1870年代，日本的財政預算非常緊張，在軍事方面不能過於激進。而到了1882年12月，隨着經濟基礎加強，天皇頒布詔書擴大戰備，軍事費用迅速增加到政府預算的20%以上。海軍可以增加船艦的生產量，不必擔心預算負擔過重，政府也發行債券以幫助解決費用問題。

金玉均慘敗的甲申事變，1884

自從參與「紳士遊覽團」訪問日本後，金玉均一直是改革的強烈支持者。他對政府遲遲不肯推動現代化的消極態度感到沮喪，於

1884年12月4日倉促發動了一次政變。有六位大臣被殺，多人受傷，政變後成立了一個臨時政府。此次對朝鮮領導人的血腥攻擊不到三天即告流產，卻留下了災難性的後果。它敗壞了改革的名聲，延緩了現代化進程，損害了日本與中國和朝鮮的關係。因為政變發生在甲申年（以東亞使用的六十年為一次循環的干支紀年計），史稱「甲申事變」。

金玉均推動明治式現代化的想法，受到福澤諭吉和其他日本知識分子的鼓勵，其現代化目標也受到日本報刊的廣泛讚揚。但日本高層並不支持金玉均的政變計劃。岩倉使節團的正使岩倉具視和外務大臣井上馨都不支持政變，他們認為維持與中國的親善關係甚為重要。致力推動日本在亞洲各地展開貿易的著名商界領袖澀澤榮一也不支持金玉均。

到1884年，金玉均對朝鮮君主拒絕實行改革日益沮喪。他崇敬推翻幕府政權、啟動明治維新的日本青年武士，有意效仿。但在1884年前朝鮮仍有三千名清朝駐軍，金玉均知道自己不可能推翻朝鮮政府。中法戰爭爆發後，清朝於1884年8月派遣部份駐朝軍隊前往越南，金玉均覺得政變的時機到了。雖未獲得東京的支持，他得到了日本駐朝公使館部份成員以及駐紮漢城的小規模日軍的支持。

1884年12月4日，在諸多反對改革的朝鮮高官出席的一次慶祝朝鮮新郵政局開業的宴會上，金玉均的支持者放火燒了附近一所房子，引發了騷亂。他們乘亂挾持高宗遷往景佑宮，矯詔誘騙多位可能已經集結兵力的兵營指揮官入宮，陸續入宮的指揮官們被金玉均的支持者殺害。金玉均隨即頒布了十四點改革計劃，要求結束清朝對李氏朝鮮的宗主權、取消兩班階級（兩班是朝鮮龐大的貴族階級，由通過科舉考試的官吏的後代組成，那時只有兩班的後代才能參加科考）。新政允許所有人參加考試、以才擇人，引入內閣制度，並實施其他改革措施。

儘管金玉均準備了詳細的改革事項清單，但令人震驚的是他根本不知道如何實施這些改革。他不切實際地希望依賴可能會支持他的區

區二百名駐韓日軍來維持權力、對抗留駐朝鮮的一千五百名清軍。三天後，自1882年來一直留在漢城的袁世凱率領部隊攻入王宮。在此後的戰事中，一百八十多人被殺，包括三十八名日本士兵和十名清兵。金玉均任命的官員均遭撤職。漢城的日本國民被很多朝鮮人認為是剝削資本家，他們成為襲擊對象，住所遭到劫掠和焚燒。金玉均與八位追隨者設法登上一艘停泊在仁川港的日本船，流亡日本。

政變尚未發動前，高宗曾接見金玉均，準備針對其改革目標給予一些協助。政變發生後，支持改革的開化派一夕之間名譽掃地。金玉均則因殘酷殺戮高官被視為惡人，許多朝鮮人認為應該把他一槍打死。金玉均逃匿到日本，時常擔心遭到暗殺。日本報刊則對金玉均及其將現代化引進朝鮮的努力持比較正面的態度。

代表明治政府的伊藤博文和代表清政府的李鴻章，各自以其政治才能努力維持和平、維繫中日關係。1885年4月，他們簽訂了《天津會議專條》，同意在四個月內撤回駐紮在朝鮮的所有中日軍隊。他們還達成共識，今後中日兩國中任何一國要派兵入朝，必須立即通知對方，對方亦可派兵。

李鴻章任命駐朝清軍指揮官、當時年僅二十六歲的袁世凱為「駐紮朝鮮總理交涉通商事宜」全權代表，以文官身份保護中國在朝鮮的利益。根據《天津會議專條》，袁世凱不再是軍事指揮官，但中國和日本都理解，如果袁世凱認為有必要就可以召集軍隊。李鴻章交給袁世凱的任務，是防止日本壟斷朝鮮經濟。此後數年，中朝貿易的確增長迅速。儘管釜山的經濟仍由日本商人壟斷，中國在仁川、元山以及中朝邊境佔有優勢。

在中日軍隊根據《天津會議專條》撤離朝鮮後，很多中國士兵仍然駐紮在朝鮮邊境附近。日本無能為力，只能接受中國對朝鮮的巨大影響力。比如，朝鮮的電報線路完全由中國控制。當時日本的電報線路可以從日本通到釜山，但未獲許將電報線從釜山連到漢城，因此日

本與漢城的溝通只能通過中國的電報系統進行。袁世凱雖然年輕，卻是一位強勢的領導人。有些朝鮮人很高興袁世凱幫他們驅逐了金玉均及其日本友人，有些人則抱怨袁世凱對朝鮮政府頤指氣使。對日本來說，明治式改革在朝鮮的終結和袁世凱在朝鮮的主導地位代表着又一次令人恥辱的失敗。有些日本人認為，未來日本應該在朝鮮擴大實力，不必事事聽從中國。

福澤諭吉鼓吹脱離中國文化

雖然中日在朝鮮問題上關係緊張，還是有相當多曾接受經典漢學教育的日本人前往中國旅遊，為本國讀者寫了很多崇尚中國文化的文章。比如在森有禮領導下的日本駐華使館工作的竹添進一郎，用中文寫了旅行中國一百一十一天的遊記。為了表達對中國文化的熱愛，他描寫了參觀之地的美景，記述了中國文學中的英雄人物以及當時中國的食物和農業耕作實踐。另有不少日本學者寫了詩歌，描述其在中國拜訪過的重要歷史景點。

但在甲申事變失敗後，越來越多的日本知識分子批評中國文化，認為其變化緩慢，難以適應現代社會的需要。早先參加「千歲丸」上海行和岩倉使節團的日本人，已對其在中國之所見大失所望。到1885年，在昔日學生金玉均發動政變慘敗幾個月後，明治時代最有影響力的知識分子福澤諭吉寫了一篇文章，提出日本應該「脱亞」。他說日本不應再以中國為榜樣，而應效法西方，因為西方更先進。福澤諭吉的文章當時並沒有太多人注意，但二戰後該文成為中國批評日本與西方而不是中國結盟的焦點。

對福澤諭吉來説，脱離中國的決定，代表其核心信仰的曲折變化。福澤諭吉的「諭」，是其父從《上諭條例》中挑選的字，顯示對中

國經典的尊重。福澤諭吉曾接受基礎儒學教育，年輕時因為深愛中國經典而自願背誦長篇經書。但隨着甲申事變的失敗、中朝兩國保守派得勢，他開始寫文章讚美歐洲文明遠遠高出中國文明。當時的日本仍然有不少漢學學者自得其樂，福澤諭吉痛苦地向作為思想啟蒙源泉的中國文化告別，代表着很多日本知識分子對中國文化的重新評價。

　　1884年5月29日至1885年4月18日，與中國知名人士時有往來的著名漢學家岡千仞在中國各地遊覽。在遊覽日記中，他指出中國正受「煙毒」（鴉片）與「六經毒」（八股）之害。* 作家王韜早先曾在日本住過四個月，和岡千仞有過愉快的交流，現在卻因為身患煙癮而無法與之見面。讓岡千仞深感失望的另一件事是，大量中國精英沉迷於奢華生活，對挨餓的老百姓漠不關心。他寫道，那些追求功名的人浪費時間學習「八股文」，拒不接受現代社會。他失望地發現，日本知識分子對中國文化了解甚深，而中國知識分子對日本正在發生的變化所知極少。岡千仞對中國文化的批評與1919年五四運動時中國知識分子對傳統文化的批評有着驚人的相似。

日本國民對海外擴張的支持日益加強

　　甲申事變的失敗並未使日本停止與中朝兩國合作對抗西方的努力，但強化了公眾對保護日本海外利益的支持。「適者生存」這一最初由赫伯特‧斯賓賽（Herbert Spencer）在1864年創造的詞彙，很快在日本流傳開來，並在毫無道德壓力的情況下被用來證明強者統治弱者的正當性。岩倉使節團的成員學習到，歐洲強國假定「文明」國家會在

---

* 譯註：參見岡千仞：《觀光紀遊》（台北：文海出版社，1981），1884年8月1日（頁76）、8月25日（頁104）、10月29日（頁170）。

「不夠文明的地方」建立殖民地，而殖民地的資源會被用於殖民母國的
經濟發展：英國人在第一次鴉片戰爭後進入上海，1863年英美兩國在
上海的租界正式合併為公共租界；比利時國王利奧波德二世在1885
年建立剛果自由邦，當時法國人和英國人也在非洲建立各自的殖民
地；早在明治時代前，荷蘭人已經佔領了爪哇，並於1873年侵略蘇
門答臘島的亞齊，開始擴張到印度尼西亞的其他地區；1884年，俄國
人在朝鮮北部沿海、庫頁島對面成立了阿穆爾沿岸總督區，包括海參
崴 (Vladivostok) 和伯力 (Khabarovsk) 這兩座城市，該區設總督，並賦
予其管理權。阿穆爾正式成為一個行政單位，吸引了烏克蘭人口密集
區的移民，他們利用1883年開始的蒸氣輪船服務，通過蘇伊士運河
和印度洋抵達此地。在日本看來，他們已經落後了一步，必須加緊步
伐追上那些文明國家。

　　待元山和仁川兩個口岸開放之時，日本製造業得益於較早實現工
業化，出口量快速增長。1893年前，朝鮮進口貨品中的91%來自日
本，8%來自中國。而朝鮮的出口品中，49%出口到中國，50%出口
到日本。[1] 在朝鮮人眼中，即使他們還沒有被正式殖民，日本人的言
談舉止已經和帝國主義者沒有什麼兩樣了，他們追逐商業利益，毫無
愧疚感地鄙視和剝削朝鮮人民。

　　金玉均政變失敗後，一些在朝鮮的日本國民遭到殺害。日本民眾
從媒體上得知本國政府對此的軟弱反應後非常憤怒，質疑政府為何不
能更加強勢，派遣更多日軍進入朝鮮甚至出兵中國的呼聲越來越強。
而日本高層比較謹慎，他們認為本國軍事力量不足，挑戰駐朝清軍的
時機仍未成熟。但軍官們已經開始設想日軍日益強盛、與清軍抗衡的
那天終將到來 ——由桂太郎、山縣有朋於1878年引進的陸軍現代化
計劃在1884年已經完成。同時，軍隊利用1882年預算增加的契機開
始擴張，1883年徵兵法的修訂不僅擴大了徵兵數量，還將預備役延長
至九年。

1886年，負責保護中國北方沿海的北洋水師訪問長崎港，他們展示了四艘現代戰艦，包括購自德國的「定遠」艦。「定遠」艦比所有日本戰艦要大，是當時世界上最現代的軍艦。中國向日本展示海軍的強大實力，意在暗示日本挑戰中國並非明智之舉。訪問期間，北洋海軍與當地人在長崎的紅燈區鬥毆，衝突升級導致一名中國士官、三名中國水兵和兩名日本警察死亡，雙方多人負傷。北洋水師到訪給日本留下了深刻印象，但與清朝期待的印象大相徑庭。看到「定遠」艦後，日本政府決定建造三艘與「定遠」艦火力相當的大型巡洋艦。1893年後的日本，除了皇室對海軍的資助，文武官員的薪俸收入被扣除十分之一用於建造軍艦和購買武器。與之相反，1889年後，清朝耗費巨資重修頤和園，包括重建巨大的石坊，用於建造新艦的財政支出則微不足道。

日本關於中國的信息和情報，1880年代至1894年

日本能夠在甲午戰爭中獲勝有諸多原因，最重要的因素之一是獲得了高水準的關於中國的情報，而中國方面則缺乏關於日本的情報。

中國與日本在朝鮮問題上關係緊張，但兩國的貿易卻在1880年代持續增長。日本商人期待持續擴大與中國的貿易，為此一直收集有關中國市場貿易機會的信息。在1871年中日建立外交關係前，中國還沒有日本商社；但到了1877年，僅上海一處就有約二十五家日本商社，包括貿易公司三井物產和貨運公司日本郵船(NYK)的前身之一郵便汽船三菱會社。

沒有證據顯示1894年前日本已計劃進攻中國。但日本的確未雨綢繆，一直在收集有關中國軍事設施和軍艦的情報。早在1879年，後來在甲午戰爭中擔任第三師團長的桂太郎曾帶領十名軍官前往中國調查

其軍事設施。其調查結果刊出於一本由山縣有朋作序的書中，該書介紹了清朝的軍事駐防、武器和軍事組織。* 此書出版於1880年，並於1882年和1889年兩次修訂再版。1894年甲午戰爭爆發前，日本軍方已經掌握了日本作家、記者及商人蒐集的關於中國地理、經濟、港口、船艦、道路和軍事設施的詳細信息。根據現有史料，我們很難判斷究竟哪些人是間諜，哪些不是。即使那些希望與中國保持友好關係、想要幫助中國發展經濟且反對軍事行動的日本人，也曾為軍方提供了一些可以直接或間接在戰事爆發時可以為其所用的信息。

比如，有一位消息靈通、交友廣泛的日本人，名叫曾根俊虎。他是中日友好的積極鼓吹者，曾多次赴華，並與中國的改革派人士結為好友。他對所到之處進行了詳細紀錄，包括港口、船載貨品、軍事設施的信息，其報告也輾轉上呈至政府高官和軍方首領。無論曾根是否是間諜，他蒐集的信息對軍方來說無疑是有用的。

此外還有在中國成立了貿易公司的商人荒尾精。在訓練他人蒐集中國情報方面，其貢獻超過任何一位日本公民。1892年，荒尾精及其助手出版了三卷本《清國通商總覽》，包含了想在中國做生意的人所需要的各種信息。1890年，靠着其他日商的幫助，他在上海成立了「日清貿易研究所」，為日本的年輕人提供為期三年的培訓。培訓課程主要是中英文語言學習、商業地理、會計和記帳。研究所首屆學員於1893年畢業，其中不少人在上海找到了工作。荒尾精認為，與中國開戰非日本之福，日本應該在經濟上幫助中國對抗西方入侵。他個人反對甲午戰爭，曾躲進一家寺廟坐等戰爭結束，並於戰後主張簽訂有利於中國的條款以推動中日貿易。儘管荒尾精個人反對戰爭，但他的研究所卻得到了軍方的資助。首屆學生畢業一年後，甲午戰爭爆發，八十九位畢業生中有七十多人被部隊招募，在戰爭中擔任翻譯或密探。

---

* 　譯註：陸軍文庫編：《鄰邦兵備略》（東京：參謀本部，1880）。

來中國遊歷的日本人蒐集的信息傳到軍隊、商界，以及一些對中國有興趣的普通民眾之中。一位中國作者描述甲午戰爭時期滿洲的戰事時指出，日軍對滿洲地形的了解遠在清軍之上，在滿洲作戰的日本士兵的口袋裏甚至裝着地形圖。

關於中國的情報在日本已直達最高層。1893年，為了控制政府支出，眾議院決定投票削減軍艦建造經費。因為議員們對預算問題意見不一，轉請明治天皇裁決。天皇認為，中國與其他國家都在增強軍艦，日本也應如此。他同意縮減宮廷用度，以增加製造軍艦的預算。

清朝駐日使館曾經從日本發回一些關於日本經濟狀況的報告。1878年上任的駐長崎總領事撰寫的報告中，就有長崎港船隻的進出情況。清朝第二位駐日公使黎庶昌曾於1881–1884年和1887–1890年兩度任職，此人關於日本事務的報告非常認真詳實。他關於朝鮮事態的警告，為清朝在1882年和1884年派兵入朝的準備工作起到重要作用。但其他發自日本的報告基本上沒有引起北京的注意，有時這些報告脫離現實的程度令人驚訝。1894年初，也就是甲午戰爭爆發那一年，駐日公使汪鳳藻還向北京匯報說日本人正忙於內鬨，不太可能挑起對外爭端。

戰事爆發後，只有李鴻章關注事態發展，多數在京高官一開始沒有表現出興趣。歷史學者朱昌峻（Samuel Chu）研究當時呈送朝廷的奏摺，指出他們更關心的是慈禧太后六十大壽的祝壽計劃，而不是作戰計劃。即使在甲午戰爭開始之後，很多官員最關心的是西方列強是否會參戰，認為日本不是很重要，無需擔心。

甲午戰爭的前奏，1894

　　發展日軍的首腦人物、曾任樞密院議長的山縣有朋，在 1893 年公開表示，日本應與中國合作，日本最大的敵人是俄國、法國和英國。很多研究甲午戰爭爆發原因的中日學者都認為，儘管在朝鮮存在緊張關係，如果不是因為兩個關鍵事件發生的時機湊巧，戰爭也許可以避免、或至少延後發生：其一是金玉均遇刺激怒了日本民眾，其二是東學黨起義導致清軍入朝。*

　　1884 年在朝鮮發起政變的金玉均於 1894 年初受邀前往上海拜會李鴻章。十多年來，他一直擔驚受怕，唯恐遭到暗殺，遂接受了一位朝鮮熟人一同前往上海的邀請。3 月 28 日，在一艘駛往上海的輪船上，金玉均被這位熟人槍殺。原來，此人此行的任務就是暗殺金玉均。金玉均的遺體被肢解，在朝鮮多個城市示眾，以警告民眾為日本人服務的叛國者會有何下場。從朝鮮的角度看，金玉均在 1884 年的政變中犯下了殺害官員的重罪。然而，日本報刊卻視其為致力於推進朝鮮現代化的愛國者，報紙上關於金玉均遇刺及其屍塊被示眾的報導曾轟動一時、觸發眾怒。其遺體葬於東京的青山靈園，金玉均的老師、備受敬重的知識分子領袖福澤諭吉發言追思，表示日本人尊重其推動朝鮮現代化的努力，並對暗殺事件表示憤怒。報刊上充斥着民眾要求日本政府對此事件做出強烈回應的呼聲。

　　金玉均遇刺不久，朝鮮就爆發了東學黨起義。中國的太平天國運動肇因於一個宗教團體 (拜上帝會) 對朝廷政策的不滿，與之類似，東學黨起義源自一個混合本土與外國教義的宗教團體「東學」。「東學」

---

* 譯註：東學黨起義 (1894–1895)，在北韓稱為「甲午農民戰爭」，在南韓稱為「東學農民運動」或「東學革命」。

於1860年由一位貧窮的兩班創立，此人的父親是村裏的一名秀才。[*]
朝鮮報刊起初反對東學黨，不是因其有政治目標，而是因其信仰挑戰
了儒家正統。東學黨在素有朝鮮糧倉之稱的全羅道影響力尤為巨大。
東學黨的教義給窮人帶來希望，其一般成員主要是因無力繳稅而失去
土地或害怕失去土地的貧民，他們對漢城的腐敗官員在各地方徵收重
稅義憤填膺。

　　東學黨也反對日本。1870年代以來，日本生產的大米無法滿足本
國市場需求，朝鮮日商將越來越多的朝鮮大米運回日本，使朝鮮的水
稻農業日益商品化。朝鮮的日本米商向當地農民放貸，如無法償還借
款，農民的土地就會被米商沒收。朝鮮農民認為放貸的日商是一群不
誠實的剝削者。1894年，全羅道北部一個特別暴虐的縣官強迫年輕人
去挖水庫，然後則向這些年輕人及其家人徵收水費，該作法使得東學
黨的支持度陡然升高。一場起義由此引發，並迅速擴大到周圍各縣。
高宗派出一支八百人的軍隊鎮壓位於全羅道的東學黨基地，但朝廷的
士兵不是臨陣逃亡，就是被東學黨擊潰。當東學黨的勢力向北方擴張
時，朝廷出現了對該事件的嚴重性的各種推測。因為軍中不少士兵同
情東學黨的理念，高宗驚恐不安。他擔心沒有可以信賴的軍隊鎮壓叛
亂，於是請求清朝派兵。

　　中國反應迅速。6月7日，根據《天津會議專條》關於中日兩國如
果一方派軍入朝必須知會另一方的條款，中國電告日本將派出二千人
的軍隊前往仁川。日本高層官員回想起1884年的事情：在朝鮮的清
軍兵力遠超日本的小部隊，對日本在朝鮮的商業活動和朝鮮政府中的
親日人士造成了致命打擊。到1894年，日本已經準備好迎戰清軍，
在接到中國照會幾小時內即告知，他們將派出八千人的軍隊。

---

[*]　譯註：東學的創始人為崔濟愚 (1824–1864)。

　　根據既有證據，學者關於日本何時決定對華開戰一事尚無法達成
共識。多年來，中日都在準備戰事陡起時的應對方案。有些中國學者
認為日本只是在等待一個藉口，以便發動戰爭，中國派軍赴朝鎮壓東
學黨時日本已決定發動戰爭。日本正式宣戰的日子是8月1日，但戰
爭實始於7月25日的海上突襲。

　　十年以後的1904年，日本也以突襲的方式拉開了日俄戰爭的序
幕。1941年12月7日，日本還是以突襲對美國宣戰。突襲戰略反映的
是二十世紀日本軍事將領石原莞爾的思想。他主張，日本如果要發動
戰爭，就應該以奇襲式的「決戰」開始。

　　中國官民和西方諸國的觀察家一邊倒地認為，如果爆發戰爭，中
國將輕鬆擊敗日本。自1863年以來擔任大清皇家海關總稅務司的赫
德爵士，是當時最了解中國的西方人之一，他說：「一千名中國人中
有九百九十九人堅信大中國將完勝小日本」。掌握諸多日本備戰情況
的李鴻章對此卻不那麼確定。他知道日本在政治上更團結一致，軍隊
的訓練、組織與情報系統都比中國強。因此，他對清軍能否獲勝心懷
疑慮。從1882年起負責管理駐朝清軍、1885年起擔任清朝駐朝最高
負責人的袁世凱，也懷疑中國能否打贏。在日軍陸續抵達朝鮮後不
久，袁世凱即喬裝易容，與一名俄國武官一道返回了中國。

　　1870年以來就負責外交事務的李鴻章，一直努力避免戰爭，維持
與日本的穩定關係：1882年決定將大院君帶回中國、1885年簽署《天
津會議專條》、努力遊說西方列強在朝鮮事務上扮演更積極的角色以
防日本採取軍事行動，這些都是基於同一個原因。甚至在1894年戰
時，李鴻章依舊試圖讓其他列強捲入以結束戰爭，但都沒有成功。當
高宗請求中國派兵助其鎮壓東學黨起義時，李鴻章並未將軍隊派往漢
城，因為此舉等於踩日本人的痛腳。相反，李鴻章派清軍從朝鮮半島
西岸、漢城以南大約四十英里的牙山登陸，準備截擊從全羅道向北進
軍漢城的東學黨，希望日本最終決定不捲入這場衝突。在日本派兵入

朝後，李鴻章向日本建議兩國同時撤兵。6月16日，日本提出對案，表示中日應該留駐兵力，共同幫助朝鮮現代化。但中國和朝鮮的觀察家確信，日本的目的並非推動朝鮮經濟發展，而是自己的經濟利益——以低價獲取朝鮮的糧食。1894年7月，當中國拒絕日本的提議時，日本已經準備開戰。

甲午戰爭，1894–1895

1894年7月23日凌晨4點，也就是中國拒絕日本提出的兩國留兵、共同促進朝鮮現代化的方案兩天後，日軍突然衝進朝鮮王宮，抓住閔妃及一位王子，以「保護」的名義囚禁了他們，但他們並未抓捕高宗。

7月25日發生了豐島海戰。當日早晨，清朝巡洋艦「濟遠」號與「廣乙」號駛至豐島附近，遭遇三艘日艦開炮突襲。一小時內，日軍擊潰了清軍，「濟遠」號倉皇逃逸，「廣乙」號擱淺焚毀。此時，日軍遇到前往牙山的兩艘清軍運輸艦「高陞」號和「操江」號。租用自英國的大型商船「高陞」號載有一千一百多名清軍以及多位歐洲船員，日艦將其攔截並令其隨之入港靠泊。經過幾個小時的交涉，清軍拒絕從命。日本海軍司令官東鄉平八郎下令攻擊「高陞」號，很快將其擊沉，清軍死者八百七十一人，這些據說都是清軍的精銳部隊。運送軍資武器的「操江」號也被日方俘獲。

在隨後的海戰中，日本利用多方面的優勢，包括1880年代以來在建造軍艦上的巨大進步，以及海軍在戰略上的統一和軍事訓練等。至1880年代中期，日本海軍已經停用帆船，只生產蒸汽動力軍艦。1894年，日本的兩支艦隊合而為一，稱「聯合艦隊」。自從1880年代中期中日在朝鮮發生衝突以來，日本海軍制定的作戰計劃就以中國為

假想敵。這套計劃依照1887至1893年間在日本海軍大學校擔任顧問的英國皇家海軍上校約翰・英格斯 (John Ingles) 指導的戰略，即建造超強火力的高速軍艦，作戰時這些軍艦要以直線隊形前進。日本決定，作戰時全軍十艘軍艦將一起行動。

相比之下，當時的清朝擁有四支艦隊，軍艦數目是日本的兩倍。李鴻章領導的北洋水師是中國最大的艦隊，也是甲午戰爭的參戰部隊。但清朝的艦隊實在缺乏團結，以致於另外三支艦隊都沒有參戰。中國軍艦的速度不如日本，大多陳舊落後，但他們有兩艘購自德國的大型鐵甲艦，日本沒有能與之匹敵的軍艦。此外，中國的軍艦還有一個優勢，就是它們在附近有兩個海軍基地——一個是遼東半島的旅順港，另一個是附近山東半島東北端的威海衛。

7月29日，在「高陞」號沉沒四天後，約三千名日軍攻擊駐紮在漢城以南的一隊清軍。8月1日，日本宣戰，其增援部隊登陸釜山。清朝在同一天宣戰。日軍在漢城以南迅速獲得優勢，但仍花了好幾個星期才越過漢城，準備在清軍駐防最多的平壤發動戰爭。

日軍知道平壤城防守嚴密，故先攻擊城北要塞牡丹台。牡丹台海拔比平壤高，佔領該要塞後日軍居高臨下，向平壤城內開炮，城內清軍於9月15日投降。清軍進行了抵抗，但很快因彈藥用盡而敗北。一些研究者估計，多達二千名清軍與七百名日軍死於平壤之戰。[2] 對日本來說，平壤之戰是一次大捷。清軍餘部迅速向北撤退至鴨綠江西岸，自此中國退出朝鮮境內。

9月17日，平壤之戰結束第二天，黃海海面靠近鴨綠江江口處發生了一場後來稱為「黃海海戰」的戰事。為保護中國海岸線而組建的北洋水師並不適合在開闊的海面作戰，而日本軍艦在大洋上卻是如魚得水。中國的兩艘德國鐵甲艦在大洋上可以發揮所長，但這兩艘軍艦的速度最多只有十五至十六節 (約27.78至29.63公里／小時)，而日本軍艦的速度至少有二十節 (約37公里／小時)。北洋水師的十艘軍艦以

V字形應戰，速度更快的日艦得以從側面和後面進攻制勝。日艦的火力雖然無法擊穿鐵甲艦，卻使不少甲板上的水兵喪命。五艘中國軍艦被擊沉，死傷千餘人，其他受損的軍艦退至旅順港進行維修。日軍方面有幾艘軍艦受損，但都成功逃脫。在其重要著作《海軍：大日本帝國海軍的策略、戰術與技術，1887–1941》(*Kaigun: Strategy, Tactics, and Technology in the Imperial Japanese Navy, 1887–1941*) 一書中，大衛·艾文斯 (David C. Evans) 和馬克·皮蒂 (Mark R. Peattie) 將日本在黃海海戰中獲勝歸功於如下因素：日艦速度更快、各軍艦性能一致、日艦的優勢火力、等到近距離才開火的戰略，以及到敵艦側翼和後方持續進攻的戰術。黃海海戰後，北洋水師威名掃地，日本海軍則因此獲得了制海權，從此日本可以隨心所欲地調遣部隊。

9月25日，光緒皇帝在黃海海戰敗北一週後宣布，因為將士和百姓遭受的疾苦，慈禧太后將取消六十大壽慶典。

10月24日夜，日軍在鴨綠江上秘密搭好浮橋，從朝鮮渡江。他們於翌日凌晨4時抵達滿洲。跨過鴨綠江後，日本的主要目標是遼東半島的港口大連和旅順。日軍到達遼東半島時已是冬天，在大雪中行軍使他們很容易成為進攻的目標，清軍因此得以將其擊退。即便如此，到12月9日，日軍還是控制了旅順港。

日本佔領旅順前，報道該戰事的外國記者一直對日軍在戰場上的行為頗有讚譽。然而，經過數星期與清軍惡戰後的日軍，在進入旅順時產生了報復心態。失控的日本士兵進入幾近空城的旅順，對留在城中的居民展開了殘酷的屠殺。學者們估計，遇害人口在一千至兩萬人，其中很多是平民。中國和西方報紙都報導了日軍飲酒縱欲、殘害平民的行為，可謂四十年後日軍在南京所犯暴行的預演。

就是那位曾支持成立日本紅十字會的日軍司令官大山巖立即下令調查，他找到了日軍在旅順的行為的合理原因，但其法律顧問有賀長雄對此提出異議。目睹旅順事件的有賀認為，按照國際法，日本要負

最終責任。有賀以法語寫就一份觀察報告並對外國讀者發表；沒過多久，這份報告就被翻譯成日文，成為陸軍大學校的教材。*但日本民眾所能閱讀到的新聞都是關於日本的巨大成功，東京還為慶祝這一勝利舉行了遊行。

佔領旅順後，日本進一步攻下了北洋水師的另一個主要港口威海衛。威海衛位於山東半島頂端，從旅順港乘船即可抵達。1895年1月，日本軍隊在距離威海衛不遠處登陸。通過陸軍和海軍協同作戰，日軍控制了威海衛，摧毀了許多靠泊在港的中國軍艦。現在，日軍進攻北京的本錢越來越雄厚了。

2月12日，當北洋水師慘敗成為既定事實後，北洋水師提督丁汝昌及其副手為承擔敗戰之責自盡殉國。丁汝昌曾是馬隊軍官，參與平定太平軍與捻軍叛亂，1886年開始領導北洋水師。對這位提督的名聲有所耳聞的日本人，敬佩其表現出的日本武士般的精神，允許中方軍艦運走其屍身，並在該艦通過時降旗致敬。

莎拉・潘恩(Sarah C. M. Paine)在其關於甲午戰爭的研究中指出，日本能在不失一艦的情況下打贏甲午之戰的每一場重要戰鬥，能取得這種不尋常的勝利並非因為他們的軍艦和武器更先進。中國購買了多艘精良的戰艦，並擁有大批步槍，並不比日本差。日本勝利的主要原因，是清軍聯合作戰能力不足，沒能在關鍵性戰役中並肩作戰。劉坤一的南洋水師甚至都沒有參戰。同時，各地有各地的方言與效忠對象，使協同作戰難上加難。另外，日本使用的是標準化武器，替換更容易，也可以保證匹配的彈藥供應充足。日本掌握了高質量的對敵情報，這也為設計進攻戰略提供了優勢。日軍受過更好的訓練，更守紀

---

* 譯註：法文版為 Nagao Ariga, *La Guerre Sino-Japonaise au point de vue du droit international* (Paris: Pedone, 1896)；日文版為有賀長雄：《日清戰役國際法論全：附佛國學士會院講評》(東京：陸軍大學校，1896)。

律，更有秩序。明治時期徵募的農村士兵可能不理解軍隊為何要求注重衛生、遵守時間和服從命令，但通過基本訓練可以將軍隊的紀律灌輸給他們。而部份清軍軍官被提拔是因為他們對選拔文官所用的科舉考試比較擅長，而不是因為其軍事才能。清軍中不乏英勇作戰者，但有些愛國意識薄弱的部隊一受到攻擊即擅離職守。諸多因素疊加起來，使日本這個小國的軍隊通過奇襲和機動靈活的策略，重創了一個大國的軍隊。

1894年，在甲午戰爭前夜，日本與英國簽署了一個商務條約，廢除了西方與日本間的不平等條約。* 此前多年，日本一直在努力建立裁判制度、制定法律以及培養律師，以達到國際標準。受到外交官們普遍尊重的外務大臣陸奧宗光和首相伊藤博文積極參與了與英國的談判。根據這個五年後生效的新條約，日本屆時將有權在法庭上控告外國人，即廢除西方在日本的治外法權。與之相比，中國一直對不平等條約心懷不滿，但外國列強對中國法庭的專業程度沒有信心，直到1943年1月11日英美兩國才與國民黨政府簽署了廢除不平等條約的協議。在1937年中日戰爭爆發後，甲午戰爭結束後日本迫使中國簽訂的《馬關條約》也失效了。

《馬關條約》，1895

1895年1月，中國遭遇了毀滅性的失敗，而日本在中國繼續駐軍，隨時可輕而易舉地攻擊北京。這一形勢使日本勝利者有實力強迫中國簽訂一份會為其帶來巨大苦難的條約。在中國，只有一小部份官員明白他們的議價能力多麼微不足道，部份官員和老百姓仍對中國的

---

* 譯註：即1894年7月16日簽訂的《日英通商航海條約》。

影響力抱有幻想，而中國自詡的地位是得勝後信心十足的日本人根本無法接受的。日本國內瀰漫着一種勝利的情緒，他們覺得日本終於變成了世界強國，終於可以羞辱幾個世紀以來一直自以為是的中國，終於可以實現勝利者的正義。他們以1871年普法戰爭後簽訂《法蘭克福條約》時普魯士強加給法國的條件為榜樣，該條約要求法國割讓大面積領土和支付大量賠款。

甲午戰爭期間，清朝曾多次尋求與日本簽訂和平條約。1894年11月26日，日本佔領旅順後不久，李鴻章立即給首相伊藤博文寫信，請天津海關稅務司德璀琳 (Gustav Detring) 赴日轉交。日本官員們認為清朝尚未準備好簽署一份日本可以接受的條約，回覆說德璀琳不具備談判資格。1895年1月10日，滿洲的日軍向大連進軍，清政府要求停火，日本沒有同意。2月1日，戶部侍郎張蔭桓與湖南巡撫邵友濂到達廣島，與伊藤博文會談。邵友濂在不久前任台灣巡撫時，曾懸賞殺死日本平民的勇士。兩人都是中級官員，沒有決策權力，但他們抵日不久就詢問何時可以見到天皇。在日本人看來，這表明清朝仍然不夠尊重日本，且並未準備妥協。伊藤博文提醒張蔭桓和邵友濂，清朝曾有達成協議後來卻拒絕蓋章的前例，因此明治天皇只準備和有權議約並蓋章的清朝官員談判。張邵兩位大臣最後空手而歸。

2月12日，日軍在威海衛摧毀了清朝艦隊，並準備進攻北京。倉促之間，清朝表示願意派一位有訂約蓋章權的大使赴日談判。日本回應，他們只能接受恭親王或李鴻章作為談判代表，因只有這兩人才有蓋章權。北京的滿族重臣們擔心，由恭親王這樣的滿人去簽訂一個必然不受歡迎的妥協條約，將進一步刺激中國普遍存在的反滿情緒。他們認為最好讓漢官李鴻章赴日簽約，並為此承擔罵名。

日本要求的條款確實嚴苛。俄國新建的西伯利亞鐵路令日本陸軍擔心，俄國人在東北亞的勢力會不斷增強，對日本構成威脅。因此他們要求控制遼東半島，包括旅順和大連，防止俄國人在東北亞佔有不

凍港；海軍則意圖控制台灣，以加強其在西太平洋的地位；財政界要求巨額賠款，用以發展重工業。儘管知道西方列強不會接受日本控制中國大陸大面積的領土，日本仍然相信這些要求能得到滿足。

3月19日，李鴻章與一百名隨行官員到達山口縣的馬關（今下關），這是日本主島本州西南角的一個港口，曾隸屬首相伊藤博文的家鄉長州藩。伊藤博文能講不錯的英語，他用英語和李鴻章交談。李鴻章英文能力有限，他講中文，通過一位中英文譯員進行會談。談判之時，日軍已陳兵北京附近。在此情勢下，伊藤一開始提出了中國必然不會應允的提議：日本佔領天津、大沽（防護北京的軍事基地）和山海關（滿洲和中國其他地區之間的隘口），控制中國的主要鐵路，並由中國負擔停戰期間的日本軍費。不出所料，李鴻章不能接受這些條件，談判繼續進行。李鴻章和伊藤並非首次會談，雙方都認識到他們的問題不是個人的，他們是代表各自的國家進行談判。但李鴻章在談判期間曾訴之以私，指出要是接受這些條件，自己將飽受國人攻訐——結果證明，他的預估非常準確。

3月24日，李鴻章從談判地點春帆樓回驛館的路上，遭到一位年輕的日本激進分子行刺。在被警察抓獲前，年輕人開槍擊中李鴻章左眼下方的臉部。李鴻章昏迷醒來後選擇忍痛不取出子彈。

日本官員和新聞界都覺得非常尷尬，也充分意識到這一事件破壞日本國際聲譽至大，對內對外都不停道歉。日本官方發言人很關心李鴻章的安危，日本政府盡力彌補他們形容為「可怕行為」所造成的後果，李鴻章也收到大量日本國民的道歉信。明治天皇向中國致歉，派御醫為李鴻章治療，並決定停戰三個星期。

在此期間，李鴻章過繼為嗣的姪子李經方繼續和伊藤博文談判。在槍擊發生後，日方要求略有減少，但條款仍然苛刻。暗殺發生後二十四天，中日代表簽署了《馬關條約》。該條約內容包括：將台灣全島和澎湖群島割讓給日本；中國支付日本巨額賠款二萬萬兩白銀（有人

估算約為當時中國年財政收入的四分之三)；中國對朝鮮的宗主權與朝貢關係終止，朝鮮將完全獨立；包括遼東半島在內的大片土地割讓給日本，允許日本和歐洲列強在中國享受同等最惠國待遇；日本商人在運輸貨物經過關卡時不再支付釐金；除現有通商口岸外，中國增設沙市、重慶、蘇州和杭州四個口岸，向日本國民和商人開放，並開放更多內地市場。

不出所料，該條約的條款內容一經公開，中國民情激憤。李鴻章因接受這些苛刻條款遭到譴責。大批官員上奏反對批准條約。但光緒帝知道，如不批准條約，北京和瀋陽將很快陷落，皇家陵園也可能被損毀。5 月 8 日，在俄國、美國、英國、法國、德國和意大利軍艦在場的情況下，中日雙方於山東煙台 (舊稱「芝罘」) 交換了《馬關條約》的批准書。

除了簽字畫押外別無選擇的清廷想盡辦法將接受這一苛刻條約的責任推卸出去。慈禧太后將責任推給光緒帝；滿清派李鴻章去談判，就可以指責漢官李鴻章接受了這些條款。實際上，李鴻章幾十年來一直致力於中國的富強，但他並沒有得到保守派官員的全力支持。《馬關條約》談判開始時，他告訴伊藤博文，他想在中國達成的就是伊藤在日本已經取得的成就。暗殺使國人對李鴻章的批評稍微緩和了一些，因為該事件稍微減少了日本的索求。但回國後，李鴻章即被罷免所有職銜，只保留「文華殿大學士」的頭銜。無數個世代過去了，在中國的愛國人士眼中，李鴻章始終是簽訂《馬關條約》的替罪羔羊。中國之所以戰敗並簽訂該條約實肇因於國力的虛弱，而李鴻章畢生努力改變的正是這種狀況。

在過去，中國對待日本的方式是羞辱性的，日本覺得自己不得不以下事上、俯首稱臣。雙方會見時的繁文縟節或「禮儀」顯示了各自的地位：中國高高在上，日本屈居於下。甚至在 1895 年日軍取勝時，中國一開始還是視日本為低下之民，直到京師危殆才開始讓步。

現在日本終於得到以牙還牙的機會。日本要求割讓的領土中有一塊在瀋陽一帶，該地沒有重要的戰略意義，卻是滿人早年的首都以及皇家陵園所在。由此，將統治中國三個世紀的滿人加以徹底羞辱。反滿情緒變得普遍，十六年後清朝被推翻。

會見李鴻章時，伊藤博文提起一件往事：他們在1886年會面時，李鴻章威脅説，中國提議不要擴大朝鮮事態，若日本不同意，中國可能不得不攻打日本。當時的李鴻章不可能想到，有一天日本會成為勝利者。1886年，伊藤對李鴻章説，中國需要加強現代化。李鴻章承認伊藤是正確的，他個人也一直在為現代化努力，但在中國，現代化的支持者無法克服反對者的阻力。李鴻章問伊藤博文，如果他在李的位置上，是否能做得更好？伊藤承認，他可能還不如李鴻章。儘管李鴻章對日本取得的成就刮目相看，據傳他對《馬關條約》的苛刻條款非常不滿，發誓「終身不復履日地」。第二年，李鴻章乘坐的輪船在橫濱靠岸，他卻拒絕上岸。

三國干涉還遼

在整個甲午戰爭期間，日本盡可能不給西方國家輔助中國與日本作戰的機會。日本並未攻擊上海附近的清軍船艦以防驚擾外國租界，並多次向西方國家保證不會入侵租界。他們還告誡美國的日本居民，避免表現出可能導致美國人不悦的愛國主義行為，因為他們可能會敦促其政府採取行動對付日本。

戰前，主要西方領導人對日本均頗有好感。他們把日本看成是一個現代國家，而中國不僅貧窮、骯髒、混亂，而且在遵守「文明國家」的法律方面做得更差。但隨着日本完勝中國，其他國家，尤其是俄國，開始對日本的領土野心表示憂慮。

　　《馬關條約》簽訂後六天，俄、德、法三國駐日公使向外務省提出「友好忠告」：《馬關條約》規定要移交給日本的遼東半島（旅順港和大連港所在地），應保留在中國人手裏；日本佔領離北京不遠的遼東半島，將會讓中國過度憂慮，朝鮮也會視其為威脅，遼東半島會成為東亞和平的障礙。日本很清楚，如果不聽從這一「友好忠告」，外國列強準備武力干涉，而日本的軍事力量還無法與西方聯軍匹敵。1895年11月8日，在將遼東半島劃歸日本的條約批准六個月後，中日雙方簽署了《遼東半島還付條約》（即《遼南條約》）。

　　日本政府很清楚，民眾會對這一讓步氣憤難當，因此拖到次年5月才發布公開聲明，聲明並未提及外國政府的壓力，只説歸還遼東半島是為了向中國人表明日本的寬宏大量。正如所料，消息公布後，日本報刊就炸了鍋。他們質疑為何贏得了戰爭、取消了不平等條約的日本，仍然不得不屈從於西方列強的要求？正如日文報刊所言，日本尚未完全成為一個受歡迎的世界強國。讓日本覺得舊恥未消、又添新恨的是，三年後俄國佔領遼東半島，開始租借使用旅順這個不凍港。

　　在李鴻章屈從於無法控制的壓力並簽署《馬關條約》後，中國人將其當作替罪羔羊。同樣的，日本報刊也群起指責本國外交官對外國勢力低頭，儘管他們根本沒有反抗的實力。一些愛國人士開始思考，日本如何能繼續增強實力，扭轉過去對西方列強讓步的局面。十年後的日俄戰爭，日本擊敗俄國，達成了這個目標，並重新獲得了遼東半島。

日本獲勝的影響

　　當時中國公眾大多不了解國際國內大事，內地有些人對東北發生的戰事一無所知。但是精英、官僚和日益增多的受過教育的青年知道甲午戰爭，他們對中國的失敗痛心疾首。中國不僅輸了戰爭，也失去

了對擁有兩千多年歷史的中國文明的優越感。此次戰敗是令人揪心的災難與羞辱，很多知識精英因此質疑一些他們曾堅信不疑的根本信仰。很多中國人承認，在現實中他們別無選擇，只能屈服於日本的壓力。甲午戰敗不僅帶來了經濟損失，也導致精神空虛：他們失去了指示未來方向的道德指針。

看準中國戰敗後國力虛弱，外國列強趁機蠶食中國領土。1897年，俄國強迫中國允許其建造連接海參崴和滿洲的「東清鐵路」（或稱「東省鐵路」、「中東鐵路」、「中長鐵路」），從而將莫斯科到海參崴的西伯利亞鐵路縮短了三百五十英里（約五百六十三公里）。1898年3月，俄國得到租用旅順港二十五年的租約，旅順就是日本戰勝後被迫歸還的港口。俄國在中國不斷擴張影響力，不僅對中國而且對日本構成威脅，引發了1904年的日俄戰爭。

1897年德國佔領山東青島。1898年，英國得到香港新界地區九十九年的租借權。與此同時，法國開發了河內至雲南昆明的鐵路，並獲得了對廣東西部湛江港九十九年的使用權。法國、英國和美國都擴大了他們在上海和天津的租界。在整個中國，列強利用他們在沿海和內地的勢力範圍，擴大經濟和文化活動。

就連日本也很驚訝勝利來得如此迅速。政界深信，日本已躋身世界上少有的幾個現代國家之列：他們在甲午戰爭前已經與英國簽署條約，結束了治外法權；戰後通過與中國簽訂協議得到台灣，成為一個像歐洲發達國家那樣的殖民強國，日本也準備好向世界證明她會是個模範的殖民者。而三國干涉還遼令日本人憤怒，因為這表示日本還沒有被西方完全接受。日本因此更堅定地要扮演東亞國家領袖的新角色，抵抗西方的挑戰。

自相矛盾的是，日軍所以能擊敗清軍，不是因為日本進行了軍事現代化，而是因為進行了全面現代化。日本之勝利不只是由於龐大的軍隊規模和現代化的船艦和武器。中國有極具才華的軍官以及通過艱

難的科舉考試選拔出來的官員，但日本有更多官員接受過各種領域的現代教育，如科學、技術、公共教育、工業、商業、交通、通訊、法律、地方行政、公共衛生和外交。通過幾乎普及的公共教育和基本軍事訓練，日本將農民、武士出身的官員以及城鎮居民變成了一個相對團結、有國家榮譽感的國民群體。但日本仍然是一個相對貧窮的發展中國家，被迫現代化導致了嚴重的內政困難和內部衝突。1895年甲午戰爭的勝利增強了日本的民族自豪感與繼續現代化的決心，也加強了其在亞洲持續擴張的動力。

清朝的洋務運動集中於提升軍事和技術。中國購買了船艦、大炮和步槍，建立了兵工廠和教授外語的學校，也不乏才華橫溢、熟知外部世界的人才。但中國缺乏善用人才的治理制度，缺乏具有寬廣視野、能管理不斷變化的複雜社會的官僚團體，缺乏接受過公民教育和擁有共同文化的國民。慘敗於日本帶來的震撼使很多中國人相信，帝制與滿人君主是進步的障礙，變革迫在眉睫。幾年後，當變革的機會出現時，很多雄心勃勃的年輕人出國學習新知，以建立一個使中國富強、恢復傳統中華文明榮光的制度。而大多數年輕人選擇留學的國家就是中國的最新的對手 —— 日本。

第 **5** 章

中國學習日本
1895–1937

與寶拉·赫瑞（Paula S. Harrell）合寫

　　日本在甲午戰爭（1894–1895）中獲勝震動了東亞的地緣政治生態。直到1894年，歐洲還控制着與日本的貿易條款。而隨着1895年《馬關條約》及次年《中日通商行船條約》的簽訂，日本實際上已經成為一個通商口岸強國，加入五十年來一直控制中國貿易條款的歐洲列強之列。曾經只有歐洲才有資格在中國享受的特權，比如最惠國待遇、治外法權、協定關稅、軍事威脅等，如今日本也可以利用了。長期以來，歐洲列強習慣在彼此之間維持勢力平衡，如今面對日本這個新的競爭對手，反應不盡相同。比如，他們要求日本歸還遼東半島，卻默認中國割讓台灣給日本。歐洲列強承認日本剛取得的內陸航運以及在通商口岸從事製造業的權利，因該利益擴大到享有最惠國待遇的所有列強。除了遼東半島，列強們最關心的不是遏制日本，而是盡快攫取清政府被迫出讓的利權，比如修築鐵路、「租借」港口以及開礦的權利。這種侵犯中國主權的行為，當時的西方漫畫家形象地描繪為「瓜分中國」。

　　日本報刊給民眾灌輸的是一個虛弱的、實力遠在日本之下的中國形象。在日本國內廣泛傳播的戰時宣傳畫上，中國士兵穿着布褂，手持落後的武器，向日軍投降，而受降的日軍無論是武器裝備還是衣着都不比歐洲人遜色。日本人對甲午戰爭的了解不僅來自視覺圖像，也

來自報刊的廣泛報導。有些讀者公開批評政府在遼東半島問題上的讓步。東京其實堅守立場、從未讓步，但很明顯，報刊上熱烈討論的觀點勢必影響到外交政策的制訂。幾年後，政治家要求實行日本領導的「東洋人的東洋」政策，政府既是在引導也是在迎合具有民族主義情緒的民眾，他們對日本在世界上的地位充滿自信。

如果説輿論是民眾通過報刊獲知信息、參與討論並表達觀點的方式，1895年前的中國可以説幾乎不存在輿論。中國四萬萬人口中絕大多數是農村人口和文盲，對遠在東北一隅的那場短暫但具毀滅性的甲午戰爭一無所知。城市知識階層熱切關注相關新聞，但對甲午戰爭有過報導的也不過是上海幾家發行量很小的報紙。只有指揮這一戰爭的資深官員以及一群剛入仕的年輕官員才完全了解清朝如何在前線節節敗退以及戰敗後如何與日本進行艱難的談判。《馬關條約》的條款公布後，一些年輕官員憤而抗議，但這樣的抗議稍縱即逝，唯一的結果是凸顯了一個令中國人痛心的事實，即日本已經把中國拋在後面，成為亞洲的領導者。清朝的慘敗暴露了地方政府主導的強兵方案的弊端，該方案強調自立更生、不依賴外援。同時也證明了日本那種中央政府主導的、毫無保留地學習西方現代化的方案是成功的。清政府最高層得出兩個很實際的結論：第一，鑑於西方列強在中國攫取利權的胃口越來越大，親日可以成為抗衡這一趨勢的手段；第二，學習日本現代化的經驗可能是中國復興的捷徑。日本對這兩點深以為然。

二十世紀最初幾十年出現了一個不尋常的轉變：在中日關係史上，中國文化單向流入日本的趨勢第一次出現了逆轉。一千三百年前唐朝與奈良的接觸是以中國的「來化」理念為基礎的。* 但在二十世紀初，日本成為現代全球文化的中介，中國積極地投入了一系列學習明治日本發展經驗的運動。在這次學習日本的運動中，不僅師徒角色易

---

* 譯註：「來化」指夷狄來華後被中國文化同化。

位，兩國接觸的頻率、牽涉的人數也都與十幾個世紀前日本學習中國之時不可同日而語。在日本將中國視為文明榜樣的七至十七世紀，真正前往中國的日本人非常稀少。1633年日本頒布鎖國令後，幾乎沒有日本人前往中國。相比之下，進入二十世紀，大量中國官員訪日，成百上千位日本教習和顧問在中國工作，數量更多的是中國留日生——保守估計，到1937年留日生數量高達五萬人。此時的中日文化交流規模空前、影響深遠。

評估日本的勝利

　　1895年甲午戰敗、簽訂《馬關條約》後，既老且衰、聲名狼藉的李鴻章淡出了公眾視野。不久，他被派往歐美諸國訪問。接替李鴻章處理內政改革與中日外交的是張之洞、劉坤一和袁世凱等地方大員。和李鴻章一樣，他們是效忠清廷的漢官，都曾通過創辦地方武力在十九世紀中葉平定叛亂、挽救了滿清王朝。中國在短短九個月的甲午戰爭中落敗，使其長達三十年的自強運動變得毫無價值。但這些官員都是才能出眾的領袖，在治下雄心勃勃地建造現代化的兵工廠和造船廠、支持工業化、利用西方顧問生產和採購先進武器。同樣是快速現代化，中日兩國策略不同：在日本，提升軍力只是現代化的一部份，他們成功了；而中國的現代化只有提升軍力這一個方面，他們失敗了。一位重要的日本政治家指出，如果說甲午戰爭昭示了什麼，那就是公共教育與國家實力之間的密切關係。他認為，中國之所以失敗，是因為清兵都是文盲，士氣低落，無法與士氣高漲、訓練有素的日本帝國陸軍相比。

　　中國需要改弦更張，這是戰後清朝統治階層的共識。這些人中包括張之洞這樣的名臣、康有為這類懷抱救國理想的官僚，還有一些成

功經營商業和新興行業的地方精英。然而，過不了幾年，他們的形象將被臉譜化。張之洞被貼上了賣身滿清的漢人叛徒的標籤，康有為成了脫離實際的君主立憲派，地方精英則被視為只關心自身利益的自私鬼。但在中國剛被日本打敗的陰鬱中，一切尚未確定，充滿了各種可能性。很多呼籲改革的團體如雨後春筍般冒出，激烈地討論着中國向何處去的問題。只需換一批新人來管理舊的官僚體系嗎？還是必須將管治機構作一根本性的改造？在這些議題上，儘管張之洞和其他高官本質上很保守，但他們對康有為這樣的年輕政治家抱有同情，願意傾聽他們的建議。早在1886年，康有為就已經開始遊說張之洞變法，並將他看成富有創新意識、並不斷將改革方案在地方加以落實的開明重臣中的典範。張之洞也對康有為另眼相看。在1895年4月《馬關條約》簽署後數月，康有為創辦了強學會，張之洞的大名與劉坤一、袁世凱一起，出現在四十三名會員名單中。

日本出其不意擊敗中國，一夕之間引起了中國改革人士的注意。但究竟日本能為中國的發展提供什麼教訓，人們並不清楚，當時的中國根本不存在研究日本的專家。1870年代末，中國已開始在東京設立駐外使節，但大多數外交官生活在文化小圈子裏，熱衷於出版日本文藝界友人推崇的詩集，而不是報導日本現代化進程中的時事。當然也有例外：1887年，中國駐日使館參贊黃遵憲通過多年努力，參考二百多種日文資料，終於完成了一部多卷本專著《日本國志》。該書內容涵蓋明治日本的方方面面，比如民權、普及教育，還有如何從外國學習先進技術。他對讀者說，中國將所有外國人譏為野蠻人，實在愚不可及。黃遵憲的觀點與當時主流意見相左，當時的中國人過於自信甚至自大，他們普遍認為如果日本這樣一個二流國家能在三十年內取得成功，中國只需三年即可取得同樣的成就。

　　康有為的觀點在本質上與黃遵憲並無二致，他很可能知道黃遵憲正在撰寫的專著。但他比黃遵憲更積極地鼓吹中國應該學習明治維新。在1880年代，康有為還是一個無名小官，日本也剛剛開始提升軍事實力，並沒有多少人注意到他的言論。到1895年，中國在甲午戰爭中敗於日本，康有為也於殿試中名列二甲，賜進士出身，用工部主事 —— 此時情況就不同了。他籌到一筆錢建立譯書局，*計劃將七千七百五十部日文書翻譯成中文。最後到底翻譯了多少本書不得而知，我們只知道康有為與一位日本年輕人簽約，請他翻譯日本的法律法規。其實哪怕只是編出一個日本法律的清單，也是很好的宣傳。它正好宣揚了康有為的觀點，即中國的改革者要理解日本以及其他國家改革進程的機制，還有很長的路要走。

　　康有為可算是甲午戰後最有名的主張全面變法的人物。有些名聲沒有康有為顯赫、但感時憂國的讀書人 —— 他們正在參加科舉考試，但又試圖改變這一制度 —— 也通過報刊這一新渠道表達看法。和強學會一樣，旨在影響和反映輿論的報刊也是甲午戰後出現的新現象。1896年，康有為忙於譯事之時，他最重要的學生梁啟超成了《時務報》的主編。《時務報》是在上海創辦的幾個新興企業之一，這類企業通常得到外國的資助。《時務報》背後的支持者之一是張之洞。後來張之洞要查禁該報中反政府的內容，梁啟超憤而辭職，並迅速在日本復出，成為幾家雜誌的主筆兼出版人。中國政府並未禁止這些雜誌在上海與北京銷售，顯然說明梁啟超的觀點在當時被視為足夠溫和。畢竟，一個消息靈通、有責任感的公民，也就是梁啟超所謂的「新民」，是現代社會的根基。

---

* 譯註：即1897年成立於上海的大同譯書局。

百日維新和以日為師

1898年初，康有為上書，懇請光緒帝視事，建立「制度局」，招納主張變法的才俊代替掌權官僚，開始重組政府。為證明其主張之英明，康有為上呈了自己剛完成的關於日本明治維新和俄國彼得一世改革的專著。* 也許是為了棋先一招，在康有為的文件送達天聽之前，張之洞已獻上自己的文集《勸學篇》，他也迅速獲得了朝廷的支持，該書被下發給各省官員閱讀。

張之洞進呈著作，意圖在強烈支持鞏固既有秩序的保守主義與要求改革教育制度的革新主義之間獲取平衡。多年來，張之洞一直主張將中國的人文與西方的科學相結合，改革學堂的課程設置。《勸學篇》的新意其實在於以下幾點：改革科舉制度、教育應由中央主辦、鼓勵留學（尤其是去日本留學）。他強調親身觀察比讀死書更重要，並以日本領袖人物伊藤博文和山縣有朋為例，證明這些人的海外經歷對其日後為官甚為重要。張之洞提倡國人留學應首選日本，顯然是出於現實的考慮，因為日本路程近、費用低，朝廷易於查考學子，且中日兩國語言相似、社會制度相容。簡言之，經過深思熟慮後，張之洞認為留學日本對中國學子而言實為事半功倍之舉。

與張之洞相比，康有為想做的事情要激進得多，也必然會在朝堂上掀起軒然大波。不論是真的被康有為上書的內容打動，還是厭倦了做退而不休的姑母慈禧太后的傀儡，光緒帝單方面將康有為的主張付諸實施。從1898年的6月11日至9月21日，光緒帝頒布了一系列有關新政的詔書，這就是歷史上的「百日維新」。聖旨命令，從稅收制度到軍事訓練，再到科舉考試，一切都要改革。教育改革以日本為榜樣。唯有實行君主立憲遲遲沒有宣布，但這既是康黨的目標，自然也

---

* 譯註：即《日本明治變政考》與《俄羅斯大彼得變政記》。

是變法的題中應有之義。即使考慮到他們在政治上的幼稚，光緒帝與康有為何以沒有考慮到來自「后黨」對他們這一徹底的改革的反擊，還是讓人不得其解。不出所料，變法失敗了。慈禧太后與她的支持者突然於9月21日發動政變，廢除新政，驅逐維新人士，處死抓獲的康黨成員，軟禁了支持變法的光緒帝。維新派領袖康有為和梁啟超則逃亡日本，尋求永久性庇護。

康梁二人在日本的出現令東京政府左右為難。一方面，為政治異議人士提供避難是一種國際義務。作為一個新興的亞洲強國，日本有心遵守該規則。與英國政府一樣，日本也在道義上支持過孫中山(見〈中日關係史上的關鍵人物〉)，他參加1895年在中國南方的起義，失敗後被清廷追捕。孫中山是一個異數：他當時尚未參與複雜的政局，在夏威夷受過教育(當時美國的蔗糖種植業主正推動政府接管夏威夷)，並無中國舊學的訓練，是位在香港獲得醫學學位的基督徒。他簡直可以說是個外國人。孫中山相信，中國復興關鍵的第一步就是推翻滿人政權。對孫中山來說，日本是第二故鄉。在這裏，他找到了一些志同道合的日本人，他們認同「泛亞洲主義」、也認為革命是拯救中國的唯一方法，並願意對其為發動革命一而再、再而三的籌款活動施以援手。

另一方面，日本急於跟清政府建立更親密的關係。今天，孫中山被尊稱為「國父」。其身後的榮耀使我們很容易忘記，其實在1898年，他還只是政治舞台的邊緣人物，對清廷而言無關痛癢。康有為才是大問題。他是政治圈內人，一個官僚系統中的弄權者，對清廷而言更具威脅。日本當局自然明白，戊戌變法失敗後給康有為提供政治庇護會激怒清廷，可能損害到日本在中國的利益。日本能否在中國獲得利益，主要在於和西方列強爭奪對中國開明派領袖的影響力。那麼如何做到既能庇護康梁，又不影響和張之洞、劉坤一這些重臣的關係，這就要看日本是否能挑選出一位善於談判的高官作為代表。日方挑選出來的是貴族院議長近衛篤麿。

近衛篤麿及其「東洋人的東洋」外交策略

以其背景、個性以及對中國的興趣，近衛篤麿都是中日談判最合適的人選。他可謂明治新時代之子，一個現代與傳統的綜合體。他是皇室宗親，承繼最顯赫的「五攝家」之首近衛家家督之位，向其親授中國經典的祖父曾是孝明天皇的老師——因此，他可以說是最典型的舊傳統的繼承者。同時，近衛也代表十九世紀末的日本最趨新的那一面：那時的日本在積極吸收西方的文化與制度。他堅持出國留學，這是他那一代人典型的人生目標。但以他的身份留學，茲事體大到等同國事。首相伊藤博文是日本歷史上具開創意義的岩倉使節團的成員之一。他替近衛說情，使其得以赴奧地利和德國學習五年。與那個時代的精英一樣，近衛認為出任公職是高尚的。同時代的西奧多·羅斯福 (Theodore Roosevelt) 也推崇這一精神，*並鼓勵年輕人走上仕途。1890年秋，27歲的近衛獲得萊比錫大學法學學位，回到日本。利用其貴族身份之便，他在新成立的帝國議會中謀得職位，起先擔任貴族院臨時議長，後來成為貴族院議長。

近衛絕不是一個甘當傀儡之人，他是積極有為的政治家。在1893年那場攪動議會的關於外國控制關稅問題的辯論中，他全身投入，在此過程中不惜得罪老師伊藤博文。1895年，近衛出任久負盛名的學習院院長，該院是今天學習院大學的前身。他將學習院的使命從訓練軍官改為培養外交官，即其所謂的「和平國防」。他鼓勵包括婦女教育在內的公共教育。對此，他不是唱唱高調，而是積極會見教育工作者，這些人經常在如何建立世界一流的學校制度上存在分歧。近衛逐漸贏得了易於相處、辦事公平、善於創造共識的名聲。在與一個教習協會合作時，近衛遇到了精力充沛的東京高等師範學校校長嘉納治五郎。

---

* 譯註：西奧多·羅斯福於1901至1909年擔任美國第二任總統。

今天嘉納治五郎以柔道總部「講道館」創始人的身份知名於世，他憑一己之力為柔道運動及日本在1912年的奧林匹克運動會獲得一席之地。但在1890年代，嘉納以教育界領袖著稱，他領導的東京高等師範學校為培訓日本教習設立行業標準。這是一項重要工作，涉及日本公共教育的各個方面，包括體育和女子教育。1896年末，嘉納正在頻繁地與近衛討論教育政策之時，他負責的另一個新項目才剛剛起步。*《馬關條約》簽訂才一年，中日政府就達成歷史上首次派遣中國學生赴日留學的協議，嘉納就是負責人。1896年6月，他接待了首批十三名來自中國的留學生，東京高等師範學校為他們量身定製了為期三年的課程。這批學生留着辮子、穿着長褂，像當時在東京的一些西方人一樣，與當地格格不入。首批十三名學生中，只有七人堅持了下來。但是靠着嘉納持續的努力，十年間日本的中國留學生增加到幾千人，成為當時世界上規模最大的留學項目。

對近衛而言，招收中國學生只是一個不錯的開頭，留學項目必須放在對中國以及亞洲其他國家的全新規劃中加以考慮。在發行量極廣的《太陽》雜誌1898年1月號上，近衛提出了自己在亞洲政策上的立場，及其打造這一新政策的意向。對於一個在德國生活了五年，在此期間也結交了很多西方朋友的人來說，他的核心觀點令人震驚。他懷疑西方人對日本及日本人的好意，認為日本的政策制訂者非常幼稚，認識不到東西之間正在衝突的事實，而人種問題是衝突的關鍵。「最終的命運是黃色人種和白色人種的競爭，在此競爭下，支那人和日本人都會被白種人視為仇敵。」[1]為應對東西方之間最後的攤牌，近衛建議日本政府擺脫以歐洲為中心的外交政策，轉而與中國這個天然的盟友建立戰略關係。趁着西方列強還沒有聯合起來殖民東亞，清廷高層大多支持改革、親善日本，希望策略調整得越快越好。近衛承認部份

---

*　譯註：即弘文學院，後改名為宏文學院。

北京官員仍頑固地堅持孤立主義立場，但他堅持認為張之洞這樣的改革派知道與日本加強聯繫對中國有益。日本需要警惕的是，不要像西方人那樣，以傲慢的態度對待中國人。

作為一個想要擴大影響力的人，近衛可謂佔盡優勢。他既享有一個政治圈外人的行動自由，也有作為自己人的優勢，可以輕而易舉地接觸到任何級別的政府官員和精英階層。他越來越多地以清廉的形象出現在報刊上，被視為首相的理想人選。如果不是在1904年四十歲時意外病逝，也許近衛篤麿會像兒子近衛文麿那樣登上首相之位。

回到1898年，精力旺盛、意志堅定的近衛篤麿自然是一個能將日本各種鼓吹亞洲優先的團體聚攏在一起的人。這個團體包括政治家、記者兼知識分子、生意人和熱血青年，他們相信日本的當務之急是反對「西力東漸」。近衛最初是東邦協會的副會長，其會員在甲午戰爭前夕已近千名，其中包括哈佛大學法學院畢業的外務大臣小村壽太郎、自由黨黨魁及首相大隈重信、孫中山的支持者及後來的首相犬養毅、極力鼓吹擴大對華貿易的軍官荒尾精。

1898年6月，康有為的維新變法使中國陷入政治動盪之時，近衛及其同道成立了同文會，以期加強中日雙邊聯繫，向日本公眾介紹中國事務，並協調日本在中國的貿易、報業及教育項目。該組織的名稱即反映出一種觀念的變化。此前主張亞洲優先的團體強調地域——如亞洲、東方，而同文會的「同文」二字更強調中日間實質的共同文化與情感共鳴。作為「同文同種」的縮寫，「同文」強調甲午戰後在日本越來越有吸引力的一種觀念，即中日同盟具有超出現實政治的特殊意義。近衛強調「同文」，將歷史、語言、人種作為建立成功聯盟的先決條件。這也意味着，中日同盟不能只侷限於接觸中國的政治領袖，應該擴大至百姓。近衛說，日本人不應該把中國腐敗政客所犯的錯誤，歸咎於普通老百姓。

　　1898年11月初，同文會與另一主張亞洲優先的遊說團體合併，成立了東亞同文會，朝鮮問題被納入該會議題之一。東亞同文會的成員背景多樣，甚至得到外務省自主經費的資助。當然，該會資金的主要來源還是新會長近衛篤麿的個人資助。東亞同文會力圖保持中立。部份成員支持中國資深官員奉行的穩健改革，有些支持康梁的君主立憲方案，宮崎寅藏（即宮崎滔天）等則支持孫中山推翻帝制的激進革命。近衛極力促成改善中國狀況這一共識，這也是東亞同文會公開宣揚的理念。該會同時承諾保證中國領土完整（「支那保全」），以及不干預中國的內政。

　　以下是11月12日晚上近衛與康有為在近衛住所第一次見面的情形。根據近衛的記錄，這是一次唇槍舌劍的交鋒。近衛一開頭就大膽宣稱：「東洋時事日益切迫。今日之東洋問題並非僅僅是東洋的問題，乃是世界的問題。歐洲列強皆為自己利益在東洋相爭。東洋乃是東洋之東洋，東洋人應有獨自解決東洋問題的權利。美國門羅主義即為此意。在東洋實行亞細亞的門羅主義，實為貴我兩邦之義務。」[2] 而康有為無意討論亞洲門羅主義，轉而談論中國內政，試圖說服其東道主，幫助光緒皇帝重獲權力能使日本在政治上獲益。近衛反駁說，日本唯有跟國際社會聯手才可以採取干涉行動。而且，中國進行的變法太過急促，明治日本花了好多年才完成這樣的結構性變革。近衛隨即問了一個更富挑釁性的問題：如果慈禧失勢，地方大員必然會支持皇帝嗎？根據近衛在對談筆記中的解釋，他其實想問的是：實行共和對中國而言是一個可能的選擇嗎？如果康有為理解近衛的言外之意，就此問題他只能避而不談。

　　兩週後，近衛表示願意傾聽梁啟超代表康有為所作的陳情。但日本政府早已決定讓康有為離開日本。在接下來的幾個月，近衛與外務省合作，安排康有為前往加拿大進行政治避難。梁啟超獲准留在日本，但被警告不得發表激烈的反清言論。1899年2月，近衛為康梁在貴族院安排聽證會。3月中旬，康有為離開日本的日期確定，日本駐

溫哥華領事館已獲知其行程，外務省也通過近衛將旅費交給了康有為。3月21日，康有為向近衛辭行，感謝他為自己所做的努力。第二天，康有為登上一艘開往加拿大的輪船。與此同時，近衛得知張之洞已經為孫子報讀自己擔任院長的學習院，即將於春季入學。

為中日合作奠定基礎

近衛篤麿有充分的理由希望張之洞對自己處理康有為問題的方式表示滿意。他計劃於1899年秋訪問中國，與張之洞及其他地方大員見面，商量建立更緊密的中日關係的具體事項。此次中國之行將是其為期八個月的全球考察的一部份。這是近衛自學生時代以來首次出國，類似於一次小型的岩倉使節團，目的是吸收新知，提升其作為外交政策的制定者的資歷。旅途的第一站是美國，然後是英國、德國、俄國以及沿途的一些國家，而中國將是最後一站。

1899年10月13日，近衛的船隻終於駛入香港海港。雖然途經科倫坡時遇上暴風雨，但船隻仍可正常航行。一群在華南有利益關係的日本人在香港迎接他，其中有外交官、銀行家、東亞同文會廣東分會的會長，以及孫中山的忠實支持者、共同策劃革命的同志宮崎寅藏。對近衛來説，一個急需解決的問題，是如何回應孫中山和康有為兩方的代表要求他在訪華五週期間會面。兩方都在中國版圖內的兩個安全地點安排了代表，一個在英國控制的香港，另一個在上海的公共租界。近衛拒絕了兩方要求會面的請求。他不信任康黨，對流傳的孫中山的事蹟有幾分好感，但作為追求中立的東亞同文會的會長，他不能厚此薄彼，只能誰都不見。

這些還只是小事。最具政治意義的大事是近衛與劉坤一和張之洞的會面（他本來計劃北上，想必是會見袁世凱，但因為旅途延誤不得

不取消）。他們都是在中國最有權勢的人，也是關係到搭建中日關係新道路的關鍵人物。劉坤一是兩江總督兼南洋通商大臣，有權決定中國的對外經貿。張之洞時任湖廣總督，坐鎮人口約二百萬的武漢。此時他在湖廣總督任上已八年，正致力於將武漢發展成長江流域中部的工業中心，有鋼鐵廠、煤礦、棉紡廠，還有水路與鐵路連結到中國其他地區。他渴望先進技術，既包括機器，也包括能培養人才以製造機器的制度。在1890年代，對張之洞這位力促大規模現代化的自強運動的老將來說，日本作為先進技術和漸進式改革的策源地，變得越來越有吸引力。這一狀況很像1970年代末，尋求走出經濟停滯困局的鄧小平（見〈中日關係史上的關鍵人物〉），他也將目光轉向了日本。

　　無論是外表還是內在，近衛與劉、張兩位重臣都形成了強烈的對比。近衛當時三十六歲，穿西裝，留平頭和八字鬍，看上去像西奧多・羅斯福。而劉坤一、張之洞都已六十多歲，穿着相同的長袍與絲綢馬褂，戴着和祖父輩一樣的瓜皮帽。近衛非常國際化，對英國的倫敦和德國的波恩都很熟悉。劉坤一與張之洞堪比明治日本的創建者一代，他們願意學習西方卻未曾踏足歐美。根據近衛的記載，劉、張對他剛剛完成的考察多國的長途旅程毫無興趣。但在涉及中日合作的前景這一實質性議題時，會談取得了令人振奮的成果。劉坤一高興地表示，兩國的雙邊合作很有意義，並指出自己的親日政策並非一時興起。當談及1870年代清廷發生的支持「塞防論」（抵抗俄國保住新疆）還是「海防論」（抵抗日本奪取琉球）的大辯論時，劉坤一說他反對為了琉球那樣無關緊要的小島而冒犯我們的近鄰日本。[3] 近衛建議在南京成立同文書院，作為從事語言與區域研究的機構，劉坤一立即表示支持。近衛與張之洞的會談則可謂喜憂參半。近衛提議擴大日本對中國教育的援助，包括安排中國的教育工作者赴日考察，聘請日本教習來華，並增加中國青年赴日留學的人數，張之洞欣然同意。但當話題觸及政治時，氣氛馬上變得尷尬。張之洞認為梁啟超在日本創辦的雜

誌《清議報》正毒害東京的中國留學生，並抱怨說，你們應該將梁啓超驅逐出日本。儘管近衛事後有些後悔，但當時針鋒相對地回應說：「如果你認為只要趕走梁啓超即可消滅《清議報》，你就大錯特錯了。日本的梁黨不只一兩個。我希望你知道，即使他離開了，事情也不會有絲毫改變。」為了分散張之洞的注意力，近衛將話題轉向孫中山。張之洞不屑地回答：孫乃「鼠賊」，不足掛齒。[4]

　　1899年11月，結束環遊世界回到日本的近衛情緒高昂。他此行最重要的收穫，就是獲得了中國高層官員的首肯，讓他們支持與日本建立更密切的關係。張之洞的孫子正在東京上學，意在提供更多學習機會和擴大官方交流的計劃也在制訂中，全部通過東亞同文會進行。在給近衛的私人信件中，劉坤一同意將旨在培訓日本中國通的東亞同文書院設在上海，而不是如原定那樣設在南京。即將於1900年底開辦的同文書院在當時完全是一個新事物，目標是到1945年前培養大約五千名畢業生，讓他們擁有在中國做生意的實用技能。書院的年度考察報告被視為是關於中國的最新分析。

從極端排外主義到親日「新政」

　　以上好消息似乎讓人樂觀。春去夏來，卻從華北開始傳來壞消息。一群西方人稱之為「義和拳」的赤貧農民，從農村滲透到京津地區，一路施暴。他們剛開始只為反洋教，隨後則變為不加區別地滅洋。清廷剛從戊戌變法所造成的震盪中恢復，如今面臨新的政治風暴，因不知如何應對而陷入新的亂局。外國居民想知道清廷是否會動用軍隊保護他們，或者他們需要請本國軍隊制止暴力。到1900年6月，想得到清廷保護的外國人似乎應該死心了，清廷中佔上風的觀點是利用民眾的仇外心理對抗列強對中國主權的侵蝕。6月21日，清廷

對列強全面宣戰。在北京，拳民攻擊使館區，包圍了近五百名外國平民（包括日本人），他們實際上成了清政府的人質。與這些外國人一樣命運未卜的，還有深謀遠慮的東南省份的地方大員，比如劉坤一、張之洞和李鴻章。他們都反對朝廷宣戰的決定。

目睹情況日益惡化，近衛篤麿卻提醒日本政府，即使中國軍隊殺了日本駐清公使館的書記官杉山彬，也不應過度反應。近衛擔心，與中國外交關係的惡化會擾亂中日貿易，以及東亞同文會在華南精心搭建的官方和私人關係網絡。8月中旬，由美國、奧匈帝國、英國、法國、德國、意大利、日本和俄國組成的八國聯軍進入北京，維護社會秩序。聯軍官兵兩萬人中，超過三分之一是日本人。考慮到在中國的長遠利益，近衛站出來，敦促日本政府率先從中國撤軍。他把撤軍視為向張之洞、劉坤一、李鴻章等重臣示好的一種姿態，同時也藉此向其他列強（尤其是俄國）施加壓力，讓他們隨之退兵。

對近衛以及日本公眾來說，最大的憂慮是俄國勢力在中國東北不斷坐大。儘管北京尚且安全，數以千計的俄國軍隊正沿着西伯利亞鐵路不斷向南，進入滿清的龍興之地滿洲。清廷部份官員也同樣擔心日本和其他列強的意圖所在。一貫親俄的李鴻章就懷疑，儘管「支那保全」講得震天響，緊要關頭日本是否可以依賴呢？

但張之洞與劉坤一都深信中日合作對中國有利。膽戰心驚在西安避難的皇室表示首肯後，一場持續數月的談判開始了。李鴻章作為清廷委派的首席談判代表，與列強交涉拳民圍困大使館期間造成之損失的賠償問題。張之洞與劉坤一負責草擬一系列改革方案，主要是為了修改中國教育的課程內容與教學目標。李、張、劉這三位清廷重臣都曾反對向西方宣戰，他們於是成為收拾殘局的可靠人選。1901年9月，李鴻章與包括日本在內的十一個國家簽訂了《辛丑條約》。中國應賠款項金額巨大，可謂有史以來最嚴苛的條約。儘管如此，除了懲處幾位親王，大清政權好歹保存了下來。同樣的，張之洞和劉坤一的改

革方案，也就是「新政」，只是試圖用現代化元素改善滿漢共治的大清政權，而不是以一個全新的制度取代它。在他們看來，達到這一目的的方法，是在全國建立像日本那樣的學校制度，並盡快廢除科舉制度。

以下這些變化的重要性再怎麼誇大也不為過。第一，如今，是日本而不是中國成了國際舞台上的競爭者之一；第二，雖然科舉考試已滲入中國精英階層生活的各個方面，但必須要廢除這一實行了幾個世紀的人才選拔制度。新政已經涉及廢除科舉制度的細節，而新式的考題也迅速被引入。1902年武昌科舉考試中的一道考題是：當日本政府實行變法時，改革的重點在哪裏？哪些改革措施證明有效？[5] 三年後，科舉制度完全廢除，訓練人才以培養政府官員的責任轉移到了當時剛剛起步的新式學校。

像張之洞、劉坤一這些具有改革思想的實用主義者之所以鼓勵去日本學習，費用低是首要原因。送官員去日本考察或送學生去日本的現代學校留學，要比送他們坐輪船去歐洲或美國便宜。再者，雖然支付給來中國的日本教習或顧問的薪資比中國人高，但他們預期的薪資還是比西方人要低。文化原因也是張之洞考量的因素之一。中日兩國書寫文字相似，日文是從中文改造而來，這意味着中國人學日文比學完全不懂的西方語言容易很多。還有，在中國的日本顧問大都學過初級中文寫作，應該比較容易學會講中文，這也是基於效率的考慮。張之洞在武漢僱用的幕僚都是德國人，他們在學習中文方面肯定是相形見絀。

選擇日本作為學習專業知識的對象在政治上是明智之舉。那些曾經慫恿過義和團的官員，如今唯恐歐美會施加報復並主導改革進程。在這股揮之不去的反西方情緒下，學習日本是比較容易接受的改革中國教育制度的方式。義和團事件發生後，日本的表現獲得媒體好評。西方媒體稱讚日本軍人在八國聯軍佔領北京期間表現出了高度的守紀與克制，而其他列強的軍隊則常有燒殺搶掠的行為，兩者形成了鮮明

的對比。清廷官員對此留下了深刻的印象。在一段時間裏，這些官員也認可日本人所説的中日聯合抵抗西方列強的主張。而西方國家對中國的態度各不相同。剛吞併了夏威夷和菲律賓的美國，是一個正在崛起的強國，通過一系列排華法案明確表明了對中國移民的立場。除了節省費用和安撫頑固派外，在教育改革這一重要問題上傾向日本，也有意識型態上的根本原因。日本的教學理念符合中國人的心態，特別是日本強調德育，並制定了全國統一的教學大綱以團結國民。最後，對於張之洞與劉坤一這樣老練的政治家來説，對各地民間已經實行的大眾教育給予官方的許可，放在更大的政治背景下看也説得通。

中國官員的赴日考察團

中國從未組織過一個堪比日本岩倉使節團 (1871–1873) 的出國考察團。岩倉使節團的成員當時已是頗具影響力的年輕政治家，以明治天皇《五條御誓文》中的「廣求知識於世界」為使命。岩倉使節團組織得有條不紊，規模大、時間長，於一年九個月內訪問了十五個西方國家。考察的目標也很明確：第一，修改條約；第二，在造船技術、醫學、製造業、學校管理、法律以及政府治理等多個方面學習西方經驗──然後回到日本，將所學知識加以改造，使之符合日本文化。那些有第一手出國經驗的人就是推動日本變革的負責人。他們的改革可謂摸着石頭過河，參考了多種外國發展模式，並聘請幾百個外國顧問為日本政府工作。在此過程中，有過失誤，有過爭議。然而這些領導者對富國強兵的戰略堅定不移，該戰略的核心則是建立世界一流的教育制度。在明治時代早期的1872年，日本就決定資助普及教育，其漣漪效應影響深遠：新知得以傳輸到下一代，其中最聰明的人或被送到國外深造，或留在國內致力於倡導創新精神。

在張之洞、劉坤一以及與之持相同立場的日本官員看來，對別的國家「管用的做法」保持開放，或稱為考察團心態，是推動中國現代化的關鍵。張之洞與近衛篤麿曾討論過這個問題，這也是新政的思路之一。但與三十年前的日本不同，當時的中國缺乏一個統一的中央朝廷全力支持該理念。相反，在義和團事件之後的幾年，滿官與漢官、保守派與改革派因對改革的理念不同而發生內鬥，朝廷中樞逐漸形同癱瘓。當然還有永遠讓人頭疼的財政問題，義和團事件後的巨額賠款更使財政雪上加霜。結果，派去日本的考察團主要由地方官員根據地方的而不是國家整體發展的需要來組織。中國人口多達四億，是日本的十二倍，卻只有四萬官員來治理，而且他們的工作常因為選任制度的變更受到影響。在這種情況下，以亂槍打鳥的方式組織考察團也不奇怪。出人意料的倒是中國對日本態度的突然轉變。中國向來蔑視日本，認為它在文化上是個二流國家，如今因其創新能力一變成為中國要發展可以學習的榜樣。

1901年至1906年的出行報告顯示，僅在這幾年裏，就有五百至一千名中國官員曾前往日本考察。考慮到在很多情況下並沒有正式報告，那麼從1901年至1911年赴日考察的官員人數最起碼是以上數字的兩倍。根據報紙報導，1901年5月，戶部右侍郎那桐赴日考察財政與警政制度。六個月後，清廷派他帶團赴日，為義和團事件中遇害的日本公使館書記官杉山彬以及拳匪對其他日本平民的暴行道歉。隨着留日中國學生越來越不能忍受1902年開始日本政府對他們的壓制，這種赴日處理危機的訪問成倍增加。同樣成倍增加的還有針對某一專業領域的考察團。尤其值得一提的是，1905年和1908年清朝派考察團兩度赴日了解《明治憲法》。*隨着清廷緩慢地從絕對專制制度向君主立憲制度轉型，《明治憲法》成了中國效仿的榜樣。

---

* 譯註：即1889年公布、1890年實施的《大日本帝國憲法》，是日本基於君主立憲制度制定的首部憲法。

　　一般來説，考察團成員會在日本待兩到三個月。其中有些是地位很高的教育工作者和商人，另一些則是普通教習或農業技術人員。他們總的目的是要親自觀察一個成功實現了現代化的社會，特別是日本普及化的公共教育如何培養能推動快速經濟增長的人才。考察由日方安排流程，每一位中方人員通常都被安排與同一批人見面，包括政府官員（尤其是外務省官員）、文部省委派的教育家和校長、中日友好團體、銀行家及商人。最典型的行程是訪問各級和各類專業的學校，有額外的時間則參觀監獄、警察局、工廠、銀行。1903年，他們還被安排去參觀大阪勸業會。當時萬國博覽會很受國際矚目，大阪勸業會就是一個小型的萬國博覽會。考察全程使用中文。

　　安排考察流程的人就是東京高等師範學校校長嘉納治五郎。他在1896年接待了第一批中國留學生。教育中國學生是他個人的重要目標。1901年，當清廷宣布實行新政時，第一批中國學生在他指導下已經畢業，他還招收了另一批學生進入高等師範學校，並特別為他們設計課程。同時，嘉納開辦弘文學院的計劃即將實現，這是一所專門招收中國留學生的新學校，主要目的在於快速提高其數學與科學方面的技能。1902年夏，嘉納得到外務省資助，前往中國進行為期四個月的考察。在這次中國之行中，他給包括張之洞在內幾十位中國官員講授了基本教育方法以及激勵學生的方法。嘉納給來東京考察的中國人做同一套報告，並安排他們實地考察日本的學校。其目的是希望他們深刻意識到在中國普及小學教育的緊迫性、老師接受更多職業培訓的必要性，以及制定着重實用知識而不僅是人文知識的課程之重要性。

　　每位考察者都想見的另一位著名教育家是嘉納的同事、學習院女學部（今學習院女子大學）部長下田歌子，她提倡以「良妻賢母」為核心的現代亞洲／日本式女性教育。該理念來自甲午戰爭前她在英國接受的為期兩年的家政教育培訓。下田為人高調，經常得到媒體關注。她是「帝國婦人協會」的創辦人、主要籌款人和發言人。該協會是一

個遊說集團，不僅呼籲設置新的亞洲式現代課程，而且提倡為準備進入二十世紀新職場的低收入女性進行職業訓練。當時她的書正被翻譯成中文。1900年夏，下田曾與孫中山會面，據說孫中山還借機為自己的革命運動籌款。

赴日考察的第一站通常是聽取文部省簡報，可以想像嘉納治五郎是如何綜述日本教育三十年發展狀況的：先談1872年日本政府大膽決定從零開始創辦全國性的男校和女校。到1893年，日本75%的學齡男生和40%的學齡女生都已接受四年制義務教育，其入學率之高可以與當時的歐洲和美國媲美。類似以上這樣的數據在赴日考察團的報告中一般不會記錄，這些報告也不會詳細記述日本關於教育政策的論辯、日本嘗試各種西方教育模式的先後次序、建立新大學的過程、聘用外國顧問的經驗，以及其他共同促成二十世紀初日本學校體系的因素。報告更多地強調日本教育改革的成果，而不是取得這些成果的艱難過程。報告的附錄通常只包括現行學校系統詳細的組織結構圖、課程樣本以及對文部省的規劃與管理功能的描述。

當然，考察報告不光只有表格和機構圖，也傳達出考察者第一次參觀現代學校時的那種興奮之情。教育處兼編譯處總辦王景禧寫道：「小學為國民教育普及之程度，無貴賤賢愚，悉令受學。皆民生日用所必需，無容或缺者也。」[6]令其印象深刻的是，「普及」意味着殘疾人也可以得到教育。事實上，所有考察的中國人都參觀了東京盲啞學校，在那裏他們看到孩子們利用改良的盲文閱讀書籍。一位考察者評論說：「國無棄才，如此施教，教育焉能不『興國』？」[7]

考察者們被告知，「興國」——用明治時代的說法是「富強」——是教育的明確目標。與此密不可分的是從低年級就開始培養愛國主義觀念，即熱愛國家、忠於天皇。日本從1880年代開始鼓吹愛國主義，效忠天皇的信條在1890年頒布的《教育敕語》中得以確立。對中國人而言，借鑒日本維持皇權的諸般作法，是他們的考察重點。目睹

日本學生守紀律、有秩序，欣然對掛在教室牆壁上的明治天皇像鞠躬，考察者們很高興。他們在報告中急切地指出，這種通過學校培育的民族主義意識，意在保留日本的價值觀，而不是像部份中國教育人士所主張的，用西方的觀念取而代之。除了對日本民族主義的讚許，中國考察者對於明治政治、政黨角色、國會辯論以及活躍的媒體的功能着墨甚少。

考察報告中談到日本教學實踐的篇幅跟教學目的一樣多，比如課程選擇、教學方法以及教學設備。有位官員寫道，中國的學校「專為文教而設」，只教四書五經，而日本「則推以教水陸之戰陣、有無之貿遷，以及藝術也、農作也、音樂也、裁縫也、盲視啞語也、跳舞體操也，無一事不設學校也。」[8] 令考察者印象深刻的是，日本的教育特別強調以未來就業為目標培養年輕人，及與之相應的強調應用的教學方式，而非死記硬背。他們描述日本的教室如何寬敞明亮，並使用現代教學設備。參觀東京帝國大學的考察團留意到其先進的科學實驗室，以及規模巨大的圖書館，那裏藏有十七萬冊中文與日文圖書，十四萬冊英語和其他歐洲語言的書籍。而「現代」東京能看到的其他新技術——比如電車、路燈、電話——在報告中很少提到。他們用更多的篇幅描述上野動物園，興奮之情躍然紙上，當時的中國還沒有動物園。

儘管考察行程中總是包含與教育和培訓相關的項目，中國考察團關注的不只是新學校的發展。應中方要求，日方帶一些人參觀農場，去請教日本農業專家如何購買農具、交換科學養蠶的經驗、參觀日本的農業推廣系統以及鄉村學校如何處理經費短缺等問題。給中國商人安排的考察又有不同。著名實業家周學熙於1903年獲袁世凱資助赴日考察，其企業家生涯即始於此。在日本，他匆匆地參觀了金融機構、三井物產、印刷廠、學校、鑄銅廠和玻璃廠。他寫道：「日本維新，最注意者練兵、興學、製造三事。其練兵事專恃國家之力，固無論已。而學校、工場，由於民間之自謀者居多，十數年間，頓增十倍

不止，其進步之速，為古今中外所罕見。現全國男女幾無人不學，其
日用所需洋貨幾無一非本國所仿造，近且販運歐美以爭利權。」[9] 日本
東道主告訴周學熙，文化借鑑是他們成功的秘密。他們還說，如果能
把財政問題理順，中國將是世界上最強大的國家。

對於通過日本實現對外開放的潛在好處，中國的考察者們表示樂
觀。這些考察者中大部份人的官職比張之洞低一兩級，對他們來說，
制度改革、經濟增長、社會改良等中國發展面臨的挑戰，不只是學術
研究的議題，更是迫在眉睫的地方急務。他們在日本的多個領域看到
了可行的模式，尤其是教育與培訓。不論何時何地，教育與培訓是所
有變革的基石。儘管還是帶有那麼一點「你們能做到的，我們可以做
得更好」的心態，中國考察團對自己在日本所見，發自內心地讚賞，
在考察報告中詳細介紹了日本最成功的改革實踐。毫無疑問，這鼓舞
了那些正在辦新學堂的同僚。

中國的日本顧問與教習

中國考察團絡繹不絕地訪問日本之際，聘請日本教習與顧問的計
劃也提上了日程。這一計劃同樣得到日本政府和清朝地方大員雙方的
首肯。從 1901 年首次僱用二十位教習與顧問開始，第二年人數上升
到一百五十位。到 1909 年，根據日本外務省的一項調查，在中國的
日本教習與顧問大約有五百五十位，比任何國家的顧問都要多。該群
體也包括女性。1902 至 1912 年的記錄顯示，這十年間約有五十位日
本女教習在中國工作。這些日本男女專家，雖然人數不多，但有可能
給中國作出重大貢獻：一方面，為了減少成本、方便交流、抵制西
方，中國更願意把日本當成學習技術的對象，對他們很歡迎；另一方
面，中國聘用日本顧問出任重要職位的原因，就是希望利用他們的聲

望、知識及管理技能推動更廣泛的改革。即使是在地方上任職的普通日本教習，影響力也往往無法以人數計算。他們的新教學方法得到推崇，並被積極模仿。

中日雙方都參與了聘請日本專家的決策過程。東京考核候選人，並將備選名單交給中國的中央及地方官員，由中方決定人選並發出邀請。中日雙方討論合同條款，包括中方應支付的旅費、住房補貼和工資。對於去中國工作，日本專家有一定程度的理想主義，甚至有點興奮，但他們畢竟是在找一份工作，一份收入的來源，因此薪酬是關鍵考量。正如日本支付高額工資僱用外國顧問赴日工作，中國支付給日本教習與顧問的報酬，儘管沒有達到歐美人的水平，也算豐厚。雙方一般簽訂短期合同，根據表現考慮是否續簽，中方因此對聘請的日本人握有控制權。總之，中國政府很實際。他們選人很仔細，管理也很嚴格。沒有證據表明中方在合約一事上處於劣勢，或者曾感覺到自己處於下風。

日本教習和顧問主動應徵或受邀前往中國工作的動機多種多樣。西方顧問往往對中國一無所知，而日本人無論在文化上還是政治上，對中國都有所了解。一方面，他們都接受過學校教育，當時的學校課程尚包括漢學，儘管漢學的地位已大不如前。因此，他們能讀中文，也熟悉四書五經。另一方面，他們在專業方面已涉及中國事務。他們屬於追隨嘉納治五郎的公共知識分子圈，熱烈地討論「東洋人的東洋」的好處，知道東亞同文會的事情，甚至曾教過中國留學生。他們很清楚晚清政治的混亂、戊戌變法的危機、發生義和團事件那個瘋狂的夏天，以及此後漢人和滿人官員在政壇上的沉浮。日本報刊對這些都做了詳盡的報導。當時的中國也許有一些零星的、給那些通商口岸知識分子閱讀的獨立報刊，但在日本，類似的報刊多達三百七十五份，光東京一地的讀者數目估計就高達二十萬。

中國青睞日本顧問的一個最重要的原因，就是他們是西方專業知識的直接或間接來源。他們都畢業於東京帝國大學這樣頂尖的大學，

由日本從英、法、德、美等國聘用的西人教授「現代」科目。很多日本
顧問亦曾留學海外。比如，1902年受僱於袁世凱的渡邊龍聖獲康乃爾
大學 (Cornell University) 博士學位；1913年成為袁世凱外籍顧問的有賀長
雄，曾在德國與奧地利學習法律；張之洞的鐵路顧問原口要，於1878
年畢業於紐約上州的倫斯勒理工學院 (Rensselaer Polytechnic Institute)；
1902年受聘於中國教育部的服部宇之吉曾獲獎學金在德國學習了十八
個月。可以説，中國聘請到了明治日本最優秀、最聰明的人才。

師範教育與大學的發展

當服部宇之吉於1902年9月到達北京時，他剛從德國回國。在德
國留學時，日本外務省要求他到中國新建的教育部擔任顧問，此事中
斷了他在德國的學業。由於中國堅持只聘請頂尖人才，他在啟程之前
被提拔為東京帝國大學教授。服部有諸多值得推薦之處。他一直研習
漢學，精通中國哲學、歷史和傳統制度。岳父也是一位著名的漢學
家，和他同時代的很多人一樣，認為漢學應該現代化，並認為日本人
需要提高他們的中文口語，才可以面對面地和清朝大儒用中文交談。*
這一主張在1899年為服部爭得了四年的政府獎學金，先去中國留學
一年，之後去德國留學三年 (未完成)。

換句話説，服部在擔任顧問前就去過中國，但他首次留學中國卻
沒趕上好時候。1899年10月，服部抵達北京。次年春，義和團事件
開始。他不僅無法得見大儒，甚至捲入了宮廷內鬥，為保身家性命而
惶惶不可終日。服部很快得到一個教訓：在主張滅洋的義和團那裏，
日本人和西方人一樣易受攻擊。他原指望在1900年的夏季進行研

---

* 譯註：服部宇之吉的岳父是島田重禮。

究，結果被困在使館區整整一個夏天。這位以視力糟糕著稱、戴着眼鏡的大學教授，那段時間卻要拿起步槍去放哨。

1902年10月，服部宇之吉與教育部簽訂合同，出任重建不久的京師大學堂師範館（今北京師範大學）正教習一職。他的一個日本同事也獲得了相同的榮譽，出任該大學堂仕學館正教習。* 作為新任日本教習受到的隆重歡迎想必讓服部特別高興。兩年前京師大學堂的殘破景象還清晰地呈現在他的腦海中：那時一名高層管理人員被指同情洋人而慘遭殺害。學校的建築和設備在拳亂後被俄、德軍隊破壞殆盡。現在中國的情形發生了轉變，外國人再次受邀在中國的高等教育中擔任顧問角色。

服部的合同訂明了報酬和終止合同的補償辦法，但沒有具體說明工作內容，也沒有劃定工作範圍。根據自己在嘉納治五郎的東京高等師範學校三年的教學經驗，服部獨立設定了計劃。他在短短幾個星期內必須完成課程規劃，安排教室、實驗室和宿舍的設備，購買書籍和實驗標本，並設計入學考試。儘管如此，到10月中旬，他設法招收到了一百三十名新生，成為京師大學堂師範館的首批學生。第二年，入學人數高達三百名。師範館有十三位日本老師，其中七位是全職。服部有幾個能幹的教學助理，都是從日本歸國的中國留學生中選取的。張之洞甚至還旁聽過一次服部的心理學課，但似乎並沒有聽懂。服部的妻子是下田歌子的密友，他們夫妻倆信心滿滿地接觸中國高層官員，建議將女子教育作為中國的優先發展事項。他們覺得，在女子教育方面日本較有優勢。

1924年，曾擔任服部教學助理的范源濂成為北京師範大學的校長，他邀請服部回到曾任教的大學。在致辭演講中，范源濂表彰了服部為發展中國師範教育提供的全心投入的服務，並扮演了先行者的角

---

* 譯註：即法學博士巖谷孫藏。

色。只有他倆才知道，服部所做的「全心投入的服務」還包括處理永無止盡的、令人頭疼的行政事務。作為外來者，服部始終相信他自己以及日本能給中國提供的幫助遠比中國要求的更多。他希望自己可以成為整個大學的規劃者，而不只是負責培訓師範生。

服部希望迅速擴大師範館，並用中國教習取代日本僱員。他說：「最起碼負責基礎課程的教習必須是中國人，否則這所大學將不具備作為中國大學的價值。」[10] 出於這個目的，他開始了一項將最優秀的中國學生送往日本深造的計劃，但中日兩國對該項目的管理都很不力。服部對日方的缺點表達了歉意，但他也對中國總體的改革方式表示不滿，尤其是很多留日學生回國後無法找到工作——因為清廷的強硬派認為，這些剛從日本深造回國的年輕人是潛在的政治威脅。

就服部本人在中國的前景而言，更為關鍵的是1905年後中國政治轉向保守：願意接受日本援助的教育部長被解職；跟服部意見一致的范源濂也辭職了。1909年1月，服部與其他六位教習回到日本。師範館更名為優級師範學堂，只剩下中國行政人員和教習，更多的教學時間被用於道德教育。學校還頒布校規，禁止學生參與政治。

中國對日本在教育發展方面的創新有興趣，但涉及到建立教育制度這一現實問題時，政治往往會介入。被視為親日派的張之洞也許會支持服部的努力，他甚至願意資助女童幼兒園，但保守的滿人官員則不支持。日本報刊推測，服部及其同事離開大學堂的真正原因，是他們在與歐美競爭對中國政府的影響力時敗北。服部同意該說法，但對日本政府不能提供必要的財政支持，在北京地區建立一所日本人任教的一流大學，他頗有微詞。在他看來，西方人努力爭奪中國的民心，就是利用多種渠道的財政支持和積極推銷他們的教材和設備。他對中國人也有抱怨。他認為中國人歷來對任何外國事物持一種不情願接受的態度，並且中國人也沒能意識到，如果儒家的觀念得到更新，完全可以和現代化兼容。

日本顧問在中國的工作經歷豐富而多樣，但他們都一再遇到類似的問題：來自試圖影響中國情勢的其他國家的競爭；晚清政府政策的不確定性；效率低下、經驗不足的清朝官僚；以及一團糟的晚清政治。在義和團事件之後，清末的政治更加混亂。各種利益團體、漢人與滿人、改革派與保守派在日益不穩定的中國爭奪權力。

建立警察系統

能在晚清動盪的政局中游刃有餘的日本顧問，川島浪速算一個。他可謂中國通的典型，中文流利到可以被人錯認為中國人的程度。中國不只存在於他的生活中，而且是他生命的全部。和同時代的其他日本人一樣，西方對川島來說一直是一個參照系，但完全是一個負面的參照系。當同學們爭相學習歐洲語言時，他堅持主修中文。只要有人願意聽，他就會高興地背誦中國經典。他一貫反西方，這種反對是種族的、文化的，甚至本能的反應。他將日本在外國列強欺侮下遭受的羞辱，看成是自己個人的負擔。如果說，二十世紀三四十年代煽動國人的口號「解放白人支配的亞洲」是激憤版的「東洋人的東洋」，川島浪速的觀點就是更早的版本。諷刺的是，川島對中國的迷戀，與近衛篤麿為改變日本外交政策提出的更複雜、更成熟、強調軟實力的論點，在本質上有不謀而合之處：他倆都相信，通過優先考慮與中國結交來對抗西方列強，既在文化上可行，也可使中日兩國都受惠。

在職業選擇上，川島拒絕上軍校或從商，也沒興趣研究漢學。他希望在現實生活中與中國接觸，也就是說，他要成為一個新型的中國通、有知識的實幹家——在這一點上，他和服部宇之吉很像，但除此之外兩人幾乎沒有任何相似之處。從1880年代中期開始，川島在中國待了幾年。先是以自由職業者的身份為日軍收集情報，此後在甲

午戰爭中充當軍隊的翻譯官，後來在日本佔領下的台灣短暫地當過禁煙組的主管。1890年代末，不安份的川島回到日本，在日本陸軍士官學校和嘉納治五郎的東京高等師範學校教授中國語言與文學。

對川島而言，義和團事件是一個轉折點。當時日本組織了一支八千人的部隊，加入英國領導的聯軍進入北京，川島再次因為其特殊的語言能力被日本軍隊相中，在6月下旬成了日軍的翻譯官。八國聯軍控制北京後，立刻把北京分成幾個區，交給各國軍隊分管，負責清除拳民、重建秩序。對日本來說，佔領者的角色意味着首次在國際社會面前展示自己的行政管理能力。這一角色尤其重要，因為作為聯軍中人數最多的一支軍隊，日本負責管理的區域也是最大的。這是川島事業的重要轉折點。他諳熟中文，精通中國文化和政治，自然有能力與日本維和人員合作，以現代警察的培訓方法訓練北京的舊式巡捕。騷亂後恢復城市秩序，符合邏輯的第一步當然是改進公共安全。當然，川島也意識到此事對日本的長遠意義：與清政府機構合作建立現代公共安全系統，這個重要工作可能會讓日本擁有類似五十年來英國掌控中國海關那樣大的影響力。

追求國家利益是雙向的。街頭治安改善後，川島贏得了能幹的美譽，引起過渡時期清政府中李鴻章和一些滿族高官的注意，他們也希望聯軍撤退後北京城不要再有恐怖事件。清政府在1901年6月創立京師警務學堂，以取代日本軍隊的訓練團，他們邀請川島擔任監督。這位軍隊的翻譯官，如今總管警務學堂，擁有清政府顧問的頭銜，成為首位獲得「客卿二品」官員身份的外國人，且享有豐厚的薪水（可能是他在高等師範學校薪水的兩倍）。川島工作效率極高。一年之後，他已經為學堂聘請了三十五位教習，其中十四位是日本教習。每年錄取三百名學生進行為期三到九個月不等的訓練項目，內容包括城市法規、街道巡邏方法、消防和監獄管理。川島已挑選一批有前途的學生，前往日本參加長達一年的培訓。短短五年時間裏，從該學堂畢業

的學生多達三千人，成為北京新式警察隊伍的核心成員。直隸總督袁世凱找到川島，要在保定設立一個類似的警察訓練機構，川島很快就制定出一套培訓模式。從1903年到1910年，大約有二十位日本教習和顧問在中國的七個省份推廣川島創立的模式。

川島在京師警務學堂的成功帶給他獲得更重要職位的機會。1902年，軍機處授權成立新的工巡總局，由年輕的肅親王善耆掌管。精通警務的川島被派去輔助肅親王，使改革警察制度的方案得以盡快推進。這是肅親王和川島之間二十年友誼的開始，並最終見證了清朝和他們自身命運的逆轉。

肅親王為人和善、政治嗅覺敏銳，他不僅能接納流亡中的君主立憲派康有為和梁啟超提出的分權主張，對反清積極分子如汪精衛之流也敞開了大門。汪精衛是孫中山早年在日本時的助理，抗戰時期成為定都南京的傀儡政府的首腦（見〈中日關係史上的關鍵人物〉）。彷彿是命運的捉弄，當1910年汪精衛因為刺殺攝政王載灃被審判時，是肅親王保住了他的性命。在處理對外關係時，肅親王同樣對所有可能性都保持一種開放的姿態。1901年回到北京後，肅親王發現自己的別墅在拳民圍城時被炮火損毀，而自己的未來也處在風雨飄搖中。他於是做出決定，認為在改革中與日本合作，在政治上是明智的。

此時的日本正在崛起。1902年1月，日本與英國簽訂了《英日同盟條約》，這是亞洲國家與歐洲列強簽訂的第一個平等條約。英日同盟旨在制衡俄國，因為俄國正在通過北部的鐵路進入滿洲，即滿人的龍興之地。肅親王和其他的滿清皇族在滿洲擁有大片土地，一旦俄國佔領了滿洲，他們的土地將喪失殆盡。

肅親王與川島之間是一種互利的關係，川島是地位較低的合作者。肅親王意在取得滿人中改革派的領袖位置，而川島看到了進一步擴張日本在華利益以及提升自己事業的機會。在一張罕見的合影中，

兩人坐姿相同，穿着一樣的清朝官服——這張照片似乎道盡了一切。那以後直到1911年，川島的影響力達到了巔峰。然而，隨着中國的反清反滿情緒不斷升溫，革命終於在1911年爆發，肅親王與川島的關係發生了變化。作為被推翻的政權的一分子，肅親王要依靠川島幫助清王朝在華北捲土重來。從1900年到1911年，在川島的生活中占主導地位的主題是建設警察體制，而接下去的十年他的事業核心變成了如何實現民族分離。然而，川島的時代畢竟已經過去了。面對辛亥革命後的政治雷區，東京傾向於支持國際社會選擇的袁世凱及其繼任者來統治中國，對於為川島的滿族和蒙古朋友進行武裝干涉則興趣寥寥。造化弄人，1912年後川島徒勞地支持着的這個華北多民族君主制政權，竟然於1932年在日本的傀儡政權滿洲國借屍還魂了。

為共和國建立新的法律框架

1912年滿清政權終結，袁世凱就任中國首個共和國的大總統。這些令川島浪速前途黯淡的事件，對於身處事業巔峰的早稻田大學教授有賀長雄來說，卻是令人興奮的新機會。他是日本國際法研究領域的開創者之一，是法律教授、律師和國際法傳播者。他深信通過實施國際法，世界將會變得更有秩序。與其同時代人一樣，有賀精通漢學，但在偏好與學問上卻是歐洲主義者。他畢業於東京帝國大學，獲獎學金留學德國。其德文、法文及英文都很流利，能翻譯從教育學到政治學等多種學科的著作。他在日本幾所軍事院校教授「正義戰爭」理論，在早稻田大學教授法律和比較政治，學生中有來自中國的年輕人和赴日考察的官員。

學術圈以外，有賀長雄還是日本第一份外交事務期刊《外交時報》的創刊人、編輯和總經理。他也是日本紅十字委員會一名活躍的成

員。1899年，他作為代表參加了海牙的國際和平會議。也就是在那次
會議上，簽署了一個涉及戰爭與解決爭端的法律的里程碑似的協議。
在甲午戰爭和日俄戰爭中，有賀在前線擔任日軍法律顧問，當時這種
工作無論在日本還是歐洲都還是新事物，其職責是保證戰爭根據雙方
同意的規則「正義地」進行。據此精神，有賀獨立考察了1895年日軍
在旅順的暴行，即便與主將授權的事實調查委員會得出的結論相悖，
他也毫不畏懼。有賀寫道，日本曾簽署絕對遵守《日內瓦公約》的協
定，而不是選擇性地遵守，因此應該承擔責任。

與1894–1895年那場為時短暫、規模有限的甲午戰爭相比，日俄
戰爭是完全不同重量級的戰爭。這是一個亞洲國家與一個西方強國的
首次較量，涉及大規模軍隊部署、機槍的使用以及塹壕戰，估計多達
五十萬人傷亡，可謂是殘酷的第一次世界大戰的預演。如果從戰場的
角度來看作戰指揮的狀況，在那些「密切觀察這一戰爭」的西方記者
看來，日本表現得不錯。對於置身戰場第一線的有賀來說，儘管和他
的同時代人一樣愛國，日本在戰爭中巨大的人員傷亡令其清醒，也使
其更加相信應該在滿洲建立一個由日本託管的政權，以防未來來自俄
國的威脅，儘管這在法律上難以正當化。

有賀是一位國際知名人士。國際法領域的法國同僚們認為，有賀
和日本在致力遵守國際法方面表現相當出色。1913年，中國聘請了有
賀擔任中華民國總統袁世凱的憲法顧問，他們找到的可是一位有着耀
眼履歷的人。那一年，滿懷希望的有賀登上東京至神戶的列車，然後
前往中國。他帶着一個裝滿各種憲法樣本的行李箱，途中聽取了孫中
山的簡介。與一群外國顧問合作，為一個新成立的共和國制訂憲法，
這是他職業生涯中千載難逢的機會。他被指派到總統辦公室工作，那
裏的很多工作人員都是他在早稻田大學教過的中國學生。

給中華民國起草憲法並非易事：當時世界上的共和國並不多，而
他的僱主還是一位軍事強人，外國顧問團對於在中國實行代議制的時

機是否成熟心存懷疑。有賀本人的信念是，新憲法必須反映中國儒家思想的核心價值，選舉權僅限於受過教育的人，但同時要保證全體國民的受教育權。有賀耗時良久完成的憲法類似一人統治下的指導式民主（guided democracy），同事們表示滿意，袁世凱更滿意，因為他把這部憲法看成是為自己鞏固權力開了綠燈。雖然有賀知識廣博、聰明世故，但也無法洞察即將稱帝的袁世凱當時的政治意圖。1915年他與日本外務省就《二十一條》問題發生衝突。他以袁世凱特使的身份返回日本，在日本政壇元老面前陳述意見，以一貫的氣勢反對這一具有侵略性質的條約，最終《二十一條》得以修改，但有賀從此被視為一位在政治上幼稚天真的學者。日本國際地位的下滑以及不斷升溫的反日情緒，使幾千名留日生返回中國以示抗議。

中國學生、日本教習

1899年，近衛篤麿和張之洞在武漢見面，對一個包括日本留學、技術協助和海外訓練三部份組成的項目在原則上達成了一致。值得注意的是，儘管晚清政治動盪，短短幾年之內該項目的三個部份都已確立並得到發展。既沒有統一管理，也沒有很好地進行協調，三者居然互相促進，讓一群志同道合的人形成了一個互為支援的社會網絡。赴日考察的官員前往探查中國留學生；日本顧問組織了包括日語訓練在內的新項目；歸國留學生則提供了留學日本可以大開眼界的鮮活例證。新政改革中，張之洞與劉坤一要求所有省份都要提供獎學金，送學生到海外學習軍事科學、博雅課程（liberal arts）和專業技術。日本方面，為招收中國學生興建了學校，擴大了為中國學生量身訂造的特殊教學項目。剛開始還是涓涓細流的赴日留學，如今已經蔚為潮流。這標誌着中日之間形成了一種互惠關係。

　　對中國的年輕人來說，二十世紀初是個不確定的年代。作為仕途成功的傳統途徑，科舉考試正逐漸邊緣化，1905年被徹底廢除。只要看過當時八國聯軍佔領下的北京城的照片就很清楚，面對隨時準備出動以維護自己在中國全境利益的強大外國軍隊面前，脆弱的中國如何生存下去才是一個更大的問題。現在，列強中又多了一個日本。雖然日本的對華政策尚不得而知，但那時的日本是一個有用的快速現代化的榜樣。對中國的領導者和年輕人來說，學習日本模式是最好的面對未來挑戰的方法。到1902年為止，作為「新政成效」的一部份，已經有四百至五百名中國學生在日本學習。到1903年，數量增至一千名。到日本戰勝俄國後的1906年，數量飆升到大約一萬名。以絕對值看，這些數字並不大，但在當時十七至二十五歲間接受現代教育的中國年輕人中所佔比例已相當高。如何管理這群官費或自費的學生？他們中有些人在抵日時就帶着激進思想，有些則在赴日後捲入抗議政治。最終，如何管理這些學生對中日當局都是一個挑戰。

　　中國學生在日本就讀的學習班和專業五花八門，自費留學、要求上短期速成班的學生越來越多。根據1903年留學日本的六百六十名中國學生的記錄，40%學習博雅 (liberal arts) 與師範課程，大多就讀嘉納治五郎的弘文學院、早稻田大學和法政大學。30%學習基礎課程、職業培訓課程以及大學程度的專業課程。剩下30%的學生則或在弘文學院學習警務課程，或在從1898年開始招收中國學生的成城學校學習軍事。1904年，練兵處宣布啟動一項中央和地方政府的合作計劃，每年由地方政府出資送一百名官費留學生去日本學習四年的軍事課程。1932年，國民政府的軍事委員會的成員中有一半是日本軍事學校的畢業生，包括蔣介石、閻錫山、李烈鈞和陳銘樞。

　　明治日本是一個重法律、講規則的社會。但與清代的中國相比，日本仍然顯得相對開放和有活力。新思想層出不窮，報刊和國會允許辯論，甚至可以上街抗議。對新觀念的開放是日本吸引中國留學生的

首要原因。在宣布實行新政之前的1900年，一小群中國學生已經開始創辦一份小型期刊，翻譯和發表西方和日本的著作。其中包括有賀長雄的《近時政治史》，* 也有學校講座和外交事務雜誌上的文章。隨着留學學生越來越多，這類風險不高的嘗試成倍增加。學生們開始組織起來，起初是學生會，然後是各種同鄉會。在這裏，他們可以進行社交活動，還可以交流學習心得、討論中國面臨的挑戰、發洩對政治現狀的不滿，並批評滿清政府。下一步自然就是出版這些言論。梁啟超早就發現，在明治日本出版十分容易。1906年，日本有六份學生辦的同鄉會雜誌。第二年，數量已增加到二十份，發行量大概有七千份。發行量不算大，但已經與梁啟超辦的雜誌差不多了，而且也可以發行到上海以進一步廣泛傳閱。這些雜誌為政治意識日益強烈的讀者提供了關於西方的政治思想、法律制度和時事的新信息，以及對滿族統治越來越尖銳的批評性評論。總之，學生出版物在實質上催生了中國的一個新事物，那就是反政府報刊。

學生們在日本接觸到了各種各樣的觀點，為這種多樣性所吸引，同時也希望把這些新思想帶給中國讀者。同鄉雜誌上的文章涉及的題目五花八門：一篇關於俄國無政府主義運動的文章之後緊跟的可能是一篇介紹明治銀行體系的文章，下一篇文章可能在談人腦的功能 —— 它們讀起來都像學生報告。然而，一旦涉及政治，它們討論的只有一個令人焦慮的問題 —— 國力的來源。西方的強盛來自哪裏？為什麼日本成為世界強國，中國則沒有？中國人如何培育出更強的民族主義精神？執着於國力問題的中國學生是潮流的追隨者，而不是引領者。關於社會達爾文主義與帝國主義適用於日本的討論，是當時明治報刊的熱門話題。在一些日本學者看來，關於適者生存的鬥爭不可避免，而且像西方列強那樣成為帝國主義者是成功和政策優越的指標。實際

---

* 譯註：有賀長雄：《近時政治史》（東京：東京專門學校），1896。

上，在那個時代，一個國家只要能擴張，絕對不會放棄擴張的機會。就如同西奧多·羅斯福在1899年説的：「一個偉大文明的每一次擴張，都意味着法律、秩序和正義的勝利。」[11] 對中國學生來説，帝國主義是某種既要抵制又要追求的事物，而社會達爾文主義者的種族觀給他們提供了一個理論框架，在此框架內滿人被視為無能且低等的人種。

對中國青年來説，以上這些都是他們關心的重要議題。他們擔憂中國以及自己的未來，而且越來越灰心喪氣，覺得政府根本無力解決任何一方面的問題。因為日本有更自由的言論，中國學生有機會公開表達不滿。他們可以寫文章，還可以親自在中國公使館和學校表達，舉行小型或大型的抗議活動。很快在1902年後，越來越多的學生來到日本，有些是官費，有些是自費。這些學生變得越來越激進，批評張之洞為滿人辯護、和日本帝國主義者沆瀣一氣。至此，張之洞的日本留學項目與其初衷已然背道而馳。作為世界首次這麼大規模的留學運動，學生難以監督和控制也沒有什麼令人驚訝的。在出國前還是留學期間如何對學生進行心理輔導，那時沒有現成的模式可以借鑑。

學生們隨處可見日本人在政治上對中國的輕蔑。當他們從報紙上得知大阪勸業會展示的中國文化突出吸食鴉片的裹腳女人的形象時，學生們憤怒地致信日本組織者和東京的中國代表，要求他們進行調查。當中國政府宣布只有經過嚴格篩選的官費生才有資格獲得入讀日本最好的軍事院校成城學校，自費學生則沒有資格時，學生們公開抗議説只要足夠愛國，都應該有資格入學。這件看起來微不足道的小事，升級為一次幾百名學生與中國駐日公使的憤怒對抗，他們在公使館前靜坐抗議，公使館報警驅逐抗議者。顯然，這件事與其説是關於入學資格，不如説是關於誰有權決定海外留學的目的──究竟是中國或日本政府，還是學生自己。

　　1903年春，一場國際危機導致東京的中國學生與北京的中國政府開始對抗：俄國拒絕履行一年前與英國、日本和中國達成的從滿洲撤走十萬駐軍的協定。在東京的中國學生都是報紙的熱心讀者，消息很靈通：他們很清楚俄國要再次強迫中國讓步的企圖，他們也熟悉一些日本名人的觀點，即要遏制俄國的野心只有跟俄國一戰。在學生們看來，北京的沉默使中國顯得虛弱無力、優柔寡斷，從而招致外國列強新一輪羞辱。無論政治立場為何，實際上所有學生都認為自己是愛國人士，有責任對俄國事件作出強硬的回應。五百名學生出席東京的「抗俄」集會，幾十人寫文章痛批清朝官員的無能。他們也在上海和北京組織抗議，甚至自願要求參軍抗俄。然而，這些試圖給清政府施壓的努力都是徒勞。1904年2月6日，日本中斷了與俄國長達一年的談判。兩天後，日本對俄國在旅順的海軍發動突然襲擊。中國在隨之而來的日俄戰爭中宣布中立。

　　1905年秋發生了到那時為止規模最大的學生示威活動。當時日本戰勝了俄國，留學日本的中國學生迅速上升至近萬人。和成城學校事件反映的日本軍事院校的入學資格問題一樣，此次引發學生憤怒的原因是規則的改變——這些得到中方同意、由日方發布的新規則是專門針對留學生及錄取留學生的學校的。在這一試圖定義留學經驗意義的行為中，學生們抓住了隱含的政治意涵。他們反對的與其說是更嚴格的控制本身，還不如說是官方發布這些規定的動機。日本政府對中國學生公平嗎？對待他們和日本學生是一個標準嗎？中國政府究竟是向着本國學生，還是與日本政府勾結、限制他們的自由？中國官員足夠愛國嗎？有足夠的能力對抗外國干涉嗎？日本作為一個新的帝國主義國家的行為如何？漢人相對滿人的能力和忠誠度如何？——這些基本問題導致學生的抗議由小變大。在1905年，大約有四千名學生捲入了與政府的對抗。兩千人離開日本以表示抗議，之後他們很快就回國了。到1909年，留日學生總數下降到五千人。具有諷刺意味的是，在

1911年，當革命的力量席捲中國，推翻了兩千年的帝制時，幾乎所有的中國學生都離開了日本。在意圖為清廷貢獻新人才和現代改革思維的留日運動中，留日青年最終為清廷的滅亡作出了貢獻。

留日生與帝制中國的終結

孫中山想從日本得到的，不是明治式的國家建設經驗，而是推翻清政權的革命活動急需的財政援助。孫中山的朋友主要是日本和海外的商人團體，而不是日本主流官員，雖然他曾試圖獲得後者的支持，而且他和這些官員一樣也相信泛亞洲主義。在1900年左右，孫中山還只是政治上的邊緣人，正試圖尋找拜訪近衛篤麿的機會，尋求下田歌子的支持，以及利用犬養－宮崎－近衛的合作關係。清政府對其毫不為意。在回應近衛提出的孫中山是否是對清政權的威脅這個敏銳問題時，張之洞不屑地稱他為「鼠賊」。

除了1899年畢業於弘文學院的戢翼翬等少數幾個特例，中國學生不過是對鼓吹革命的孫中山感到好奇，認為他值得一見，但與自己的生活無關緊要。1903年至1905年，孫中山赴歐美籌款，與留日學生完全失去了聯繫。然而命運女神青睞於他。1905年7月，孫中山回到日本時真可謂恰逢其時。當時日本戰勝了歐洲強國俄國，亞洲的民族主義者異常興奮，引發赴日留學的新高潮，其中有的去讀書，有的則是去組織顛覆清政府的活動。即使如此，孫中山是否能抓住這個機會，讓這群不安分的人加入自己在東京建立的革命組織，還是一個未知數。畢竟他們對改革與革命有着各種不同的看法。作為孫中山的支持者，宮崎寅藏不得不幫他與學生建立最初的聯絡。那時學生們對孫中山興趣不大。出現在同盟會成立大會上的幾百名學生，僅僅是孫中山希望吸引的幾千名學生中的一小部份而已。

　　即使在呼籲反清最積極的東京學生中，最初孫中山確立同盟會領導地位的嘗試不很順利，儘管他清楚地提出了民族復興的計劃。黃興及其他許多學生不願立即解散自己在中國各地組織的激進團體、加入孫中山領導的同盟會。支持孫中山的學生和支持梁啟超的立憲派還發生了衝突。東京政府不願容納一個號召推翻中國現有政權的組織，清政權的合法性畢竟得到國際社會的承認。1907年，根據清政府要求，日本同意將孫中山驅逐出境。這一舉措迫使孫中山在隨後數年捲入了新一輪中國南方的反清活動，以及針對東南亞、歐洲和美洲華人的籌款活動。

　　1905年之後，留日生成為同盟會的主要力量。他們從東京溜進上海等地，在不斷增多的恐怖襲擊和旨在給清政府製造危機的小規模起義中脫穎而出。平時，他們中有不少人是新式學堂的老師和新軍的軍官，其他則是沿海貿易公司的僱員。所有人都借職務之便發展新的革命同志，並傳播反清文學，這些文學作品源自仍在日本的中國學生。要查出那些密謀革命的人幾乎是不可能的。

　　對清政府來說最致命的還是一種更為潛在的危機。革命團體的大多數成員是從日本回國的留學生，但絕大多數歸國留學生並不是革命者，而是帶有自由主義傾向、遵紀守法的普通人，包括教員、商人、政府官員、軍人。很多留學生在清政府於1901年後建立的新的技術和金融機構中謀到職位 —— 在清政府於1906年至1911年僱用的一千三百八十八名留學生中，90% 畢業於日本學校。日本留學生佔據的另一個有重要影響的部門是地方議會諮議局。諮議局是1909年選舉產生的，是清政府遲遲沒有開展的立憲改革的一部份。各地諮議局成員名單顯示，日本留學生的數量相當可觀，在有些地方竟高達20%。無論其政治立場是什麼，這些歸國留學生給中國帶來了新的、實用的、專業的視角，當時的中國在名義上已建立現代公立學校，但培養的學生人數寥寥（從1902年到1909年的七年時間裏，中國自己培養的各種

畢業生大約只有八萬人）。歸國留學生頭腦開放、有愛國心，相信未來中國必能躋身世界強國之列。他們同時也感覺與清政府的統治比較疏遠，對進展緩慢的改革沒有耐心。隨着清政府的根基逐漸瓦解，執政的無能終於導致1911年清政府的崩潰。不穩定和分離的勢力仍然強大，從一開始就威脅着新成立的共和國。

　　1911年之後，希望接受現代教育的年輕人除了去日本，還有別的選擇。他們可以留在國內，就讀於主要由留日生擔任教師的新式學堂。中國學生也有機會到西方國家讀書，尤其是美國和法國。利用1908年美國政府同意用庚子賠款資助中國學生的機會，有些人申請去美國留學。到1911年為止，有六百五十名中國學生得益於該資助，到美國讀書。到1918年，留美學生數目達到了一千一百二十四人。一戰後，中國政府設立了赴法國勤工儉學項目，吸引了大約六千名中國學生，儘管他們在這個項目中到底有多少時間用於正式學習還是個疑問。

　　基於政治、距離、經費等因素，直到1937年中日戰爭爆發為止，中國學生繼續赴日求學。在推翻清朝的辛亥革命發生之後那段令人興奮的日子裏，幾乎所有留日生都回到了中國。不久後，袁世凱對反對黨實施鎮壓，這既表明專制統治的復辟，也顯示中國青年人的未來充滿了不確定性，中國學生又紛紛回到日本。1914年，官方註冊的中國留日生大約有四千名。在接下來的幾年，這一數字穩定地保持在三千至四千之間。只有當留學生中積極參加政治運動的那部份人離開日本，抗議日本侵佔中國利權時，人數才有所下降。最典型的兩次是1915年中日簽訂《二十一條》和1919年《凡爾賽條約》規定將山東的權益轉讓給日本。1936年至1937年間，中日戰爭爆發前夕，仍然有五六千名中國學生身在日本，這是自1914年以來留日生最多的年份。這些數據部份地反映了日本政府持續吸引中國留學生的努力，他們採用的最現實的手段就是優惠的匯率。總之，日本吸

引中國青年的原因一以貫之，那就是提供了費用低廉的現代教育以及
更多行動自由。

教訓，學到了；合作，再等等

留學日本改變了中國人的思想。1896年入讀弘文學院的戢翼翬在
畢業典禮上發言：「和三年前的思想比較，我等真如他人一樣。」[12] 這
些從四川、湖南或廣東來到日本的年輕學生，開始像日本大眾那樣看
自己：他們是純樸單純的中國人，是來自鄰國的外國人，這個鄰國曾
經很強大，但如今在其他國家的人眼中已經落後了。如果還需要證明
中國的衰弱和日本的崛起，東京的日常生活可為明證 —— 東京顯然
是現代的，管理良好，有多種表達公共輿論的方式，政治上比中國更
開放。即使憎恨日本政府對他們自由的限制並擔心日本與西方帝國主
義會聯合起來侵略中國，中國學生還是被這種新式的開放性所吸引，
也羨慕日本在日俄戰爭中展示的軍事實力。清政府則越來越成為中國
學生攻擊的對象。他們批評清政府無能、腐敗，沒有能力對抗日本和
西方列強。留學日本的經歷將中國學生變成了民族主義者，使他們認
識到抗議的力量，以及報刊和公共輿論能起到的推動變革的作用。張
之洞所倡導的在政府主導下進行變革的主張已經難以為繼，因他倡議
而送到日本留學的幾千名學生如今已公開或私下呼籲，應馬上終結清
帝國的統治。

赴日考察的中國官員傾向於採取相對穩健的措施，但也對國內改
革的緩慢失去了耐心。他們在日本親身目擊了一場看似成功的現代化
實驗，並相信這是快速推進中國現代化可以模仿的對象。接待他們的
日本東道主都受過很好的漢學教育，尊重中國古典文化，但談到現代
化的發展機制，他們覺得自己才有足夠的資格指導中國人。中國官員

深以為然，他們認真地記錄筆記、出版旅行報告並加以傳播。這些報告總結了官員從日本學到的東西，看上去非常實用，努力試圖服務於清朝的官僚體制，而不是加以反對。這進一步促使中國開始建立新式學堂，並刺激更新政府機構以加強效率。

同樣，為模仿日本學習外國先進經驗的做法，中國聘請日本顧問來華工作。這是一個潛在的雙贏局面：日本可以增強對中國的影響力，而中國也可以學到制度建設方面的知識。中國聘請的日本專家中有很多受過西方訓練，從制定法律到發展教育，再到建築鐵路，他們在很多關鍵領域對中國做出了貢獻。比如，日本著名法學家花費多年時間指導中國人制定憲法，還幫助他們撰寫現代民法和刑法。經驗豐富的日本管理者與具有改革思想的中國官僚在公共安全方面進行合作，建立了一所警察學堂和一個由中央控制的警察系統。日本軍官幫助張之洞和袁世凱訓練地方軍，並指導日本軍校的中國學生。日本帝國鐵路公司的高管指導中國僱主如何發展現代鐵路。當然，日本顧問對中國最大的貢獻，是將日本式全國教育體系的元素介紹到中國，上至師範教育，下到幼兒園教育。大部份日本人滿懷希望來到中國，相信自己比西方專家更適合與中國人合作，因為他們更懂中國。但大部份人因為沒有機會取得更大的成就，只能帶着失望離開。中方在官僚制度的各種障礙以及不可預測的政治氣候下，再加上日方的投機性政策以及一戰的影響，都限制了中日官方雙邊合作的深度。

中國在晚清轉向日本，對成千上萬中國年輕人的職業道路產生了深遠的影響，這些年輕人將是未來的中國領導人。二十世紀中國一些最重要的人物的事業起步於日本的學校。魯迅和郭沫若這兩位具有國際影響力的文學巨匠都在日本上過中學。魯迅在1911年前入學，而郭沫若則在之後不久入學。兩人都是去日本學醫，但後來改行從事文學。他們旨在通過各種文學體裁和新式的白話文診斷中國的國情。對魯迅的弟弟、著名散文家周作人來說，留學日本決定了其終身致力於

外國文學、翻譯和日本美學。作為公共知識分子，這三位都需要在危險的政治環境中鋌而走險。很多畢業於日本的法律專業人士也面臨相同的境況：作為民國法律行業的創始人，他們在公共活動中大名鼎鼎，但在政治上卻處於弱勢地位，與日本的聯繫是他們在政治上處於弱勢地位的原因之一。因為沒有在凡爾賽會議上為中國爭取到利權而被攻擊為親日派的曹汝霖，就是最好的例子。另一些入讀日本學校的中國人在教育系統中很快高升，最著名的是陳獨秀和李大釗。兩人都曾在早稻田大學學習過一段時間，陳獨秀成了北京大學文科學長，李大釗則是北京大學圖書館主任，他們都在1921年成為著名的中共創始人。

這個名單可以列得很長。周恩來、蔣介石、汪精衛這些中國戰爭劇中的主角，都曾留學日本，這可謂是家喻戶曉了。大家不太知道的是，明治大學法學士、後來的中國駐日公使章宗祥，曾輔助一位日本法學顧問為中國制訂一套新刑法。還有服部宇之吉的助教范源濂，曾在日本接受培訓，後來成為北京師範大學的校長及教育部長。還有1949年被任命為中華人民共和國最高人民法院院長的沈鈞儒，他在1905年至1908年曾就讀於日本法政大學。以上個案以及其他數百個例子顯示，清政府的「學習日本」政策產生了一系列影響，但還需要做更多的研究才能做出一個全面、公允的評價。可以確定的是，那些被清政府送到日本或自己決定前往日本的年輕學生都準備為自己和中國的未來吸收現代的、實用的知識，他們之後所從事的職業在深刻改變中國的社會和政治結構方面產生了連鎖反應。他們與日本同行長期合作建立的聯繫，持續到戰後重建時期。他們對日本這個東道國態度曖昧，並經常變化。世界其他地區的留學項目也往往會產生這樣的結果。

在那些新式訓練培養的中國精英所啟動的所有計劃和項目中，在日本接受過教育的人是最突出的。但1915年後的中國是一個動盪不斷的悲傷故事，政治分裂、軍閥混戰，最後發生了與日本的全面戰

爭。即使在1949年完成政治統一之後，中國社會的規模、複雜性、貧窮都使自力更生的戰略不得不停滯。只有到了1978年，經過大躍進和文革的失敗之後，中國的領導人才再次轉向「改革開放」，也包括向日本開放。這正是張之洞在1895年支持的政策，其實行的效果則喜憂參半。1978年，在與日本首相福田赳夫的會談中，鄧小平回憶了日本在唐代如何全面學習中國，接着他評論說：「現在，這個位置〔師生關係〕顛倒過來嘍。」這是二十世紀初張之洞和近衞篤麿之輩未曾說出的設想與希望。

第**6**章

殖民台灣與滿洲
1895–1945

　　甲午戰爭後，日本於1895年獲得台灣。就像西方列強利用殖民地提升本國經濟一樣，他們相信台灣有助於提升日本的經濟實力。當時日本人口將近四千萬，而台灣的常住人口尚不足三百萬。即便如此，得到台灣意味着顯著擴大了日本製造業的銷售市場。同時，日本本土四島無法種植的熱帶農作物，比如蔗糖，均可從台灣進口。對日本來説，奪得殖民地的意義不只在於經濟利益，也標誌着日本從此躋身西方先進國家之列。日本想向西方列強展示自己可以成為殖民宗主國的典範，他們也希望將來擁有朝鮮和其他更多的殖民地，同時表明成為日本的殖民地頗有益處。

　　日俄戰爭結束後，日本於1905年控制了南滿鐵路和旅大租借地，加入了開發滿洲的角逐。* 滿洲的面積比台灣更大、形勢也更加複雜：滿洲佔地面積是二十八萬平方英里，是日本的兩倍多。1905年的滿洲只有一千五百萬人口，但隨着其人口持續快速增長，估計到1945年人口將達到五千萬。在滿洲，日本也面臨來自俄國的軍事威脅以及中國民族主義者日益高漲的抗議聲浪。1931年後，日本對中國領土的侵佔還遭到西方國家的指責。從1906年到1931年，日本試圖將

---

*　譯註：滿洲包括今遼寧、黑龍江、吉林、內蒙古東部及河北的一部份。

南滿洲鐵道株式會社（簡稱「滿鐵」）當作一個成功的企業來經營。但
實際上滿鐵成了一個準政府機構，東京派遣各種官員來到滿洲，歸滿
鐵領導。滿鐵也負責收集有關滿洲和華北的情報、與當地的政治領袖
建立良好關係，以及開發鐵路沿線的貿易。日軍進駐滿洲以防禦來自
俄國的軍事威脅和保護日本僑民。日本於1931年策劃九一八事變（日
本稱「滿洲事變」）後，於1932年在滿洲扶植了一個傀儡政府滿洲國。
原先由滿鐵管理的日本官員，直接改由滿洲國領導。與西方國家的殖
民地不同，日本殖民下的滿洲不僅實現了工業化，而且吸引了數十萬
日本人來此定居。

　　日本給台灣和滿洲帶來了殖民現代化。隨着現代技術和基礎設
施的引進，兩地經濟增長加快，平均生活水平也有所提高。然而，
殖民地人民也敏銳地意識到，日本人壟斷了殖民地政府及商業機構
中的重要職位，享有更高的收入和更好的生活條件，且不能平等對
待當地人。學校總是從有利於日本的角度教授日本歷史。雖然也開
設了中國古典文化課程，但當中日之間存在爭議的時候總以日本的
說法為準。

日本統治下的台灣，1895–1945

　　直到十九世紀末，一些官員擔心來自日本及法國的威脅，清政府
才開始對台灣產生興趣。1874年日本攻打台灣原住民，並以原住民
殺害琉球漁民為藉口對他們加以懲罰。中法戰爭（1883–1885）期間法
國對清政府的威脅也使李鴻章、左宗棠等人憂心忡忡。李鴻章加強
台灣防衛的努力遭到抵制，但在1885年台灣府獲准升級為省，清廷
必須派遣職位更高的巡撫治理台灣，並撥給更多的財政預算款項。
1885年，李鴻章派遣曾參與鎮壓太平天國之亂的淮軍幹將劉銘傳擔

任首任台灣巡撫。劉銘傳到台灣後，引入海軍，建立海防，鋪設了一條從台灣到福建的海底電纜，還有一條從基隆到台北的長達十七英里的鐵路。他清丈全省土地以建立徵收農業稅的基礎，用來支付建設台灣所需的巨額費用。當地鄉紳因對徵收更高的稅收不滿，發生了騷亂。1891年，在朝廷異見者的壓力下，劉銘傳因病告老還鄉。他啟動的發展項目只能擱置，要等1895年日本控制台灣後由日本人來實現。

日本接管台灣時遭遇的反抗不如1910年在朝鮮遇到的反抗激烈。朝鮮人有更強的國家認同、更獨特的文化，以及更長的自治傳統。朝鮮有自己的語言和文化，此前還有一個獨立的、一直在抵抗外敵入侵的政府。而台灣島作為一個隸屬福建省的府級行政區，並未形成朝鮮人那樣的認同，即使建省後在劉銘傳治理下也是如此。1895年日本接管台灣時，當地人口中的三分之二是福建人，三分之一是客家人。福建人多為清朝移民，其中一些人是跟隨鄭成功入台的。客家人的祖先在十七世紀為逃避清兵進攻而移居台灣。日本入台時，島上的原住民大約有一萬四千人，他們沒有給日本人製造多大的麻煩。福建人也幾乎沒有和日本人作對。人數眾多，大部份人居住在台灣中部山區的少數族裔客家人是武裝抗日的主力。

在1895年的台灣，日本的首要任務是平定局勢。甲午戰爭中的英雄乃木希典中將被派往台灣建立秩序。乃木及其軍隊被認為非常強悍。他們在數星期內踏足全島，從東北的花蓮行軍至西南的高雄。在北部山區客家聚居地，日軍遭遇頑強抵抗。1896年1月，寄居在一座寺廟的一些日本士兵暗夜被殺，日軍下命，寺廟半徑五英里內的人，全部格殺勿論。乃木希典中將於1896年至1898年擔任第三任台灣總督，當地人提起他無不談虎色變。

日軍從東北行軍至西南後，與地方首領簽署大赦協議，並建立了保甲制度。在該制度下，鄉里之間要為對方的行為負責。1898年乃木

希典返日時，日本人已經平定了台灣島。兒玉源太郎中將擔任第四任台灣總督，其不像乃木那麼以殘忍和高壓聞名。

在日本殖民統治下，台灣人曾數次反抗殖民政府的高壓統治。1907年10月，在以煤礦為主業的新竹北埔，對統治者不滿的客家人發動起義，殺死約五十七名日本人。作為報復，日本人殺了百餘名本地人。1915年，台南一個宗教團體抗議日本的嚴酷統治，攻擊多處日本警察廳，襲殺不少日警，稱「噍吧哖事件」（或「西來庵事件」）。日軍鎮壓了起義，處死了該宗教團體的多名領袖。1930年，在台中州能高郡（今南投縣）發生原住民領導的「霧社事件」，他們對日本人強迫其做工以及日警的殘暴行為不滿，殺死了大約一百三十名日本人。事後日本也實施了報復手段。

從1898年到1912年，殖民政府用於警力的花費是公務員的兩倍。在1912年的台灣，日本警察與當地人口的比例約為1：580，幾乎是日本的兩倍。儘管日據時代早期發生不少暴力事件，1898年日軍平定台灣後衝突事件相對較少發生。同時，日本警察與台灣人的關係也沒有日據時期的朝鮮那麼緊張。

1919年前，台灣總督一職均由軍隊將領擔任。但在1898年，日本派出一位文官擔任總督府民政長官，此人是前日本內務省衛生局局長後藤新平。後藤是醫學博士，曾留學德國學習俾斯麥的現代公共衛生政策，是日本公認的能力很強、備受尊敬的公共衛生行政官員。當時，流行病學這個領域剛開始發展，針對在熱帶氣候地區如何治療黃熱病和瘧疾的技術已取得進展。日本政府派後藤去台灣，就是希望能控制台灣的流行病，從而幫助日本在台灣獲得支持和尊重。後藤主持建設上下水道以保證居民用水質量、建立地區醫院以及瘧疾防遏所、展開滅鼠運動，通過這些措施，台灣在抗擊疫病方面取得了很大的進展。後藤既願意與日本警察合作維持秩序，也以其開明的領導風格贏得了本地人的合作態度與感激之情，以及西方領導人的敬重。

後藤以民政警察取代憲兵，並禁止軍人穿軍裝或配戴武士刀。他相信政府的政策必須要適合當地的習俗，成立臨時台灣舊習慣調查會研究地方習俗。在日據時代的朝鮮，朝鮮人與日本人之間持續發生嚴重衝突。而在台灣，因為日本從統治初期就建立了良好秩序，台灣人與日本殖民者之間的關係相對輕鬆、和睦。

為了發展台灣的經濟，後藤新平聘請了農業經濟學家新渡戶稻造。新渡戶畢業於札幌農學校（今北海道大學），在東京帝國大學待了一年，在美國的約翰・霍普金斯大學學習了三年經濟學，後來又在德國學習三年獲得農業經濟學博士學位。他於1901年來到台灣，在三年內建立了台灣的經濟發展優先次序，使其成為日本經濟的補充──總體而言，因為日本集中發展工業，台灣就以農業發展為主；由於日本茶葉生產興盛，而台灣的溫暖氣候比日本更適合種植甘蔗，所以台灣須減少種植茶葉、發展糖業。新渡戶將台灣分成五十個地區，每區建立一個製糖廠。同時使用化學肥料和建立灌溉系統。到1930年代，台灣的日本糖廠是世界上最現代化的製糖工廠。二十世紀二三十年代，日本的蔗糖消費量一直在上升。到1930年代，90%的台灣蔗糖均出口日本。在1918年日本因為稻米短缺引發騷亂後，新渡戶也集中精力增加台灣的稻米產量，以提高對日出口。

當1906年後藤新平離開台灣前往滿洲擔任滿鐵的新職務時，台灣已經建立了電報和電話線，並擁有了發電的能力。這個殖民地不再需要日本的財政補貼，實現了自給自足。

與歐洲國家的殖民方式相比，日本向台灣派遣了更多的中層管理人員，也有更多日本人移民台灣。日本管理殖民地的方式更像英國管理鄰近的愛爾蘭，而不像歐洲管理遙遠的亞非殖民地。在1924年，已有十八萬三千名日本人移民台灣。而到1945年日本投降時，大概有二十萬日本人與六百萬台灣居民住在一起。由於諸多不同職業的日

本人在台灣生活，很多台灣人與日本居民建立了私人關係，比如自己的老師、店主、鄰居，甚至是朋友。

如果說印度的英國行政官員受到英國紳士的生活方式影響，菲律賓的西班牙行政官員受到西班牙大農場主的生活方式影響，那麼在台灣的日本高層行政官員則維持了明治官員的生活方式。在日本，「官尊民卑」，官員特別受尊重且高高在上。但日本官員同時也是一個紀律嚴明的群體，他們工作認真、克盡職守。在台日人中，高層官員大多畢業於日本最好的中學和大學，但也有相當多的日本移民畢業於各類專業技術學校。

儘管有些日商請台灣人作為其合夥人，台灣的主要企業都歸日本人所有。三菱、三井、住友和安田等主要的日本財閥在台灣都很活躍。日本公司也壟斷了鹽、樟腦和煙草的專賣權。為了鼓勵台灣與日本的貿易，日本對台灣與中國大陸的貿易課稅，台灣與日本的貿易則不徵稅。針對農民對殘酷的「不在地主」的抱怨，日本強迫那些地主出售土地，所得資金用來購買政府債券。為解決台灣的鴉片問題，政府先將鴉片變成總督府專賣品以限制供應，然後他們控制並取消了鴉片的種植和銷售。1900年，台灣的癮君子約有十六萬五千人。日本的禁煙計劃極大地減少了鴉片的使用。據估計，在1945年日本離台時，台灣的癮君子人數下降到約兩千人。

在日據時代，台灣的生活水平有了長足的提升。1945年，台灣的平均生活水平已遠遠高出中國大陸。居台日人設立了與日本國內相似的商店和商業，他們控制了台灣的大部份商業活動。1930年代來到台灣的西方旅客為這個島嶼所取得的經濟成就讚嘆不已。後藤新平和新渡戶稻造都能說流利的英語和德語，他們屢獲各種國際組織邀請，並因其在台灣的成就受到尊重。

日本極力推廣台灣的公共教育，比歐洲列強在殖民地的教育改革程度更深。在日本到來前，一小部份接受精英教育的台灣年輕人學習

的內容是儒家經典，而日本將其改成「科學教育」。曾在1875年被派往美國麻省布里奇沃特師範大學 (Bridgewater Normal School) 接受高等訓練的教育部官員伊澤修二，負責在台灣建立一個能培養出優秀日本公民的現代教育體系。日文教育即刻得到推廣，小學課程很快改用日語教學。1896年初，首批三十六位畢業於日本師範學校的日語老師來到台灣，此後日語老師的人數迅速增加。經過強化培訓，本地教師也改用日語教學、使用日本教科書。到1944年，71%的台灣適齡兒童都上了小學，該比例遠遠高於同期的中國大陸。所有課程均以日語教學。

1915年，日本開始在台灣開設中學。1928年設立台北帝國大學 (今國立台灣大學)。這些中學和大學的招生對象是在台灣生活的日本人和優秀的本地學生。最好的本地學生，尤其像醫學這種領域的優秀生，在台灣唸完大學後可以繼續前往日本的大學深造，包括東京帝國大學。在1930年代，約有二千位台灣學生在日本上大學。

後藤新平從台灣調往滿洲負責滿鐵之後，一些台灣籍官員也被調往滿洲，幫忙日本創建政府行政系統。1932年，滿洲成為日本的傀儡政權，從台灣移居滿洲的人數迅速上升。當1937年日本侵略中國時，一些懂中文的台灣人被派往中國大陸擔任日佔區的行政官員。

總的來說，日本殖民台灣期間，日本人在政府機構以及商業領域佔有更高的地位，台灣人地位則較低。但二戰爆發後，許多在台灣政府中或商業機構工作的日本人被招募入伍，大量的台灣官僚和行政人員得到提拔。有些人甚至成為日本軍隊的軍官，李登輝就是一例，他曾於京都帝國大學讀農業經濟、後來成為國民黨執政時期的總統。日本的意圖是將台灣年輕人轉變成日本公民。甚至在二戰結束後，接受良好教育的台灣年輕人在工作和交流中使用日語的現象非常普遍。

日本統治下的滿洲，1905–1945

1904年，當日本攻擊俄國軍艦、發動日俄戰爭之時，很多日本的戰略決策者並未計劃將滿洲作為日本擴張計劃的中心，他們注意的焦點是福建。那時的福建經濟規模比滿洲大得多，並長期與長崎從事貿易活動。福建距離日本剛剛殖民的台灣很近，方言也與台灣一樣，可以作為從台灣擴大與中國沿海貿易的跳板。但當日本奪得南滿鐵路以及曾被列強強迫歸還的遼東半島後，日本領導人開始盡可能地利用他們得到的利益。不久，日本在滿洲投入的資源就遠遠超過了福建，而福建作為一個有活力的經濟區域的地位也已被寧波、上海及其他長江沿岸的區域所取代。滿洲是一個幅員遼闊、經濟相對落後的地區。在清朝，長期以來其他民族被禁止遷入作為滿人龍興之地的滿洲，因而此地人口也相對稀少。

獲得南滿鐵路的利權後，日本就藉機在滿洲開墾土地、開採礦山。依靠俄國人新建成的鐵路，可以到達人口稀少的地方。正如十九世紀那些向西遷移的美國人都是新開發的土地的先鋒，日本人進入滿洲也是為了這塊新土地提供的巨大發展機會。

日本發動日俄戰爭的目的是為了保障國家安全。他們擔心俄國在完成西伯利亞鐵路的建設後，會向西伯利亞大規模移民、在滿洲修建鐵路、在遼東半島建立港口、迅速控制滿洲，從而對日本造成無盡的安全威脅。鑑於俄國在人口和資源上都遠超日本，俄國不僅威脅到日本在中國的經濟利益，一旦跨過滿洲邊境，也會威脅到日本在朝鮮的經濟利益。俄國於1891年開始建設的西伯利亞鐵路是當時世界上最長的鐵路。到1903年，乘客可乘船跨過貝加爾湖，從聖彼得堡直抵赤塔，然後往南到達海參崴，這麼長的路程都在俄國國境內。得到中國首肯後，俄國又於1903年建成了東清鐵路——從此，俄國人建立了一條從赤塔通過滿洲，再經過哈爾濱到達海參

崴的捷徑，一下子比在俄國境內的赤塔─海參崴行程縮短了幾百英里。

　　一些日本的主要戰略家希望按照美國的門戶開放原則，使滿洲可以不被某一個國家殖民，而是對包括日本在內的所有國家開放。他們是這麼想的：如果包括西方在內的各國公司都可以在滿洲有一席之地，這麼多國家聯合起來的力量足以遏止俄國的擴張。

　　其他國家其實並未在滿洲作大規模投資。日本則不同，他們派遣了大量軍隊，在十年內利用其在滿洲鐵路沿線獲得的土地權利，以及在遼東半島南部（包括旅順和大連在內）的關東租借地，作了很多建設。日本的海外投資重心既不在福建，也不在上海，而是在滿洲。

　　正如十九世紀的美國人將開闊的西部看成是創造未來的機會，開發滿洲人煙稀少的地區吸引了很多日本移民。這些人大多是貧農家庭排行第二、第三的兒子，他們沒有土地繼承權，國內的經濟前景看上去也不樂觀。當日本人到來之時，滿洲大部份地區人口稀少。日本人佔用土地作為軍事基地、行政辦公地點、企業、農場。關於土地徵用金額，我們沒有準確的數據。無論如何，對滿洲的中國人來說，日本人是侵略者。他們或分文未付地侵佔土地，或用遠低於市場價的價格「買」走了土地。據估計，在1945年中日戰爭結束時，大概有二十七萬日本人在滿洲定居從事農業生產。

　　1932年日本控制滿洲全境後，開始將投資擴大到礦業和工廠。與世界上其他殖民地不同，滿洲成了一個工業化殖民地。它由日本大學培養的行政官員加以管理，當時日本大學討論的主要話題就是如何實現一個國家的現代化。有些在日本的知識分子，比如睿智的新聞人石橋湛山（見〈中日關係史上的關鍵人物〉）就曾懷疑，日本在滿洲獲得的巨大的工業進步，最終將淪為不斷增強的中國民族主義的犧牲品。滿洲的日本官員對付中國民族主義的方法不是撤離，而是派更多的軍隊保護日本的商業利益以及日本移民。在日本，滿洲在工業上的

發展被視為本國作為一個現代國家值得驕傲的象徵符號。但到二戰前，滿洲將變成日本無法脫身的困境，只能派更多的軍隊和警察加強控制。直到日本戰敗之後，那些希望從滿洲脫身而去的日本居民才得以回國。

日俄戰爭，1904–1905

在1898年俄國人佔領遼東半島的旅順港之時，日本已在思考戰爭的可能性。在俄國的海參崴港，每年冬天船隻被困於結冰的海中兩三個月。得到旅順後，俄國終於獲得了一個不凍港。1903年修建完成的東清鐵路，再加上西伯利亞鐵路，俄國就有了一條從莫斯科直通旅順的鐵路，然後通過輪船，即可進入太平洋。與日本一樣，俄國也希望通過現代化趕超西歐。俄國人開始將旅順建成一個現代港口，市內建築物以歐洲最時新的風格為藍本。

俄國人完成550英里的東清鐵路南段的建設後，連結了旅順和哈爾濱，鐵路還通過長春、瀋陽（時稱奉天）以及鞍山。這時，正在加大對朝投資的日本人擔心再也無法阻擋俄國勢力擴張至朝鮮。畢竟，俄國有一億三千萬人口，而日本只有區區四千六百萬人。發生義和團事件的1900年，俄國派出十萬人的軍隊進入滿洲。平定義和團後，俄軍在滿洲的黑龍江、吉林和遼寧三省駐紮下來。日本官員曾向俄國提議，如果俄國願意承認日本在朝鮮的利益，那麼日本將承認俄國在滿洲的利益，但遭到俄方拒絕。到1902年4月，為了與西方列強停止在中國劃分勢力範圍的要求一致，俄國改變了政策，同意在1903年底前將軍隊撤出滿洲。但在1903年5月15日，沙皇尼古拉二世要求其他國家放棄在滿洲的利益，他快速地集結軍隊，進駐鴨綠江附近地區，也就是滿洲和朝鮮的邊境。日本人將此視為對其朝鮮利益的一個威脅。

面對俄國將其他國家的勢力驅逐出滿洲的意圖，日本高層官員於1903年6月會面，並聽取軍事形勢的最新報告，以作出決策。陸軍少將井口省吾發表了他對日本面臨威脅的分析：俄國的軍事資源比日本豐富得多，利用西伯利亞鐵路俄國還可以向滿洲輸入更多的軍隊和資源。考慮到這些因素，俄國有充裕的時間擴展勢力。而日本如不盡快行動，將無法保護在朝鮮的利益。井口少將說，日本不能保證打贏俄國，但日本沒有選擇，只有突襲俄國一途。如果日本打贏了，滿洲就會成為中立區，日本可維持在朝鮮的利益。當高層官員們在爭論如何回應的方案時，日本政府繼續加強軍事力量，開始擴大在俄國以及針對在亞洲的俄國人的間諜活動。像以前的中國人那樣，俄國人大多認為日本乃蕞爾小島，可輕易擊敗。他們也懶得花時間收集軍事情報，因此對日本的實力所知甚少。

日軍入侵滿洲

1904年2月8日，日本得知俄軍將舉行宴會慶祝東正教聖燭節，遂對俄國在中國旅順和朝鮮仁川的艦隊發起突襲。俄國人毫無準備，損失慘重。因突襲使俄軍遭受重大損失，日本在戰爭前六個月的進展比預計的更理想。但隨後俄國派遣大量陸軍和軍艦參戰，戰鬥在海上和陸上、在朝鮮和滿洲同時展開，持續了一年多。日本多次嘗試將俄國艦隊堵死在旅順港，但未能成功。雙方損失都很慘重。法學家有賀長雄估計約有八萬日本人死亡，有的死在戰場上，有的受傷後在醫院不治而亡。最終，日軍獲勝了。日軍的情報比俄軍做的更好，部隊識字率高，紀律嚴明，補給線比較短，而俄國艦隊花了好幾個月才抵達東亞，這些都是日本取勝的關鍵原因。

1905年初，日軍佔領旅順。1905年1月，俄國爆發革命，進一步打擊了俄軍的士氣。1905年5月，俄國的波羅的海艦隊趕赴戰場。當

艦隊到達印度尼西亞時，日本仔細觀察動向，發現俄國打算通過狹窄的對馬海峽，遂預先部署以待時機。對日艦動向毫不在意的俄艦經過對馬海峽時，日軍發動突襲。海戰持續了兩天，三分之二的俄艦被擊毀，而日艦損失極小。戰鬥接近尾聲時，心繫國內革命的俄軍已失去作戰意志，請求停戰。事實上，在日俄戰爭後期，日本也已精疲力盡。如果俄國繼續戰鬥，很難說日本還能不能贏。外務大臣小村壽太郎找到哈佛法學院的同學、美國總統西奧多‧羅斯福，請他幫助締結日俄和平協定。

和平談判由羅斯福總統居間協調，他也因此於1906年榮獲諾貝爾和平獎。1905年8月，日俄談判在美國新罕布什爾州的樸茨茅斯舉行。9月5日，兩國簽署了《樸茨茅斯和約》。在該和約中，俄國承認日本在朝鮮有至高利益且承諾不會干涉日本在朝鮮的活動。日本獲得了對庫頁島南部的完整主權，以及旅順港與附近水域的租用權。俄國仍保有對從哈爾濱至長春段鐵路的控制權，因此可以繼續控制北滿，但日本獲得了長春至旅順口長達四百二十英里（約六百七十五公里）的東清鐵路南段的租用權，以及該鐵路一切支路，比如吉林到長春的鐵路。日本從俄國手裏總共獲得了長約七百英里（約一千一百二十六公里）的鐵路，重新命名為南滿鐵路。他們還獲得了鐵路沿線向兩側延伸十公里的土地權，以及「鐵道附屬之一切煤礦或為鐵道利益起見所經營之一切煤礦」。鑑於1898年英國獲得香港新界九十九年租期一事，日本在1915年迫使中國修改南滿鐵路的原約期限，改為九十九年。

滿鐵和關東軍的統治，1905–1931

日俄戰爭後，日本政壇領袖仍然焦慮，擔心俄國會發動報復性戰爭。他們驚恐於移居西伯利亞的俄國人越來越多，莫斯科輸運部隊與

貨物到海參崴的能力越來越強：西伯利亞鐵路改為雙軌，以及1905年環貝加爾湖新鐵路完工，從此俄國靠鐵路就可直接進入東亞，貨物不必下車換船或下船換車。日本政界已開始籌劃，如俄國人發動報復性戰爭該如何回應。但俄國正面臨國內動亂。特別是1917年十月革命後，日俄關係緊張，俄國控制了長春北部地區以及該地的鐵路，但最終他們並未介入日本在長春南部的利益。

那時，日本領導人意識到美國和歐洲列強不會容忍日本將滿洲變成殖民地。日俄戰爭後，中國保住了對滿洲的主權。但日本鐵路沿線的組織遠比滿洲軍閥張作霖的地方組織要好，且日本開始將影響力擴大到租借地區之外。滿洲不正式隸屬於日本帝國，但實際上已成為其非正式帝國的一部份。西方企業繼續在滿洲運作，但1905年之後，日本企業開始壟斷該地區的經濟。

日本在中國其他地區的利益繼續增長，尤其是上海和福建。但1905年後，日本的投資集中在滿鐵，且日本公司在滿洲的增長速度比在中國其他地區更快。到1914年前，估計日本在華直接投資中有69%是在滿洲。日本在華的活動大部份也都在滿洲進行，直至1937年中日戰爭爆發。滿洲仍然是一個農業區，大豆和豆製品（包括醬油與用做肥料的豆渣）是主要出口物資，出口地區有日本、歐洲、滿洲以南的中國內地。滿洲的土地基本上都很乾燥，無法種植稻米，高粱是主要的糧食。日本新的投資主要集中在鐵路以及鐵路沿線的建設項目。

1928年，日本暗殺軍閥張作霖（見第7章），加強了對滿洲的控制。1932年，日本在滿洲建立傀儡政權。陸軍參謀石原莞爾想擴大滿洲的工業基礎，以便為日軍提供現代化裝備。1930年代中，因拒絕吸引私營企業來滿洲投資，石原的計劃遭到失敗，他希望由國家而不是私人資本家控制投資。1936年，來自商工省的官僚岸信介（1896–1987）被任命為滿洲國實業部總務司司長，他頭腦聰明，崇尚蘇聯式的經濟

計劃。＊岸信介做出相當程度的讓步，吸引日產 (Nissan) 來滿洲投資。日產是鮎川義介領導下的汽車製造公司，鮎川願意與政府合作，發展重工業，以加強軍事工業基礎。† 後來美國攻擊滿洲的航運艦隊，機械工具難以從日本運往滿洲，導致這一雄心勃勃的目標無法實現。但煤炭、鐵礦和銅礦開採得到發展。到1942年，滿洲每年能生產三百多萬噸鐵和鋼。

滿洲勞動力短缺，日殖時期部份勞動力主要是來自中國其他省份的移民，尤其是山東和河北。他們從事的勞動有清理土地、種植大豆、採礦和參加建築工程。十九世紀末，迫於日俄兩國壓力，晚清統治者開始允許非滿人移入此地。人們開始從人口稠密的鄰近省份山東和河北遷入人煙稀少的滿洲。從1890年代直到二戰開始，山東與河北兩省大約有二千五百萬人遷至滿洲，其中有八百萬定居於此。[1] 1942年後，戰爭造成的混亂導致經濟下滑，移民數量下降。

1905至1942年間進入滿洲的移民中，有三分之二是季節工，其中絕大多數是出賣勞力的年輕人。在早年，他們從事農業和建築工程，後來隨着工業的發展他們開始在工廠與礦場工作。季節工從春天待到秋天，到了極其寒冷的冬天他們就回老家了。在日據時代，每年有平均五十萬以上的移民來到滿洲，其中大部份人每年只來一次，然後帶着掙到的錢回鄉養家。這些工人與年輕的讀書人不同，通常不參加政治活動。

從1906年到成立滿洲國的1932年，日本在滿洲的權力中心有兩個：一個是滿鐵，另一個是關東軍。1932年後，關東軍司令官總攬大權，但滿鐵及其管理階層保持了相當程度的獨立性，滿鐵的員工人數也遠多於關東軍司令部。

＊　譯註：1937年，日本在滿洲推出「產業開發五年計劃」。

†　譯註：1937年，鮎川義介創立滿洲重工業開發株式會社（簡稱「滿業」），壟斷了滿洲的重工業和軍工生產。

滿鐵 (南滿洲鐵道株式會社)

1905年開始，滿鐵成了日本人在滿洲的行政中心。一些日本專家被委任研究荷蘭東印度公司如何既能做生意，又能代表荷蘭的各種國家利益，以此作為日本管理滿洲的樣板。當滿鐵成為一個功能上類似政府的機構後，日本的工業、財政與農業部門均派遣官員，在滿鐵的領導下工作。在日本，滿洲的發展被賦予重大意義。各部部長和高級別的政治領導人都曾參與制定滿洲發展計劃，滿鐵的業務範圍遠遠不止鐵路運作。

滿鐵承擔着更廣闊的使命，其重要性體現在1906年11月後藤新平從台灣調任滿鐵總裁。從職位上來説，後藤僅負責管理鐵路及沿線土地，但實際上他受命加強日本在滿洲的總體利益。為此任務，後藤利用其在台擔任民政長官時的豐富經驗管理滿洲。

儘管肩負多重任務，後藤明白滿鐵歸根到底是一家企業，首先需要保證鐵路有效運作且能盈利。鐵路是當時世界上最前沿的基礎建設。滿鐵從美國購買了世界上最先進的車廂，因其能為旅客提供優質服務、準點到站、貨運可靠，很快聲譽鵲起。日本也迅速用雙軌系統取代原先的單軌鐵道，同時建設寬軌鐵道系統。日俄戰爭時日本已在使用的電報電話與其在鐵路沿線興建的運輸和通訊系統連成了一體。

由於日俄戰爭造成的損失，需要花費大量資金重建滿洲，但是日本政府在戰時已然耗盡了財政儲備。為補充政府財政的不足，滿鐵從倫敦金融界籌到資金，很快實現了財政獨立，幾年後就創造了巨額利潤。滿鐵早期的主要收入來源是將出口日本和歐洲的大豆和豆製品運輸到遼東半島各港口。在大豆運輸方面，與滿鐵競爭的中國公司使用的是成本更低的手推車和馬車。

　　後藤新平以注重科學以及在台灣組織調查當地社會習俗著稱。1907年4月，他在到達滿洲後不久就設立了滿鐵調查部。調查部提供指導鐵路營運和滿洲政治、經濟、社會發展狀況的信息與分析，作為日本制定全盤政策的參考。它也成了日本政府研究華北經濟、政治和社會的中心，連關東軍也在利用其調查成果。滿鐵調查部發展成當時世界上最大的研究中心之一。1940年代早期是調查部的全盛時期，其研究人員超過二千三百名。調查部的人員規模和調查範圍反映了日本深信知識的重要性以及文明開化在引領國家政策上所扮演的角色。那時的中國沒有任何一個研究機構可以做到如此深度與廣度。結果，滿鐵調查部對滿洲的了解遠遠超過中國政府。

　　後藤願意與關東軍合作，但他認為在中國發展行政基礎建設的核心工作是建立規則與法律。他挑選東京帝國大學法科大學教授岡松參太郎出任首屆滿鐵東亞經濟調查局局長。後藤曾派岡松去歐洲學習西方列強的殖民研究中心，但岡松希望能超越這些中心對相關殖民地的研究。岡松及其同仁相信，管理滿洲的法規應從當地既有的法律中產生。指導各地法律改革的美國人，可能會以美國法律作為規範，教育全世界所有人。但日本人意識到，在有些情況下西方法律並不符合亞洲傳統，因此日本人更願意根據當地習俗制訂法律。到滿洲後，岡松的一個核心工作就是組織人員研究滿洲的法律，再據此制定合適的政策。日後這些政策的有效性得到了證實。

　　後藤招聘日本一流大學的畢業生加入滿鐵調查部。這些年輕人都曾在以推動發展和現代化為焦點的知識環境下學習，知道如何進行研究可以幫助滿洲的管理者建立現代的經濟、社會和治理結構。跟在日本的老師一樣，他們大多都出身普通家庭，因學習優異得到上升機會，抱持自由主義甚至左派觀念。

　　和在台灣時一樣，後藤新平在滿洲也優先發展教育。他設立教師培訓計劃，迅速開辦更多小學。除了日語，學校教授的課程還包括初

級數學和科學。城鎮裏更好的學校有來自日本的教師和曾留學日本的中國教師，一些中國學生可以和特權階層的日本學生一起入學。1931至1945年間在滿洲上過學的中國學生大多學過日語。

在1930年，近四分之三的滿鐵僱員是中國人。他們的地位沒有具備同等能力、從事同樣工作的日本人高，但還是比一般滿洲居民擁有更好的工作條件和更穩定的薪水。滿洲的其他中國人，有的在日本家庭當僕人，有的開零售店招徠日本顧客。有些人因為日本僱主的刻薄待遇感到不滿，有些人則感激日本僱主支付的高額工錢。至於滿鐵的高級職位和教師人選，日本人一般從一小群留學日本後回到滿洲的人裏挑選。除了為滿鐵和政府工作，曾在日本接受教育的中國人也可以在學校教授日語。

1908年，後藤離開滿洲，回到東京擔任遞信大臣與鐵道院總裁。他在這兩個職位上，可以監督自己先前制定的政策在滿洲的落實情況。後藤在日本很有影響力，後來成為東京市長、東京放送局（今日本放送協會，簡稱NHK）首任總裁。

後藤新平的繼任者大多與他一樣擁有自由主義思想。1917年俄國革命後，一些日本知識分子接受了俄國革命者的主張，即官員要為改善工人階級的命運而奮鬥。就像他們接觸到的很多中國左翼人士那樣，日本知識分子認為官員應該利用國家計劃推動經濟發展。隨着日本左翼知識分子感覺到極端民族主義者越來越強的壓力，一些人決定移民滿洲。在那裏，後藤的繼任者比東京政府更支持左翼知識分子。

在把東清鐵路南段及其支線的控制權轉交給日本人之前不久，俄國已經開始在鐵路附屬地開採煤礦。滿鐵也在撫順投資煤礦，將其建成世界上最大的露天煤礦之一。日本通過鐵路將煤運送到附近的鐵礦廠鞍山，在鞍山製造生鐵。隨着煤炭產量增加，煤炭運輸成為滿鐵最重要的收入來源。

第一次世界大戰期間，陷入戰爭的歐洲列強們無暇顧及亞洲，日本趁機在滿洲和中國其他地方擴張經濟勢力。一戰中日本實力不斷增長，尤其是1915年提出的《二十一條》可謂是以遞增的影響力和控制力對中國下的最後通牒。這也導致滿洲的很多青年知識分子和工會多次發動反日遊行。

關東軍

1905年後，以俄國可能會發動報復性戰爭為藉口，大日本帝國陸軍在遼東半島留駐大規模日軍。根據日俄戰爭後簽訂的《樸茨茅斯和約》，日俄兩國軍隊必須在十八個月內撤離滿洲，到1907年時大部份復員的日俄軍人都已離開滿洲。但日本可在鐵路沿線每公里保留十五名守備兵，並在遼東半島的旅順和大連駐軍。駐紮的關東軍最初約有一萬名士兵，1932年開始擴編。

滿洲是日軍的主要海外據點，且派赴滿洲被視為艱難的任務，關東軍因此吸引了日本軍事院校中最聰明、最愛國、企圖心最強的畢業生。關東軍的責任是防守滿洲以防俄國報1905年戰敗的一箭之仇，以及保護日本公民免受滿洲當地愛國主義人士的攻擊。日本帝國陸軍對甲午戰爭的勝利以及自己對國家的獻身精神深感自豪。他們產生出一種道德優越感，認為自己比自私自利的商人和政客更高貴。很多日本軍官認為，他們的光榮使命是保護亞洲不受西方人控制。

看到北京政府並未強烈反對《二十一條》，中國的愛國青年用抵制日貨和不時攻擊日本公民的方式表達抗議。滿洲的日本公民尋求關東軍保護。一些定居滿洲的日本人以及日本國內人士痛恨日軍的高傲，同情中國人甚於關東軍，正如部份滿鐵官僚因關東軍殘酷對待當地人，反而對中國人產生同情。1934年，數個滿鐵高層職位被關東軍軍官獲得，不少滿鐵官員因此辭職，滿鐵與關東軍的矛盾進一步激化。

但住在滿洲的普通日本公民還是很希望得到關東軍的保護，以免受到中國民族主義分子的攻擊。

　　關東軍常常快速、強硬地回應滿洲的反日攻擊行為，不等東京的命令。日本陸軍很難約束關東軍，東京的政治領袖因為恐懼魯莽的軍人會暗殺政府官員，在節制關東軍時也非常謹慎。

張作霖、張學良和日本

　　從滿鐵成立起，滿鐵和關東軍均獲准可以指揮日本在遼東半島的活動。但在1931年前，除了鐵路沿線一帶，日本並未正式控制滿洲其他地方的發展。然而，日本人逐漸利用軍事力量和資金與地方首領建立關係，以便將其非正式權力擴張到鐵路沿線以外的地區。

　　張作霖是一位受正規教育不多，但精明能幹、野心勃勃的軍閥。1911年後他與其他地方強人建立關係，並支持袁世凱。直到1916年去世前，袁世凱一直控制著中國政局。袁世凱死後，張作霖成為滿洲最有實力的軍閥，於1918年被北京政府任命為東三省巡閱使。

　　張作霖希望驅逐日本在東三省的勢力，但他知道自己無力對抗日本強大的經濟和軍事力量，因此使自己的統治適應日本勢力的存在。而極力擴張勢力的日本也對張作霖作了某些讓步。1925年，當張作霖面對下屬郭松齡領導的兵變時，日本出手相助，拒絕郭松齡的軍隊使用鐵路和穿越日本控制的區域。

　　1926年後，張作霖試圖建造自己的鐵路和馬車隊，與日本競爭運輸大豆和其他物資的生意。當張作霖的野心超出滿洲地區時，他和日本的關係變得緊張。張作霖與吳佩孚以及其他北京的軍閥合作，抵抗意在統一中國的蔣介石(見〈中日關係史上的關鍵人物〉)發動的北伐。東京的日本領導人不支持軍閥反蔣，張作霖因此不滿日本沒有與自己合作。張作霖以東三省的物資支持其在關外的軍事行動，導致關內物

資短缺、通貨膨脹一發不可收拾。隨之而來的社會不穩定使滿鐵和關東軍更難控制秩序，也使日本和張作霖的關係進一步惡化。

在1927年，張作霖任中華民國軍政府陸海軍大元帥，是北京政府的最高統治者。但在次年6月，他因北伐軍緊逼而被迫退出北京。在回東北老家的路上，張作霖遭到日本人的暗殺。此後，關東軍不得不對付他的兒子張學良。張學良繼承了父親的部隊和下屬。他了解日本強大的軍事實力，因此未曾公開指責日本人，但他將日本視為仇敵。張學良試圖維持軍隊，且努力加強父親建立的經濟基礎。他有自己的港口設備用於出口大豆，也建立了自己的小型鐵路網。隨着1929年經濟危機的爆發以及1930年滿鐵出現歷史上首次虧空，日本人和張學良之間的矛盾加劇了。

九一八事變，1931

1931年9月18日晚上10點20分，日軍在離瀋陽不遠處的柳條湖南滿鐵路引爆一顆炸彈，炸毀了一小段鐵路，但造成的破壞很小，幾分鐘後一輛列車即順利駛過。* 日軍聲稱是張學良的東北軍破壞了鐵路，他們很快出兵攻擊駐紮在瀋陽近郊北大營的東北軍。該事件即九一八事變，迅速在全世界激起回響，其影響也彷彿漣漪一般擴大到中國和日本之外。

兩週後，事情的原委浮出水面。按照參謀石原莞爾的計劃，關東軍的一群激進分子策劃了此次爆炸事件，意圖以此令日軍進入並控制整個滿洲。爆炸發生後數天，更多日軍直接從朝鮮進入滿洲，然後從日本本土調集更多士兵到達滿洲。蔣介石相信中國軍隊尚無實力與日軍一戰，他下令中方軍隊不作抵抗，以保存實力。一天之內，滿洲最

---

* 譯註：即「柳條湖事件」。

大的城市瀋陽即被日軍控制。一週之內，瀋陽開始照常運轉，日本又控制了長春。張學良的軍隊在錦州發起抵抗。錦州是個小城市，距離隔開滿洲與中國其他地區的山海關不遠。昭和天皇曾下令日軍不應進攻錦州，但是軍隊還是發起了攻擊，幾百人被殺。九一八事變後五個月，武裝抗日行動基本停止了。事變發生時，滿洲約有一萬名日本士兵，與1906年以來駐紮滿洲的日本兵人數大致相當。隨後一年，滿洲的日軍就超過了十萬，軍人得以佔據整個滿洲政府中的文官職位。

　　九一八事變後，日本開始在滿洲建設新首都。新首都稱「新京」，設於長春，以鞏固日本在滿洲北部的地位。長春位於南滿鐵路的最北端，此前由俄國人控制。日本曾擔心定都如此之北可能會引發蘇聯的反抗，但是蘇軍因斯大林的大清洗遭受重創，並未發起任何有組織的抵抗。那時，長春的人口只有三十一萬一千，比擁有五十二萬七千人的瀋陽更小。利用在台北建設現代化首都的經驗，日本在長春建成了一個現代城市。新京的建築都是模仿東京和台北建造的新政府中心，而東京和台北的建築是日本在仔細研究歐美當時最現代的建築的基礎上建成的。建築師群集而至，希望爭取這些設計機會。在沒有現代建築器械的時代，項目經理指揮幾萬名當地工人盡力將大石頭放到指定位置。幾十棟建築拔地而起，包括政府辦公大樓以及日本設立的滿洲國國務院。為了建造新的醫學中心，新京蓋起了一所規模宏大的現代醫院，聘用了醫生，成立了各種醫學訓練項目。日本人還在新京蓋了一個大型廣場、多個公園，以及一個全新的火車站，引進了當時最現代的火車車廂。新京成為世界上最宏偉的現代首都之一。

　　一些東京的領導人因關東軍的作為深受困擾，他們認為關東軍策劃九一八事變並利用該事件在滿洲實施軍管的行為是叛變。至1920年代，曾參與明治維新的資深領袖人物元老們從政治舞台上謝幕了，新一代日本領導人大多害怕遭到右翼極端分子暗殺，日本政府失去了過去那種明確的政治方向。1931年，政府內部份裂，首相若槻禮次郎

無法控制軍方。於1931年12月出任首相的犬養毅嘗試制止關東軍佔領錦州，當他準備派代表改善與中國的關係時，卻於1932年5月15日遭右翼海軍軍官暗殺。這次暗殺事件使得日本政府官員更加噤若寒蟬。對中國和朝鮮人來説，昭和天皇是日本的象徵、使日本侵略正當化的最高權威。實際上，雖然天皇有權任命首相，但裕仁將自己視為國家團結的象徵，應超越所有政治鬥爭，因此他並未試圖限制關東軍在滿洲的行為。

滿洲國，1932–1945

九一八事變發生後不久，東京官員意識到直接殖民滿洲會遭到西方列強的強烈反對，因此他們準備成立一個傀儡政府，製造滿洲是由滿洲政府，而非日本統治的印象。1912年滿清被推翻時年僅五歲的末代皇帝溥儀，於1932年3月被扶植為滿洲國「執政」。1934年，日本人將其扶上「滿洲帝國」皇帝之位。他接受了這個安排，但後來抱怨是被日本人強迫即位的。

早在九一八事變前，關東軍和南滿鐵路的官員就與日本直接統治地區外的滿洲地方官以及各地小軍閥建立了聯繫。一些地方官從日本方面獲得財政支持。日本還與希望社會穩定的地方精英合作，在滿洲各城市建立治安維持委員會。1931年九一八事變後，日本為新政府選擇官員時，他們選擇那些曾收取利益為日本擔任顧問的人，或是他們熟悉的地方官員。地方官和小軍閥大多被允許留任現職。

當1932年滿洲國成立時，滿人只佔滿洲人口的一小部份。根據滿鐵調查部的估計，1930年滿洲共有三千四百四十萬人，約3%是滿人、90%是漢人，6%為蒙古人，朝鮮人、俄國人和日本人加起來還不到1%。而1940年的調查顯示，滿洲已有八十五萬名日本人和一百四十五萬名朝鮮人。

　　日本國內都在慶祝滿洲國建立。九一八事變發生時，日本報紙的發行量約為六十五萬份，數月後，讀者數量猛增至百萬以上。當時的日本家庭大多已擁有收音機，收音機廣播和報紙報導都在煽動民眾對日本在滿洲進展的興奮情緒。很多住在滿洲或日本、帶有自由主義思想、同情中國的日本人，也未曾反對日本操控的滿洲政府。他們認為，日本不僅會保護居住在滿洲的日本人，也能為滿洲提供開明的領導，有利於促進地方穩定、發展當地經濟、提升中國人的待遇。比如指揮家小澤征爾，他於1935年生於瀋陽，至1944年一直在滿洲生活，後來成為波士頓交響樂團服務時間最長的指揮 (1973–2002)。「征爾」這個名字是在齒科學校擔任教授的父親取的，目的是為了讚美板垣征四郎和石原莞爾。小澤出生四年前，板垣和石原是九一八事變的主要幕後策劃者。

　　在整個1930年代，日本對那些質疑入侵滿洲政策的人加強了控制。1931年，石橋湛山在其編輯的雜誌中寫道，日本應放棄在滿洲的特權，不值得為此把中國和西方國家變成敵人。到1930年代末，日本右翼人士暗殺反對派的政治領導人，日本軍方開始嚴格控制政府，大多數日本知識分子選擇不再公開批評政府。

　　關於日本在滿洲的作為，日本與中國和西方國家之間的公眾輿論有很大的區別。當時大多數西方媒體對日本政府持批評態度。1932年9月日本政府承認滿洲為一獨立國家後數年，只有後來在二戰中成為日本盟國的意大利和德國分別在1937年和1938年對其加以承認。西方官員批評日本對滿洲的軍事佔領，擔心日本還有進一步的領土野心。從1880年代到1905年，英國、德國、法國和美國關心亞洲事態的民眾，對日本的印象總體來說是正面的，他們認為日本是亞洲最現代、最文明的國家，也對日本在1900年平定義和團事件時的貢獻心懷感激。然而，日本於1905年戰勝俄國後，於1915年提出《二十一條》。1918年，其他國家已從滿洲撤軍，日本的軍隊卻仍佔領着滿

洲，加上日本海軍的發展，這些都使西方列強變得更加謹慎，甚至憂心忡忡。日本在滿洲的作為進一步加深了他們的不安。

九一八事變發生數月後，國際聯盟成員國組織了一個由英國的李頓伯爵 (Lord Bulwer-Lytton) 率領的調查團，調查日本在滿洲的行為。李頓調查團 (Lytton Commission) 在中國、日本和滿洲進行了詳細調查，其調查報告清楚地指出日本侵略了滿洲，因此日本的領土聲明沒有國際法依據。報告於1932年底公開，國家聯盟 (簡稱「國聯」) 認為日本是侵略國。1933年初，日本退出國聯，繼續控制滿洲。

滿洲與中國民族主義

高鵬程 (Thomas R. Gottschang) 和戴安娜·拉里 (Diana Lary) 的研究指出，當時滿洲並沒有大規模的抗日行為，甚至在移民到滿洲的工人中也沒有。與日軍在二戰時期佔領的其他地方相比，日據下的滿洲幾乎沒有發生戰事。即使在1931年九一八事變期間，也只有少數人直接捲入。在中國的很多地方，大學生在領導抗日遊行中扮演重要角色。但在滿洲，大學生數量很少，也沒有工會。1935年12月9日，當北平的學生上街號召國共合作、共同抗日時，很多其他城市的學生也加入了類似的遊行，但滿洲沒有類似事件。

在滿洲，日本遭遇了一些抵抗，比如黑龍江的馬占山以及其他一些軍閥。但就像芮納·米德 (Rana Mitter) 所言，馬占山引起了很大的公眾關注，被視為抗日英雄，但實際上其抵抗規模小、持續時間短。其行為方式更像一個保護自己土地的軍閥，而不是一個推動民族革命的反日愛國人士。在1932年早期，他甚至曾與日本合作。1931年9約，流亡到北平的一小群滿洲人建立了東北民眾抗日救國會，試圖將滿洲的抵抗與全國的抗日運動相結合，但無論對滿洲還是全中國的民族主義運動來說，他們的影響都很有限。

然而，九一八事件逐漸為中國其他地方所知，尤其是啓發了年輕知識分子的抗日情緒。柯博文（Parks M. Coble）認為，對日本侵略的負面情緒也轉變成了對沒能抵抗日軍侵略的中國官員的批評。張學良在父親被日本人暗殺後沒能抵抗日本，對手批評他在日本人面前過於軟弱。日軍實力遠在中國之上，蔣介石因此一直不敢公開主張抗日，也不斷遭到中共的批評。

日本殖民台灣和滿洲的遺產

在日據時期的台灣和滿洲生活的中國人學到了在現代社會生活的經驗。他們開始熟悉電燈、收音機、電話，也知道銀行的用處。他們也了解了火車和汽車。在日本老師的教育下，許多人開始識字。

台灣人通過日本文化過上了現代生活。一整代台灣人適應了日本文化，一部份日本人也覺得在台灣工作很安逸。這種聯繫將對國共內戰後台灣的快速經濟增長起到很大的作用，在建立1949年國共內戰後日台間政治、經濟和個人的長期關係方面也非常有用，但同時也為北京和東京的外交關係製造了困難。

在今天的中國東北，仍然矗立着日本在新京（長春）和大連修建的諸多建築物。關東軍司令部現在是中國共產黨吉林省委員會所在地。很多滿洲的年輕人在1932至1945年上的都是日語學校，因此1949年後商界、政府或學術機構服務的中方日本專家往往來自東北。他們經歷了日本殖民統治，但與中國其他地區的人不同，他們並未直接與日本作戰。當時的東北生活着為數眾多的日本人，很多當地人通過商業、學校和工作場所熟識了日本人，因此他們對日本人的了解比那些只知道日本是敵軍的中國人更微妙。1978年改革開放後，東北人比他處的中國人更受日本人歡迎，很多日本人也覺得在東北最自在。

第7章

政治失序與走向戰爭
1911–1937

與理查德・戴瑞克 (Richard Dyck) 合寫

日本於1937年侵略中國，並非出自處心積慮的長期謀劃，而是因為軍隊與政治領導層的失敗。日本領導人嚴重錯判了形勢，其中最大的錯判，是沒有認識到中國抗日的決心與堅持。

1911至1912年左右，隨着清朝覆滅和日本明治天皇去世，曾經將中日兩國結合在一起的各種體制同時發生根本性變化。兩國於1912年建立的新體制——無論是中國建立的共和國，還是日本的大正天皇政權——都無法重建有效而穩定的政治統治體系。因此，兩國隨後都出現了政治上的失序，且亂局一直持續。在1912至1937年這四分之一個世紀裏，隨着日本向中國增加投資和移民，以及兩國間交流、旅遊和貿易的增多，中日之間變得比以前任何時候都更加密不可分。不幸的是，兩國政治上的混亂所產生的破壞力，也使中日關係變得更加緊張和敵對，最終雙方領導人無法平定局面。

中國的失序與辛亥革命

清政府於1912年垮台，是因為它沒有能力應對國內外的挑戰，以及滿人作為外來統治者遭遇越來越強烈的反對。直接導致滿清被推

翻的事件卻是一樁意外。1911 年 10 月 9 日，在漢口（今武漢的一部份）的俄國租界，一群革命黨人在製造炸彈時不慎引起爆炸。俄國巡捕前來搜捕，遭到抵抗。清軍大肆搜捕革命黨人，已經暴露的革命黨人於 10 月 10 日在武昌提早起義，發動了辛亥革命。1912 年 1 月 1 日中華民國成立，10 月 10 日成為中華民國的國慶紀念日。儘管一些革命黨人一直在策劃如何推翻滿清政權，但辛亥革命並不是由一個有能力重建新秩序的強有力的革命組織精心安排的，實則是一場小小的意外顛覆了一個已然失去人心的舊體制。

正在美國丹佛籌款的孫中山聞訊後迅速回國。歸國途中，他在歐洲停留，遊說英法政要支持中國革命。這位所謂的「革命之父」於 12 月 25 日抵達上海時，距離辛亥革命已經過去了整整兩個月。最終將領導新共和國的袁世凱，此時正隱居於河南。他被清廷召回，命其率北洋軍鎮壓革命。當時的中國並不存在一個有凝聚力的團體能領導起義、將小衝突變成大革命，更不用說以共和國取代清政府。驅逐滿人這個目標是將這些反政府力量聯合起來的力量。一旦達成此目的，他們既沒有建立何種政治秩序的構想，也沒有一個關於未來的完備願景。

英國與日本是在中國獲得最多商業利益的兩個國家，辛亥革命的消息通過海底電報線迅速傳到了東京和倫敦。武漢是長江沿岸的重要內陸港口城市，擁有眾多英國人口，也是當時將煤炭和鐵礦石運輸到日本八幡鋼鐵廠的港口之一。通過 1902 年簽訂的《英日同盟條約》，英國和日本承諾雙方合作共同維護他們在中國的利益。因此，辛亥革命後，兩國外交人員緊急在倫敦、東京和北京召開一系列會議，以確保武漢的騷亂不會阻斷長江的交通。

隨着事態的演進，有兩位政治人物在爭奪中國的領導權。一位是剛從隱退生活中復出的清軍將領袁世凱，另一位是多年來一直在海外募集資金以推翻清朝的孫中山。起初，大家並不清楚袁世凱會支持革命黨，還是會支持以前的滿人主子，以建立一個和明治日本

類似的君主立憲制國家。與孫中山相比，袁世凱的優勢在於他曾領導過北洋軍，也知道如何討好並操控英國和日本：為了獲得英國人的支持，袁世凱計劃重建長江上的秩序，維持武漢、上海和其他通商口岸的穩定；面對日本駐清公使，他強調自己對皇帝的忠誠；但在向公使讚美君主制的同時，袁世凱也在跟清朝皇室商談小皇帝遜位的問題。袁世凱很精明，為了滿足權力欲，他做得面面俱到、滴水不漏。

　　1911年12月29日，由十七省代表組成的臨時大總統選舉會在南京推選孫中山為中華民國臨時大總統。但孫中山很快意識到，袁世凱得到了軍隊的支持。清帝遜位後，他在1912年2月將總統之位讓給了袁世凱。但到1913年，孫中山對袁世凱很不滿。他得到一些擁有軍事力量的革命同志的支持，興師討袁，發動了二次革命。革命失敗後，孫中山逃亡日本。

明治天皇死後日本的政治失序

　　1912年7月，明治天皇去世，享年六十歲，長達四十四年的明治時代結束了。在明治天皇生命的最後十個月，他每天都會收到關於辛亥革命進展的匯報。1911年12月，在生平最後一次國會開院式演講中，明治表達了對中國發生的動亂的深切擔憂，以及恢復秩序、重建和平的期望。1912年2月，清帝溥儀遜位，中國兩千年帝制終結，這不能不令明治天皇有所觸動。明治意識到自己恐不久於人世，也目睹數位顧問離世。在最後的日子裏，當得知帝制終結後中國所發生的一切，他一定感到不安。

　　明治去世後日本發生的變化，沒有像清廷覆滅般戲劇化。那時日本的現代化已遠比中國深入。除了大正時代 (1912–1926) 出現的上層

政治混亂，明治引進的改革都在他去世後得以保存——比如西式官僚制度、資本主義經濟模式、西式工廠，以及專業化的軍隊。在大正時期初期，不僅大學和專業技術學校運行無礙，小學適齡兒童的就學率幾乎達到100%。

明治時期的政治體制表面上是英國式的君主立憲制，有內閣、首相和議會，但重要決策實際上出自明治天皇和幾位元老組成的寡頭集團。經過多次辯論，元老們認為1889年的《明治憲法》應該學習的榜樣，不是英國式憲法，而是普魯士憲法，後者限制了參與決策的人選，且把皇帝置於決策中心。根據《明治憲法》，天皇有權任命和罷免大臣、決定政府的制度架構、召集和解散國會、任命陸軍與海軍軍官、宣戰、媾和以及簽訂條約。在權力的實際運作中，儘管明治天皇是最主要的決策者，但他十分謹慎，從未公開擅權，總是通過元老行使權限。如果決策失敗、遭人詬病，元老們總是天皇的擋箭牌，而制度化的天皇的領袖魅力 (charisma) 也為元老們提供了政治合法性。這個制度就是依靠幾位才能卓著的政治家在制度改革的特殊時期起到了重要作用。一旦他們離開了歷史舞台，中央的權威就不容易維持了。

當日本的政治中樞搖搖欲墜之時，其他國家正在經歷重要的歷史轉型。最主要的外部變化就是清朝的覆滅。日本通過與清廷的交涉在中國取得了重要利權，尤其是在滿洲的利益。西方列強也伺機利用清廷滅亡之機攫取利益。儘管《英日同盟條約》保證了日本和英國合作的基本框架，俄國、德國、法國以及可能也會來分一杯羹的美國都試圖擴張自己的利益，日本的利益會因此受損。太平洋地區的政治結構也開始發生變化：美國成了該地區的霸主，它將菲律賓變成殖民地，吞併了夏威夷和關島，並預計於1916年建成巴拿馬運河。*美國西海

---

* 譯註：實際上，巴拿馬運河於1914年8月建成，比原計劃提早了兩年。

岸諸州的政府，尤其是加利福尼亞州，通過了種族色彩鮮明的法律，限制日本人和中國人移民美國以及在美國擁有土地。在日本看來，美國日益成為其競爭對手。1914年，歐洲發生了災難性的第一次世界大戰，之後日本的另一個鄰國俄國於1917年發生了布爾什維克革命。大部份日本領導人都是現實主義者，包括在位的元老及其繼任者。他們明白，無論是資源還是軍力，日本都無法與西方列強相比。因此他們傾向於保持低調，同時竭力保障日本在東北亞的利益。但也有一些激進的極端民族主義者，他們相信日本例外論，認為日本比亞洲鄰國和西方更加優越。

1912年明治天皇駕崩後，日俄戰爭中的英雄乃木希典將軍及其妻子雙雙自殺殉主，這是日本傳統中神聖的「殉死」文化。此事進一步強化了明治天皇的神話及其神性。全國人民被動員起來建造東京市中心龐大的神社 —— 明治神宮。石橋湛山是一位信奉自由主義的記者、明治天皇的崇拜者，他反對建造神宮，認為此事不僅費用浩大，還扭曲了率領日本走向現代化的明治天皇的形象。石橋認為如果建造大學和研究中心則可以更好地發揚明治的精神遺產。此後幾十年，石橋不斷寫文章指出，許多日本人，尤其是極端民族主義者，將崇拜作為對待天皇的唯一方式，是很危險的。二十世紀二三十年代發生的諸多暗殺、政變和恐怖行動，都是以「恢復天皇的絕對權威」的名義發動的。這些極端人士相信神話，卻誤解了天皇制的本義。

明治之子嘉仁，即大正天皇，患有神經系統疾病，無法像父親那樣承擔重任。明治逝世前很久就發現了兒子的病症，因此皇宮將主要精力用於培養明治的孫子裕仁，也就是昭和天皇。明治去世那年，裕仁才十一歲。

從政治失序到軍事控制，1911–1937

　　無論在中國還是日本，從1911年開始到1937年中日戰爭爆發這段時間的歷史，就是政治領袖們努力維持國內秩序與外交關係、卻最終敗於軍隊的故事。這段時期結束之時，兩國軍隊均於國內亂局中獲得了控制權，兩國的輿論也越來越倒向與對方國家針鋒相對、愈演愈烈的愛國主義。然而，中國各路軍隊沒能統合成一支國家軍隊，日本的陸軍和海軍不僅沒有形成統一的指揮系統，兩者之間還存在激烈競爭。

　　1911年之後，中國陷入分裂狀態，要獲得政治控制權必須借助軍事力量。在孫中山和袁世凱的鬥爭中，權力最後落在了掌握軍隊的袁世凱手中。中央如此，地方亦同，掌握軍事力量的軍閥也獲得了政治權力。在國民黨的內部鬥爭中，孫中山逝世後由其副手汪精衛接班，但一年多後黃埔軍校校長蔣介石即通過軍事政變（中山艦事件）奪權。軍人，而不是政治家，成了中國政策的主宰者。

　　當中國政治與日本對華政策一片混亂之時，日本的權力也落在了軍人的手中。原敬這樣長袖善舞的政治家和幣原喜重郎這樣老練的外交家，都曾提出：日本的對華政策，應在華盛頓框架的精神下制定，要尊重中國的主權，給中國發展出一個穩定政府的機會。但是原敬遭到暗殺，幣原喜重郎則被撤職，軍權變得更強。與中國相反，日本的陸軍和海軍都是中央組織的國家軍隊，他們逐漸掌握了權力。但在上層究竟誰才是最高決策者並不清楚，陸海軍大將都在爭奪中國政策的控制和決策權。滿鐵和長春的日本文官也試圖控制局面，但結局和東京一樣，他們夾在中國人和滿洲軍閥之間，最終權力落到了關東軍手裏。

　　1920年代末，國民黨更組織化，中國的民族主義日益高漲，滿洲日軍不服管制的問題也更加嚴重。這開啟了一個悲劇性的循環。東京的軍事司令部常常對關東軍的僭越行為熟視無睹，導致紀律敗壞。中

國民眾的反日情緒日漸強烈，尤其在出現中國人死傷事件的時候。在華日本人的數量持續增加，但他們對自己的安全也越來越擔心，這導致了日本國內抵制華人的對抗性反應。

到1931年末，日本的反華情緒激烈到日本民眾樂見日軍佔領滿洲，即使這明擺着就是軍事獨斷行為。九一八事變後，軍隊繼續作亂，民眾也繼續支持軍隊。東京的政黨和政府，甚至軍部上層，都失去了對軍隊的控制。直到1936年2月26日那場失敗的政變後，*軍部才採取了必要措施，重新加強控制，清洗了軍隊內的一些極端民族主義分子。1936年2月後，暗殺、政變以及明顯的僭越行為在嚴密的軍事控制下終於停止了。那些支配日本政府的軍事領導人完全低估了中國人的決心。1936年前日軍與中國的軍事衝突為時甚短，日本既沒有大規模侵略中國的計劃，也沒有一個日本領導人預計過要打一場持久戰。

中國的弱勢政府和強勢聲音，1915–1937

1911年之後，中國政府的疲弱加強了兩種聲音：一種聲音是日本人要求本國政府利用自身的強大來獲取利益；另一種聲音則是中國的青年人要求政府採取更強硬的措施反抗日本。

袁世凱在權力鬥爭中獲勝後，日本領導人的優先事項中最重要的就是要保證日俄戰爭中獲得的利益，即遼東半島的租賃權，也包括南滿鐵路兩側狹長地帶的土地租賃權。有一部份租賃權將於1923年到期。畢竟還是英國人有先見之明，也有足夠的實力，他們在清廷覆滅前已拿到了香港新界長達九十九年的租借權。日本也希望獲得對遼東

---

* 譯註：指激進的皇道派青年軍人在東京發動的軍事政變，史稱「二二六事變」。

半島類似的長期租賃權。日本人有一個強烈的信仰，認為滿洲的權益是日本強盛必不可少的因素。這個想法並不為其他國家所接受：1895年甲午戰爭後西方列強迫使日本歸還遼東半島、大連與旅順。此事進一步鞏固了滿洲在日本人心中的特殊地位。他們認為，在與俄國人的戰鬥中，有十萬日本戰士灑下了鮮血，才為日本「贏得了」滿洲。而且日本人口太多，國土太小，他們需要地廣人稀的滿洲安置過剩的人口，使他們可以安享繁榮。在明治時代的四十四年間，日本人口從三千五百萬增加到五千萬。隨着公共健康和衛生的改善，每年增加的人口高達五十萬。移民美國愈發困難，因為美國出台了反對日本移民的政策，包括西奧多‧羅斯福主政時期通過的《日美紳士協約》。門戶大開、面積是日本國土兩倍的滿洲，似乎提供了無限的可能性。

批評流行的滿洲夢最尖銳、最有名的是石橋湛山。他是專欄作家，後來是有影響力的商業雜誌《東洋經濟新報》(後改為《週刊東洋經濟》) 的出版人。石橋從現實角度批評滿洲夢：滿洲和日本最主要的對手俄國，有着幾千公里長的邊境線，戍守、平定廣闊的滿洲需要龐大的軍費開支。若是在國際市場上按照國際標準價格購買滿洲生產的農產品或煤炭和鐵礦石，價格相對更便宜。石橋也認為，日本應將自己的受教育人口看成是一份資產，而不是負擔。他建議用節育解決人口過剩的問題。早在1915年，石橋就在推廣美國倡導節育人士瑪格麗特‧桑格 (Margaret Sanger) 的文章。與一小部份日本的反帝主義者一樣，石橋感到日本在中國和朝鮮的殖民政策正在培養幾代「反對日本、貶低日本、永久仇恨日本」的人。

日本負責與中國談判遼東半島控制權問題的，是大隈重信內閣。1914年初就職的大隈是著名的政治領袖，但不是寡頭集團的元老。大隈長期鼓吹英國式的內閣，在七十六歲高齡時第二次成為首相。他極受歡迎，以創建早稻田大學聞名，這是一所培養新聞記者和政治人物的私立大學。他任命加藤高明為外務大臣。加藤是一位經驗豐富但自

以為是的外交官、忠實的親英派、前三菱公司高管，於1924年成為
日本第二十四任首相。大隈以中國人的朋友知名，但如同其他親中
派，他也認為滿洲問題是另一回事，在1911年後的亂局中應該盡力
確保日本的「利權」。

正當外務大臣加藤準備談判之時，歐洲爆發了第一次世界大戰。
日本與英國是盟國，加藤亦曾擔任駐英公使。他支持英國反對德國，
以及攻擊德國霸佔山東半島，包括膠州灣的青島要塞港，那是一個有
戰略意義的海軍基地。1914年8月，日軍派出二萬三千名士兵向青島
的五千名德國兵發動進攻，英國只象徵性地派出一千五百名士兵助
攻。日本佔據優勢，但這場原來預期是速戰速決的戰爭，卻比原計劃
困難得多，傷亡也更慘重。令日軍大為震驚的是，日本的軍事技術居
然在德國之下——他們原計劃要打的是一場傳統的步槍加刺刀的步
兵戰，就像當年日俄戰爭時那樣，然而這次面對的卻是現代化的炮
兵，且首次碰到了空軍。日本媒體上的文章都在粉飾軍隊在戰鬥中遇
到的困難，同時大力宣揚1905年後日本首次獲得輝煌的勝利。但這
場戰爭悄悄發起了一場重估日本軍事政策的討論，這場討論持續了幾
十年，因為沒有一個中央權威可以解決這個問題。

《二十一條》、巴黎和會與中國民族主義的爆發

在青島戰役中「戰勝」德國後，日本領導人有了政治動力和自信，
不僅要與袁世凱政府談判，確保日本在滿洲的利權，還要求獲得德國
在山東的勢力範圍。日本政府提出的要求就是所謂的《二十一條》（日
本稱《對華二十一條要求》）。不久，一個頗具侵略性而蠢笨的外交錯
誤，進一步刺激了中國人的反日情緒，使該條約變得臭名昭著。《二
十一條》模仿俄國二十年前對清政府提的六點要求，但日本的要求更

多：要求領土，要求對通商口岸的獨佔權，還要求在袁世凱政府中安排日本顧問。

《二十一條》，1915

首相大隈重信領導的日本政府提出的《二十一條》，是對後明治時代的內閣是否有能力處理好與中國新政權關係的第一個考驗。在明治時代，天皇和元老們會先制訂戰略，然後將討論結果委派給內閣以及官員們執行。但這一次，首相大隈重信和外相加藤高明故意沒有請示元老。根據憲法，只有大正天皇才有簽署條約的權力，但今天我們甚至找不到他們請示天皇的記錄。大隈故意等到12月國會關閉後才提出自己起草的對中國的要求，使草案規避了國會中七嘴八舌的辯論。國會的多數黨領袖原敬是大隈的政敵，他於1918年至1921年期間擔任首相。

1915年1月，加藤高明指示日本在北京的最高外交官，即駐華公使日置益，向袁世凱提出《二十一條》，並要求袁世凱對此保密。加藤希望此事不僅對外國列強保密，對日本其他權力中心也要保密。

當時處於弱勢地位的袁世凱為人精明，知道如何將手中的微弱實力最大化。他組建了一個老練的談判小組，請日語流利的早稻田大學畢業生曹汝霖參加與日本公使的談判，也借用了日本學者有賀長雄的力量（見第5章）。為了贏得時間，曹汝霖安排與日置益每週會談一次，每次討論《二十一條》中的一條要求。談判從1月開始，到5月仍在進行。然而，袁世凱在日本的強大壓力下已無力抗拒，只能表示接受除第五號外的所有要求。條約第五號的內容包括：中國中央政府須聘用日本人擔任顧問；日本在中國內地所設之醫院、寺院、學校等擁有土地所有權；中國警察機關須聘用日本人；中國向日本採辦一定數量的軍械或在中國設立中日合辦的軍械廠；允許日本擁有接連武昌與

九江、南昌路線的鐵路建造權；福建省籌辦鐵路、礦山及整頓海口如需外國資本，須先向日本協議；允認日本人在中國傳教的權力。

　　袁世凱無意為談判保密，他開始使用一種弱者的武器 —— 即國際輿論。他招募了一個能幹的年輕人、哥倫比亞大學畢業生顧維鈞（Wellington Koo），讓他去和北京的各國外交官和外國媒體溝通，以博得他們對中國的同情。顧維鈞的任務完成得很出色，他頻繁會見西方人。數週內，陰險狡詐、咄咄逼人的日本乘虛而入從中國謀取利益的形象傳播開來。一俟新聞報導出現，袁世凱開始派遣中方發言人前往紐約、芝加哥、華盛頓和倫敦等地，在各種外交聚會、商會和政治集會上發言。這種公眾外交模式後來被袁世凱的繼任者效法，演化成眾所周知的「中國遊說團」。

　　那時的美國駐華公使是由伍德羅・威爾遜（Woodrow Wilson）總統任命的保羅・芮恩施（Paul Reinsch）。芮恩施是一名學者，虔誠的基督徒，熱心處理中國事務，對日本有嚴苛的批評。但除了對日本進行道德批判外，美國並未準備採取其他行動。芮恩施所盡的最大努力無非是一份公開聲明：「凡中國政府與日本政府業經議定或將來仍須議定之合同，並所允認各節，美國政府對於該合同與所允認各節內所有損害美國政府及美國人民按約所有權利之處，並損害中國國政主權、領土權、或各國與中國邦交上名稱所謂門戶開放主義，一概不能承認。」從那時起直到1930年代，全世界都知道美國的聲明僅是一紙空文，不會採取任何行動來將其付諸實施。

　　中國的公眾輿論策略是有效的。甚至在日本，該策略為包括原敬在內的大隈的眾多政敵提供了攻擊他的炮彈。很多大隈的批評者通過外國媒體上讓他們尷尬的文章了解談判的情況，而他們著眼於大隈內閣糟糕的策略，而不是《二十一條》的內容。相反，他們都和大隈的看法是一樣的，既然袁世凱如此難以預測，更應設法鞏固日本的利益，比如在遼東半島的利益。甚至有些外國觀察家也認為，如果放在

當時的外交背景下，日本的要求純屬合理。但包括元老和原敬這樣的政治人物在內的各種派系，都認為大隈首相無謂地激怒了中國和美國，因此將日本隔離於國際事務之外。

巴黎和會，1919

很多中國政府官員都把賭注押在凡爾賽宮舉辦的巴黎和會上，希望該會議可以阻止日本在中國的擴張。美國總統威爾遜關於民族自決和反對殖民主義的演說，極大地提高了中國領導人的期望。

中國的首要問題是該派誰去巴黎參加和會，第二個問題是如何解決旅費問題。中國代表團總共有五十位成員，包括數名外國顧問。一些重要成員由於多年來代表各種中國政府和派系出席國際會議，逐漸為社會大眾所熟知。其中包括顧維鈞，他當時是段祺瑞政府派駐華盛頓的公使；還有畢業於康乃爾大學的施肇基（Alfred Sze），當時在倫敦擔任中國公使；來自上海的耶魯大學畢業生王正廷，當時代表廣州的護法軍政府駐守在華盛頓。中國代表團的旅費來自段祺瑞出面借貸的款項。儘管代表團成員來自各方勢力，但他們目標一致，都要求從日本人手裏取回曾被德國佔領的領土。

結果，中國一事無成。亞洲議題並非巴黎和會的重要議題，特別是對美國人來說。日本代表團試圖將禁止種族歧視的條款納入國際聯盟的盟約，中國代表顧維鈞在這一點上也支持日本，他們遭到了失敗。一些日本代表團成員威脅 ，如日本不被允許接手德國在山東的權利，他們將退出和會以表達不滿。美國代表團擔心日本的退出將使本次會議的最大成果國際聯盟分崩離析，遂支持日本的主張。中國因為丟了山東，成為一戰戰勝國中唯一沒有簽署《凡爾賽條約》的國家。由威爾遜總統任命的駐華公使芮恩施辭職，他聲明：「中國人信任美國，他們信任威爾遜總統多次宣布的原則，他說的話已傳到中國最偏

遠的地方……一想到中國人會受到的打擊我就感到心煩意亂、心灰意冷，這將使他們的希望破滅，摧毀他們對國家平等的信心。」

中國失去山東利權的消息傳到北京和上海，年輕人遊行抗議，導致一場後來被很多人視為代表新中國誕生的青年運動——五四運動。遊行示威在北京持續了幾個星期，並蔓延到其他城市。大眾集會的爆發以及5月4日之後發表的大量文章均得益於新制度的發展，尤其是1919年前建立的現代大學制度。舊的科舉制度廢除後，新成立的現代大學吸引了大量學生。他們住在一起，互相影響。如同其他擁有大型大學的國家，中國的年輕人發展出了一種同學友情和青年文化，他們經常聚集在一起，接受新理念。這些學生很容易被組織起來、走上街頭。中國在巴黎和會上的失敗變成了一個突破點，使青年知識分子開始公開涉入國家議題。

華盛頓會議、原敬與幣原喜重郎

《凡爾賽條約》為第一次世界大戰畫上了句號，但卻無法滿足中國的訴求，或者更寬泛地說，無法滿足亞洲的訴求。因此，美國按照沃倫·哈定（Warren Harding）當政時的國務卿查爾斯·埃文斯·休斯（Charles Evans Hughes）的意見，組織了華盛頓會議。會議的目的是為了控制各國海軍為建造新戰艦進行的昂貴的軍備競賽，以及「澄清可能會導致軍事衝突的誤解，尤其在中國問題上的誤解」。

華盛頓會議，1921–1922

這是一個超級大型會議。每一個與會國都派遣了多達一百至一百五十位代表，包括比利時、英國（加上來自其殖民地澳大利亞、加拿

大、印度和新西蘭的代表)、中國、法國、意大利、日本、荷蘭、葡萄牙和美國。會議從1921年11月12日一直開到次年2月6日。德國和蘇俄都沒有參加，也有些國家批評華盛頓會議是盎格魯－撒克遜國家主導的一次冒險。

中國與會代表將華盛頓會議視為糾正《凡爾賽條約》錯誤的機會。如同在巴黎和會上那樣，誰可以代表中國是很複雜的事情。1921年4月，廣州的非常國會選舉孫中山為「非常大總統」，因此美國國務卿休斯建議北京政府和孫中山的廣州政府都派代表參與會議。但孫中山拒絕了，聲稱廣州政府是中華民國唯一之政府。北京政府派出多達一百三十多人的代表團參加會議，其中包括顧維鈞和施肇基。但外界既不清楚北京政府究竟能控制多少個省份，也不清楚究竟是誰在控制北京。儘管中國代表團獲得了作為外交官的尊重和尊嚴，但國際社會知道他們不能代表整個中國。

最初，日本政府有很多人帶着懷疑的眼光看待華盛頓會議。有人把威爾遜總統的風格批評為「道德攻擊」，但他們還沒有看出哈定總統的新美國政府是什麼風格。首相原敬支持這個會議，他認為把一戰前德國佔領的領土歸還給中國是一次改善被《二十一條》破壞的日本國際形象的機會，同時也可以改善日美關係。原敬也願意利用這次機會減少軍事費用。他任命海軍大將加藤友三郎擔任日本代表團團長。加藤是日俄戰爭的英雄，有足夠的能力影響軍隊實現限制軍備的目的。另一個關鍵的參與者是日本駐美大使幣原喜重郎。

根據商定的議程，華盛頓會議作出的任何協議都需獲得所有國家同意；關於中國問題決議，必須得到九個國家同意。前美國國務卿、前參議員伊萊休·魯特(Elihu Root)起草了一份關於中國問題的解決方案，即《九國關於中國事件應適用各原則及政策之條約》(簡稱《九國公約》)。該方案極其抽象，九國都同意了。這些國家保證做到：尊重中國之主權與獨立暨領土與行政之完整；給予中國完全無礙之機會，以發

展並維持一有力鞏固之政府；施用各國之權勢，以期切實設立並維持各國在中國全境之商務實業機會均等之原則；不得因中國狀況乘機營謀特權權利，而減少友邦人民之權利，並不得獎許有害友邦安全之舉動。

在會議上，顧維鈞、施肇基與幣原喜重郎及其助手佐分利貞男建立了良好的工作關係。他們最初在巴黎和會上相識，經過在華盛頓四個月的緊張工作，又進一步鞏固了彼此的關係。佐分利注意到，巴黎和會上各國只想獲取本國利益，而在華盛頓，他們更像一個跨國團隊，旨在解決共同的問題。與幣原喜重郎一樣，佐分利是一個訓練有素的外交官，曾在中國擔任多個職位。他娶了外交家小村壽太郎的女兒。小村是西奧多‧羅斯福在哈佛的同學，日俄戰爭後簽訂《樸茨茅斯條約》的日方代表。會議期間，幣原因病缺席，佐分利替他出席了很多與顧維鈞和施肇基的會面。

華盛頓會議之前，在首相原敬的領導下，幣原喜重郎作好了歸還山東半島的談判計劃。中日代表團一起擬定了為期六個月的歸還時間表，同時中國方面將補償日本為山東交通建設支付的資金。英國聲稱，如果日本放棄在青島的利權，那麼英國也將放棄在威海衛的利權。與會各方沒能徹底廢除複雜的不平等條約體系，但也取得了一些進展。會議上的商討為1920年代隨後幾年設定了一些議題，比如關稅自主。幣原組成了包括佐分利和矢田七太郎在內的團隊，在華盛頓會議後繼續討論中國問題。矢田曾說過，除非取消侵犯中國主權的不平等條約，日本與中國的問題沒法解決。有一個日本不願談的議題就是滿洲，包括日本在遼東半島的權益。

華盛頓會議是成功的，但也有局限。幾個擁有海軍的主要國家同意停止競相建造昂貴的大型戰艦，但可以繼續建造輕型驅逐艦、護衛艦和潛水艦，也可以繼續發展航空母艦。在中國擁有權益的列強也在主要問題上達成了協議，比如關稅問題、郵政制度，以及山東半島等有爭議地區的問題。涉及中國主權的重要問題，比如司法權與外國駐

軍和駐警問題已登記在冊，但還沒有解決。日本和西方列強共同的警告是，不平等條約不能完全廢除，除非中國重新統一、實現對全國領土的控制，並能保證在華外國人的安全。因為中國沒有統一，因此不能以擁有完整主權的國家相待，這既是原因也是藉口。

原敬的未竟之業

1921年11月，就在日本代表團赴華盛頓參加會議時，首相原敬遇刺身亡。具有強烈魅力的日本政治家並不多，卻不幸在此歷史關鍵時刻失去了其中一位。1918年，六十二歲的原敬成為首相。此前，他曾當過外交官，擔任數種內閣高官，也是日本首個主要政黨立憲政友會（簡稱「政友會」）的總裁。明治時代以來，「超然內閣」的首相不是由國會而是由天皇和元老選定，而原敬成功組織了日本第一個「政黨內閣」，也就是內閣的首相和大多數內閣成員是多數黨的成員。當時的多數黨是政友會。原敬曾說過，如果能早十年成為首相，他會採取更多措施改善根據《明治憲法》建立的治理系統。

原敬的幾個執政目標，在他為華盛頓會議準備的材料中可見一斑。首先，在就任首相前不久，原敬以私人身份前往美國與中國考察。在美國，他驚訝於這個國家的活力；在中國，他震驚於中國人強烈的反日情緒。他決心與美國發展友好關係，與中國改善敵對關係。其次，原敬想要建立文人領軍制度，消解陸海軍大臣通過辭職推翻內閣的能力。為此，他任命海軍大臣加藤友三郎為華盛頓會議日方首席代表時，原敬自己出任臨時海軍大臣。在《明治憲法》框架下，這是一個巨大的變動。原敬確保山縣有朋全力支持這一決定。實現文人領軍的另一步是將台灣的總督從軍職改為文職。

1922年，原敬被暗殺一年後，日軍現代化之父山縣有朋去世了。這兩人的死給日本政府留下的空白，幾乎等同於當年明治天皇去世後

造成的影響。儘管原敬和山縣有朋在個性和想法上極為不同，他們之間建立了一種穩固的工作關係。山縣是一位頑固的陸軍元帥，但原敬有技巧地說服他一起合作解決明治制度的一些弱點，例如需要加強文人領軍和處理部隊指揮系統的問題。不幸的是，兩人離世之時，改革仍在進行。他們未曾解決的弱點變成了問題，尤其是在對華政策上。

幣原外交與開戰準備

原敬遇刺後，大藏大臣高橋是清成為首相。* 此前高橋已經擔任過多個職務，並曾出色地解決複雜的經濟和政府財政問題，但是他既沒有技巧也沒有興趣進行政治談判。原敬對國會中每一位政友會議員的優點、缺點和需求都心知肚明，高橋卻連他們的名字都記不住。

1923年9月1日，東京和橫濱發生大地震。以死亡人數和破壞程度而論，這都是人類歷史上最慘重的自然災害之一。超過十萬人死亡，五十萬戶以上家園被毀滅，災後重建工作持續了多年。對於此時正歷經戰後經濟蕭條的日本，可謂雪上加霜，需要進一步縮減開支。救災導致的債務使日本政府在整個1920年代不堪重負。2011年發生地震和海嘯後，日本表現出了令世界震驚的自律精神。但在1923年地震後，一群恐慌的年輕人組成的自警團攻擊並謀殺了幾千名朝鮮人。該慘案看似由朝鮮人造反的謠言引起，但暴力行動迫使政府發布戒嚴令。該事件成為日本與亞洲鄰國關係的另一個污點。

經過三年努力應對經濟危機與自然災害，1924年國會的三大政黨終於組成「大聯合」，支持加藤高明擔任首相。加藤任命幣原喜重郎為外務大臣，部份原因是為了恢復自己因為提出《二十一條》招致的惡名。幣原在參加華盛頓會議、完成駐美大使的任期後，繼續執行始於

---

* 譯註：高橋出任首相前，由內田康哉伯爵臨時兼任首相。

原敬執政時期的外交政策，這就是所謂的「幣原外交」。在國會初次演說中，幣原宣稱：「日本將不會干涉中國內政。日本也一概不會採取任何無視中國合理立場的行動。同時，日本相信，中國也一概不會採取任何無視日本合理立場的行動。」幣原就職後，馬上聯繫了當時指導北京政府外交政策的顧維鈞。他向顧維鈞解釋了不干涉政策，顧維鈞用英語回答：「本着中日友好的精神，中國政府將盡一切努力保護日本的利益。」

幣原是第一位出任外務大臣的職業外交官。他不是一個政治家，在一戰前也從未參與任何政治職位的角逐。在二戰後不久，他曾短暫地擔任首相一職，在制定戰後《日本國憲法》（即《和平憲法》）第九條關於放棄以發動戰爭作為解決國際爭端的手段中發揮重要作用。幣原和首相加藤都是三菱財閥岩崎彌太郎的女婿，他們是連襟，都與商人有緊密聯繫。可能是因為這個原因，幣原通常用經濟利益來為自己的中國政策辯護，表示日本要的是中國的市場，而不是領土。

在軍事政策方面，加藤內閣的重要成員是陸軍大臣宇垣一成將軍。正如幣原代表日本外交的新時代，宇垣開啟了日本軍事政策的新時代，其軍事戰略觀深受一戰的影響。作為曾擔任過兩屆日本駐德公使館武官的德國軍事原理研究專家，宇垣為德國在一戰中的敗北深受震撼。他注意到日本在軍事技術上落後了整整一代。宇垣從一戰吸取的教訓就是「總體戰」（日語稱「總力戰」）的概念，即在全國範圍內對軍事工業和民用工業加以動員。

因為宇垣知道經費緊缺，作為陸軍大臣，他上任後首先裁撤了四個常備師團。這項所謂「宇垣軍縮」的政策導致三萬四千名士兵被裁撤，目的是通過縮減軍隊投資現代化的軍事裝備。裁撤職位在陸軍中尤其不受歡迎，隨着時間的推移，刺激了軍中激進和反抗派勢力的抬頭。

宇垣稱幣原的不干涉政策過於幼稚。主要是因為，為保護日本在滿洲的利益，華北的日軍已經與當地軍閥的關係盤根錯節。宇垣的總

體戰戰略要求日本在鐵礦和煤炭供應上做到自給自足，而滿洲對此意義重大。長期以來，他將滿洲視為一個重要的重工業基地，比如建立鞍山鋼鐵廠。最終，滿洲可以利用鞍山的鋼鐵建立工廠，生產卡車和軍車。宇垣當時的一則日記清楚表達了這個觀點：「無論別人說什麼，我們絕不能在滿洲的既得權問題上退讓半分⋯⋯我們絕沒有餘地考慮修改《二十一條》，比如交還租借地，或歸還滿鐵等問題。」

　　對日本來說，沒有任何外交政策比對華政策更重要。但在原敬和山縣有朋去世後，外務省內部就對華政策產生了分歧，軍方的聲音越來越大。幣原的不干涉政策，符合華盛頓會議的架構，軍方卻不加理睬。同時，陸軍內部也產生了分裂。明治時代以來，監督陸軍事務的職責由陸軍省和參謀本部份擔。制度上，兩個部門的負責人分別向天皇報告情況。山縣在世時，他和學生承擔了兩個部門之間的橋樑作用。如今他駕鶴西去，只有天皇能聯繫這兩個指揮鏈。關東軍和其他駐華日軍要向參謀本部而非陸軍省匯報，向軍隊下達命令的是一個不屬於內閣的指揮鏈。* 陸軍省無法控制滿洲事態的發展，這很快就產生了問題。

長江三角洲的動亂和中國民族主義的高漲

　　1920年代初的中國四分五裂。在這種情勢下，孫中山竟然得到一干蘇聯強人的支持，獲得越來越多的追隨者。在1921年11月，先在日本流亡、後於上海藏匿兩年的孫中山回到廣州，與當地軍閥搭上線以建立一個革命基地。這種聯盟是不穩定的，因此孫中山開始利用廣

---

*　譯註：當時日本帝國的統帥權歸天皇，天皇透過參謀本部指揮軍隊。而屬於內閣成員的陸軍大臣，只有軍政權，並無指揮權。

州作為大本營，與斯大林和共產國際建立聯盟。斯大林認為孫中山比剛成立的中國共產黨更有前途，派米哈伊爾‧鮑羅廷 (Mikhail Borodin) 去廣州協助組織國民黨，建立黃埔軍校、訓練官兵，使他們成為一支可以統一中國的國家軍隊的核心。黃埔軍校校長蔣介石，日後將成為孫中山的接班人。軍校政治部主任周恩來 (見〈中日關係史上的關鍵人物〉) 是共產黨員，日後將成為蔣介石的政敵。對孫中山大部份日本支持者來說，他與蘇聯的結盟如同晴天霹靂。1924年11月，孫中山抱着最後一絲希望來到日本，在神戶發表的著名演説中鼓吹「大亞洲主義」。這個話題向來能引發日本支持者的共鳴，但這次他試圖説服日本人，蘇聯人其實也是亞洲人，他們與中國和日本一起反對西方帝國主義。孫中山的日本支持者主要是傾向於反對布爾什維克的商人和亞洲民族主義者，因此該説法對他們沒有吸引力。更重要的是，日本的高層軍官大多強烈反共，他們將聯共的國民黨視為潛在威脅。

1924年12月底，孫中山前往北京，試圖與北方的軍閥建立聯盟，但在路上就病倒了。身患癌症的孫中山不久辭世。國民黨分裂為好幾派，掌握軍權的蔣介石成為實力最強一派的領袖。

與此同時，上海的工廠發生數起勞資爭議事件。1925年2月，一家日本棉紗廠發生大規模罷工，起因是廠方開除四十多名疑為工會組織者的男性工人。* 數星期內，運動升級，上海有五萬多人參加罷工。據報導，有些罷工由共產黨組織，這一傳言讓日本和英國僱主相信自己對無產階級運動即將來到中國的擔心並非空穴來風。在1925年，起碼有三位日本經理遭遊行人士殺害。5月15日，罷工工人顧正紅在一家日本棉紗廠遭日本大班川村千山槍殺。

5月30日，包括很多學生在內的示威者聚集在上海公共租界主要商業區南京路的警察局前，抗議顧正紅被殺以及一些罷工人士被逮

---

* 譯註：事件發生在內外棉八廠，也有學者認為該罷工起因是工廠童工和女工受到虐待。

捕。當值的英國警察局長正在附近的賽馬場。英國、印度錫克和中國
警察與遊行示威的群眾對峙，其中一名警察向人群開槍，其他警察也
開始開槍，造成十三人死亡、多人受傷。槍殺導致全上海的騷亂，矛
頭主要對準英國人。

在反帝運動中，5月30日的這次衝突成為激發中國愛國主義的象
徵，史稱「五卅事件」。國民黨的蘇聯顧問鮑羅廷將五卅事件視為來自
上帝的「禮物」。至今，在距離發生該事件的警局不遠處的上海人民公
園內還矗立着「五卅運動紀念碑」。

1926年7月，蔣介石開始北伐——先武力攻佔南京、最後佔領
北京。英國意識到北伐可能會帶來麻煩，遂派遣一支由重巡洋艦和
驅逐艦組成的艦隊來到南京。1927年3月，蔣介石的軍隊進入南京城
時，士兵和民眾開始攻擊英國軍艦和城內的外國領事館，導致了主
要針對外國人的暴動。英國開始恐慌，要求日本外務大臣幣原喜重
郎調遣更多日軍投入戰鬥。幣原一般都盡力與英國合作，但在當時
情況下，他覺得增兵將會使情況變得更加糟糕。他甚至懷疑，該事
件是由共產黨特務煽動，目的是要破壞蔣介石的國際形象。於是幣
原調派了最低兵力三百名士兵保護在南京的日本僑民，同時也敦促
英國保持克制。

暴力行為的主要對象是英國人，但也有少量日本僑民受了傷。那
時，圖片新聞已在日本流行，整版關於日本婦女兒童遭受中國人威脅
的照片出現在新聞媒體上。正如五卅事件中英國警察對上海市民開槍
激發了中國人的愛國主義熱情，1927年的南京暴亂激發了日本的反華
情緒。「對華示弱」成為「幣原外交」的代名詞。

1927年4月，退役陸軍大將、政友會總裁田中義一被任命為首
相。1928年1月，田中解散國會，首次以男性普選權法進行選舉。田
中打了一場激烈的選戰，反對幣原的對華示弱政策。選民投票率很
高。最終，田中的政友會贏得國會多數席位，部份得益於其「對華強

硬」的論述。田中義一與加藤內閣出自不同政黨，*但他與宇垣一成在
軍隊現代化的戰略上合作無間。而陸軍大臣白川義則也是宇垣的同學
與密友。因此，當田中成為首相後，日本對華基本軍事策略，尤其是
保護日本在華北的利益方面，沒有絲毫改變。

田中義一、蔣介石與濟南慘案

　　1927年10月，蔣介石前往日本會見田中義一。他即將二次北
伐，若能佔領北京，即可實現自1911年以來首次統一大部份中國國
土的偉業。蔣介石希望日本能配合：北伐軍會經過山東，他希望屆時
能避免與當地日軍發生衝突；另外，那時的北京由親日的滿洲軍閥張
作霖控制，蔣介石也希望日本可以讓張作霖的軍隊回到滿洲。蔣介石
此行的另一個目的是向當時與母親一同在日本的宋美齡求婚。

　　陪同蔣介石前往日本的是他的長期盟友張群。自1908年留學日
本開始，他們就成了密友，合作無間。張群曾擔任上海市市長、外交
部長和行政院院長，在蔣介石撤退至台灣後擔任總統府秘書長。蔣介
石能講一些日語，但張群能操流利的日語，在涉及日本事務方面助力
頗大。在訪日期間，他們會見了一群具有重大影響力的朋友，包括：
後來成為首相的犬養毅；重要的商界領袖澀澤榮一；三井財閥的執行
董事、後來成為滿鐵總裁的山本條太郎；右翼泛亞洲主義者內田良
平；還有第十三師團長、一本流行的軍事手冊的作者長岡外史。1910
年，蔣介石於振武學校畢業後曾在第十三師團服役。

　　11月5日，蔣介石在田中義一私宅與之進行了為時兩小時的會
談。出席的四人分別是蔣介石、張群、田中和已退役的陸軍少將佐

---

*　譯註：首相加藤高明為立憲同志會（簡稱「同志會」）總裁。

藤安之助。佐藤是一位中國通，每天向田中匯報中國事務。田中很高興得知中國的統一大業取得進展，且清除了共產黨。他鼓勵蔣介石在北伐之前先在南方鞏固自己的勢力，但蔣並沒有把這條建議當一回事。

　　蔣介石知道山東半島（青島和濟南）有日本駐軍，他希望避免在山東出現1927年3月南京暴亂那樣的大規模衝突事件。蔣介石向田中保證，他的部隊經過山東時，會更好地保護日本人的生命和財產。

　　當時大約有二千名日本僑民居住在濟南。田中義一試圖避免衝突，但他也已承諾保護日本人的生命和財產，在此壓力下，他派遣陸軍中將福田彥助和一支四千人的部隊到達濟南。蔣介石的軍隊則在附近紮營。1928年5月3日晚，情況看似都在控制之中，國民黨軍隊繼續和平地前進，日本軍隊也將出城。直到今天，歷史學家仍未搞清楚為什麼試圖避免衝突的努力卻變成了一場嚴重的慘案。一位日本僑民的住處發生了一件事，導致不知是日本人還是中國人開了槍。衝突馬上升級，並失去控制。福田的軍隊因為早就接到東京參謀本部要求保護日本僑民人身安全的命令，因此全力攻擊中國軍隊，導致六千名中國士兵傷亡，即「濟南慘案」。

　　一個原本可以提高蔣介石和田中互相信任的策略，最後卻出了大問題。也許是因為當雙方進入濟南時，氣氛緊張，彼此的信任度卻很低，一件小小的意外足以引發激烈的衝突。也可能是某一位日本兵為了阻礙北伐故意製造了一起事件。日本報紙對該事件的報導附上了一名日本僑民殘缺不全的屍體的圖片，並將責任完全推給中方。濟南慘案在中日兩國都引發了情緒激烈的反應，今天的中國仍有多處紀念碑迎接遊客和學生的參觀。1945年日本投降後，記錄參謀本部何人下令福田出兵的文件已經和幾千件其他文件一併燒毀。我們只知道，當時負責指揮參謀本部行動的荒木貞夫不久即成為陸軍中極端民族主義「皇道派」的魅力型領袖。

日本對濟南慘案的大部份報導都是關於中國人如何攻擊日本人，但石橋湛山發表的文章卻指出了中方不成比例的高死亡數字，還指出派遣四千人的軍隊去保護二千名僑民實屬荒誕。根據他的計算，如果將日本僑民疏散到一個安全的地方，成本會低得多。

張作霖遇刺（皇姑屯事件）

1928年春，在北京的日本軍官看來，蔣介石意在佔領北京的北伐行動似有擊敗張作霖的實力。張作霖時為北京最大的軍閥。田中義一和日本外交官都相信，與其被打敗後狼狽地撤回滿洲，不如讓張作霖現在就有秩序地回到滿洲，尚能留存幾分顏面。日本軍部不希望蔣介石的部隊追逐張作霖至長城以北，他們成功地說服張作霖，為了他自己的利益考慮最好回到滿洲。於是張作霖坐上了返回瀋陽的列車。從宇垣一成開始，日本軍方高層都認為與張作霖合作對日本經營滿洲最為有利。張作霖從來就不是一個言聽計從的日本傀儡，但宇垣感到他是管理地域廣闊的滿洲最好的候選人，可以保證滿洲不會落入國民黨之手。

關東軍參謀河本大作則不以為然。河本及其部隊希望在滿洲製造一起事件，造成混亂，並以此為藉口擴大日本的控制範圍。張作霖乘搭的列車於1928年6月3日夜離開北京。河本及其下屬在路軌上方的橋樑上放置了炸藥，當張作霖的專列進入瀋陽時，炸藥被引爆，橋樑下塌，壓碎了張作霖的車廂。張作霖身受重傷回瀋陽後身亡。最初日本人想使這次爆炸看上去是中國人所為，但數星期後，河本等人謀劃暗殺的真相曝光了。宇垣大為光火，斥責河本是一個被慣壞的、叛逆的孩子。

爆炸的真相逐漸傳回了內閣和皇室。和宇垣一樣，陸軍大臣白川義則對下屬不聽從指揮十分震怒，但他強烈地感到必須隱瞞真相以保

護日軍的聲譽以及日本在中國事務上的地位。而田中首相認為應該審判和懲罰行兇者。田中與白川單獨跟昭和天皇開了幾次會。最終，田中改變主意，決定隱瞞真相。但在此過程中，他感到二十七歲的裕仁已對自己失去了信心，因此辭去首相之位。不久田中逝世，有人懷疑他死於自殺。

　　濟南慘案與刺殺張作霖這兩起事件成為中日關係上具有決定性意義的轉折點。它們都暴露出日本陸軍在指揮系統上的弱點。如果這些事件可以避免，中日之間的關係也許可以改善；而事實正相反，它們為走向戰爭掃清了道路。

濱口內閣與更多暗殺行動

　　田中義一辭職後，政友會的反對黨立憲民政黨（簡稱「民政黨」）的總裁、資深政治家濱口雄幸在1929年7月組閣，仍由幣原喜重郎擔任外務大臣、宇垣一成擔任陸軍大臣。幣原再次開始就給予中國關稅自主權以及廢除不平等條約的問題與英國和國民黨談判。宇垣則試圖繼續推進軍隊現代化，對他而言就等於繼續裁軍以節省經費購買現代化武器。但日本的經濟狀況比之前更糟糕了。幾個月後，美國股票市場的崩潰將把全世界帶入經濟危機之中。

　　面對田中內閣遺留的問題，幣原需要一個有經驗的中國問題專家，因此他任命日本最優秀的外交官之一、他長期的門徒佐分利貞男為駐華公使。佐分利上任不久，在回到日本時遭到暗殺。11月29日，他在箱根的富士屋旅館休息時，被發現死於自己的房間，頭部中槍。媒體報導為自殺事件，但佐分利死亡的謎團從來沒有解開過。像那時很多日本人一樣，他也隨身帶着一把左輪手槍。然而，致其於死地的手槍卻不是他自己的。

對幣原及其對華政策來說，佐分利死亡事件是一個巨大的打擊。他馬上任命另一名有經驗的外交家重光葵接任駐華公使一職。* 重光住在上海的法租界，與老友宋子文比鄰而居。畢業於哈佛大學的宋子文，是蔣介石的大舅子、國民政府財政部長，具有重要的影響力。

大藏大臣（藏相）井上準之助是一個保守的經濟學家、日本中央銀行前總裁。濱口雄幸的民政黨在選舉時承諾，要將日圓回歸金本位制，為此井上只好盡力抑制物價、降低工資，甚至連政府僱員都縮減了工資。1930年1月，井上實現了日圓回歸金本位，卻由於美國股票市場暴跌，趕上了最糟糕的時刻。結果日圓升值，迫使日本出口物資降低價格。許多小企業因此倒閉。農村地區遭受的打擊更大，部份原因是對日本絲綢的需求下降。有些絕望的家庭因為沒有能力再多養一個孩子開始殺害嬰兒，或將女兒賣入妓院。1932年2月，受到一位瘋狂的佛教日蓮宗僧侶的影響，一個極端民族主義團體的成員暗殺了井上準之助。與此同時，該團體的另一個成員殺害了三井財閥理事長團琢磨。† 在這兩個案件中，罪犯都被抓獲並判了死刑，但後來都獲得了減刑。近衛文麿成為首相後，那位日蓮宗僧侶還成了他的顧問。

1930年4月，日本參加倫敦海軍會議，這是1921年華盛頓會議的延續。日本談判團由前首相若槻禮次郎（1926年1月至1927年4月首次擔任首相；1931年4月到12月第二次擔任首相）率領，包括一個文官團隊。倫敦會議的主要議題是重型巡洋艦問題，日本成功地談妥了一個帝國海軍能夠接受的比率。但關於潛水艦的談判結果卻對日本不利。大概是由於日本談判團犯了錯誤，協議要求日本全面放棄建造潛水艦，導致日本在一段時間內失去了技術優勢。

---

* 　譯註：幣原曾擬任命小幡西吉為駐華公使，遭中國拒絕，遂改任重光葵。

† 　譯註：指日蓮宗僧侶井上日召創立的血盟團，刺殺井上準之助的血盟團成員為小沼正，刺殺團琢磨的是菱沼五郎。

　　濱口政權面對的所有問題中，倫敦海軍會議的結果最為軍部詬病。海軍抗議該談判侵害了天皇的最高統帥權。一些國會議員也有同樣的看法，包括犬養毅這樣的資深政治家。

　　濱口是一個有能力的政治家，從政多年，成績斐然。但就任首相之時遇到世界經濟崩潰，可謂時運不佳。很多日本人，尤其是軍人，由於醜聞和無能對政治家失去了信心。士兵接受的訓練只是尊重天皇，而不是尊重政治程序或政治領導人。對天皇的極端崇敬逐漸演變成了所謂的「昭和維新」，「昭和」是裕仁天皇的年號。

　　1930年11月，濱口首相在東京車站被極端民族主義恐怖分子、右翼團體愛國社成員佐鄉屋留雄開槍擊中胃部。佐鄉屋曾作為大陸浪人 (脫藩的武士冒險家) 在中國生活過。濱口遇刺後堅持了九個月，於1931年8月過世。1931年3月，躺在醫院病床上的濱口連任首相。幣原接下了很多濱口的職務，直到內閣在1931年4月辭職。就像大部份暗殺者一樣，被捕的佐鄉屋被判處死刑，再減為終身監禁，後於1940年從監獄釋放。他出獄後仍然是一個右翼積極分子，直到1972年64歲時去世。

　　從1921年刺殺首相原敬開始，暗殺成為日本政治的常態。處理暗殺的方式總是老一套。在公開審理中，同情刺客的辯護律師會讚美被告的那種「純潔」的極端民族主義思想。罪犯通常被宣判有罪，過一段時間就會被減刑，再過一段時間就出獄了。刺殺原敬首相的兇手被釋放後，還去滿洲做官了。

駐滿日軍對東京抗命不從

　　1931年9月18日，一群日本士兵假扮成中國人，在南滿鐵路旁放置了一些爆炸物。爆炸造成的破壞不大，但接着發生的喧囂卻為陸軍

中佐石原莞爾和陸軍大佐板垣征四郎領導的策劃者製造了一個藉口，他們開始進攻張學良的軍隊，從此開始了日本對滿洲的侵略。

東京的內閣在9月19日早上10點開會，這是內閣首次因為處理緊急事務而在早上10點開會。陸軍大臣南次郎表示，關東軍的行動出於自衛，但遭到外務大臣幣原的反對。參謀本部下令避免擴大衝突，石原莞爾及其僚屬接到命令後為之氣餒。接下來的幾天，他們進一步製造事端，以掩飾擴大攻擊的行動。比如，他們在吉林策劃了一起事件，讓關東軍有藉口入侵並佔領該省。9月21日，陸軍大臣在內閣會議上要求允許調動日本駐朝鮮的幾個師團，遭到拒絕。但軍隊其實已未經允許調動朝鮮駐留軍，若槻首相事後決定批准此事。日軍佔領遠滿洲北邊、完全不在滿鐵及日本控制範圍內的哈爾濱，也是用類似藉口。於是，一塊又一塊領土、一個事端接着另一個事端，關東軍將觸角伸到了整個滿洲。

無論是關於此次入侵滿洲，還是關於防止對軍方失去控制，若槻首相均無法在內閣建立共識。他開始與反對黨政友會討論，試圖建立一個聯合內閣，以政治力量控制軍部。但日本民眾極其支持侵略滿洲，幾乎所有國會議員不得不屈從大勢。若槻被迫辭職。一個由資深政治家犬養毅組成的新內閣成立了。

犬養毅於1890年第一次參選眾議院議員，此後一直連任。他是一個頗受歡迎的政治家，對中國非常友好。他是受邀參加1929年南京紫金山舉行的孫中山奉安大典的兩位日本貴賓之一。犬養雖然是親中派，他也是主張維護日本在滿權益的強烈鼓吹者。

犬養提名高橋是清接任井上準之助的大藏大臣一職。與井上不同，高橋採用凱恩斯的經濟理念：提高農產品價格，舒緩農民的困境；提高工資，以拉動內需；他也讓日圓貶值，使日本產品在海外更具競爭力。日本迅速走上經濟復蘇之路。

犬養第二個重要的、令人驚訝的決定是任命荒木貞夫為陸軍大

臣。荒木在陸軍士官學校 (即陸軍軍官學校) 和陸軍大學均以第一名
的成績畢業。他是個強硬民族主義者，被視為皇道派的領袖。荒木在
年輕的有民族主義傾向的官員中很受歡迎，犬養任命他的一個原因就
是安撫陸軍中的激進分子。

　　對於在滿洲不斷擴大的軍事衝突，日本國內的反應非常正面。
1931年12月，國會的所有政黨通過了一個感謝軍方保護日本在華權
益的法案。儘管關東軍總是違抗東京的命令，昭和天皇仍在1932年
1月8日發布詔書，讚揚「關東軍將士基於自衛之必要……蕩伐各地
蜂起之匪賊……宣揚皇軍威武於中外。」

　　國外對九一八事變最直言不諱的批評者是美國國務卿亨利·史汀
生 (Henry Stimson)。事變後，他約束幕僚不要給日本太大的壓力，希
望自己長久以來的合作者幣原能控制住局勢。他警告幣原不要讓軍隊
進攻錦州，那是張學良部隊在長城以北的指揮中心。日本駐美大使出
淵勝次每天去見史汀生，報告事件進展，通常還會向美方保證事情將
很快得到控制。10月4日，日本開始轟炸錦州，史汀生意識到幣原已
無法控制形勢。他讓赫伯特·胡佛 (Herbert Hoover) 總統同時致函中日
兩國，表示美國不會承認滿洲的任何變化。

　　與史汀生相反，負責亞洲事務的副國務卿威廉·卡斯爾 (William
R. Castle) 聲明，儘管他認為對日本的行動應謹慎對待，但日本的方法
與美國在西半球採取的方法並無二致，如美國對尼加拉瓜的控制。從
長遠看，由一個強大的日本保障秩序，能最大程度地保障美國在遠東
的利益。

　　除了史汀生，世界上絕大部份的領導人對日本侵略滿洲不僅未加指
責，實際上還很支持。由工黨的拉姆奇·麥克唐納 (Ramsay MacDonald)
領導的英國政府認為，混亂的中國比右翼的日本更危險。英國媒體也傾
向於支持日本，《每日電訊報》(Daily Telegraph) 在社論中提出，「一個政
府保護自身利益不受野蠻和無政府主義傷害的權利，應該加以承認。」

　　不尋常的是，張學良軍隊對日本的侵略毫無抵抗。其二十萬人的部隊中，只有五萬士兵駐紮在長城以北的滿洲地區，其餘的都在長城以南，主要在河北守衛蔣介石的領地。蔣介石的軍隊長期在江西圍剿中共。1931年，蔣介石第三次試圖剿滅中共在江西的兵力，遭到失敗，造成近十萬人員傷亡。如果張學良將部隊調遣到滿洲去抗擊日本，蔣介石就不得不將在江西剿共的若干軍隊調到北方。要有效地抵抗日本，需要三十至四十萬士兵，這意味着要放棄在江西剿共的目標。另一個選擇就是調遣五至十萬名士兵象徵性地抵抗日本，這無異於送士兵去當炮灰。按照蔣介石的算計，最好還是不抵抗。

　　這個邏輯以不同的方式一直沿用到1936年。因為軍力有限，蔣介石認為他需要在抗日與反共之間有所取捨。他選擇反共。按他所說，中共是「心腹之患」，而日本人只是「癬疥之疾」。

中日反目

　　中國軍隊採取抗日軍事行動的次數不多，但1932年的「一二八事變」（日方稱「第一次上海事變」）就是其中之一。這一難得的抵抗得以發生，可能是因為蔣介石暫時下野，孫中山之子孫科領導的來自廣州的敵對派系到達南京籌組聯合內閣。為保護自己免受蔣介石的報復，孫科命令在廣東的三萬多名第十九路軍的士兵移師上海。他還任命盟友吳鐵城取代張群擔任上海市長。吳鐵城曾在東京的明治大學學習法律，日語與英語都很流利。

　　日本侵略滿洲後，上海的反日情緒到達了一個新高度，發生了多次抵制日貨的大型活動。日商的棉紡織廠和小雜貨店受影響嚴重，多家工廠和商店停業。根據日本媒體的報導，1月18日，五名日本日蓮宗僧侶和信徒在一家中國毛巾廠附近念經敲鼓，遭到六十名中國年輕

人圍攻。兩名僧侶遭受重傷，其中一人事後死亡。1 月 19 日，半軍事備援團體「日本青年同志會」的三十名成員為了報復，放火燒了兩家中國毛巾廠，在此過程中還殺了一名中國警察。

日本總領事村井倉松要求上海市長吳鐵城逮捕加害日僧的中國人，並取締一切反日行為。村井要求最遲在 1 月 28 日午夜前滿足以上要求。為了避免事態升級，吳鐵城答應了村井的要求，包括關閉上海反日救國會的辦公地點，並且讓士兵站崗確保無人進入該大樓。

上海的日本帝國海軍由少將鹽澤幸一指揮，負責保護日本僑民的安全，虹口的日本租界兵營常駐有幾千名海軍陸戰隊士兵。鹽澤要求上級增派援軍，十天內一支由二十三艘軍艦組成的艦隊到達上海港，另外十三艘軍艦停在長江口待命。為了一個僧侶的死亡，派出這麼大的一支艦隊，的確有殺雞用牛刀之感。對日方過度反應的一個解釋，滿洲事件後陸軍在國內頗受歡迎，而海軍希望比陸軍更受到歡迎。犬養內閣的陸軍大臣、民族主義者荒木貞夫誇下海口：日本軍隊能在四小時內佔領上海，三個月內佔領全中國。

直到十五年後，在 1946 年的東京審判（遠東國際軍事法庭）上，田中隆吉少將從被告變成「檢方證人」，才揭露自己為製造「一二八事變」，策劃攻擊佛教僧侶，以轉移國際社會對滿洲的注意力。田中的同夥是著名的滿洲公主川島芳子（字東珍），她賄賂了幾個中國青年攻擊日本僧侶。田中當時是少佐，在上海公使館擔任武官。1932 年 1 月初，他曾前往滿洲與板垣征四郎討論如何製造「一二八事變」。板垣就是石原莞爾策劃九一八事變時的幫兇。作為日本公使館武官的田中可以指揮數千名地方後備部隊和日本青年團體，他給這些人配備了步槍和劍。很多上海的日本士兵和青年成了自警團團員，伺機報復中國人的反日活動。

日本人可能忽視了蔣介石已經下野這個事實。在此時期，上海由第十九路軍守衛。這是一支經驗豐富、抗日積極性很高的部隊，曾長期

在江西圍剿中共的游擊隊。第十九路軍由兩位勇猛的將領指揮，一位是蔣光鼐，另一位是頗具領袖魅力的將領蔡廷鍇。1月29日，蔣蔡二人發出《第十九路軍為日軍犯境通電》，謂：「尺地寸草，不能放棄。」兩位將軍非常敬重的傑出將領與軍事理論家蔣百里（見〈中日關係史上的關鍵人物〉）同意出任顧問。1931年，在日本侵略滿洲前，蔣百里曾前往東京，與荒木貞夫等人會面。那時他就感受到了日本的軍國主義氣氛。

虹口區緊靠人口稠密的華界區閘北。閘北位於租界外，是吳鐵城市長的管轄範圍。正常情形下，日本軍警不能進入華界區。但在1月28日，鹽澤幸一決定派遣幾千名日本兵進入閘北檢查日本僑民的狀況。裝甲車先行，在狹窄的街道行進時不斷射擊路燈。直到日軍深入閘北狹窄的巷道，第十九路軍才開火。這些沒有受過城鎮戰鬥訓練的日軍混成一團，恐慌萬分。鹽澤幸一的報告稱，第十九路軍的反擊是針對日本偵查隊的一種「無正當理由的攻擊」，但他沒有解釋為什麼偵查隊要開裝甲車駛入華界區，並射擊路燈。

上海的日軍馬上要求東京增援兵力。海軍加派了十七艘軍艦，包括日本第一艘航空母艦「鳳翔號」。在此後三個星期，日本一共派出一百架飛機、九十架坦克、一百六十門重炮、五千匹馱馬和兩個師團共四萬名士兵。日軍的後勤補給比較複雜。由於持久的抵制日貨運動，軍隊正好可以利用大量閒置的商船。1931年蔣百里赴滬時，注意到日本在軍隊機械化方面進步不大。與他看到的歐洲軍隊不同，日本人仍在使用馱馬和人力運輸過時的野戰炮。日軍機動性不足，這是蔣百里提出日本如發動全面進攻，中國部隊應施行抵抗策略的一個原因。

從中國方面看，這場戰事少見地促進了內部團結。蔣介石在2月中旬重新回到政府任職，讓第五軍與第十九路軍共同作戰。宋子文回國擔任財政部長，為上海戰役籌款。大量上海居民成為志願者，包括中共黨員。按照蔣百里撤退到「三陽」（洛陽、襄陽和衡陽）的策略，國民政府應遷都洛陽，遠離日本海軍和陸軍的攻擊半徑。

　　因為在閘北的狹窄街道進行步兵戰的策略失敗，日本改用飛機投擲炸彈，以及用艦炮向城內射擊。這是亞洲第一次針對平民的空中轟炸。日本宣稱他們只針對軍事目標，但在人口稠密的閘北，他們炸毀了成千上萬的房子、上海鐵路北站、商務印書館總部及其附屬的東方圖書館（前身為「涵芬樓」）。日本的炸彈也擊中了上海郊區一座營房，屋頂上有一個巨大的紅十字架，裏面住着遭長江流域洪水災害的難民。這看來並非意外誤炸，因為對該難民營的轟炸持續了四天。

　　日方的人員損失並未公開。《紐約時報》記者哈雷特‧阿班（Hallett Abend）參加了日方的葬禮，計算了骨灰瓮的數目，又到醫院數了病床數目。他估計，在上海戰爭的頭一個月，日本的傷亡總數約四千，死亡人數約七百人。中國方面的傷亡數大得多，包括很多平民。

　　日本報紙報導日本取得了光榮的勝利。日報每週出版一次登滿照片的號外，並首次將中國對手稱為「敵軍戰士」。此前，他們只稱中國士兵為中國人，或南方軍閥、北方軍閥。而現在，中國士兵成了「敵人」。

　　一個月的慘烈戰鬥後，天皇要求田中內閣時期的陸軍大臣白川義則指揮上海戰事。中將野村吉三郎被派往上海擔任第三艦隊司令官，負責指揮海軍。就這樣，一起疑似殺害日本僧侶的事件，演變成了一場由日本最資深的軍官指揮的重大戰事。

　　石橋湛山和大藏大臣高橋是清強烈批評上海戰役耗資甚巨。1905年，為了替日俄戰爭籌款，高橋將國債賣給美國金融家、投資銀行庫恩洛布公司（Kuhn, Loeb & Co.）總裁雅各布‧希夫（Jacob Schiff）。高橋指出，日本打不起這場戰爭，而且他想不出一個充分的理由解釋為何要打這場仗，也無法說服投資者借錢給日本或購買日本的國債。

　　最終日本成功佔領了上海，但付出了巨大的代價。這場戰爭賦予中國迫切需要的自信。蔡廷鍇成了民族英雄，他的照片出現在全中

國，甚至印在香煙盒子和鹽罐上。在今天的中國還能看到蔡廷鍇的雕像。這場戰爭給中國人的啟示是，日本會為了芝麻大的小衝突，不惜使用巨大的火力回擊。

通過英國、美國和意大利大使們的調解，1932年4月底中日雙方同意停火。戰爭持續了三個月，包括2月6日即農曆新年那一週。日本人舉辦的慶祝停火典禮選在4月29日，昭和天皇裕仁的生日當天。他們在虹口搭起了一個臨時舞台。典禮一開始，白川義則、駐華公使重光葵、司令官野村吉三郎、總領事村井倉松和日本僑民協會主席河端貞次走上了主席台。就在樂隊開始奏響日本國歌《君之代》時，一名韓國人跑向舞台，投擲了一顆炸彈。河端當場被炸死；重光受了重傷，右腿膝蓋以下截肢；白川身受重傷，於一個月後不治身亡。

因為這起爆炸事件，停火協議的簽署延後到5月5日。日方代表是重光葵。他躺在醫院的病床上簽字時，外科醫生正準備給他截肢。重光幾乎無法說話，但他還是對拿著停火協議文件的國民政府外交部官員張似旭說，「請告訴貴國人民，我真誠地希望我們能和平相處。」張似旭被重光葵的話感動了，想和他握手。重光伸出左手，用包著繃帶的右手輕輕拍了拍張似旭。此後，張似旭將簽署的停火協議送到外交部政務次長郭泰祺的病床側，由郭代表國民政府簽字。郭泰祺遭到一群強烈反對停火協議的學生毆打，也住院了。為了防止被憤怒的學生再度襲擊，他的病房由五位警察看守。東京的荒木貞夫發布聲明，希望停火協議簽署後，中國能放棄他們的「挑釁政策」。首相犬養毅的聲明最具和解色彩：「停火對雙方都有利，儘管不可能重建完全的和諧，除非損害中日關係的相互猜忌被清除掉。」他補充說：「歷史證明，如果中國人下定決心，就能夠統一中國。」犬養毅說這些話是在1932年5月5日，十天後，他就遭到一群年輕的海軍軍官暗殺。

韓國人在4月29日投擲的炸彈是在復旦大學的實驗室製造的。在此之後，小型炸彈成為恐怖分子在上海這種地方常用的武器。在上海

的日租界，在會議或電影這種多人聚集的場合，一定會先請觀眾站起來檢查座位底下是否有炸彈。

停戰後，第十九路軍移防福建，並在福建與國民黨分道揚鑣。孫科內閣失敗，由汪精衛內閣取而代之。蔣介石重新擔任國民革命軍總司令，繼續在江西剿共。因為上海戰役而形成的空前的團結消失了。各方都支持民族主義，但每一派都試圖從這場戰爭中獲取利益。日本的空襲是人類歷史上第一次針對平民的襲擊。畢加索著名的油畫描述了西班牙內戰時期巴斯克小鎮格爾尼卡遭遇轟炸後滿目蒼夷的景象，但那場災難要到五年後的1937年才發生，死亡人數是四百至一千六百。相比而言，1932年日本對人口稠密的上海進行的轟炸，死亡人數高達五千，甚至更多。日本從未計劃侵略全中國。可能除了荒木貞夫外，大部份軍官都避免全面入侵中國。

蔣介石對日綏靖的最後嘗試

1932年12月，齋藤實內閣批准日軍侵略熱河。熱河省位於長城以北，面積為十一萬四千平方公里。忙於在江西剿共的蔣介石許諾和張學良一起保衛熱河，但口惠而實不至。蔣介石派出實力最弱的軍隊參加戰鬥。日本的關東軍意圖在春季解凍前佔領熱河省。2月，他們出動二萬兵力進攻。熱河軍閥湯玉麟不戰即退，卻動用二百輛貨車搬運家產。湯玉麟部隊撤離時，還試圖把步槍賣給日本人。張學良將軍隊拉到邊界線，不是為了打日本人，而是為了在湯玉麟部隊南下過長城前，將其繳械。中方失敗後，張學良被迫承擔了保衛熱河失敗的責任，出走歐洲。這正中蔣介石下懷，既可以推卸責任，又少了一個潛在的競爭對手。

接着，關東軍和天津的守備隊無視昭和天皇的命令，開始入侵長城以南的區域。具諷刺意味的是，當松岡洋右在1933年3月代表日本

退出國際聯盟後，關東軍從此就不必再裝出一副努力配合國際規範的樣子。日本變成了一個恣意妄為的流氓國家，關東軍成了一支恣意妄為的流氓軍隊。

蔣介石最在意的是不能丟掉天津或北平，此外都可以妥協。為了避免讓南京國民政府承擔對日妥協的責任，蔣介石成立了行政院駐北平政務整理委員會，負責與日本談判。蔣介石任命已退休的黃郛擔任該委員會委員長，黃郛日文流利，與日本人的關係也很好。中日雙方達成停戰協定，建立了一塊包括長城沿線在內的五千平方公里的非軍事區。這項於1933年5月31日簽訂的文件稱為《塘沽協定》，對任何一個愛國的中國人來說都是醜聞。出人意料的是，胡適發表了一篇文章，肯定《塘沽協定》是唯一能避免北平和天津落入日軍之手的緊急方案，這篇文章使他成為一些民族主義者眼中千夫所指的敵人。黃郛因對《塘沽協定》的簽訂負有責任，也成了「漢奸」。中日之間發生的事情讓蔣介石敏銳地察覺到日本不斷擴大的胃口，他命令將故宮的文物打包，準備運到南方存放。

因為簽訂《塘沽協定》，蔣介石開始面對更激烈的、反對其綏靖政策的抗日運動。中共成了高調抗日的力量，但他們當時並沒有足夠的軍隊可以有所作為。國民黨無法大膽抵抗日本侵略，這使他們和民眾之間產生了隔閡。

在東京看來，《塘沽協定》的簽署是駐華日軍做的一系列先斬後奏的事情中的一件，他們先把生米煮成熟飯，再告知東京。東京既無計劃、也無策略對付深受日本民眾歡迎的駐華日軍。滿洲的日軍不僅有自己的戰略，還通過把熱河的鴉片賣到滿洲和中國其他地區，籌措經費。

因為簽訂了《塘沽協定》，並建立了非軍事區，1933至1935年華北的日軍可謂相對安靜。隨着滿洲的傀儡政權變成滿洲國，軍部和商工省的「改革派官僚」開始實實在在地在滿洲展開調查，以開發自然資源、發展工業及實現水力發電。1935年，日本成功地從蘇聯購買了東清鐵路，擴大了滿洲的鐵路網。

蔣百里及其抗日戰略

　　1919年，著名政論家梁啟超到歐洲旅行，陪同他的五位弟子之一就是蔣百里。儘管這些人在各自的領域都是一流人物，但受制於有限的經費，他們一路上過得像學生一樣拮据。在旅途中他們為國內讀者寫了文章，蔣百里在路上寫了一本關於意大利文藝復興的書，日後成為暢銷書。

　　蔣百里曾在日本和德國學習軍事學。第一次世界大戰造成的傷亡規模之大、以及軍事戰略變化之巨令其震驚。在歐洲，蔣百里目睹了陣地戰，以及使用坦克、榴彈炮、戰鬥機、毒氣等先進武器造成的巨大人員傷亡。與梁啟超等人出發去歐洲時，蔣百里表示要尋找「曙光」。旅途結束時，他說已經找到了。看到戰後滿目瘡痍的歐洲，他說他看到了中國在抗日中獲勝的可能性。

　　1906年，蔣百里以第一名的成績畢業於日本的陸軍士官學校，之後留學德國學習軍事學。很多畢業於陸軍士官學校的日本學生也去歐洲學習。蔣百里在德國時，宇垣一成是日本駐德公使館的武官，蔣百里也曾受邀去日本公使館參加日本學生的聚會。當時德國軍事學的根基是以優勢兵力速戰速決。這個理念和跟他在日本所學類似，這也是日本在日俄戰爭中使用的戰術。

　　對蔣百里而言，他的頓悟，即他在歐洲找到的「曙光」，就是發現德國的戰術失敗了。該戰術失敗的首要原因是德國取道比利時進入法國，繞道的後果就是拉長補給線，同時迫使德國留下一些軍力佔領比利時的城鎮。最重要的是，德國是進攻方，法國是防守方。蔣百里認為，激勵防守方的抵抗意志比鼓動攻擊方展開攻擊更容易。

　　從日本留學時代開始，蔣百里就認為日本必將再度侵略中國。他在橫濱跟隨梁啟超學習時，曾閱讀福澤諭吉以及翻譯成日語的赫伯特·斯賓賽的著作。從他們的著作中，蔣百里學到了達爾文適者生存

理論應用的一個方向，即社會發展通常止於領土擴張。他的腦海中因此浮現出一個中國可以抵抗日本侵略的戰略。他不可思議地預見到日本在未來中日戰爭中將會使用的戰術：日軍會自然而然地從沿海進入，然後佔領鐵路線。如果中國軍隊撤到內地，日本將緊追不捨，他們的補給線就會拉長，同時他們需要部署軍隊沿路佔領中國城鎮，以游擊戰戰術攻擊這些佔領部隊最為有效。在1937年日本侵略中國前，蔣百里一直在謀劃戰爭策略。

跟梁啟超前往歐洲前，蔣百里一直認為中國的問題在於領導層的危機。清廷被推翻後，蔣百里一直在尋找合適的領導人。但從袁世凱到各路軍閥，都是腐敗且自私自利的角色。按照儒家經典思想，他們缺乏德行，無法激勵軍隊。

分析了德國在一戰中失敗的原因後，蔣百里修正了自己關於中國問題的結論。他認為指望一個好領袖是沒有希望的，放眼當時的政治人物，沒有一個有才幹的人可以獲得「天命」。但即使沒有強有力的領袖，還是可以喚醒中國人抵抗日本、保衛自己的國家。中國是在守而非攻，激勵防守方比鼓勵進攻較易收效。因此，問題的關鍵不在領導層是否優秀，而在於如何克服老百姓的冷漠和無知。

在回國後的一次演講中，蔣百里說：「原來我們二十年來所聽見看見的戰略戰術的方式，純粹是從（軍國性）侵略性的國家轉來，而且無形上受了一種神經過敏、情感外張的惡習，動不動就是痛哭流涕的亡國滅種談。」他接着說，內斂是中國人從歷史繼承的智慧，只不過在短短的二十世紀前二十年裏，隨着並不適合中國的攻擊型軍事戰略進入中國，中國忘了內斂的智慧。[1] 利用自己熟知日軍優缺點的知識，蔣百里為1932年的「一二八事變」謀劃戰略，包括暫時從南京遷都至洛陽。之後，他和蔣介石改善了一度並不和睦的關係。1938年蔣百里突然病逝，但他應對日本進攻的戰略在其去世後仍然起到了重要作用。

從綏靖政策到統一戰線

　　1934年，在一次對軍隊的講話中蔣介石聲明，現在還沒到與日本開戰的時候。根據他掌握的數據，日本陸軍有三百三十萬士兵，海軍船艦總噸數為一百二十萬，航空隊有三千架飛機。日本完全做好了跟中國打仗的準備，而蔣介石明白，中國無論是從心理上還是物資上都沒有準備好與日本較量。1934年12月，蔣介石以「徐道鄰」為筆名發表了一篇文章，文中問道：日本究竟是敵是友？他指出，日本侵略滿洲後，中國犯了一個錯誤，就是沒有跟日本談判，而那時的日本還存在比較溫和的聲音。掌握談判時機恰到好處的例子，是一戰時列寧與德國簽訂的停戰條約，此條約挽救了布爾什維克革命。[*]

　　文章發表後，包括胡適在內的很多人都提出批評。胡適反對在任何與日本有關的文章中，以「朋友」描述日本。胡適認為，問題的癥結在於如何使日本少一點敵意，但絕無可能把日本當朋友。

　　大約在蔣介石發表那篇文章的同時，蔣百里正在寫一系列文章，這些後來結集出版成為一本暢銷書，書名為《日本人：一個外國人的研究》。[†]他反對蔣介石的觀點，指出根本不可能跟日本人談判，因為在日本沒有人可以既控制軍隊，又控制政府。

　　蔣百里總結說中日之間必有一戰，儘管他的日本朋友兼知己、軍務局長永田鐵山認為中國不是日本的敵人。蔣百里知道，對中國而言，這是一場自衛戰，中國不僅要做好付出巨大傷亡的準備，也要有忍受恥辱的力量。如果有一個精心規劃的戰略，他相信中國可以抵抗

---

[*]　譯註：這篇文章指徐道鄰：〈敵乎？友乎？——中日關係的檢討〉，《外交評論》第三卷第11/12期（1934年12月20日）。劉維開考證，該文完成於1935年1月，《外交評論》延遲出版，故出版日期為1934年12月。參見劉維開：〈《敵乎？友乎？——中日關係的檢討》新探〉，《抗日戰爭研究》2012年第1期，頁142–151。

[†]　譯註：蔣百里的文章於1938年8月開始在《大公報》連載。

並且戰勝日本，成為統一的國家。雖然他並不清楚中國如何才能擊敗
日本，因為日本人有一種世界末日般狂熱的、自殺性的戰爭觀。但他
確信，日本不能擊敗中國。

1935年，就在蔣百里的文章即將發表之時，永田鐵山被陸軍中佐
相澤三郎殺害。刺死永田的軍刀，與當年明治天皇賜於蔣百里和永田
的軍刀類似。蔣百里和永田都曾在陸軍士官學校就讀，永田於1904
年畢業，蔣百里則於1906年畢業。他們在各自的畢業典禮上致告別
演說辭，並獲得明治天皇贈送的軍刀。日本發生過很多次殘酷的暗
殺，但對蔣百里來說，這一次觸到了他的痛處。永田是軍隊中保守的
統制派的領袖，與宇垣一成一樣，他也重視軍隊的現代化。永田之死
是另一個信號，表明陸軍的中層幹部拒絕現代化，日本陸軍的指揮鏈
也斷裂了。

1936年2月26日，一千四百多名士兵在東京中央區發動了一場精
心策劃的政變，攻擊政府辦公室和《朝日新聞》大樓（即「二二六事
變」）。此次暴動中有五位政府官員遇害，包括大藏大臣高橋是清。這
些人膽大妄為，政變也差一點成功。此外，他們明顯事前在東京市中
心演練了好幾天，這意味着部份東京警察也捲入其中。此事終於驚醒
了日本軍事領導層和天皇，讓他們認識到軍隊中的激進分子有多麼危
險。叛亂者首次受到懲罰，十七名帶頭分子在審判後被處以死刑。
1935年刺殺永田鐵山的相澤三郎，也在1936年7月被處以死刑。策劃
九一八事變的幕後黑手石原莞爾也認為2月26日攻擊政府的行動是完
全錯誤的，他在要求參與政變的士兵自首方面做了很多工作。政變後
出現的日本領導集團不是來自文官或官僚系統，而是來自軍隊中的統
制派。

1936年12月，蔣介石前往西安會見一群國民黨將領。為了逼迫
蔣介石承諾與中共聯合抗日，張學良的下屬綁架了蔣介石。兩週後，
蔣介石終於妥協，同意聯共抗日。蔣介石遭綁架的消息傳來之時，蔣

百里馬上被召到西安。身為蔣介石的幕僚，他卻強烈支持國共聯合，抵抗日本。在他設計的戰略中，這是必要的第一步。

蔣介石是現實主義者。他知道自己在黃河以北無法抵擋住日軍的進攻。他可能不得不開闢第二條戰線，可能就在上海，就像1932年那樣。日本也可能出動艦隊和優勢兵力，如同1932年那樣。最終，國民黨可以遠遠撤退至四川省，離開日本的攻擊範圍，但如此一來也遠離了工業基地。中國能抵抗日本侵略，但能否擊敗日本則是另一回事。投降需要先談判，而中國很久以前就認識到，日本的公使和外交官都沒有談判的權力，陸軍和海軍將領也沒有這個權力。在日本的制度下，唯一可能代表日本談判或者投降的只能是天皇，而他早已選擇不行使這項權力。

戰爭前夜

在明治時代，與天皇合作治國的一小群元老集團擁有寬闊的視野，以及做決策的權力。那些加入岩倉使節團的政治領袖們，從1871年12月至1873年9月造訪各國並從整體層面研究其國家制度，完全不必操心日常政治管理。使節團回到日本後，帶回的是日本領導階層的核心力量，他們對國家制度應該如何運作有更寬廣的理解，也對總體國家政策有共識，他們歸國後，日本有了一個長期穩定的領導階層。從1894到1895年，甲午戰爭尚未開始，日本領導人就開始計劃如何進行和平談判，因為知道自己的局限，他們在戰爭之前就找好了退路。

相反，到1930年代，日本政府變得更大，各權力中心更加分散，很多不同群體都在爭奪控制權。1930年代期間，日本人收集了大量關於區域地理、中國軍事將領的名字及背景，以及中方軍事補給線

的信息。但沒有任何一個團體擁有代表國家整體作決策的權力。領導人如走馬燈般更換，暗殺如同家常便飯，掌權者不能進行長期、全面的分析，也不能提供穩定的領導。基於過去的戰功，軍官們認為可以創造更大的榮耀，但實際上日本已無力實現。日本正慢慢滑向戰爭，但他們沒有戰爭的計劃，更沒有戰後的和平計劃。

　　1894至1895年的甲午戰爭前，中國領導人對日本缺乏興趣，關於日本的信息掌握不足，也對面前的敵人缺乏了解。到1930年代，成千上萬的中國人曾在日本留學，有些還有日本密友，對日本相當了解。中國不僅擁有關於日本的詳細信息，對日本人的心理也有深刻的理解。他們能夠精細地分析日本人的計劃。但中國沒有統一，無法善用他們關於日本的知識。

　　日本的悲劇在於，他們能夠在沒有清晰戰略或使命、也缺乏能夠創造或執行戰略的中央權威的情況下，卻有能力動員軍隊。中國的悲劇在於，他們對戰略全局的分析令人擊節，卻缺乏統一政府、工業基地、武器和訓練有素的軍人來阻止進攻的日軍。結果，戰爭不僅給中日兩國都帶來了災難，也為希望共創和平的未來幾代人都製造了障礙。

第 **8** 章

中日戰爭
1937–1945[*]

1937年7月7日深夜，駐守北平郊區盧溝橋的一位日本士兵失蹤。[1] 一小隊日軍懷疑該士兵被抓進了附近的宛平城，於是越過盧溝橋，要求進城搜查。通常，每當該區的日本駐屯軍有這種要求時，中國方面都會妥協了事，不與裝備精良的日本軍起衝突。但這次守城的國民黨第二十九軍隊拒絕日軍進入。結果在天亮前，中日之間發生了一次小型軍事衝突。究竟誰開了第一槍？無論是當時在場的人，還是那些事後努力想把事情搞清楚的人，都各有各的説法。接下來幾天，隨着衝突升級，雙方軍隊在北平附近又發生了幾次小規模的戰鬥。

在中國看來，日本在盧溝橋的動作無疑是有預謀的侵略，是發動全面侵華戰爭的第一步。日本調集部隊之快，更顯示其早已準備打一場大規模戰爭。這次後來稱為「盧溝橋事變」的衝突發生之時，日本在北平和天津駐紮了五千六百名士兵，在華北的其他地區另駐有一萬六千四百名士兵。到7月18日，日本已經從滿洲的關東軍調集了兩個

---

[*] 「中日戰爭」，中國稱「抗日戰爭」，傳統以1937年的「盧溝橋事變」為戰爭起點，故又稱「八年抗戰」，但現在也有很多中日歷史學家將1931年「九一八事變」後日本佔領滿洲作為中日戰爭爆發的開始。西方一般稱為「第二次中日戰爭」（以甲午戰爭為「第一次中日戰爭」），以1937年作為戰爭的起點，本書沿用西方學界慣例。

旅團，從朝鮮調集了一個師團，以加強北平附近的駐屯兵力。7月底戰事擴大之時，日方馬上又加派了三個師團增援。此時，大約有二十一萬名日本兵駐紮在長城以南的華北地區。日本軍方領導人預計大規模陳兵北平和天津可以「速戰即決」，但他們低估了中國人不斷增強的抗日決心，而日本方面並未準備打一場超過三個月的戰爭。日軍不得不動員預備兵力，竭盡資源。在未來的兩年中，他們將會贏得每一場戰鬥，佔領華東和華中，但這些勝利也將耗盡日軍的資源，使戰爭進入僵局。1944年，日軍在絕望之際決定孤注一擲，發動另一次攻勢，但無法避免敗戰的結果。

盧溝橋事變發生後，起初蔣介石政府的一些要員和主將提醒他，中國還不具備抗日的條件。他們說，一旦開戰，中國就會被壓垮，因此只能繼續尋求和平方案。蔣介石並未接受建言。7月17日，在避暑勝地江西廬山的蔣介石，召集約一百五十名各界知名人士參加談話會，在會上發表〈對於盧溝橋事件之嚴正表示〉，稱保衛國家是所有中國人的責任。兩天後，蔣介石的「廬山抗日宣言」即公之於世。

日本向天津進軍時，遭到國民黨軍隊些許抵抗，但仍於7月30日佔領了天津。7月29日，國民黨軍隊已離開北平。8月8日，日軍進入北平時只遇到零星抵抗。蔣介石認為，要是在丟掉天津和北平這兩個北方大城市後他還不採取軍事行動，將會失去民心。他清楚，中方軍事實力無法與日軍同日而語，一旦抵抗，將會遇到很多問題。但要是能動員全國，那麼中國就可能如蔣百里估計的那樣比日本撐得更久。8月7日，蔣介石召開國防會議，決心抗日。儘管中日兩軍在華北已交火多次，但蔣介石認為，如果戰爭能在上海附近展開，情勢會對己方有利。8月14日，蔣介石決定將日本人趕出上海，使上海成為第一個主戰場。

1937年戰爭爆發之時，日本已是一個工業化國家，能生產飛機、軍艦、火炮，以及足以裝備每一位士兵的武器。日本全民教育普及，

所有士兵都有基本的機工技能。所有成年人都接受過政府制訂的標準
化教育，共享一套文化。入伍受訓前，士兵都接受過國民教育。國家
徵兵制度規定，所有年滿二十歲的年青人都要接受體檢。退伍軍人則
納入地方預備兵組織，幫助該地進行愛國教育以及協助一些女性和年
輕人的愛國團體。1930年代以一個日本村莊為研究對象的人類學家約
翰·恩布里 (John F. Embree) 發現，年青人出發入伍前，村裡的愛國組
織會舉辦特別的送行儀式，表示鄉親們以他為傲。*除了在早期的學校
教育中被教導要尊重天皇，日軍官兵覺得他們有責任為家庭和家鄉爭
光。日本在中俄戰爭和甲午戰爭中獲勝，也使他們以自己的國家為傲。

　　當時的中國依然是個貧窮的鄉村國家，甚至沒辦法讓每位士兵擁
有武器。與日本相比，中國缺乏飛機、軍艦和火炮。很多士兵沒有接
受過愛國教育，大部份是文盲。他們常講方言，操不同方言的士兵之
間無法溝通。國家也還沒有建立徵召體格健全的男性參加軍隊的國家
徵兵制度。只有少數將領在軍校接受過軍事訓練，很多士兵出身軍閥
部隊，沒有受過額外訓練。並非所有軍閥效忠於蔣介石，因此他有時
候不得不對軍閥讓步，以使其部隊替國家作戰。因為中國缺乏有效的
國家稅收制度，無法武裝所有的軍隊，有些士兵只能徵用老百姓的食
物和物資，而老百姓並不見得願意承受這個負擔。

戰爭前夕的軍事平衡

　　1911年後，日本陸軍司令部準備了中日之間爆發軍事衝突的應急
方案。該方案要求軍隊平時駐紮在國內，必要時才迅速前往中國，動

---

* 　譯注：恩布里的研究對象是福岡市的須惠村，其著作為 John F. Embree, *Suye Mura: A
　 Japanese Village* (Chicago: University of Chicago Press, 1939).

亂平定後即返回日本。1932年，日本深刻地感受到蘇聯的威脅，因此他們做了一個與蘇聯發生衝突時的應急方案。為節省軍費，日本減少了常備軍的規模，但維持了龐大的後備軍人。1937年1月，日本帝國陸軍大約有二十四萬七千名官兵，有十七個步兵師團、四個混成旅團、四個裝甲師團，還有大約五百四十九架戰機。其中兩個師團駐紮在朝鮮，四個師團駐守滿洲，其他的留在日本。[2] 日軍有現代化的輕、重型火炮。日本海軍當時在世界上排名第三。1941年太平洋戰爭爆發時，日本的航空母艦比美國還多。日本也有成規模的空中武力，其「零式艦上戰鬥機」的機動性超過任何美國戰鬥機。自從1931年九一八事變後，滿洲的重工業基地生產的軍事裝備不斷增加。陸軍與海軍雖然互相競爭，但各自擁有高質量的官兵訓練計劃。

1936年，隨着日本在中國境內與周邊地區的軍事活動不斷增加，越來越多的中國國民要求蔣介石轉向抗日，而不是對付中共。1936年12月「西安事變」之後，蔣介石同意與中共建立新的統一戰線，共同抗日。儘管國共雙方都開始對付日本人，但他們仍擔心，一旦抗戰結束，彼此又會兵戎相向。

蔣介石有一小群訓練有素的軍官，這些人畢業於黃埔、保定等軍校。他也有一支小型的國民黨軍（即中央軍），但如果要打大型戰役，則需要從各地軍閥那裏調遣軍隊。這些軍閥有些忠於蔣介石，有些則不願意將自己的軍隊送上戰場，為蔣介石賣命。從指揮北伐開始，蔣介石就以喜歡對軍官指手畫腳、不信任下級軍官而知名，一有機會就鉅細靡遺地指揮前線軍官。但他擅長選拔人才，也常到部隊慰問官兵。不在戰場的時候，儘管對瞬息萬變的戰機掌握有限，他仍然喜歡將重要的軍事決策權抓在手中。

與日本海軍相比，蔣介石的海軍力量幾乎不值一提。在戰爭初期，中國只有大約一百架從外國購入的堪用戰機。中國的優勢是地域

廣大，並擁有五萬萬人口，*是日本人口的七倍。但日軍火力更強、軍隊素質更高。日軍可以佔領城市和鐵路，但沒有足夠兵力控制周圍的鄉村。即使在一些已經控制城鎮地區的省份，日軍也沒有足夠兵力控制山區。

蔣介石推崇德國的軍事訓練和軍事戰略，從1928年開始就邀請德國顧問訓練國民黨的精銳部隊。1937年戰爭爆發之時，蔣介石有三十九名德國顧問，之後德國顧問的數量更少。但這些顧問在為蔣介石的精銳部隊建立軍事制度、為軍事戰略出謀劃策上貢獻良多。

華北與上海戰事，1937年7月至11月

日本的戰術是快速移動、包圍、殲滅。與其佔領土地，不如消滅敵人的有生力量。因為依靠奇襲和快速戰，日軍通常只攜帶輕型武器。此外，他們在發動攻勢前或在進攻期間會依靠轟炸和重炮削弱敵軍目標。

日軍沿鐵路追擊中方軍隊，切斷他們的後路。戰爭爆發時，大量中國軍隊集結在北京西南方的河北省省會保定。1937年，北平再度成為首都，改名為北京。†保定是一個小城，擁有一所素負盛名的軍校。日本人對保定進行了密集的空中轟炸和炮擊，但中國部隊將其軍事裝備加以偽裝，誤導敵軍。在地面上，中國部隊有效地進行抵抗和轉移，避開試圖圍殲他們的日軍。

---

* 譯註：關於1937年中國的人口總數沒有確切說法，一般說法是四億或四億五千萬，也有五億之說。

† 譯註：北京當時為「華北自治政府」（又名「中華民國臨時政府」）的首都，該政府是日軍扶植的傀儡政權。

當日軍從北京向西轉移到蒙古東部的察哈爾時，他們在平型關附近遇到抵抗。平型關是一個小鎮，位於橫跨河北和山西兩省的太行山的一個隘口。就像甲午戰爭期間進攻平壤時一樣，日軍先佔領了平型關西邊的高地。隸屬蔣介石中央軍的一個師在平型關進行了幾次反擊。由當時年僅二十九歲的林彪指揮的八路軍第115師移動到日軍南端，再往北直到隘口東端，躲藏在位於平型關的日軍與其東路補給線之間、接近主路的一處隱蔽地點。運送物資和彈藥的一百七十名日軍士兵帶着七十匹馬車和八輛卡車組成的輜重部隊到達隘口東端時，完全沒有想到會遭遇林彪部隊的奇襲。林彪部隊幾乎全殲日軍，奪得了一些物資。儘管只是一次小規模戰鬥，這一勝利為中共抗擊強大的日軍做了很好的宣傳。在平型關南邊、位於山西境內的忻口發生的戰事則大得多。日軍將近五千兵力被殲，但仍然取得了勝利並佔領了山西北方大部和察哈爾。他們接着開始選擇地方官員維持秩序，為傀儡政權服務。

蔣介石迅速將主戰場從華北轉移到上海，他可以調動駐紮在附近的國民黨軍官及其軍隊，這些軍官能力強且受過良好訓練。其他部隊則在開戰前就從西安和南京調來上海。為了打贏這一戰，日本不得不派遣北方的軍隊南下，這使國民黨在北方的軍隊有了喘息之機。蔣介石注意到上海的外國僑民比中國其他地方更多，因此他希望上海的戰事可以促使外國支持中國抗日。幾年來，日本商人試圖與中國合作，但自《二十一條》簽訂以來，上海日租界的日本僑民和中國人之間的關係變得非常緊張。盧溝橋事變發生後，上海居民馬上開始擔心1925年和1932年發生的衝突會重演。

1937年8月1日，日本海軍抵達上海。一千二百名日本海軍陸戰隊士兵試圖登陸並與駐守上海的小規模日軍匯合，與阻止其行動的中國軍隊發生軍事衝突。8月2日，中國戰機向保護日本僑民人身與財產安全的日軍發動進攻。第二天，日本戰機同時轟炸上海、南京和南昌三地（這三個城市火車一日可達），以殲滅中國的小規模空軍。

雙方都開始增援兵力。蔣介石請求軍閥派兵參戰，不久他就有了十九萬兵力。早先到達上海的日本海軍陸戰隊無法抵擋大規模中方兵力，因此在8月18日和19日增派了三個步兵大隊的海軍陸戰隊。

到8月23日，三個日本陸軍步兵師團開始登岸，但他們遇到了比預期更頑強的抵抗。9月11日，日本又出動三個師團。第二天，陸軍獲得天皇同意，再出動四個師團。日本此時仍然希望速戰決勝，但這個目標開始變得飄渺無望了。

日本人相信，如能速戰速決，就可以避免西方國家介入。為了避免進一步疏遠西方列強，從而增加他們與中國結盟對抗日本的風險，日軍沒有進入租界區。戰鬥在華界區及其附近進行。為了找到一個安全的避難所，眾多中國人湧入租界。

日本人發揮了優勢火力以及比國民黨空軍強大得多的空中武力，中方則使用了人海戰術。蔣介石的軍隊打得不錯，士氣也很高昂。雙方在上海進入肉搏戰。靠着海軍航空部隊的優勢火力以及新運到的火炮，經過兩個多月的鏖戰，日軍終於開始突破防線並成功阻止中方增援。10月25日，蔣介石再也無力阻止日軍的攻擊，開始將部隊撤出上海。但國民黨戰士們在閘北區的四行倉庫進行最後的抵抗，他們嚴防死守拖住日軍直到11月1日。

持續三個月的淞滬會戰是中日戰爭中一次規模最大的戰役。除了未遭日本侵略的外國租界，上海幾乎成了一片廢墟。估計有三十三萬中國人死傷，包括一萬多名蔣介石的軍官，其中不少是其最優秀的下屬。另有一萬一千多名日軍死亡，三萬一千多人受傷。

儘管日本打贏了淞滬會戰，卻未達成速戰速決的目標。蔣介石知道日本下一個可能的進攻目標，就是離上海一百六十英里的南京，但他根本無力保護這個國民政府的首都。蔣介石決定將軍事指揮中樞搬到武漢，他認為國民黨軍隊在那裏可以與日軍抗衡。國民政府的官員們從南京越過山區，遷移到重慶。蔣介石決定參照蔣百里多年前設計

的、最終能戰勝日本的戰略：將中國軍隊轉移到山區進行持久消耗
戰，直到日本人筋疲力盡，最終被擊敗。除了小部份留在南京的官
員，蔣介石的大部份的官員和部隊開始往重慶撤退。

當日軍向南京進軍的時候，有那麼幾天，有些人覺得中日有可能
達成某種停戰協定。日本委託德國駐華大使陶德曼（Oskar Trautmann）
會見蔣介石。與陶德曼會談時，蔣介石起先似乎願意考慮日方提出的
停戰要求，但到了12月7日，蔣介石認為他別無選擇，只有繼續抗
戰。相反，蔣的屬下及競爭對手汪精衛卻認為，如果中日能夠達成停
戰協定，就可以拯救很多人的生命。蔣介石拒絕陶德曼的努力後，汪
精衛繼續尋找機會與日本溝通，試圖以日本能接受的條件終止戰爭。

在淞滬會戰前，日本相信他們在華北和上海的閃電戰可以迅速逼
迫中國就範。上海一戰後，日本則開始為長期戰爭作準備。他們徵召
更多的青年入伍以及動員更多的後備軍，也開始增加戰機、軍艦、坦
克、火炮以及其他武器的產量。

南京大屠殺，1937年12月

中日兩國軍隊在上海鏖戰了三個月。戰事結束時，雙方士兵都因
缺乏睡眠與食物、筋疲力盡。雙方死傷慘重，都損失了一些最傑出的
年輕軍官。對中國人來說，日本人是仇敵。而對倖存的日軍來說，同
胞在上海戰場非死即傷的場景歷歷在目。這群向南京進發的日軍，現
在可以說是久經沙場的老兵了。南京的中國人已陷於恐懼之中。

日本人沒有料到大戰會這麼快從北方轉移到上海。當他們遇到頑
抗時，指揮官就趕緊調集更多兵力、籌獲更多武器，投入戰鬥。因為
他們沒有規劃後勤補給，結果，日軍不得不設法找食物，不可避免地就
會從當地倉庫、商店及百姓家裏下手，進一步惡化了與當地人的關係。

　　南京並非重要的經濟或軍事中心，但它是國民政府的首都，日本
領導人希望通過佔領首都，控制全國，迅速結束戰爭。南京的象徵意
義在於，蔣介石從1927年起就建都於此。它也是一座歷史名城、六
朝古都，在永樂遷都前的1368至1421年也是明朝的首都。故都遺跡
迄今猶在。

　　上海戰事一結束，日軍幾乎即刻向南京進發。在途經崑山、蘇
州、無錫等小城市時，他們不得不提防中國士兵的伏擊。為了降低風
險，他們一路燒毀樹木，甚至整個村莊，為後面的部隊開路。到12
月天氣已經變冷，日軍缺少過冬的保暖衣物。發往南京的報告將這些
還在趕往南京路上的日軍描述為可怕的敵人，一些野蠻的士兵偷盜食
品和物品，還沿路開槍殺人。甚至在日軍抵達之前，就有他們強暴婦
女、偷竊首飾的報告傳到南京。很多日軍指揮官明白士兵的苦處：出
乎意料地目睹許多同胞戰死、自己身陷險境，加上原先以為可以速戰
速決的戰爭卻看不到盡頭，心灰意冷之餘，他們對報告中提到的偷
竊、強暴和殺人，也就睜一隻眼、閉一隻眼。

　　在日軍迫近南京時，中國軍隊繞着南京城構築了三道防衛圈，但
都被日軍輕易突破。為避免政府官員遭到圍困，蔣介石決定趁日本人
到來之前，先讓官員們帶上政府文件，遷往重慶。11月20日，南京
報紙報導，官員們已經整理好行李出發去重慶了。當地人聽到新聞後
很害怕，爭相逃出南京城，希望躲到附近的郊區。無線電廣播說，國
民黨軍隊會留在南京，流盡最後一滴血。蔣介石決定帶領其精銳部隊
移往武漢，重新整編。他任命唐生智及其部隊、而非他最優秀的部隊
留下保衛南京。

　　11月22日，一群來自德國、丹麥、英國、美國的外國人碰面商量
成立南京安全區國際委員會，他們明知日軍就要打過來，還是決定留
下來。他們希望南京安全區和上海的租界一樣，成為不被戰火波及的
安全避難所。委員會成員包括幾位醫生、傳教士、大學教授和商人。

德國與日本在1936年11月簽署了《反共產國際協定》(Anti-Comintern Pact) 後，關係良好，因此這群人選了一位受尊重的德國人、西門子公司的代表約翰·拉貝 (John Rabe) 擔任主席。拉貝在自己的院子裏放置了一面巨大的納粹萬字旗，希望能避免日軍轟炸。得到留在城裏的幾個國家的外交官的支持後，委員會向日本駐華公使發出電報，要求基於人道主義理由，允許他們成立安全區，保護非戰鬥人士的安全。安全區位於西城，包括金陵大學、幾所醫院與外國使館、一些政府建築、小學，以及拉貝和其他幾位外國人的家。

電報送出數天後，委員會沒有收到日本的回應。擔心日本不承認安全區，他們通過中間人再次聯繫日方，終於在12月1日收到電報，被告知：「負責南京的日本當局擔心中國軍隊會將該區作軍事用途，不同意成立安全區。」但日本也表示，他們會在「與軍事目的一致的前提下，盡力尊重該地區。」委員會認為，日本當局的意思就是，如果該區不收容中國軍隊、不給日軍製造麻煩，就會盡力配合設立安全區的要求。拉貝去找唐生智，請他保證不要讓任何士兵進入安全區，以消除日本軍官的疑慮，並保護平民。唐生智表示，此事不可能辦到。

蔣介石和南京市長馬超俊於1937年12月7日離開。臨行前，馬超俊曾於12月1日將安全區的行政責任交給委員會。拉貝相當於代理市長兼安全區主席。當時，國民黨軍隊在南京到處燒屋，以免這些房屋被日本人利用。12月初，大多數政府官員和南京市民都已離開，或者前往重慶，或者逃到鄉下。逃難潮開始前，南京估計有一百萬人口，到12月7日，只剩下二十萬人左右。除了士兵和約一萬名百姓，剩下的人都在安全區。

12月9日，日軍兵臨城下。日方代表要求國民黨軍隊投降以避免戰事。他們宣布，如果二十四小時內不投降，就開始攻城。拉貝和安全委員會早先就要求唐生智同意投降，以避免南京城毀於戰火。等到日方發出最後通牒，他們再次緊急請求唐生智同意投降，但唐生智依

然拒絕，說如果蔣介石同意，他就同意。但蔣介石認為，國民黨不努力保衛南京等於向中國大眾發出錯誤信號。他拒絕投降。12月10日、11日和12日，日本炮擊南京，整座城市陷入火海。12月12日，錨泊在長江上、位於安全區西面的美國炮艦「帕奈」（Panay）號遭日軍戰機擊沉。日本當時仍避免與美國交戰，所以在兩週後向美國道歉，並同意賠償轟炸造成的損失。12月12日晚上，唐生智率領麾下大多數人馬離城。蔣介石和唐生智部隊的撤離，為未來作戰保留了大量兵力。但蔣介石的軍官團人數卻大大減少，上海和南京兩地的戰事讓蔣介石失去了70%的直屬軍官。

12月13日，日軍進入南京城。據估計，那天共有大約七萬日軍進城。到12月13日晚轟炸停止後，日本兵砸爛了很多商店的玻璃，開始搶劫，用簍子或人力車搬運劫掠的物品。外國記者寫道，失控的日軍就在安全區外屠殺百姓、強暴婦女。

之後幾個星期，日軍把數千名留在城裏的中國士兵集中起來，以機槍掃射。很多中國士兵改換百姓衣物掩飾身份，有時候他們從服裝店搶劫衣物。有些換穿平民衣物的士兵進入安全區，遭到尾隨而至的日軍搜捕，所有疑犯以數百人為一批被集中槍殺或燒死。換裝的士兵混入安全區後，區內的外國人和其他百姓更加危險。男性死亡人數增加，通常是因為日軍懷疑部份年輕人是偽裝成平民的軍人而將其殺害。安全區的外國僑民每天都到區外觀察，報告目睹的大量屍體的數字。有些屍體堆積在溝渠裏，有些則留在大街上長達數星期無人理會。接着，日軍開始焚燒殘存的房屋。有些安全區的負責人認為，日本人這麼做的原因是掩蓋他們劫掠南京商業區的惡行。

12月24日，為了恢復秩序穩定南京城，日軍開始登記當地人口。完成登記的人會拿到一枚袖章，理論上就不會有被殺的危險。除了十歲以下的兒童與老年婦女沒有登記，日本很快就登記了十六萬名對公共安全沒有威脅的百姓。由此推測，當時留在南京城的人大約在

二十萬到二十五萬之間。[3] 很多中國人繼續住在安全區，一方面擔心
出去會被日本人攻擊，另一方面因為大部份房子已被焚毀：先被中國
人焚燒，後來是日本人點火。但安全區人口太多，到了2月，很多原
本不住在安全區的中國人被迫離開，去其他地方安頓。

　　12月底至1月初，經過安全區負責人和日本外務省的談判，安全
區委員會成員把12月7日馬超俊離城時交付的南京行政權，漸次移交
給由日本人指導的「南京市自治委員會」。安全區國際委員會轉變為救
濟組織，為中國人提供食物和服務。

　　安全區的負責人向日本外交官求助，有些外交官也努力保護安全
區內的平民，制止搶劫、強暴和槍殺。但日軍對安全區負責人的控訴
漠不關心。拉貝等人每日都會報告他們目睹殺戮和搶劫的情形 ——
有時幾百人、有時幾千人被殺，還有學生、家庭婦女和其他年輕女性
被強暴。學者認為，這些每日報告與拉貝的日記是了解日本在南京暴
行程度最可靠的材料。

　　所有對證據有研究的學者、包括日本學者，都承認日本的確在
南京施暴，殺害了幾萬人。然而，在六個星期的交戰中，南京和附
近地區究竟有多少人遭到殺害與強暴，仍存在巨大爭議。當時的首
都警察廳長王固磐估計有二十萬人留在城裏。當時在南京的芝加哥
大學博士、社會學家史邁士（Lewis C. S. Smythe）公布的調查結果顯
示，日軍進攻南京時有二十一萬二千六百人留在城內，但他也支持可
能還有一萬人沒有計算在內的說法。根據當時在南京的外國人報
告，估計有一萬二千至四萬名中國人遭到日軍殺害。負責掩埋屍體
的中國慈善組織「世界紅卍字會」估計他們埋了四萬三千零七十一具
屍體。[4] 在發往德國的報告中，拉貝估計在日軍進攻及佔領南京的六
週內，南京及其周邊地區約有五萬到六萬名中國人被殺。在1946年
的東京審判上，兩位負責在屠殺期間掩埋屍體的組織的代表表示，他
們埋了十五萬五千具屍體。根據證詞及史邁士提供的信息，審判的

法官估計被殺害人數在二十六萬到三十萬之間。在1950年代，當南京大屠殺成為中國人談論日本在華暴行的中心話題時，中國官方聲明至少有三十萬人被殺。從那時起，中國學者採用的數據是三十萬或以上。

曾以歷史學家的身份在日本大藏省短期工作過的學者秦郁彥，於1986年出版的一本小書《南京事件》中承認日軍失去控制，犯下暴行。通過考察當時南京地區記者的報導、人口登記表，以及日軍抵達前逃離南京的人口估算數量，秦郁彥認為留在南京城的中國人要少於宣稱的數量。他也研究了四位目擊證人在戰犯審判時關於南京情況的證詞、南京軍事法庭審理此案時的信息、當時日軍在城內的活動，以及聲稱至少有三十萬人被殺的中國使用的數據。根據調查的材料，他估計約有四萬二千人被殺。一小部份日本右翼人士聲稱根本不存在大屠殺，但大多數日本人承認日軍在南京確實犯下暴行。戰時雖然無法知道準確的被害數字，但每一位考察過證據的學者都斷定南京發生的事情是一場巨大的悲劇。南京大屠殺留下的痛苦仍在，也成為日本戰時暴行的象徵。在指控日本拒不承認日軍在中國戰場的暴行時，南京大屠殺是中方指控的焦點。

徐州會戰與武漢會戰，1938

日軍計劃，在勝利佔領南京後即揮師北上控制徐州。徐州位於南京以北二百英里處，是重要的鐵路樞紐，南北鐵路(津浦線)和東西鐵路(隴海線)在此交會。在徐州附近，從南京來的日軍將與從北平地區向西移動的另一支日軍會師。佔領徐州後，聯軍將往西到鄭州、再南下前往華中地區的重要城市武漢。武漢在徐州以南三百英里處。日軍很樂觀，認為1938年3月底即可拿下武漢。他們相信，勝利奪

取武漢將使日本得以控制華中，削弱中國的抵抗。然後，他們就可以對中國施加軍事和政治壓力以結束戰爭，建立一個由日本控制的中國政府。

蔣介石明白徐州對日本作戰計劃的重要性，決定堅決抵抗，阻止、或最起碼拖慢日軍進攻的速度。蔣介石撤離南京時，在徐州有八萬兵力。他決定進一步加強徐州兵力，除了從南京撤出的部隊，還將駐紮在津浦線與隴海線沿線城鎮的軍隊調集到徐州。蔣介石總共在徐州集中了三十萬兵力準備一戰。那時的中共只有一支在陝西的小規模部隊，在徐州會戰中，蔣介石主要依賴桂系軍閥白崇禧和李宗仁及其手下訓練有素的部隊。

日本從北面、南面和東面三個方向進軍徐州。1938年2月初，中國軍隊試圖阻止日軍前進，在徐州北面約一百英里和南面約一百英里處與敵軍發生戰事，他們同時還在徐州東面抗敵。此次戰役中最激烈的一戰發生在3月22日，於離徐州約十三英里的台兒莊展開，持續兩個星期，打到日本幾乎彈盡，中方軍隊終於將日軍三個師團趕出台兒莊。日軍估計己方傷亡人數為五千。中方的傷亡人數估計高達二萬人。4月底，日軍在徐州附近集中了四十萬兵力及優勢火力，將中國軍隊趕出台兒莊。台兒莊鎮被戰火夷為平地。日方將台兒莊戰役視為代價昂貴的勝利，而中方對於最初把日軍趕出台兒莊深感自豪，甚至為這一自認的勝利歡欣鼓舞。

徐州會戰和台兒莊戰役為時五個月，中日雙方都付出了巨大代價。直到5月底大量增援軍抵達後，日軍將領才準備好進入徐州，他們計劃將二十萬名中國官兵包圍在徐州城內加以殲滅。5月17日，日軍炮兵開始對城內多處施行炮擊，19日，日軍入城包圍中國軍隊。而中國軍隊的策略更聰明。他們早已借着夜色，一小批、一小批地從各個方向溜出徐州城，潛入郊外。當日本人入城準備包圍並殲滅他們時，中國軍隊早已逃之夭夭。

　　中方認為徐州一役是一次大捷 —— 日軍死傷慘重，活下來的也已筋疲力竭，日本迅速亡華的計劃遭到挫敗，中國士兵還能成功脫險。但在勝利應歸功誰的問題上，中國政治家和歷史學家頗有爭議：是做出諸多決策的蔣介石？是親率桂系部隊作戰的李宗仁和白崇禧？還是戰場上的中層指揮官？

　　1938 年 6 月 5 日，中國放棄徐州、往南撤退時，蔣介石做出了一個抗戰中最具爭議的決策 —— 黃河決堤。當時日軍進入河南開封未久，開封是北宋的首都和文化經濟中心。蔣介石擔心，一旦日軍越過黃河，就會威脅鄭州的安全，遂決定以洪水阻擋日軍前進。6 月 9 日，蔣介石下令炸毀鄭州以北的花園口大堤，使黃河改道，讓洪水進入日軍所在的包圍區。對於黃河決堤造成的破壞，可謂聚訟紛紜。學者戴安娜‧拉里 (Diana Lary) 研究了各種報告，她估計黃河決堤導致數十萬老百姓淹死、幾百萬人流離失所，兩百萬至三百萬人因為後續的洪災和飢荒死亡。黃河決堤造成的問題，直到 1946 至 1947 年大堤修復成 1938 年前的狀態後才得到解決。洪水確實阻止了日軍進入鄭州，日軍到達武漢的時間也因此拖延了幾個星期。關於黃河決堤明智與否的爭議，一直持續到今天。主流觀點還是批評蔣介石，結果證明，決堤不過是讓武漢會戰稍微延後發生而已，卻犧牲了這麼多老百姓的生命。洪水迫使日軍從東邊沿長江攻擊武漢，因此後來的武漢會戰由海軍、而非南下的陸軍扮演重要角色。

　　日軍希望通過奪取武漢控制長江中游，也就是東西交通的重要路線，從而結束中國的抵抗。蔣介石決定，集中大部兵力於武漢東部待敵，摧毀日軍。開戰前，中國集結了約一百一十萬軍隊保衛武漢。到6 月，日本集中了四十萬兵力。日軍向來非常機動靈活，動用海軍與空中武力，依靠戰機和重炮支援陸軍，而中方只能依靠小型武器、機槍和手榴彈。

如同中日戰爭中的其他戰役，參加武漢會戰中的中國部隊來自不同地區，由不同將領指揮，其中有些將領並不特別效忠於蔣介石。很多西方軍事專家覺得，中國軍隊只能堅持大約一個月。結果，中國不僅成功拖住了日軍十個月，還造成了日方比預期高得多的傷亡。

日本與各國軍事專家都嚴重低估了1938年中國在徐州和武漢抵抗日軍的能力。麥金農（Stephen R. MacKinnon）認為，中國在徐州和武漢會戰中取得這種戰果，是靠軍事技能、袍澤情誼和戰場指揮官的作戰精神。這批指揮官中很多畢業於保定陸軍軍官學校。在制定戰術、領軍作戰方面，畢業於黃埔軍校的年輕軍官不如保定訓練的資深指揮官：黃埔畢業生的強項在於政治訓練（忠於蔣介石），保定軍官學校則注重戰術與執行。雖然中國的作戰部隊來自不同地區、背景各異，但士兵們接受的都是保定軍官指導的訓練，因此在作戰時他們可以合作以拖延具有優勢火力的日軍。蔣介石在徐州和武漢兩役親自督戰，也證明了他是一位有能力的總指揮。

中日戰爭中最激烈的戰事之一是1938年夏至10月25日的武漢會戰。6月中旬，日軍向武漢進發，最早的幾次衝突發生在距離武漢一百英里處的安慶和九江。日軍在兩地的對敵部署超過中國軍隊，迅速突破了中方防禦，於7月26日佔領九江。但接着日軍立即遭遇中方精心部署的抵抗，損失慘重，苦戰兩個月才從九江推進到武漢。日軍於10月25日進入武漢，鑒於失控日軍在南京的暴行引發了全世界的反日情緒，日方軍官加強維持紀律，防止搶劫和強暴。

武漢會戰後，中日雙方部隊都已疲憊不堪。雙方停戰了幾個月，以修整兵力。1939年初，日本對華中的南昌、長沙和宜昌展開攻勢。中國軍隊在三地頑強抵抗，有些時候他們的戰術和決心讓日方指揮官驚訝。蔣介石一直留在武漢，直到武漢會戰結束。中方軍隊還曾對日軍先前佔領的城市進行反攻。最終日本佔領了南昌和宜昌，*但損失慘

---

* 譯註：日軍佔領南昌的時間為1939年5月，佔領宜昌的時間是1940年6月。

重，也沒能殲滅敵軍。武漢一戰後，日本只能降低徵兵標準以填補虛空的兵力，將領們因此擔心軍隊素質下降。

1940年2月，在一次與高階戰略顧問的會談中，蔣介石分析了日軍優劣。他指出，日軍的優點是能夠掩飾真正意圖，對防線虛弱的地區發起突襲。徐州和武漢會戰是中日戰爭的轉捩點，此後疲憊的日軍放慢了征服中國的腳步。日軍放緩進攻速度的另一個原因是要撥出部份兵力對付蘇聯的軍事威脅。1939年5月，蘇軍和日軍在滿洲與蒙古邊境的諾門罕村發生衝突，日軍慘敗。日本認為必須將更多資源用於防止可能會與蘇聯發生的軍事衝突。日本陸軍省甚至在1938年，也就是諾門罕戰役前，就擔心會與蘇聯開戰。他們決定減少中國戰場的兵力：1938年中國戰場的兵力是八十五萬，1939年底降到七十萬，1940年底進一步減少為五十萬。

1940年5、6月，德國佔領法國和荷蘭，日本認為這是進攻歐洲的東南亞殖民地的新機會，可以將後者帶入日本主導的「大東亞共榮圈」。

離開武漢後，蔣介石及其追隨者穿過山區，抵達西南的山城重慶。在戰爭結束前，重慶一直是戰時首都。有些日軍將領主張對重慶發起全面攻勢，但1940年後，他們不敵主張進攻東南亞的一派，1941年12月後，更輸給要與美國一戰的聲浪。從1941年12月至1944年，日本將重心放在對美作戰上，只有餘力控制中國佔領區，但無力展開新的大型戰事，中日戰爭也陷入僵局。

傀儡政權：南京國民政府

1940年3月30日，日本在南京建立了一個由汪精衛領導的「國民」政府，類似其在滿洲建立的、由末代皇帝溥儀為名義領袖的傀儡政權滿洲國。日本扶植南京傀儡政府的時間比較晚，他們曾數次與蔣介石

非正式討論過和平計劃，期待蔣介石能對日本軍事佔領中國的立場有所讓步。3月20日，看到蔣介石不願妥協的態勢無可轉圜，日本決定利用與蔣介石爭奪孫中山繼承人位置的汪精衛，任命其為「南京國民政府」的傀儡首腦。蔣介石到重慶時，汪精衛一開始也曾投效蔣。但蔣對汪並不完全信任，有時令其辭職、有時又任命他擔任其他職位。隨着日軍向內陸推進，汪精衛表示，中國打不過日本，再打下去只會壓垮中國和中國人民。他主張走一條與日本談和的道路。

1940年建立南京傀儡政府時，汪精衛和支持他的日本人宣稱，汪政府的部長設置和政府結構與1925年在廣州建立的國民政府相似（汪精衛為首任國民政府主席），代表重建真正的國民政府。汪精衛就職典禮的一部份，是到紫金山祭拜中山陵，宣稱自己是孫中山的真正繼承者。與廣州國民政府類似，汪精衛政府也成立了行政院和立法院。儘管汪精衛政府聲稱是國民政府，在南京也吸收了大量行政官員，但汪精衛能夠控制的地區非常有限。

就像在滿洲一樣，汪精衛傀儡政權的實際掌權者是日本軍方。當汪政府尋求國際承認時，只得到日本、德國和意大利等少數歐洲國家的承認，其他西方大國依然支持蔣介石政權。汪政府為爭取國人支持日本所進行的宣傳活動，實為日方控制；而日方的宣傳意在鼓勵中國和東南亞支持日本反對共產主義和反對西方帝國主義的立場。

國民黨和中共都認為，與日本合作的汪精衛是漢奸。汪精衛及其日本支持者建立了間諜網調查抗日行動，凡有間諜嫌疑者格殺勿論。汪政權通過與日本上級合作，以恐怖統治鎮壓反抗。汪精衛本人於1944年病逝，二戰結束後汪政府官員中仍然有二千七百人遭槍決，二千三百人被判終身監禁。[5]汪精衛逝世後，中國人一直視其為臭名昭彰的漢奸，國民黨和共產黨都鄙視他。

日本佔領區的地方行政

在南京和武漢這幾個破壞殆盡、死傷慘重的地方進行戰時重建工作困難很大，其他地區也因物資供應混亂受到影響。大部份國民黨高官和精英都已隨蔣介石移往西南地區。從 1937 至 1945 年，大量難民因躲避戰爭逃入城市，北平、天津和上海等城市的人口略有增長。負責佔領區城市的行政工作是日軍指揮官的責任。

在佔領區，日軍有能力控制城市、大型市鎮以及城市間的主要交通工具 ── 鐵路，他們在華北和華中控制了四千英里長的鐵路。[6]但中國幅員過於遼闊，日本無法控制農村地區，雖然他們在 1939 年試圖在農村展開治安肅正運動。日軍雖然可以控制大城市的商業活動，但管理城鎮的小攤商已然有心無力，更不用說管理農村的小買賣。因為日本無法控制農村，城市周邊與鐵路沿線地區的本地人就可以加入抗日活動，以及不時地發動小規模游擊戰，有時甚至可以組織較大規模的攻擊。就像越南戰爭時的美軍，當時的日軍搞不清誰是進攻者，就將他們認定的敵人藏身處殘酷地破壞殆盡。游擊隊在鐵路沿線襲擊日軍，日本則通常以毀村滅莊報復。中國以「三光」即「殺光、燒光、搶光」形容日軍的暴行，以此作為強化反日情緒、鼓動愛國心的口號。

針對佔領城鎮後的管理問題，日軍完全沒有制定具體計劃。在佔領過程中很多地方只剩斷垣殘壁，一旦日軍進城，指揮官就要負責安定地方、穩定秩序。部份士兵還在搶劫、強暴婦女、殺害抵抗民眾，但指揮官們明白，只有與地方人士合作才能維持穩定。因此，他們不得不想方設法恢復市政以滿足人民生活的基本需求。

日佔區的地方重建工作主要由日軍主導，但中國太大，大量行政空缺只能由中國人擔任。一小群曾留學日本的中國人願意在日佔區政府擔任主管工作，主要在國家、省會或大城市的機關任職。此外，少

數能說一點日語、曾替日本殖民政府工作的台灣人和滿洲人，也被帶到佔領區充任較高職位的官員或負責日本人與當地人之間的聯絡。部份案例顯示，日軍為了控制社會秩序，會僱用曾在當地軍閥的部隊服務的民兵。由於佔領區政府的大多數行政人員都是不會說日語的本地人，少數譯員趁機扭曲從日本人處收到的信息與向日本人發出的信息，謀一己之利。沒有譯員，日本人幾乎無法和當地人溝通，只能藉助「筆談」，也就是與識字的中國人用漢字溝通。

日軍佔領城鎮後的要務之一是找到足夠的糧食填飽被統治者和日本兵的肚子。他們也不得不治療倖存的傷者、照顧孤兒。很多地方的紅卍字會成員義務掩埋屍體。此外，還要找人清理戰爭與焚燒房屋造成的破壞，替難民和無家可歸的當地人安排臨時居所，然後建造長期住房。

戰事還在持續時，日本和中國的地方領導人都無法進行長期規劃。一旦侵略者控制了局面，地方官員就必須徵稅，提供當地生活所需的服務，如治安、水電與修復道路。一些著名學府為躲避日軍侵略搬遷到雲南和四川等內地省份，一些工廠和醫院及醫療設備也搬到了內地，因此日佔區必須新建學校、工廠和醫院。公路和鐵路也是重建不可的項目。日本人有時能指揮重建規劃工作，但勞工都是中國人；又因為幾乎沒有工程機具，大部份工作都得靠鏟子、鋤頭和水桶等手工工具施作。在日佔區，當地商人為了生存不得不在日本統治下工作，有時候還要和日本人合作。總體來說，戰時生意並不好做。除了工廠被毀，市場和交通受到干擾也是問題。

在一些城市和市鎮，日軍佔領後不久就能迅速僱用地方人士充任行政工作，有時則需費時數月的聘任和解聘，才能建立起穩定的地方政府。他們試圖培養一群中國人為其提供關於地方人士、尤其是疑似正在組織抗日行動的本地人的情報。在比較大的區域，一俟

日軍佔領，就會有專門張羅地方事務的人士出面成立臨時委員會組織地方政府。數週或數月後，換掉不可靠或無能的人，才能成立常規機構。

有些中國籍的地方行政官員覺得有責任提供民眾所需，但他們別無選擇，只能聽命於日籍主管。替日本人工作這件事，會遭到大部份同胞的懷疑甚至仇恨。有些工作如收稅或者招募勞工和建築工人從事報酬微薄的體力活，不可避免會惹惱本地鄉親。在日本人交給中國籍地方官員的工作中，有很多類似的不愉快的工作，同胞因此認為他們可憎可恨、為虎作倀。至於疑似提供情報給日軍、導致同胞被抓捕或遭槍斃的人，更被鄙視為漢奸。而利用職權替家人或友人謀一己之私，而非為地方謀福利的人，則被視為無德無行的小人。在很多地方，只要與日本人走得近一點的中國人就會遭到懷疑。但也有一些中國籍地方官會出力提供公共服務，比如維持治安、清潔街道、提供食物和其他日常用品、保證水電無虞、修繕房屋等。

負責管理地方行政的日本人，尤其是那些靠軍功獲得晉升的軍人，大多都因自大和殘酷而招致恨意。但有些負責穩定社會的日籍行政官員被本地百姓接受，因為他們能夠穩定秩序、做事實在，改善了當地的生活條件，並約束其他日本人不得攻擊當地人、偷竊物品、侵犯婦女等。如同在台灣和滿洲，也有一些日本人盡力改善中國的公共衛生，提供醫療服務。另一方面，日軍利用權勢強暴當地婦女、掠奪財產，對不聽從指揮的人粗暴以對。通過關於二戰的電影，這些行為都栩栩如生地保留在中國人的腦海中。

戰爭結束後，中國人終於可以和那些勾結日本的漢奸算總帳。曾替日本人做事的中國人擔心遭到報復，通常會銷毀他們保留的紀錄。很多為日本做事的人被視為漢奸，戰爭結束後逃到外地，隱姓埋名，逃避懲罰。

戰時的留華日僑

1937年中日戰爭爆發伊始，留在中國的日本僑民就感受到中國人的敵意，很多城鎮發生攻擊日本居民的情形。一些日本公司讓員工及其家屬回國，留在中國的僑民則求助日軍保護。除了台灣和滿洲，日中關係變得非常緊張，雙方在商業、宗教、教育和文化方面的合作甚至友好接觸基本都終止了。深感不安的小城鎮僑民搬到哈爾濱、瀋陽、長春、天津、青島、北平、漢口、上海等大城市。上海是首選，他們可以在大型日本社區尋求安全保障。

上海是全中國日本人最多的城市，戰前日本僑民人數約為二萬，大部份居住在公共租界。隨着日本難民從小城鎮湧入上海，上海的日本人口增加到大約九萬。居滬日僑能感覺到日軍對他們的保護。根據傅佛果的研究，日僑日常所需由「日本人會」提供。然而，自1932年空襲及戰爭後，上海的日僑與華人的關係就一直非常緊張。

較小的日本社區，如天津日僑，比上海日僑更能融入當地。但戰爭爆發之際，他們與本市華人的關係拉得更遠，因為他們的人身安全，還有他們的商店和其他設備得到了日軍的保護。戰爭期間，中國人的民族意識變得更強、反日情緒高漲，留在中國的日本人也變得更不信任華人，與附近的華人社區也越來越疏遠。

未淪陷區

日軍在佔領武漢後元氣大傷，由於佔領區橫跨華北、華中和東南，兵力稀釋，無力佔領國民黨所在的西南地區，亦無力對付中共立足的陝北和其他山區。日軍也從未進入中日戰爭及國共內戰的邊緣地帶，即甘肅、青海、新疆和西藏等邊疆地區。他們確曾多次大舉空襲

重慶，也就是蔣介石及其國民政府與國民黨軍隊所在之處，也對中共總部所在地延安進行過數次輕度空襲，但從未派軍進攻國軍或共軍的地盤。

　　戰時，國民黨從尚在自己控制下的西南地區補充兵員，幫助蔣介石抵抗日軍。身體健康的男子幾乎都去當兵了。供應兵員最多的省份是廣西。帶領桂系部隊在中國其他地區作戰的白崇禧和李宗仁，擁有最善戰的國民黨部隊，徐州會戰，尤其是台兒莊大捷，替他們贏得了殊榮。

共產黨

　　對中共而言，抵抗可恨的日本人比早先打擊地主和商人更容易得到民眾支持，他們也善用這個機會宣傳愛國主義。延安的核心部隊是躲開國民黨第五次圍剿、經過長征於1935年底到達延安的八千士兵。他們在陝北的窮鄉僻壤過着艱苦的生活，但在積極地發展壯大運動。據估計，中日戰爭期間約有十萬人來到延安，其中有些是逃避日軍的難民，有些是渴望為國奉獻的知識青年——他們對國民黨的幻想破滅，為共產主義理想所吸引。在延安，共產黨沒有迫在眉睫的外部壓力，可以好整以暇地發展意識形態、黨的組織、軍隊以及奪取全國的策略。他們擴大黨組織，明確入黨規則，發動整風運動加強黨內團結，成功地建立了明確的指揮與被指揮的上下級關係。他們組織抗日大學，訓練軍事和政治幹部。他們也發展藝術與文學，對廣大公眾進行宣傳。1937年，中共大約只有四萬名黨員，到1945年戰爭結束之時，黨員人數已高達一百二十萬。中共的主力部隊八路軍從八萬人成長到超過一百萬，新四軍也從一萬二千人成長為二十六萬九千人。[7]

　　共產黨對日作戰的主要戰役是由八路軍副總司令彭德懷率領的「百團大戰」。從1940年8月至12月，彭德懷率領一百多個團攻擊日

軍，破壞了河北和山西的鐵軌和橋樑。當日本意識到百團大戰的威力，並擴大兵力投入戰鬥後，彭德懷及時撤退，中共部隊僅稍有損失。此戰以後，毛澤東決定中共部隊要保存大部份實力與國民黨作戰。自此，中共沒有與日軍發生過大規模作戰，只在很多地區以游擊戰騷擾日軍，破壞其軍事設施。

百團大戰後，彭德懷和劉伯承、鄧小平等將領向東轉移到位於山西省東部的太行山區，在那裏建立了晉冀魯豫（河北、山西、山東和河南）根據地。根據地可以從山西的肥沃地區獲得足夠糧食。同時因為軍隊生活在山區，日本人也難以找到他們。但他們離日軍不遠，可以利用游擊戰攻擊日軍或破壞鐵路。

除了華北的八路軍，中共擁有一支大型部隊——即在華中的江蘇與安徽的新四軍，還有位於其他地區的若干小型游擊部隊。根據中共出版物，到中日戰爭結束時，他們在全國有十五個根據地，大部份規模較小且主要位於山區。

正如畢仰高（Lucien Bianco）指出的，在國共內戰前夕，中國農民並沒有形成階級意識。他們關心的是稅、地租，以及各種特別捐費。蔣介石建立南京政府後，為支付政府與軍隊的費用決定加稅。相反，中共的宣傳卻強調他們精兵簡政，軍隊基本上自給自足。他們通過強迫地主減租來動員農民。中共也公開宣傳，他們訓練部隊尊重農民，不拿群眾一針一線，借東西要還，損壞東西要陪，部隊離開時要清潔呆過的地方。

川滇地區的國民黨

國民黨落腳重慶後，重慶迅速成為四川最大的城市。國民黨帶來了龐大的行政人員和相當規模的軍隊，成為當地經濟的負擔。大量難民隨之湧入重慶。據估計，中日戰爭結束時，重慶的人口比戰

前增加了五倍。蔣介石不得不徵收重稅以養活龐大的官僚系統和軍隊。蔣介石的部隊，就像進入重慶的難民一樣，必須靠當地人提供食物和其他物資。而當地人並不歡迎外地人，因為這些人的到來增加了負擔。新來人口也佔據了一些稻田。大量難民入川，重慶因此長期缺乏物資。物資稀缺導致失控的通貨膨脹，已然背負高賦稅和龐大人口壓力的當地居民擔驚受怕，政府控制通貨膨脹措施卻沒有一項是成功的。

當地人需要承擔高賦稅，而很多政府官員和士兵的薪俸也不足以舒適度日，許多想辦法增加收入的公務員卻遭到貪污的指控。日軍遠離重慶，因此聚集在重慶的中國人很難覺得自己的工作對抗日發揮了什麼功能。來自東部城市的移民發覺此地住房緊張，加上通貨膨脹、供應短缺、溽暑難耐，種種生活條件難以忍受，因而士氣低落。有些中國人和重慶的美國人都批評蔣介石的專制以及虐殺政治對手毫不手軟的作風。西方人覺得受過美國教育的蔣夫人宋美齡很有魅力，但那位沉默寡言、為人拘謹的委員長則缺乏道德與政治領導力。軍事指揮官們認為蔣介石事無巨細、無所不管。不過沒人懷疑蔣介石對中國未來的憂心與付出，蔣的日記也顯示，他其實思考周密，甚至會批評自己的判斷與解決問題的能力。

國民黨控制的區域除了重慶，還包括整個四川省以及雲南部份地區。全國各地的難民在兩省各處落腳。工業搬遷到雲南和四川，工人來自上海和其他地方。蔣介石利用從山區東部的工廠運來的機器在四川製造武器，但數量有限。北京大學、清華大學和南開大學的教員和學生在雲南首府昆明建立了西南聯合大學。

重慶最受歡迎的一位外國人是陳納德將軍。1937 年從美國陸軍航空隊退休後，他來到中國幫助國民黨訓練飛行員。他從美國陸軍、海軍與海軍陸戰隊招募飛行員，組成「美籍志願大隊」（暱稱「飛虎隊」），在他的指揮下與日機作戰。他本人和蔣介石也很對脾氣。為

了將外面的物資運送給國民黨，英國和中國合作修建滇緬公路，1938年公路修到了昆明。在日本於1942年封閉滇緬公路後，美國開始幫助中國空運物資，從印度飛越「駝峰」，也就是緬甸山區，送達川、滇兩地的國軍。

1942年2月，美國總統富蘭克林・羅斯福 (Franklin Roosevelt) 為了幫助中國抗戰，派遣能說中文的約瑟夫・史迪威 (Joseph Stilwell) 將軍到中國與蔣介石合作。在一星期內，個性尖酸刻薄、人稱「酸醋喬」的史迪威已經公開稱蔣介石為「花生米」，* 蔣介石也報以不屑。直到1944年10月羅斯福終於召回史迪威，兩人之間激烈衝突不斷。史迪威試圖讓蔣介石派軍主動攻擊日軍，遭到蔣的拒絕。在他們的個人衝突背後，其實是對於如何打這仗的觀點的衝突。蔣介石抗戰兩年無所建樹，加上重慶的種種困難，可謂精疲力盡。他要求美國提供更多物資與戰機支持中國，也對美國吝於支持表示失望。但羅斯福總統當時關心的是歐洲與太平洋的戰事，在歐洲戰事結束前他不認為中國比歐洲和太平洋戰區更重要。隨後美國開始生產更多的轟炸機，令蔣介石失望的是，羅斯福的優先策略是直接轟炸日本諸島，而非轟炸在華日軍及其裝備。在1943年11月的開羅會議上，蔣介石短暫地被抬高到盟友的地位，得以和羅斯福、溫斯頓・邱吉爾 (Winston Churchill) 會面。但史迪威的看法影響了羅斯福對蔣介石的印象——他認為蔣介石拒絕抗日，只想積蓄兵力，為將來與中共作戰作準備。

二戰時派到中國援助蔣介石的一些美國官員和分析人士如費正清 (John K. Fairbank)、白修德 (Theodore H. White)，以及芭芭拉・塔克曼 (Barbara W. Tuchman) 等戰爭結束初期的學者，基本上都站在史迪威這邊，對蔣介石以及重慶的國民黨評價較低，認為他們腐敗墮落。後來的學者如楊天石、陶涵 (Jay Taylor) 和方德萬 (Hans van de Ven)，

---

* 譯註：花生米，英文peanut，指笨蛋、微不足道的小人物。

同樣認為重慶腐敗墮落，但對蔣介石面對的困難以及他堅持不懈解決困難的決心持同情態度。

到1944年，一些派駐重慶的美國人對其所見所聞倍感失望，轉而寄望於中共軍隊，但他們意識到自己對中共所知甚少。1937年時，中國共產黨只是一夥苟延殘喘的小部隊，而經過十年民生建設的國民黨已成為全國性的執政大黨。從1937至1944年，共產黨逐漸趕上了對手國民黨。共產黨軍事力量有限，卻傳達了一個信息：他們正在和日軍打游擊戰、生活簡樸、主張減租減息——這些都相當吸引在延安的人和身處日佔區的愛國青年。他們有樂觀主義的精神，而這正是國民黨所欠缺的。1944年，日本發動了一次大規模軍事行動。國共力量的天秤已經往中共傾斜，此役後也將更傾向中共。

一號作戰

1944年，美國戰機與潛艦的攻擊使日本在太平洋戰爭中處於守勢。為了反撲，日本發動了「一號作戰」（即「豫湘桂戰役」），以摧毀美國在中國的空軍基地——該基地可以用作轟炸日本的起飛機場，也可用來建立一條從印度和東南亞到日本、一路暢行無礙的空中運補線，取代由美國潛艦控制的海上輸送線。「一號作戰」從1944年4月持續到1945年1月，是中日戰爭中規模最大的戰役，堪比歐洲的諾曼底登陸戰和德軍入侵蘇聯一役。當時駐華日軍共有八十二萬人，其中約五十一萬人參加了「一號作戰」。日軍方面有十萬匹馬、二百四十架戰機。在支持者以及美國希望他更積極抗日的壓力下，蔣介石動員了超過百萬的兵力迎戰。日本在此役中實施焦土戰略，部隊南下時，一路破壞產糧區和農田，以降低中方的抵抗能力。

衡陽會戰可說是中日戰爭中規模最大的戰役之一，甚至比1938年的武漢會戰還要激烈，國民黨軍隊英勇抵抗了三個月。「一號作戰」初期，中方缺乏有用的情報，誤把向衡陽進發的日軍當成佯攻部隊，並未部署足夠兵力應對。史迪威認為中國軍人作戰勇敢，但指揮官訓練不足。而且蔣介石有時會直接指揮戰場指揮官，就算他們認為蔣的命令與戰場現況不符，也無法抗命。更糟糕的，蔣介石並非每次都會向高級官員告知他下達給第一線指揮官的命令，這種做法有時候造成不同級別官員間的誤解。此外，中方物資不足，官兵給養不夠。在戰役初期，日軍訓練較佳、裝備更精良、紀律更嚴明。蔣介石承認，1944年的戰役是最令他失望和沮喪的一次作戰。

到1945年1月，日本完成了發動「一號作戰」的主要目標。他們摧毀了幾個美國可以用來空襲日本的機場，打開了南寧至東南亞的運輸路線，擊敗了所有遇到的中國軍隊。但他們防止日本遭受空襲的戰略失敗了。「一號作戰」發動兩個月後，美軍進駐馬里亞納群島，包括最大的塞班島，建立了幾個離日本夠近、可用於大規模轟炸日本的機場。在「一號作戰」中，日本犧牲了大量兵力。最終，還是美國領導的同盟國實施了空襲和投放原子彈，迫使日本投降。

「一號作戰」對國民黨的影響遠遠大於共產黨，因日軍規劃的主要作戰區域多半是由國軍、而非共軍駐守。國民黨軍隊因此役遭受重創，待1946年中國共內戰爆發之時，其實力要弱得多。

日本本土

日軍發動戰爭的能力歎為觀止。日本四島面積加起來還沒有美國的蒙大納州（Montana）大，卻接連挑戰中國、東南亞、美國，並在1945年8月前一直對這三個地區形成牽制之勢。日本首次將零式戰鬥

機(簡稱「零戰」)派往重慶作戰時，美國尚未有能與之一搏的戰機，只能提醒飛行員不要與「零戰」一對一較量。一直到1943年9月格魯曼戰機第一次出戰，「零戰」才棋逢對手。

日本國民十分忠誠，富有自我犧牲精神，對政府言聽計從。日本國內，即使面對家人的死亡和言論的箝制，軍人與平民都不會反抗。政府控制了國內所有信息，因此老百姓只知道軍隊光榮勝利，而不知日軍的暴行或戰敗。在1942年太平洋戰爭的中途島戰役中落敗後，倖存的日本軍人遭到隔離，被送往不同的醫院治療，因此老百姓無從得知日軍戰敗的消息。1945年，日本多個城市不斷遭到空襲破壞，宣傳機器卻宣稱這不過是軍方吸引敵人接近海岸、再一舉殲滅的策略。即便如此，百姓還是繼續過自己的日子、做自己的事。

部份聰明的日本官員看出日本可能會輸掉戰爭，但他們無法公開表達。1943年和1944年，日本仍然非常依賴滿洲的煤、鐵礦石和鋁土礦。但在1945年2月，從中國大陸運輸物資到日本的船隻都毀壞了，制定計劃的官員不得不調整方向，他們決定優先進口大豆和鹽，因為戰後需要這些東西幫老百姓填飽肚子。1945年7月，一小群人見面討論，為敗戰後的經濟出謀劃策。戰時的政治環境不容許說這是在計劃戰後經濟重建，因此他們稱自己是「日本自足方案學習小組」。日本投降當天，這個團體首次開始公開集會，改名為「戰後問題研究會」。

中日戰爭前夕，日本高層領導人沒能將心比心，體會中國人在高漲的民族主義情緒下會如何應對日本的侵略野心。他們智慧不足，看不到侵略中國會製造長期敵意。他們對美國也不夠了解，無法正確評估美國對日本偷襲珍珠港的反應。日軍顯露敗相後，日本人依然忠於國家，但領導人卻沒有勇氣及時投降，以避免國人大量傷亡和城市慘遭毀滅。

中日戰爭的遺產

戰爭結束後，日軍在戰時的暴行一一曝光。1937年發生南京大屠殺時，西方媒體只刊載簡短的報導；戰後東京戰爭罪行審判時，比較多的信息才得以曝光；到了1990年代，南京大屠殺受到更多關注。日軍懷疑村民藏匿游擊隊而清鄉滅村的行徑，戰時就有報導，戰後依然不斷獲得關注。日本731部隊在哈爾濱用活人進行致命的化學和生物試驗，受害者多數是中國和朝鮮的犯人——此事經中國人公開，但直到1993年日本才承認731部隊的存在。2018年，日本政府公布了三千六百零七名曾在哈爾濱此類機構工作的日本人名單，日本放送協會 (NHK) 電視網播出了一個節目，報導當年各種實驗的全貌，並承認這項計劃確實存在。

日本強迫東亞國家——主要是中國和韓國——的婦女 (即「慰安婦」) 到「慰安站」為日軍提供性服務的事件，在1991年獲得廣泛關注，尚在人世的慰安婦要求賠償她們的苦難。當時，一些日本官員相信，比起日軍在農村強姦婦女、引發抗日行為，把性行為限制在「慰安站」是更好的方案。在戰後，日本一開始否認政府參與其中，到1993年日本官員承認確有此事，並向受害者提供賠償。* 蒐集慰安婦信息的中國研究者估計，有五萬到二十萬名年輕女性被迫為日軍提供性服務。這些暴行公之於眾，使幾十年後的日本人因戰時日軍的殘暴行為處於辯護立場。

---

* 譯註：1993年8月4日，內閣官房長官河野洋平發表談話，對二戰期間日軍強徵韓國婦女充當慰安婦表示反省和道歉，即「河野談話」。但在2014年10月21日，內閣官房長官菅義偉表示否認河野的發言。

戰爭對中國的影響

戰爭對中國造成的損失無法估算。有人估計多達三百萬軍人和一千八百萬平民死亡，超過一億人無家可歸。[8] 城市和工業遭到破壞，因中日戰爭結束未久就開始國共內戰，像樣的重建要到1949年之後方才展開。

日本侵略讓全國各地的中國人認識到，要抵抗侵略者必須全國人民攜手合作。日本侵佔中國，導致強烈民族主義情緒的傳播，這種情緒先感染了一戰時在大城市受過教育的精英，然後傳播到較小的內地城市以及鄉下的農民。抗日需要地方團體聽命於代表更廣泛國家利益的群體，因此與地方軍閥相比，國民黨的力量得到加強。戰爭也使共產黨從一個小規模的造反團體，變成一個大規模的愛國組織，而且蓄勢待發，意欲奪取領導中國的權力。戰爭讓他們有時間和空間籌劃內戰，策劃未來領導中國的藍圖，也讓他們有機會擴張自己的核心組織——軍隊和黨，這將成為中共統一中國的基礎。

最終，美國打贏了戰爭並迫使日本投降，但國民黨宣稱他們戰勝了日本。要不是他們堅韌作戰，哪能牽制四百多萬日軍？但除此之外，很難找到作為執政黨的國民黨還有什麼全國性的偉大成就值得自豪。一支幾乎所有重要戰役都敗北的軍隊很難昂首闊步；接二連三的敗北也打擊了國民黨的士氣。戰爭結束時，國民黨官兵的數量仍比共產黨多得多，其中也不乏忠誠幹練之士。即便身為執政黨，國民黨的號召力和共產黨相比卻天差地遠：中共為了說服農民送孩子參軍，正在推動減租減息政策。國民黨也無法輕易反對中共減稅的要求。

中共於1949年10月1日掌權建國，靠的是戰時在延安形成的視野和組織架構。1949年後，延安培養的人才開始擔任重要職務。延安實質上是個訓練和構思的基地，延安培養的人才與討論的規劃，於清朝滅亡後第一次建立了一個真正的全國性政府。1949年戰敗後，國民

黨撤退到台灣。他們也利用了重慶時期建立的組織架構及共事的人才。建國後，中共在一系列的政治運動中對留在大陸的國民黨高官非殺即棄。但畢竟中國幅員廣大，共產黨需要使用大量人才。因此，戰前或戰時由國民黨培養的人才就在低一級的位置上得到任用。

戰爭對日本的影響

1945年，那個始於十九世紀後半葉、日本可以領導亞洲國家實現啟蒙和現代化的夢想不僅破碎了，還變成了夢魘。從1860年代開始建立的現代的行政結構、教育制度與經濟上所取得的巨大成就，最終沒有為日本或是其鄰國帶來榮耀，反而帶來了悲劇。幾百萬日本人喪命，有的死在中國，有的死在日本本土。城市遭到毀滅，工業基地淪為廢墟。佔領滿洲的早期階段確曾為日本帶來經濟利益，但在1937至1945年中日戰爭時期，滿洲對日本而言是個徹頭徹尾的災難。日本在中國投入了大量資源，最後只能帶回敗戰的軍人和回鄉尋找工作和尋求救濟的日本僑民。

日本老百姓相信，自己的家人前往中國是為盡一己之責服務國家，而非做邪惡的事情。戰時日本媒體遭到嚴格管制，軍人家屬無法知道日軍在中國的暴行。日本被迫投降時，天皇要「堪所難堪、忍所難忍」，國民也只是批評那些引起戰爭、堅持持續戰爭的軍國主義者和政客。戰爭結束後數年，他們仍然消沉沮喪，不僅因為山河破碎、生活貧窮、營養不良、工作無着，也因為他們相信日本曾經所走的道路、那條他們曾經奉獻了生命的道路，不僅失敗了，還留下道德污點。日本人堅信，他們的國家應該放棄軍國主義，走上和平之路。

日本人勤奮工作的習慣並沒有因為戰敗而改變。戰前和戰時都努力工作的日本人開始清理廢墟，重建家園。靠着美國的援助，他們將武士刀變成鋤頭，利用戰時學得的技術重建民生經濟：在戰時生產瞄

準鏡的公司為消費市場生產相機，生產軍用卡車的日產和豐田(Toyota)
公司學會了生產商用汽車，建造軍艦的造船業者開始生產油輪和運輸
船，為戰爭服務的政府機構則轉型為處理內政的基礎機構。

　　日本人認為應該放棄曾支持軍事領導人的威權政治制度，準備追
求民主。他們也接受了天皇並非神聖的觀點。日本曾是核武器的攻擊
目標，因此他們決心不發展核武器。他們決定要以西方國家為榜樣，
進行政治現代化，並與其他國家合作，建立並維持和平的世界。

　　日本的二戰倖存者為他們的親友驕傲，因為他們願意作出自我犧
牲，為別人和自己帶來美好的結果。他們願意將自己看成是好人，做
的是好事，不僅為自己、家人、朋友，也為世界和平。他們願意為做
這些好事作出犧牲。

＊　＊　＊

　　中日戰爭使日本人的觀念發生變化，文明、先進的日本可以幫助
中國實現現代化、抵抗西方帝國主義的觀念成為夢魘。在很多國家，
包括中國，日本被視為殘忍、喪失人性、毀滅中國的侵略者。

　　在中國國內，因為日軍暴行產生的仇日心態，強化了愛國主義和
民族團結。在1945至1949年的內戰中，很多指控國民黨軍隊暴行的
內容，與指控日本人戰時的殘虐並無二致。後來台灣和中國大陸重建
了貿易關係，中國大陸關於國民黨軍隊殘虐的宣傳就減少了。事實
上，從1990年代開始，關於日軍在二戰中暴行的宣傳增加了。1937
年到1945年的中日戰爭，帶給日本人無數悲劇，帶給中國人的悲劇
更多。這些悲劇今天還持續影響着中國對日本的態度。

第**9**章

日本帝國的崩潰與冷戰
1945–1972

1945年，日本輸掉了戰爭，也輸掉了殖民帝國，其版圖縮小到甲午戰爭前的規模：滿洲重新成為中國的一部份，朝鮮獨立，台灣回歸中國。中日兩國需要遷移的人口超過一億，大多數人返回了故土：日本人從中國和亞洲的其他地方回到本土四島；二戰期間為躲避日本侵略逃難到西南、西北以及海外的中國人，則回到了父輩居住的地方。戰後，脫離殖民統治新成立的民族國家開始治理各自疆界內的領土，國家認同也隨之調整。

1950年，當這一大規模人口遷移逐漸停止時，朝鮮戰爭爆發了，亞洲各國轉而依據冷戰劃下的疆界發展國際關係：中國和蘇聯結成同盟，日本和美國成為盟友，台灣和中國大陸則分而治之。

第二次世界大戰之後的三十年間，中日兩國都經歷了各自歷史上最受矚目的變化。與二戰前相比，1949年國共內戰結束後成立的中國政府與1952年結束同盟國軍事佔領後的日本政府，不僅國家的疆界不同，政府結構和國家目標也相異。

自1911年帝制結束後，在國共內戰中獲勝的共產黨於1949年首次統一中國，建立了一個與帝制時期和國民黨統治時期全然不同的國家體制。中國建立了共產主義制度，並在1950年與蘇聯締結盟國關係，隨之帶來諸多內部變化。1953年，中國引入計劃經濟，其後大躍

進和文化大革命的動員讓人民痛苦不堪，這兩個運動都因為對國家造成破壞而終被廢止。1969年，中蘇發生邊境衝突，中國開始以前所未有的開放度調整與西方的關係。1970至1971年，中國與二十多個國家建立了外交關係，並邀請美國派出訪華代表，促成了1972年美國總統理查德·尼克松（Richard Nixon）訪華。

1945至1952年同盟國佔領日本期間，出現了人類歷史上首次由佔領方推進的最全面的國家重組和轉型。日本放棄了軍國主義，採用民主機制，重新調整經濟結構，並修改教育制度。自1950年代開始，日本加強了與國際經濟的聯繫，啟動了快速工業化，極大地提高了生活水平。日本的快速工業化模式後來為韓國、台灣和中國大陸所仿效。

1949至1972年的冷戰時期，中國和日本幾乎沒有接觸。但兩國商人和歷屆國家領導人設法保持了暢通的溝通渠道，這些渠道為1972年後中日發展出兩國歷史上最緊密的關係鋪平了道路。

日本帝國主義的崩潰

戰敗不只終結了日本的帝國主義，也終結了大日本帝國的野心。隨着二戰的結束，很多殖民帝國都瓦解了，但沒有哪個國家在殖民地的官員、士兵和移民的人數超過日本。戰時，日本七千二百萬人口中大約有六百九十萬居住在海外，其中三百七十萬是士兵，三百二十萬是平民。日本的殖民力量介入台灣、朝鮮與滿洲之深，遍及當地生活的方方面面，非其他殖民強權所能企及。西方列強對迢遙萬里的殖民地的控制，也遠不及二戰時日本對其佔領的三分之二中國國土的控制。

與中國民眾在1895年甲午戰爭後的反應相似，1945年的日本民眾對本國的慘敗震驚不已。正如1895年前中國人對本國文明的優越

性毫不懷疑，曾經對戰勝中俄兩國深感自豪、且通過受控制的媒體獲取信息的日本民眾，一直對日本身為亞洲領導者的角色極端自信——直到1945年空襲和原子彈摧毀他們的家園。1895年甲午戰敗迫使中國人明白帝國體制已毫無活力，1945年日本戰敗也迫使國人明白，軍人主導的帝國主義難以為繼。如同中國，隨着傲極一時的自我形象的破碎，日本也經歷了重新調整自我的痛苦過程。甲午戰敗後，中國從擊敗自己的國家日本了解新世界；1945年後，日本從擊敗自己的國家美國了解新世界。

1945年8月，在中國大陸、朝鮮半島和台灣身居高位的日本帝國主義者，突然成了可被隨意指使的對象。他們過去是加害者、驕傲的戰士和殖民移住民，戰敗後淪為受害者、難民和祈求者。中國的日本移住民使用的貨幣失效，幾乎一夜之間淪為赤貧，很多人為了填飽肚子淪落到不得不典當衣物。

重新安置與日本認同的窄化

日本帝國主義的終結給何謂「日本人」一個更狹窄的定義。在1920年代，成為日本帝國一部份的台灣與朝鮮人曾被視為日本公民，滿洲人要是不算日本公民，最起碼也是日本臣民，屬於日本帝國的一分子。台灣、朝鮮和滿洲的年輕人可以進入日本人辦的學校，使用日語、學習日本歷史。台灣和朝鮮的學生還要取日本名字。此時的日本開始接受一種更寬泛、不侷限於一國國民、納入了台灣人和朝鮮人的「日本人」定義。雖然一些台灣和朝鮮人感覺自己被視為二等公民，畢竟他們仍被視為二等的日本公民。

1945年日本戰敗後，根據英國、美國、蘇聯和中國這四個同盟國簽署的《波茨坦公告》，曾生活在朝鮮、台灣和滿洲國等日本殖民地的

居民不再被視為是日本人。「日本人」的定義窄化到只包括祖先是日本人、在甲午戰爭前即住在日本四島或周邊小島上的人。住在朝鮮半島的人成為朝鮮人，住在滿洲和台灣的人成為中國人，住在日本的朝鮮裔和台灣裔居民成為日本的外國居民。

滿洲（現在的黑龍江、遼寧和吉林等地）的日本人大多住在接近俄國邊境的黑龍江省。戰爭結束時，有些日本人投降了蘇聯。投降者中，有人試圖逃走、有人自殺。大約六十萬日本囚犯被帶往西伯利亞，很多人在那裏從事修建房屋等體力勞動。蘇聯官員估計，在接下來的幾年間，約有六萬名日本囚犯死亡，但日本方面估計的死亡或失蹤人數要大得多。1947至1949年間，大約有四十五萬在蘇聯的日本囚犯獲釋回國。倖存者返國後，還常常想起西伯利亞的寒冷氣候、非人的生活條件和看管者的殘酷。

因為士兵擁有搭船回國的優先權，在1946年5月美國提供船隻輸運日本平民返鄉前，只有少數滿洲的日本平民有機會離開中國。他們缺乏食物，日本投降後也沒有任何收入，這些坐等船位的人只能在生死線掙扎。據估計，中國有多達二十萬日本平民在等待回國期間死亡。1946年底國民黨軍隊控制南滿大部份地區後，蔣介石與美軍合作，幫助運送日本平民離境。到1946年底，大約有一百四十九萬二千名日本人回到日本；到第二年年底，又有三千七百五十八人回國。遣送日本人持續到1948年8月結束，但估計1949年後仍有六萬名日本人留在了中國，其中大部份是跨國婚姻家庭的孩子。1949至1953年間，回到日本的人數很少，但在1953年估計有二萬六千人得以回國。[1] 從1945年8月到1946年12月，有六百七十萬名軍人和平民從中國以及東南亞、朝鮮和台灣回到日本。[2]

在滿洲，一些有同情心的中國家庭為貧窮的日本人提供食物和避難所，有些甚至領養了日本孩子。這些孩子中有的和父母分開了，有的雙親已經離世。幾千名日本寡婦、鰥夫和單身男女找到了中國配

偶。到1946年底，在滿洲的大部份日本倖存者都被遣送回國，有些日本孩子仍然留在中國家庭中。

　　走投無路的的日本移住民們終於得到船位回國後，他們面對的國內情形和中國難民回鄉後的狀況十分相似。經濟蕭條，食物嚴重不足，返鄉的日本人只能想方設法找尋安身之處和謀生之術。幾個世紀前，戰敗的客家人逃往南方，在當地人不願居住的起伏不平、地力貧瘠的地方定居。同樣，很多日本人返鄉後，以種植農作物謀生，最初就定居在產量較小的丘陵地區甚至山區。他們大多落腳在九州島南端，或是全家遷移滿洲前居住的本州島南部。有些人則擠在親戚或朋友家。很多返鄉者的親戚因為戰後物資短缺，吃住都成問題，不過還是有些人在盡力幫助回國的同胞。但也有人不大願意與親戚、熟人或前同事分享自己擁有的一丁點資源，畢竟他們好幾年、甚至好幾十年未曾見面或音信全無。

　　1947年後，隨着日本從美國進口小麥，食物匱乏的狀況開始緩解，但歸國者和不曾出國的日本人之間的心理隔閡還沒有消失。日本社會非常同質化，即使很小的差異有時也會顯得很明顯。對許多不曾出國的當地人來說，返鄉者沒有完全融入同質文化，很多人因此被視為外人。隨着日本將其聯繫擴大至全球，一部份才華卓著、有大城市生活經歷的返鄉者可以很快就結識了外國人士，但也有些人因為被視為外人而備受困擾。這些日本返鄉者的經歷，無論是他們居住海外時期的生活，或是回國後重新適應當地社會的體驗，成為日本小說、短篇故事、電視劇和電影的常見主題。

　　1949年共產黨取得政權時，大約有三萬四千名日本人留在中國，大多住在東北。有些已經在中國社會生根，他們選擇留在中國，與中國人共事。有些擁有技能和知識的日本人未獲准離開，當局要求他們再留數年以確保日本工廠繼續運作。[3] 比如後來參加朝鮮戰爭的中共空軍，就是由投降的日本帝國陸軍航空軍的林彌一郎少佐等幫助建立的。

中日戰爭結束時，大約有兩百萬來自台灣和朝鮮的人在日本生活和工作。有些人是自願前往日本，有些則是被迫到日本從事建築或挖礦等體力工作，替補參軍的日本人。這些來自中國、朝鮮和西方國家的勞工形容他們的工作是「奴隸勞動」，後來寫文章講述他們在艱苦環境下長時間勞動的經歷。由於在故鄉的生活漂泊不定，有些台灣和朝鮮勞工決定不回國，有些朝鮮人返回朝鮮後又回到了日本。最後，大約有一半的強制性勞工回到了台灣或者朝鮮，回國後他們和回鄉的日本人面臨同樣的問題。

在日本帝國主義鼎盛期，外國勞工一度被視為日本人。日本戰敗後，工作機會變得有限，日本人的定義改變之後，他們面臨無法被日本社會接受的困境。外國勞工大多等了幾十年，待日本經濟復甦、政策更寬容後，才獲得了公民身份。

1945年後，留在本國的朝鮮人和台灣人不再是日本帝國的臣民，他們也面臨認同問題。台灣成為日本的殖民地長達半世紀，所有六十歲以下的人都接受過日本教育，所有四十五歲以下的朝鮮人也接受過日本教育。很多人已經習慣了日本銀行業和商業的運作方式。日本的統治如此深入，以至於朝鮮和台灣的年輕人在文化上都已成為日本人。殖民統治期間，很多人的生活水平提高了，有些人和日本移住民密切合作，交了很多日本朋友。四十多年來，日本在台灣駐軍不多。日軍在朝鮮扮演的角色也遠比不上它在滿洲那麼重要。1945年後，很多朝鮮人和台灣人仍然和自己的日本朋友保持聯繫。

在1895年日本接管台灣之前，台灣曾是清朝的一個府，有幾年還曾建省，但不是一個獨立國家。因此，台灣人沒有像朝鮮人一樣，集結在民族主義的大旗下反抗日本佔領。大陸居民為躲避內戰以及共產主義逃亡台灣後，將原來以日文命名的街道和地點改以中文命名。1946年2月後，國民黨政府禁止放映日文電影，只允許放映國語電影。國民黨部隊抵達台灣後，已然吸收日本文化的台灣人開始由中國軍隊和將中國文化引進學校的政府官員來統治。在台灣和朝鮮，戰時

曾受僱於日本的人，日子特別難過，他們被當成不愛國的通敵者，甚至會遭到公開批判與殺害。

　　有些1945年後留居中國的日本人，後來表達了想回國的意願。但1946年中國爆發內戰，遣返日本公民不再是緊急事宜。1952年後，中日政府之間的聯繫開始加強，日本政府提出的一個關鍵議題就是要求遣返滯留中國的日本公民。中國高層官員中的首席日本專家廖承志（見〈中日關係史上的關鍵人物〉），在1953年2月至3月間與日方就該議題進行了談判。六個月後，約二萬名日本人遣返回國。1955年7月，兩國關係得到改善，日本要求中國提供在中國失蹤的四萬名日本人的信息。中方提供了部份信息，其中不少人也獲准回國。

　　大部份在1949年後回國的日本人學過中文，在中國也有自己的謀生之道。與1945和1946年返鄉的日本人相比，在經濟方面，他們擁有的機會更多。然而在文化上，他們更像中國人而不像日本人，和戰後即刻回國的同胞相比，更難適應日本的環境。一部份人在意圖與中國發展貿易的公司找到了工作，得以發揮他們的中文能力、將在中國經商的經驗以及在中國的人脈付諸應用。

　　滿鐵的管理人員在九州定居，從事區域規劃工作。上海東亞同文書院的研究者在愛知大學成立了中國研究科。很多曾在中國擔任管理工作的人員成為了中日友好協會的骨幹成員。

　　日本投降後，那些在1930年代末為逃避日軍進攻而遠離家園、躲到日本帝國主義者鞭長莫及的鄉下或西南大後方的中國人，開始重返家鄉。大部份人在戰爭頭幾年已逃往外地，有些人則走得比較晚，在日本轟炸上海和重慶，以及1944年日軍發動「一號作戰」進入河南、湖南和廣西後才開始逃亡。大多數難民都極端貧困，有些甚至凍餒而死。移居之地的文化和家鄉完全不同，很多難民一直無法適應。

　　戰爭結束後有多少中國人開始遷移，並沒有可靠的數據，但應該有幾千萬人之巨。有些研究者估計遷移人口高達一億。因為很少人有

錢坐火車，當時也沒有高速公路，大部份難民只能靠步行，不是將幾件家當拿在手裏，就是放在小車上拉。

爭搶日本在滿洲的設施

1945年9月2日，日本正式簽署投降書。數星期內，全中國的日本指揮官就近向中國軍官投降，並移交軍事設施。有少數幾個例子是日本指揮官和他們的中國對手曾在日本的同一所軍校就讀，老同學相見，發現彼此還比較容易合作。總體來説，日本士兵投降後仍能維持軍紀。一些國民黨尚未駐軍的地區，還要求日軍續留當地幾個星期、甚至幾個月，以維持秩序。前山西軍閥閻錫山僱用了數千名日軍，希望借日軍之力助其抵抗坐大的中共勢力。

二戰結束後，國共兩黨戰時為對付共同敵人所形成的統一戰線，已無法維持。雙方都開始籌謀搶奪日本留下的各種設施，為可能發生的內戰爭得有利位置。但其他勢力仍然希望避免內戰。1945年12月，美國派遣喬治·馬歇爾（George Marshall）將軍到重慶，主持毛澤東與蔣介石的談判，以期建立聯合政府，避免內戰。但事態很快變得明朗，雙方根本無法合作。

戰爭結束數週內，中共、國民黨和蘇聯這三個勝利之師搶着湧入滿洲，爭奪日本從1905年起以四十年時間建立的各項設施。滿洲是中國最大的工業基地，也是全中國擁有最多現代軍事武器的地方。二戰一結束，毛澤東就敏鋭地意識到自己的部隊缺乏現代軍事裝備。他指揮華北和西北的中共軍隊以最快速度到達東北，控制日本的武器和工業設備，一旦和國民黨開戰，即可派上用場。而國民黨方面，除了一些大型機器，估計在滿洲亦獲得了三十五萬至七十五萬支步槍。[4]

　　國民黨軍隊以西南為中心集結，距離東北很遠，但美國利用飛機、輪船和鐵路，助其到達東北以及東部沿海。華盛頓的官員們曾特別指示美軍不介入軍事衝突，也不向任何一方提供軍事援助。但蔣介石才是中國的正式領導人，一些擔心共產主義威脅的美國領導人，想盡辦法幫助他。

　　中國共產黨和國民黨都指責蘇聯軍隊將日本工廠的設施拆解後，通過邊境，運到蘇聯。蘇聯軍隊認為國民黨是中國的合法政府，因此允許他們佔領一些關鍵地區，並取得日本的裝備。因為同是共產黨，中共希望蘇聯軍隊站在他們那一邊。部份蘇軍的確幫助了正在農村建立軍事基地的共軍。但是，蘇聯從1920年代初期開始就與孫中山的國民黨聯手，而且斯大林仍然認為國民黨可能在內戰中獲勝，因此在1946年春蘇軍撤出東北前，他一直與國民黨合作。

　　日本的軍事設備遭到各方搶奪，但留下的日本工業基地和基礎設施依然十分可觀。1949年後好多年，東北始終是中共的工業基地。1949年之後，工廠的運行依靠在殖民時代學到技能的中國工人以及一些留在中國的日本技術和管理人員，直到中國培養了可以頂替他們的員工後，這些日本人才回到國內。連毛澤東都對日本在滿洲實行的國有體制和規劃工業發展的能力表示敬佩。1949年，廖承志曾請滿洲重工業開發株式會社前總裁高碕達之助（見〈中日關係史上的關鍵人物〉）提供一份為滿洲日本工廠供應原材料的日本公司名單，以及這些原材料的價格表。1952年，中國工業生產總量的一半出自東北。第一個五年計劃期間（1953–1957），中國關鍵工業項目的一大部份，包括接受蘇聯援助的項目，都在東北原日本工業基地生產。東北一直是中國主要的重工業中心，直到1978年改革開放後好幾年，上海和廣東的工業快速發展，生產規模很快超過了東北為止。

國共內戰與重新統一，1945–1949

若非日本入侵，國民黨有可能在1930年代中期就可以打敗共產黨。在1936年12月「西安事變」迫使蔣介石與中共建立抗日統一戰線後，此後國民黨不能再進攻中共。待國民黨撤退到西南，也就很難再維繫全國性的支持，因為他們無力保護其他地區的人民。以西北為根據地的中共，利用國民黨不能發動攻擊的良機，建立起了嚴密的組織、獲得了土地改革的一手經驗、完善了能爭取民心的簡明口號、訓練了一支準備與國民黨一決勝負的軍隊，且與追隨者們形成了佔領全中國後應該制定何種政策的共識。

國共內戰初期，國民黨在東北的一些戰役中表現良好。內戰初始時，國民黨軍隊的武器較好，且訓練有素。但共軍在東北贏得了幾場關鍵性的戰役，奪得了日本的武器、物資和工業基地，實力大增。蔣介石重視打仗，卻忽略經濟秩序。通貨膨脹失控，商品匱乏，為了自己和家人的利益國民黨官兵中出現了腐敗行為，在那個動盪年代裏導致了老百姓離心離德。承諾進行土改的共產黨對農民具有更強的吸引力，因為農民希望共產黨贏得內戰，家裏就可以獲得土地。共軍因此徵募了許多對國民黨的腐敗行為失望，又期待擁有土地的青年，參加戰鬥時，他們也比靠抓壯丁徵得部份士兵的國民黨部隊更投入。

佔領東北的工業基地後，共軍佔領北平，然後向南進軍長江流域。待其過江時，共軍的力量已經強大到國民黨部隊無力阻擋的程度。1949年10月1日，軍隊尚未到達西南，中共就宣布成立中華人民共和國。之後，他們鞏固權力，並通過運動清除反革命分子、消滅地主階級、給貧民分田分地。通過忠誠的追隨者們所組織的黨以及青年團，共產黨在1911年帝制崩潰後第一次實現了國家的統一。

同盟國軍事佔領時期日本的轉型，1945–1952

主導同盟國軍隊佔領日本的美國領導人相信，為防止再次發生世界大戰，他們必須幫助其他國家進行深層變革，以消除導致戰爭的因素，開創締造和平的環境。從1945年9月道格拉斯‧麥克阿瑟 (Douglas MacArthur) 將軍抵達日本，到1952年4月，同盟國佔領軍改變了日本的政治、經濟和教育制度，並控制了日本的外交。

二戰結束時，美國已是當時世界上最強大的國家。美國領導人相信，一個富裕的國家不必攻擊他國。1945年，很多美國人主張懲罰日本偷襲珍珠港、在菲律賓發生的「巴丹死亡行軍事件」中虐待美軍，以及在亞洲和西太平洋的侵略行徑。然而，與忍受了八年日本佔領的中國人不同，美國人沒有被日本佔領的直接經驗，美國平民也很少與日本士兵有過個人接觸。因此，與中國人的感受相比，美國人對日本的仇恨沒有那麼深刻和長久，也沒有那麼多親身體會到的痛苦。

佔領軍考慮後得出結論，若要日本民眾接受投降並遵守佔領軍的指示，就需要得到天皇的支持。因此，美軍並未追究天皇的戰爭責任。天皇宣布放棄神性、投降，並與麥克阿瑟一起公開現身，向國民顯示支持同盟軍佔領日本。

美國領導人認為，一戰後對德國懲罰過重，導致德國人強烈的報復動機，引發了二戰。因此，二戰後佔領德國和日本時，美國覺得應該減少報復性懲罰。在日本，佔領軍發號施令，但政府還是由日本人來管理，雙方需要密切的配合。整體而言，日本人聽命令講服從，接受佔領軍的指揮，並能貫徹落實。美國士兵到達日本時，日本人發現他們態度友好得令人驚訝，居然還給孩子們糖果和口香糖吃。

佔領軍首腦認為，為了防止日本再次走上軍國主義道路，必須徹底消除導致戰爭的根本因素。他們相信，民主不會導致戰爭，因此日本「被迫自由地」發展民主機制，包括通過民主選舉產生的國會、自由

的媒體、不受政府控制的企業、工會、家長教師聯合會，以及推崇民主價值的教科書。為削弱地主的權力以在農村建立民主的基礎，佔領軍進行土地改革，分割大地主的土地。為加強民主，佔領軍與左派、工會和支持佔領軍目標的自由派學者合作。曾在1930年代大膽反對軍國主義的日本共產黨人數不多，佔領軍也歡迎他們成為合法政黨。

佔領軍成功地解決了軍國主義問題，因為日本人明白，想結束佔領非得這麼做不可。同時，日本官員和多數國民堅信，對日本、對其他國家，以及對日本的外交關係來說，軍國主義都是一場災難。由此，佔領軍廢止了日本軍隊，並立法禁止日本成立軍隊，還摧毀了製造軍事裝備的工廠，關閉了生產軍事設施的大公司。有些日本歷史學家批評高度集權的明治時代，稱其為「明治絕對主義」，因其替軍國主義的發展鋪平了道路，造成了包含日本人在內的所有亞洲人的痛苦，並疏離了日本與亞洲諸國的關係。

在軍事佔領的前兩年，成千上萬的日本人死於饑饉。失去了供應糧食的殖民地後，日本領導人意識到，為了賺錢以從海外購買糧食，他們需要擴大出口。在很大程度上，美國已經取代滿洲成為日本原材料和大豆的主要來源地。比如在1951年，美國提供了日本進口的34%的鐵礦石，71%的煤炭和97%的大豆。[5]

日本人利用戰時經驗指導經濟。他們採用指示性計劃經濟，也就是由國家設定目標，但允許公司自行決定如何達到這些目標，而不是實行由政府計劃的社會主義式經濟。日本領導人明白，日本生產低質量商品的名聲對出口不利，因此他們很關心如何提高質量，邀請美國專家進行指導，並傾全力實驗新技術。幾年後，日本就獲得了製造高品質產品的美譽。

戰爭結束後的幾年裏，研究中國的日本學者批評日本一些在戰前頗有影響力的中國專家(包括1934年過世的內藤湖南)沒有盡力阻止日本侵略中國。1951年簽訂的《舊金山和約》與《日美安全保障條

約》為同盟國軍事佔領日本劃上了句號，卻因其內容支持軍方過甚，很多知識分子和學生加入了反對條約的行列。隨着日本的現代化，馬克思主義和左翼觀念逐漸弱化，但民眾仍然堅定而強烈地反對曾帶來深重災難的軍國主義。

東京審判

遠東國際軍事法庭由來自中國等十一個同盟國的法官主持。從1946年5月3日起，直到1948年11月12日宣布二十八名甲級戰犯嫌疑人的判決結果，十一國法官定期會面。甲級戰犯指在策劃日本犯下戰爭罪和危害人類罪中，起到領導作用的人。這二十八名戰犯全部被判有罪，其中一名文官（首相廣田弘毅）和六名軍事將領被判處絞刑，十六名甲級戰犯判處終身監禁，兩人判處有期徒刑，兩人在判決前病逝，大川周明因被判定患有精神病而免於起訴。在東京審判的同時，南京、上海、馬尼拉等地設立軍事法庭，審判因傳統戰爭罪及危害人類罪被起訴的乙級和丙級戰犯。十八名對部下所犯暴行負有責任的軍官以乙級戰犯被起訴，這些人經審理後都判處有罪。大約五千七百名低階官員因為觸犯其他暴行以丙級罪起訴，其中近千人判處死刑，其餘則判處長短不等的刑期。

證人們在審判時出示了詳細證據，比如南京大屠殺發生時身在南京的傳教士、社會學家史邁士。當時他與拉貝等人詳細記錄了日軍的暴行。法庭還蒐集了731部隊在哈爾濱郊外用活人做實驗、導致多人死亡的證據。

在二戰之前，儘管國際上已開始用法律程序審判究竟誰發動了戰爭、誰實施了暴行，但像德國紐倫堡和東京國際軍事法庭這樣審判戰爭罪的法律依據尚不存在。在東京審判中，蒐集並仔細加以分析的信息非常多，但與日本戰時犯下的暴行的數量相比，受審理的案件數量

微乎其微。共有四百多位證人提供證據，提交了七百多份書面陳述。甲級戰犯案件由一位西方律師和一位日本律師共同辯護。在法庭上，中國律師強烈批評日本人，但來自其他國家的有些法官認為，中方在審判中的陳述準備不足，舉證時的分析或描述也不夠詳盡。

　　主要戰犯在東京審理，而其他被告則在中國等地進行審判。在中國，大約有八百八十三名日本人受審，其中一百四十九名被處以極刑，三百五十人被判無罪。[6] 在中國政府中，蔣介石和高層官員希望向國際社會展示中國能夠做到遵守國際最高專業標準。與東京審判中的中方證詞不同，在中國進行的審判舉證更細緻，有些在中國法庭受審的日本人被宣判無罪。但在基層卻發生了很多對日本人和「漢奸」濫用私刑的事。

　　很多日本人承認，日軍攻擊南京後的作為和731部隊的人體實驗都是暴行，但他們認為審判並沒有按照普世標準進行，只是「勝利者的正義」，因為只有日本被告受審。在日本人看來，西方人亦曾犯罪，比如命令以燃燒彈轟炸城市平民以及投擲兩顆原子彈的人，沒有受到審判。更有甚者，考察過審判議程的日本人覺得，加害西方人比加害亞洲人更容易判處重罪，兩者的判處情況不成比例。審判拖拖拉拉進行了兩年多，日本媒體開始報導受審日本人遭受的痛苦。1953年，也就是同盟國軍事佔領日本結束後的翌年，戰犯們的獄中書信陸續出版。那些聲稱自己身不由己的官員得到部份日本民眾的同情。東京審判的十一名法官中，代表印度的拉達賓諾・帕爾（Radhabinod Pal）認為所有案件的判決意見都是無效的，原因是大審前並未有明文規定戰時行為，也無正義的普遍標準。總體來說，日本民眾無意隱瞞罪行或將其輕描淡寫，或者將暴行正當化，但是帕爾法官的判決受到日本人的廣泛關注。他們認為東京審判只懲罰日本人、犯下戰爭罪的其他國家卻未受懲罰，這種強加在日本人身上的勝利者的正義，讓他們憤憤不平。

1966年，厚生省將甲級戰犯的名單送到東京的靖國神社。1978年10月，靖國神社新任宮司松平永芳決定合祀這些戰犯。昭和天皇對此行為非常不滿，從此未再參拜過靖國神社。1978年8月，中日兩國剛簽訂《中日和平友好條約》，三年後中國開始抗議靖國神社奉祀甲級戰犯一事。1946至1948年東京審判期間，中國忙於國共內戰，對此未加關注。後來，中國公開南京大屠殺以及731部隊人體實驗的情況時，引用了遠東國際軍事法庭上的證據。2006年，二戰電影在中國深受歡迎，其中贏得高票房的《東京審判》引發了民眾對審判證據的關注。

冷戰與「政策逆轉」，1947

佔領軍希望摧毀日本的軍隊以及軍產複合體，因其可用以發動另一場戰爭。1947年前，佔領軍專注於解散日本的大企業，尤其是那些可能有能力協助發動戰爭的大公司，對復甦日本經濟鮮少聞問。但到1947年，冷戰的敵我之分更加尖銳，佔領軍開始把日本視為對抗蘇聯的潛在夥伴。1947年後，參加過二戰、但支持新美日同盟的日本保守派官員獲准復職。1950年朝鮮戰爭發生後，日本成立警察預備隊，美國佔領軍開赴朝鮮戰場。1954年成立日本自衛隊（這支軍隊只能用於保衛日本，不能攻擊他國），十年內隊員人數增加為二十萬人。

1948年3月，美國最重要的冷戰戰略家喬治‧凱南（George Kennan）被派往日本評估美國的對日政策。凱南根據其調查結果寫成一篇四十二頁的報告，闡述佔領政策應「逆轉」的戰略考量，該報告於同年10月得到總統哈瑞‧杜魯門（Harry Truman）核准。凱南相信，如果西歐和日本繼續為貧窮所苦，他們可能成為共產主義坐大的獵物。他的提議獲准之時，共產黨已經佔領了捷克斯洛伐克，封鎖了柏林，中國共產黨也即將贏得內戰。

　　凱南的日本政策的中心目標是建立一個強大、穩定的經濟體。他認為，應該逆轉佔領軍試圖摧毀日本大企業的政策。他相信，一旦日本和歐洲的經濟強盛後，就會成為全球自由市場經濟的支柱。日後回顧其公務生涯時，凱南曾表示，除了在協助歐洲經濟復甦的馬歇爾計劃中所起到的作用，支持逆轉對日政策也是他任內「最重要的貢獻」。

　　1947年，美國將一些多餘的糧食運到日本，以緩解當地的食物短缺。為了解決日本因棉花短缺無法生產足夠衣料的問題，美國將剛取得進展的合成纖維生產技術提供給日本。日本製造出更多商品，收入增加，用於支付從美國進口的食物和其他補給。美國的工業公司也開始將生產技術轉移到日本，就像三十年後美國和日本公司將技術轉移到中國一樣。戰時大轟炸破壞了日本的工業，但自明治時期以來發展的商業與技術實力得以保存了下來，日本企業開始快速成長。

　　佔領軍領導層擔心日本會被拉入共產主義經濟秩序之中，因此反對日本大量增加對華貿易，但凱南認為沒有必要反對日中貿易。在凱南看來，當時的中國是個非常貧窮和分裂的國家，美國並未將其視為威脅。凱南是蘇聯專家，他確信即使中國加入蘇聯陣營，由於中國強烈的民族主義，中蘇聯盟將無法持久。但主導美國政策的約翰·杜勒斯（John Foster Dulles）不同意，他相信共產中國已經與蘇聯結盟，美國不應該幫助中國發展經濟。*

朝鮮戰爭和中日關係凍結，1948–1972

　　在1870年代至1880年代、1894–1895年的甲午戰爭，以及1904–1905年的日俄戰爭中，朝鮮都曾陷入中日兩國鬥爭的漩渦。二戰後，

---

* 譯註：約翰·杜勒斯，時任美國國務卿。

它又再度成為亞洲權力鬥爭的中心。但此次衝突不僅限於日中或日俄。這一次，朝鮮成為整個共產主義世界和資本主義世界鬥爭的焦點。

二戰結束之時，美國堅決拒絕斯大林比照德國、將日本劃分為若干佔領區的要求。但在1945年8月10日，戰爭即將結束時，美國官員卻同意在朝鮮的蘇聯軍隊佔領北緯38度線以北地區，美國則佔領38度線以南地區。1948年8月15日，也就是日本投降三年後，南韓正式宣布獨立，成立朝鮮民主主義人民共和國。1948年9月9日，北韓正式宣布成立大韓民國。蘇軍離開朝鮮後不久，美軍也於1949年6月撤離朝鮮，一部份回到美國，另一部份駐紮在日本的軍事基地。

在蘇聯指導下，金日成成為北韓領袖；在美國指導下，李承晚成為南韓領袖。金日成曾在滿洲參加東北抗日聯軍，但1941年後來自駐滿日軍的壓力大增，金日成與中國游擊隊一起撤到蘇聯，一直待到二戰結束。李承晚是基督徒，曾在普林斯頓大學跟隨伍德羅‧威爾遜學習，[*]並娶了一位奧地利女子。他擔任南韓領導人之前，僅在朝鮮生活了幾年，美國官員視其為盟友。駐紮在南北韓的外國軍隊離開後，金日成和李承晚各自開始加強自己的軍事力量，希望有朝一日統一朝鮮，並由自己擔任領導人。美國不願意向李承晚援助坦克和重型武器，擔心他可能因此侵略北韓。

當時，鴨綠江沿岸的電廠和日本佔領時期建立的化學和相關工業都在北韓，因此北韓的工業基礎更好，而南韓基本上是個農業區。受過教育的朝鮮人都學過日語和日本文化，有些人和日本人的關係很好。朝鮮人深受日本影響，例如曾在滿洲日軍服役的朴正熙。與台灣人不同的是，朝鮮人在日本殖民和佔領之前已經有了自己的國族認同，很多朝鮮人比台灣人更抗拒日本。朝鮮人對日本的態度十分矛盾，他們尊重日本的成功、喜歡日本文化以及和日本人的友誼，但同時也仇恨日本的統治。

---

[*] 譯註：伍德羅‧威爾遜為美國第二十八任總統。

在1950年1月12日的一次演講中，國務卿迪恩・艾奇遜（Dean Acheson）沒有將南韓列入美國的防衛半徑。很可能就是因為這一點，中國和蘇聯都認為，若是北韓侵略南韓，美國不會支持南韓。1950年春，獲得斯大林同意攻擊南韓的金日成，著手準備帶領部隊跨過38度線。

1950年4月，解放軍部隊得到毛澤東同意，以「中國人民志願軍」名義開赴北韓援助金日成。解放軍中有四萬七千七百多名朝鮮裔中國人，其中不少人在二戰時和日本人打過仗。[7] 早在1950年初，毛澤東向金日成保證，一旦中共基本上控制住中國，如果北韓需要，就可以找解放軍幫忙。

1950年5月毛澤東與金日成會面，討論朝鮮半島可能發生的軍事衝突。毛澤東提出美國可能會利用約七萬名日本「傭軍」保衛南韓，但他沒想到美軍會捲入戰爭。毛澤東比較擔心的是日本軍國主義復活。1950年2月簽定的《中蘇友好同盟互助條約》就表達了對日軍可能再次入侵中國的擔心，但並未預料到與美軍在朝鮮發生衝突。

1950年6月25日，北韓軍隊攜帶重型軍事裝備越過38度線，迅速向漢城進軍，一路所向披靡，擊潰了數萬人的南韓軍隊，於6月28日佔領漢城。美國總統杜魯門擔心，如果他不採取行動，蘇聯將佔領整個朝鮮半島，然後發動更大的戰爭。但是他意識到美國若要介入，就必須下定決心派大軍赴朝。杜魯門日後形容，這是他一生中最艱難的決定，比是否用原子彈轟炸日本的決定還要艱難。他決定請聯合國幫忙，迅速在南韓部署軍隊。杜魯門及其幕僚認為，1930年代國際聯盟對日本入侵滿洲的反應不夠強烈，導致日本繼續擴張，最後發動太平洋戰爭。除了敦促聯合國對朝鮮事件有所反應，杜魯門將美國第七艦隊派往台灣海峽，防止中共攻打台灣。7月7日，聯合國同意派出聯合國部隊，同時美軍陸續抵達朝鮮。

同日，毛澤東宣布成立東北邊防軍，準備馳援北韓。8月，毛澤東決定，他將以「志願軍」而非解放軍的名義派兵入朝，以減低美國向中國宣戰的風險。中國當時認為戰爭很快就能結束。

9月15日，聯合國部隊到達仁川。兩週後即奪回漢城。10月3日，周恩來要求印度駐華大使潘尼迦 (K. M. Panikkar) 向世界宣布，如聯合國部隊越過38度線，中國將參戰。凱南等美國官員反對聯合國部隊越過38度線，因一旦中國或蘇聯參戰，聯合國部隊要承受的風險太大。但麥克阿瑟將軍和其他美國領導人過分自信，認為周恩來不過是在唬人，聯合國部隊於是迅速越過38度線。從10月19日開始，大約二十萬人的中國人民志願軍跨過鴨綠江進入北韓，幾個月內就將聯合國部隊趕回38度線以南，北韓與中國志願軍控制漢城。聯合國部隊再次進攻，形成僵局。每一方都希望將敵人趕出朝鮮半島。這場戰爭持續了兩年多，到1953年7月27日雙方簽署停火協定後才正式結束。據估計，朝鮮戰爭中的死傷者包含九十萬中國人、五十二萬北韓人和四十萬聯合國部隊 (絕大多數來自南韓)。[8]

美國決定尋求聯合國支持加入朝鮮戰爭之前，中國已經準備進攻台灣。但朝鮮戰爭爆發、美國第七艦隊到達台灣海峽後，中共已經不可能拿下台灣。拜朝鮮戰爭之賜，台灣得以維持與中國大陸分離的局面。

日本並未參戰，但聯合國部隊利用日本港口作為整備基地。在很大程度上，日本的經濟復甦得益於這場戰爭：聯合國從日本採購產品為朝鮮的部隊提供補給，聯合國軍在日本維修軍事裝備，以及士兵在日本休假時進行「放鬆與康復」活動。更重要的是，朝鮮戰爭加強了美國支持日本經濟的意願，商人受邀去美國學習科技和管理技能。與此相反，該戰爭嚴重消耗了中國的資源，並導致美國政府禁止與中國貿易、凍結中國在美資產、並阻止其他國家幫助中國發展工業。

台灣：從殖民地轉型為日本的貿易夥伴，1947-1972

日本難民從中國返鄉後，務實的日本領導人試圖維持與大陸的貿易往來，但堅決反對共產主義陣營的美國官員嚴格限制日本與共產中國進行貿易。不過，日本繼續保持與台灣人的緊密關係，尤其是1895年台灣被殖民以來就與日本有聯繫的本省人。日本領導人也與外省人建立關係。外省人指不在台灣出生、從中國大陸各省移居台灣的人，包括國民黨軍隊、國民政府及其盟友，因為中共節節進逼，1947年起他們大批撤退到台灣。

1949年後跟隨蔣介石來到台灣的外省人佔全島人口比例不到三分之一。本省人，即生於台灣的人，大部份是福建移民後裔，有些人的祖先則是明朝遺民，在清代移居台灣。台灣人口中的2%為原住民，他們的祖先在鄭成功來台之前就已定居於此。在日據時期，台灣人的平均生活水準和教育水準獲得提升，遠高於大陸。

外省人到台灣後不僅控制了軍隊，也控制了政府。外省人和本省人之間的緊張關係很快升級。首先在台北，然後在其他城市發生了騷亂。為了支援先前駐紮在台灣的國民黨軍隊，更多軍隊從大陸調來。1947年2月28日，被蔣介石派往台灣恢復秩序、能說日文的國民黨將領陳儀，決定強力鎮壓騷亂。1992年行政院的報告估計，從大陸調來的國民黨軍隊殺害了一萬八千到二萬八千名本省人，包括那些有能力領導本省人抵抗新移民的人。幾十年來，鎮壓騷亂的日期，「2月28日」（二二八）成為本省人仇恨外省人的有力符號。國民黨後來以匪諜案處死陳儀，但仍然無法結束這深刻的仇恨。

在日據時代，有些台灣人對日本統治者頗有抱怨。但在「二二八事件」後，本省人卻更喜歡以前的統治者日本人而不是最近來台的外省人。表達對於日本文化的欣賞，成為一種間接抗議大陸統治者的方式。

外省人到台灣後，二戰前在台灣成立的日本企業仍然比較容易與台灣企業做生意。1960年代日本工人的工資提高，日本將部份紡織和製鞋工廠轉移到工資較低的台灣。隨着日本戰後工業的復興，台灣的工業化很快得到發展。一些二戰前即移居台灣的日本人一直住了下來，並繼續在維持台日商業網絡中發揮作用。

台灣的中華民國政府和軍隊中的重要職位都由外省人擔任。無論軍人或文職官員，大部份外省人都看不起「低下」的生意人。因此1950年代的台灣商界基本上全部是本省人主導的小型公司。在1949年國共內戰結束後的數年間，總的來説，本省商人的生活水平低於外省人，但隨着經濟的增長，很多本省人生意有成，生活條件超過靠薪資生活的外省官員。

日本商人和台灣人保持良好的生意關係。同時，一些1945年前曾在中國大陸任職的日本政治領導人能夠與赴台的外省官員建立良好關係，其中有些人還是他們在大陸任職時的舊識。中日兩國過去曾處於交戰狀態，但是在個人層面，日本人和來到台灣的中國人並不必然是敵人。有些曾在中國某地任職的日本人和來自同一地、後來赴台的外省人都喜歡同樣的菜餚和文化（如浙江、上海或北京）。例如日本前首相岸信介和佐藤榮作於1945年前赴華任職，後來他們和台灣的政治領導人一直維持關係。

在1950年代和1960年代，中國大陸的共產黨官員對日本人與台灣維持緊密關係深表憤怒。1971年之前，中華人民共和國不能加入聯合國，因為台灣的中華民國擁有中國的席位。對中華人民共和國官員來説，日本不支持大陸取代台灣的聯合國中國席位，就是在幫助他們的敵人國民黨。

對1945年前日本的工業實力和野心記憶猶新的中國領導人深表擔憂，如果有機會，日商可能會再次主導中國大陸的經濟活動。有些人擔心，日本正在試圖重建大東亞共榮圈，讓中國、日本和東南亞國

家在日本領導下共享貿易和繁榮。因此，中國人對日本在大陸開展貿易比較謹慎。

台灣方面，則不允許與台灣有貿易關係的日本公司同時和大陸做生意。如果腳踏兩條船，則被警告並驅逐出台灣。中國大陸同樣不允許與大陸做生意的日本公司與台灣開展貿易往來。1960年代中期之前，很多日本商人發現，台灣雖小，生意機會卻比大陸多。台灣的人口比大陸少（1970年大陸人口為八億二千五百萬，台灣只有一千五百萬），但1964年前，日本在台灣銷售的商品仍多於大陸。

日本商界希望與台灣和大陸都建立政府關係，這樣可以同時與台灣和大陸貿易。1971年亨利·基辛格（Henry Kissinger）訪華，代表美國與共產中國緩和關係。希望與在台灣的中華民國維持官方關係的日本官員，甚至開始積極鼓吹兩個中國政策。1971年中華人民共和國進入聯合國，1972年2月尼克松總統訪華，此時中國大陸已佔上風，於是要求日本切斷與中華民國的外交關係，才能與大陸政府關係得以正常化。1972年實現中日關係正常化時，田中角榮（見〈中日關係史上的關鍵人物〉）別無選擇，只能切斷與中華民國的正式外交關係，但日本仍與其維持緊密的非官方關係。

中日建交前的溝通渠道，1949–1972

1949至1972年的中日關係，就像868至1871年的大部份時期，沒有正式的政府與政府間的關係，但雙方仍然維持貿易關係。中國與共產世界結盟，實行計劃經濟，強調階級鬥爭。日本則與西方國家結盟，實行市場經濟，強調不同的社會階層可以合作。

在中日沒有正式關係的宋代，靠僧侶這一層信得過的關係維繫着兩國間的貿易。1949至1972年間，日本官員中的「中國之友」以及中

國官員中的「日本之友」擔任了日本保守派領導人和中共領導人的中間人，兩國得以維持適量的貿易往來。

中國方面，廖承志和郭沫若是可以會見日本訪客的兩個人。作家郭沫若曾在日本住過二十年，多年來與日本妻子生活在一間日式房子裏。日本方面，宇都宮德馬 (1906–2000) 是一位「中國之友」，他鼓吹與中國建立更好的關係。宇都宮德馬是京都帝國大學經濟學專業的高材生，自1952年起連續十次當選眾議院議員。其父宇都宮太郎 (1861–1922) 曾任陸軍情報軍官，分別在倫敦和中國服務過五年。宇都宮太郎以鼓吹泛亞洲合作知名，與中國許多改革派人士如孫中山都保持着良好的關係。宇都宮德馬在京都帝國大學就學時，學校裏有很多左派經濟學教師，宇都宮德馬的老師是將馬克思主義引進日本的著名左派教授河上肇。1929年4月16日，還是大學生的宇都宮德馬在一次圍捕共產黨員的行動中被捕。獲釋後，他在1930年代曾任製藥公司總裁。二戰後加入自由黨。該黨於1955年與民主黨合併成為自由民主黨 (簡稱「自民黨」)。作為左翼人士，宇都宮德馬能多次當選，除了備受尊重，也因為他非常照顧自己的選區。他是一個與中國接觸的重要渠道。

在自民黨成員中，被視為與中國友好的人士還有松村謙三、河野一郎 (其子河野洋平後來也被視為親中派；其孫河野太郎為現任日本外務大臣，也是親中派) 和高碕達之助。高碕達之助也是中國大陸和那些沒有與台灣貿易的日本「友好商社」聯繫的渠道。中日關係改善時，這些人為中國與自民黨主流人士提供了聯繫的渠道。但在1972年中日關係正常化之前，中共一直保持與日本社會黨和日本共產黨的聯繫，利用這些黨派表達對日本政策的不滿，並在國際共產運動中爭取對中國的支持。

在1950年代和1960年代初期，鄧小平和時任北京市長的彭真，經常代表中共會見日本共產黨和社會黨，以及來自其他黨派的日本官

員。在1960年前，因為當時政治比經濟重要，中國領導人認為這些
政治渠道非常關鍵。1960年中蘇分裂後，中共官員曾試圖説服日本共
產黨批評蘇共，但遭到拒絕。因此，1965年中共與日共分道揚鑣。
此後，中國利用日本社會黨和公明黨推進工作。如同幾個世紀前佛教
僧侶在中日關係中扮演重要角色一樣，屬於佛教團體創價學會的公明
黨也扮演了關鍵的中間人角色。早在1969年中國向西方開放前，創
價學會的負責人池田大作就於1968年表達了支持中日關係正常化的
立場。這些政治團體也為中國蒐集有關自民黨的情報提供了渠道，自
民黨是兩者共同的敵人。中國對日本主流政治的有些批評，根本上是
出自日本左翼政黨。

　　從1953年簽署「朝鮮停戰協定」至1972年兩國關係正常化，中日
關係有諸多起伏。1953至1957年，周恩來和日本領導人吉田茂（見〈中
日關係史上的關鍵人物〉）、鳩山一郎都在努力改善兩國關係。1957至
1961年，中國變得更左，日本變得更右，兩國關係惡化。但從1961年
到1966年，中國的大躍進政策轉向溫和，日本首相池田勇人也努力避
免挑釁中國，兩國關係得到一定程度的改善，廖承志和高碕達之助於
1962年簽署了《中日長期綜合貿易備忘錄》，即著名的《廖高貿易協定》
（或稱《LT貿易》）。但是在文化大革命初期，即1966至1971年，兩國
關係又一次惡化了。

周恩來與鳩山一郎改善關係的努力，1953–1956

　　1953年，中國開始實行第一個經濟發展五年計劃，領導人們設法
讓日本脫離「美帝」的控制以獲得日本的技術。為影響日本政治，中
國與日本公民團體建立聯繫，特別是左翼組織和青年團體，並鼓勵
「日本朋友」在媒體上批評美國對日本的控制以及1951年的《日美安全
保障條約》。

　　大部份日本人相信，與戰前一樣，日本仍然需要從中國進口食品，並將工業產品賣到中國以支付進口物資的費用，連首相吉田茂這種保守派領導人也對此深信不疑。早在1949年，尋求與中國開展貿易的日商成立了商會，中國也準備跟他們合作。

　　但美國限制吉田茂與中國進行大規模貿易。1952年，約翰·杜勒斯迫使吉田茂同意，結束同盟國軍事佔領、允許日本自治的條件是，日本一旦能自主進行外交決定就要與台灣建立關係。他還要求吉田茂發出日後稱為「吉田書簡」的文件，宣布日本無意與共產中國簽訂雙邊協議。1952年4月28日，也就是根據《舊金山和約》正式結束對日佔領的當天，《日美安全保障條約》生效，該條約迄今仍然有效。吉田茂同意繼續執行朝鮮戰爭時開始實施的禁止向中國出口商品的政策。但在「吉田書簡」中，他成功地讓美國同意此一聲明：「日本政府希望最終能與中國建立全面的政治和平與通商關係。」[9]吉田茂還得到佔領軍高層許可，在其任內與台灣簽訂的條約中，避免提及蔣介石擁有對中國大陸的權力，而説該條約「應適用於現在在中華民國政府控制下及將來在其控制下之全部領土。」* 在1957年出版的回憶錄中，吉田茂認為美國不如英國了解中國，因為英國在1950年宣布承認中華人民共和國。他補充説，美國的中國政策是失敗的政策。[10]1967年，吉田茂逝世。四年後，基辛格訪問中國，開啟一個新時代，吉田茂的後繼者得以實現美國阻止他做的事——擴大與中國的經濟合作。

　　1953年簽訂《朝鮮停戰協定》後，中國國內情勢穩定，可以著手實施第一個五年計劃：為朝鮮戰爭進行的動員已經結束，戰時物資短缺造成的通貨膨脹得到控制，安置國共內戰後大量流離失所的難民的工作即將結束，通過鎮壓反革命與土地改革恢復了地方秩序，新挑選

---

* 譯註：指1952年4月28日台灣與日本簽訂的《中華民國與日本國間和平條約》（簡稱《中日合約》）。

的領導人也在各省上任。中國領導人開始逐步改善與外國的關係，為發展貿易和技術提供和平的外部環境，以促進經濟增長。他們知道日本公司既有能力也希望與中國開展貿易。毛澤東是最高領導人，有最終決定權，但落實改善外交關係的政策則主要由周恩來負責。年輕時周恩來在日本住過一年半，會見過很多日本領導人，擅長與日本人打交道。

在1953年，估計還有二萬名日本公民留在中國。但兩國之間幾乎沒有遊客。1949至1953年，中國發給訪華日本人的個人簽證數量只略多於二百張，訪日的中國遊客數為零。[11]中日外交官能在第三國見面，但從未就重要協定進行談判。同盟軍佔領時期，在日本佔主導地位的保守派過於遷就美國的冷戰政策，周恩來幾乎沒有機會改善與日本的關係。

1953年9月，周恩來告訴來訪的國會議員大山郁夫，中國願意恢復與日本的正常關係，擴大中日貿易。於1950年當選為參議院議員的大山郁夫支持國際和平運動。作為早稻田大學的教授，他曾在1920年代和1930年代初期參加左翼運動。由於反對帝國主義，他在1932年遭到政府迫害，於是去了曾經留學的美國。二戰時期，他一直留在美國，在西北大學擔任圖書館員和研究員，直到1947年回到日本。當周恩來告訴大山中國願意恢復關係時，中國還有很多問題需要解決。一個月後，也就是1953年10月，國會派員再赴北京訪問，郭沫若告訴日本來賓，中國已經準備簽署互不侵犯條約，但當時兩國並未達成任何協議。

在1954年4月26日至7月21日召開的關於印支半島問題的日內瓦會議上，周恩來提出在中印談判中達成的和平共處五項基本原則，表達中國希望與其他國家建立良好關係的願望。會議期間，周恩來與日本代表進行了一次雙邊會談，希望鬆動日美聯盟、擴大中日經貿關係、弱化台美關係，以及減少日本再次成為軍事強權的可能。由於美

國仍然希望限制日本與中國接觸，顧忌美國反應的日本政府雖謹慎回應，但他們開始尋找擴大中日關係的方法。

　　1952年，同盟國軍事佔領即將結束，形形色色的日本政治團體開始合縱連橫，謀取政治權力。到1955年底，它們為擴大政治利益進行多次談判，組成了相對穩定的聯盟。那一年年初，幾個小型進步政治團體組成了日本社會黨。接着，保守團體為了防止社會主義者取得政權，共同成立了自由民主黨。最重要的商業聯盟「日本經濟團體聯合會」中有一位強勢的領導人叫石坂泰三，他可以代表商界支持自民黨。各部門的商號開始強化部門內的同業組織，幫助商界與政府及政治人物合作。同樣在1955年，政府成立了「經濟企劃廳」以指導經濟發展的長期方向。上述各項發展創造了穩定的政治和經濟結構，這就是所謂的「五五年體制」，使政治家、官員和商業領袖攜手合作，實現快速經濟增長。在處理日本與中國及其他國家的關係上，這一制度也提供了相對來說可以良好協調的基礎。

　　在1955年，中國大陸的經濟規模仍然很小，大部份日本人還無法想像幾十年後中國經濟的增長幅度，他們依然希望擴大與大陸的貿易。1954年12月，鳩山一郎取代吉田茂成為首相。他是日本第二代政治領導人，因與軍方意見不合，戰時大部份時間都待在鄉下家中。鳩山內閣的通商產業大臣石橋湛山在鳩山上任前剛在《東方經濟學人》（*The Oriental Econimist*）上發表文章，批評美國阻礙日中發展經濟關係。* 鳩山和石橋決定採取大膽措施改善與中國的關係，此時周恩來也正準備向日本遞出橄欖枝。

　　日內瓦會議之後，周恩來在印度尼西亞召開的萬隆會議（1955年4月18日至24日）上繼續推動和平共處原則。鳩山首相不顧美國反對，仍派出由高碕達之助領導的日本代表團參加萬隆會議。周恩來和

---

* 　譯註：《東方經濟學人》是日本「東洋經濟新報社」旗下的英文刊物。

高碕都希望趁這個會議，找到破解中日關係僵局的方法。一位中間人安排雙方在會議開幕前寒暄幾分鐘，好讓他們計劃密會的時間和地點。周恩來派廖承志接送高碕，與周恩來及副總理陳毅進行秘密會談。廖承志和高碕曾在1949年碰過面，當時廖承志接觸高碕的目的，是希望日本提供工業機械以及機械的備份零部件，以維持日本戰前在滿洲建造的工廠正常運作。儘管周恩來和高碕在1955年無法破冰，但他們的會面打開了溝通渠道，促成七年之後的《廖高貿易協定》。[12]

鳩山首相希望與中國改善關係，但改善對蘇聯的關係才是其工作的重中之重。此外，他很擔心疏遠台灣，台灣當時是聯合國安全理事會成員，有權阻止日本進入聯合國。後來日本在1956年12月成功加入聯合國。鳩山努力擴大對華貿易時，遭到日本國會和美國相當程度的反對。他和周恩來在改善兩國關係上進展有限。1956年12月接替鳩山擔任首相的石橋湛山繼續為改善兩國關係努力，但兩個月後石橋因罹患嚴重肺炎辭職。

雖然與1972年兩國關係正常化取得的成績不可相提並論，周恩來主動示好以及鳩山和石橋欣然接受好意，可謂恰逢其時，使中日關係向前邁進了一小步。1955年，七十八位日本國會議員訪華，這是二戰結束後訪華議員人數最多的一次。同年，中國在東京和大阪舉辦了首次商品博覽會，日本則在上海和北京舉辦了首次商品博覽會。兩國貿易從薄弱的基礎開始增長。1954年中日貿易總額為六千萬美元，1955年達到一億一千萬美元，1956年進一步增長為一億五千一百萬美元，這是1964年前最大的年度貿易額。1955年，中日雙方還簽訂了漁業和文化交流的協定。在1955年和1956年，大約有二千名日本人訪問中國以及若干中國代表團訪問日本。

1945年後的數十年間，中日兩國都有許多人因為各自的背景，對對方國家了解頗深，若是當時政策允許，大可利用他們來處理兩國關

係。比如，成千上萬曾在日本留學的中國人，在中國軍方、政府、商
界和大學擔任重要職務；很多以前住在滿洲、上海和其他中國城市的
日本人，諳熟中國文化，也有很多可以合作的華人故交。可惜中日兩
國從1945至1978年幾乎沒有來往，等到1978年簽訂《中日和平友好
條約》終於可以加強合作時，卻發現兩國的辦事官員中，竟然找不到
通曉對方國情的人才。

中國政策收緊和日本首相岸信介，1957–1960

　　從1953至1957年，中國的對外政策比較開放，剛好與鳩山一郎
和石橋湛山的親中政策不謀而合。而1957至1960年中國在政治上收
緊之時，日本由保守、親台派首相岸信介主政，導致1957年來有所
進展的兩國關係遭到停頓。1957年春，毛澤東號召「百花齊放，百家
爭鳴」，鼓勵知識分子暢所欲言。但到1957年夏，隨着「反右運動」進
入第一階段，中國在政治上開始收緊，五十五萬人因為批評政府遭到
打擊。

　　1957年，埃及總統賈邁勒・阿卜杜・納塞爾（Gamal Abdel Nasser）
接管蘇伊士運河，蘇聯成功發射第一顆衛星，中國通過第一個五年計
劃實現了經濟增長，在此種情勢下，毛澤東自信「東風已經壓倒了西
風」。1958年，他發動大躍進。1958年夏，中國開始炮轟距離福建省
不遠、由台灣管治的島嶼金門和馬祖（主要是金門），掀起第三次台海
危機。

　　在日本，岸信介於1957年2月繼石橋湛山後擔任首相。岸信介在
中日戰爭期間曾擔任東條英機內閣的商工大臣、國務大臣兼軍需次
官。二戰後，因為岸信介曾任軍需次官，以甲級戰犯嫌疑人身份遭到
逮捕，於1945至1948年關押在巢鴨監獄，但最後未被起訴。對於甲

級戰犯嫌疑人當選為首相一事，中共憤怒異常。1957年6月，岸信介成為戰後首位訪問台灣的首相，進一步激怒了中國大陸。

1958年初，中國貿易代表團到達東京時掛出了中國國旗。日本政府沒有公開表示支持，但也沒有反對，等於默認此舉。此後不久，長崎的某個百貨商店陳列來自中國大陸的商品時，又一次掛出國旗。1958年5月2日，一位日本青年將那幅國旗扯掉。中國的反應是切斷與日本所有的經濟和社會聯繫，宣稱政治不能與經濟分開。當時日本經濟開始增長，經濟基礎更大的中國在1953–1957年的第一個五年計劃期間也取得很大的發展。毛澤東發動大躍進時信心滿滿，期望中國可以遠超日本。日本有些人認為，毛澤東對於日本需要中國這件事是如此自信（日本領導人在1930年代確曾如此說過），以致於他認為，日本選民會因為岸信介無法維持與中國的經濟關係而在1958年5月22日的國會選舉中反對他。但到了5月22日，岸信介再次高票當選。1957年中日貿易總額為一億四千一百萬美元。毛澤東切斷對日經貿關係後，1959年和1960年的年度中日貿易額只有二千三百萬美元。

中日貿易關係的改善和「廖高聯絡辦事處」，1960年代

1959年夏，中國官員認識到，日本的經濟正穩健增長，大躍進政策實施第一年已對中國經濟造成災難性傷害。1959年9月，周恩來邀請「中國人民的老朋友」石橋湛山和宇都宮德馬訪華，考慮提高經濟援助和擴大貿易的可能性。但在雙方會晤期間，毛澤東剛在廬山會議上批評了彭德懷，中國又重新回到激進的大躍進路線上。周恩來擴大中日貿易的努力沒有成功。

到1960年，日本經濟穩定發展，中國經濟卻處於崩潰狀態——中國急需擴大食品生產以緩解已經造成數百萬人死亡的饑荒；需要化

肥用於種植農作物，需要鐵和鋼製造農業機具；為了增加糧食作物的耕作面積，必須減少棉花種植，但為了生產替代棉花的布料，又需要在生產化纖上獲得幫助。1960年中蘇分裂後，蘇聯從中國撤走一千四百名專家，取消二百多個共同開發項目，並帶走了所有的藍圖和計劃書。亟需先進科技協助的中國，認為日本最有可能伸出援手。但中國領導人認為無法與支持台灣的岸信介合作。

1960年7月，池田勇人接替岸信介成為首相後十天，一個高級中國代表團抵達日本，這是自1958年中日貿易關係中斷後中國派出的第一個訪日代表團。池田勇人不是所謂「中國的朋友」，但也不是敵人，他相信兩國貿易有助於日本達到經濟目標。8月，在池田成為首相後一個月，周恩來提出了「友好商社」的想法。

在明代，只有從中國政府獲發執照（勘合）的船隻，才准在中日之間運送貨物。1960年「友好商社」政策的進行方式與此相同：與台灣沒有貿易往來的日本公司，可以獲得執照，與中國展開貿易。1960年，「友好商社」共有十一家，到1962年增加到一百九十家。

日本的私人企業很快對這個與中國貿易與銷售的新機會做出回應。1960年10月，高碕達之助獲得政府允許，以日本私人企業界代表的身份率團訪華。他會見了廖承志，兩人早在1955年就建立了良好關係。1962年11月9日，廖承志和高碕達之助簽署了一個五年協議，即《廖高貿易協定》。通過該協定，兩國儘管沒有建立正式外交關係，卻可以安排處理特定的貿易和金融案件協議，未正式納入該協定的日本私人企業也可以與中國進行「友好貿易」。「廖高聯絡辦事處」成為促進兩國貿易往來的類政府機構，就如日俄戰爭後滿鐵成為類政府機構。幾位在北京的「廖高聯絡辦事處」工作的日本官員，此前都是通商產業省的官員。

中國政府那時一般不同意接受外國貸款在中國建工廠，但最終同意以「延期付款」的方式從日本輸出入銀行貸款，引進倉敷人造絲株

式會社 (即今 Kuraray 株式會社) 的生產設備在中國蓋一家維尼綸工廠。這家維尼綸工廠成為中國合成纖維廠的榜樣。此外，日本還將化肥、鐵和鋼材賣給中國。

《廖高貿易協定》遭到日本親台團體及美國政府的強烈批評，而美國政府則受到力量強大的台灣遊說團的影響。1964年後，由於台灣方面的壓力，日本政府停止資助向中國出口設備和技術的日本工廠。儘管兩國政府間的正式貿易沒有顯著增長，由「廖高聯絡辦事處」核准的、私人企業進行的友好貿易持續快速增長。中日的雙邊貿易額從1961年的四千八百萬美元穩步增長到1966年的六億二千一百萬美元。1966年，文化大革命爆發，增長停頓。

中日間的其他交流也在擴大。1963年，中國設立「中日友好協會」，由廖承志擔任會長，郭沫若擔任名譽會長。為深化中日關係，雙方都在紀念鑒真和尚過世一千二百年。鑒真是中國著名的失明僧人，歷經多次失敗後終於在753年順利東渡，為佛教在日本的發展做出了貢獻。中國也紀念遣唐使阿倍仲麻呂，他是一位聰慧的僧侶、學者和詩人，通過科舉考試入仕，官至安南節度使。

中國遭受大躍進苦難之際，赴日考察日本經濟成長的中國官員注意到，1960年代池田勇人的「國民所得倍增計劃」為日本經濟規劃提供了框架。1980年，對「國民所得倍增計劃」印象深刻的鄧小平，宣布到二十世紀末中國將實現「收入翻兩番」(四倍)的目標。

中國官員注意到，至1960年代中期，日中貿易即將超過日台貿易，並且中國的經濟增長比台灣更快。中國宣布，和台灣做生意的日商不能跟中國大陸做生意。日商遂切斷了與台灣的關係，但設立空殼公司與台灣進行貿易往來。也有些日商選擇與台灣做生意，但在大陸設立空殼公司。對在兩地設立空殼公司的日商，中國試圖施以懲罰，但很難追蹤所有新公司。而且這個政策幾乎無法強迫日商放棄與台灣的生意往來。

　　1960年代的中日貿易規模比二十年後小得多。但對於正從大躍進災難中復原過來的中國來說，中日貿易帶來的支持非常關鍵。同時，一群重要的日本官員與私人企業也從這段經驗中學到了在中國做事的方式。1972年兩國關係正常化後，日本得以較快速度擴大生意，也得力於此。

中國內轉與文化大革命，1966–1969

　　在文化大革命最高潮的幾年，諸多高層領導人受到攻擊，廖承志也是受害者之一。紅衛兵攻擊「廖高聯絡辦事處」協助日本，他們強迫北京的日本貿易代表進行「自我批評」，參加毛澤東思想學習小組、唱紅歌、參加紅衛兵遊行。結果，在北京工作的日商人數下降了。

　　中日在1964年通過「廖高聯絡辦事處」的安排達成交換記者的協議。文革爆發後，有十幾名日本記者在北京工作。很多其他國家的記者看不懂大字報，但由於日文中包含很多漢字，日本記者可以看懂中文的大字報。他們將北京分成幾個區，分派記者分區調查並分享調查所得，因此日本記者對紅衛兵大字報和行動的報導，比其他外國新聞機構更加詳盡。東京大學重要中國專家衛藤瀋吉及其他日本學者日後批評日本記者當時屈從中國方面的壓力，在報導紅衛兵所作所為時文過飾非。

　　1968年初，紅衛兵的攻擊行為開始減少，此時周恩來才能告知日本貿易代表，廖承志可以和高碕達之助事務所締結新協議了。《廖高貿易協定》在文革初期遭到批判，在1968年由具備相似功能的《中日備忘錄貿易》（簡稱《MT貿易》）取代。雖然聯絡辦事處的名稱中少了兩人的名字，但廖承志和高碕恢復了在具體事務中的重要作用。1966至1967年，中日貿易額因文革而降低，但在1969年和

1970年有所增長。1970年，中日雙邊貿易雖低於十億美元，還不到三十年後中日貿易額的1%，卻已超過了當時中國與任何其他國家的貿易額。

「朝海惡夢」及田中角榮內閣，1970–1972

1969年發生中蘇邊境衝突後，中國開始主動接觸外國。一直希望恢復並擴大與中國大陸關係的日本商人和政治家覺得機會終於來了。自1945年以來，日本一直心不甘情不願地遵守美國限制日中貿易的政策，跟着美國的腳步維持與台灣的關係，還投票反對北京政府加入聯合國。但是在1969年和1970年，已有跡象顯示其他國家開始回應北京的主動接觸，在一兩年內，北京可能獲得足夠票數取代台灣進入聯合國。在這種情況下，日本商界希望政府更積極回應中國的友好姿態。他們對戰後在位時間最長的首相佐藤榮作表示不滿，因其並未採取足夠的措施改進與中國的關係。

日本領導人希望，在中國開放之時，日美能夠合作主導此進程。但在1970年初，一些日本外交官擔心美國官員正在改變對中國的態度，與日本分享訊息時有所保留。1970年1月至2月，中美在華沙恢復對話，美國對中國做了一些小小的貿易讓步。1970年10月24日，佐藤首相詢問美國國家安全顧問基辛格，美國是否正在考慮改變與中國的關係，基辛格向佐藤保證，他沒有考慮任何變化，如美國對華政策有變，他保證會完整告知佐藤。1971年4月，在日本名古屋舉行的乒乓球國際錦標賽上，世界冠軍中國隊得知美國乒乓球隊希望訪華，即發出邀請。美國隊接受了邀請，美國政府也批准了出訪事宜。在新聞標題和鎂光燈下，兩國乒乓球隊緩和了美中之間的緊張關係。日本外交官此時有充分理由擔心美國正在考慮改變與中國的關係，但國防

部長梅爾文‧賴德(Melvin Laird)再次向佐藤保證，美國的對華政策沒有任何根本性的改變。

　　然而，就在賴德再次向佐藤保證後一星期，「朝海惡夢」成真了。1957至1963年擔任日本駐美大使的朝海浩一郎，匯報說因擔心美國會在不徵求日本意見的情況下突然與中國建交，他多年來夜不能寐。1971年7月15日，尼克松總統發表談話，宣布基辛格已經訪問過北京，而總統自己也將於次年初訪問中國。在演講前半小時，國務卿威廉‧羅傑斯(William P. Rogers)給華盛頓的日本大使牛場信彥打電話，告知尼克松即將公布訪華計劃的消息。牛場電話通知首相辦公室，佐藤是在尼克松講話前三分鐘才了解情況。佐藤及所有日本人對美國此舉既驚且怒，這個要日本拒絕與中國建交的盟友，沒有徵詢日本就提早一步向中國開放了。

　　對一直屈從美國壓力不與中國擴大合作的佐藤榮作而言，1971年7月9日至11日基辛格訪華以及尼克松公開宣布他將在1972年初訪華的消息極其難堪。但對尼克松和基辛格來說，絕對保密是必要的。如果消息洩露，台灣當然會通過對國會施壓阻止尼克松與基辛格的計劃。不僅僅是日本，就是美國國務院和國會都不知道基辛格訪問北京的計劃。

　　基辛格和尼克松是在一年多前開始計劃這一行動的。多年來，中美兩國持續在華沙進行大使級會談，1970年1月20日是第135次會談，美國駐波蘭大使沃特‧斯托塞爾(Walter Stoessel Jr.)告知其談判對手雷陽，美國不再堅持只與台灣建立外交關係，並準備派一位代表前往北京磋商。一個月後，雷陽向斯托塞爾轉達了北京的答覆──中國領導人歡迎美國政府代表前往北京，為尼克松總統訪華做準備。1971年7月，基辛格在巴基斯坦訪問期間，依照與巴基斯坦和北京精心設計的計劃，在晚宴時以拉肚子為由離席，秘密從巴基斯坦飛往北京。在北京，他與周恩來和毛澤東為準備尼克松訪華一事進行了廣泛交流。

　　因為沒有處理好對美關係，而且跟北京的關係非常糟糕，導致無法實現中日關係正常化，佐藤榮作首相認為他可能馬上就會下台。尼克松和基辛格確實對佐藤頗為不滿，因為他曾秘密承諾美國，會減少對美紡織品出口，但一直無法落實。對尼克松總統來說，這是個重要的政治問題。在1968年總統選舉時，尼克松曾向生產紡織品的南方各州承諾，他會限制日本進口紡織品。尼克松需要得到南方各州支持，才能在1972年11月的選舉中連任總統。由於佐藤沒有實現諾言，尼克松的不滿可以理解。

　　與胞兄岸信介首相（其父佐藤秀助，原名岸秀助，是佐藤家招贅的婿養子。岸信介為佐藤家次子，因過繼給伯父而改姓「岸」）一樣，佐藤榮作與台灣關係密切。美中關係打開後，日本輿論強烈支持迅速改善對華關係。國會議員開始討論誰能取代佐藤擔任首相一職，以便日本大膽改善對華關係。他們自然想到田中角榮。在尼克松發表震撼性講話前，田中剛被任命為佐藤內閣的通商產業大臣，並因頂住美國限制日本對美出口的壓力廣受歡迎。

　　來自美國的第二次震撼發生在1971年8月15日，也就是尼克松發表講話後一個月。這次，美國依舊沒有警告日本，逕自宣布將對出口美國的日本商品徵收10%的附加費。同時，將同盟國佔領日本初期訂定的、日元對美元匯率固定在360日元對1美元的規則，改為浮動匯率。匯市日元對美元立即升值，使日本紡織品出口美國的價格增加。

　　日美關係越來越緊張肇因於經濟變化：美國的工業技術傳播到日本後，因為日本的勞動力價格便宜，向美國出口的日本工業產品得到增長。這個問題三十年後也影響到中美關係。1945年至1970年代之間，美國是世界上最大的工業國。但到1970年代初，由於其他國家獲得了工業技術且工人工資更低，美國工業產品與外國產品相比失去了優勢，甚至在美國國內也是如此。全球運輸費用迅速下降以及美國市場的開放，也是美國產品失去優勢的推手。在1960年代，在擴大

對美出口工業產品方面，沒有哪個國家比日本更快。美國產業工人失業，貿易不平衡增加，導致美國外匯儲備枯竭。

在日本，由通商產業省負責日美貿易談判。1971年7月5日，佐藤榮作任命田中角榮負責處理日本的貿易與產業政策，解決與美國的貿易爭端。田中是平民型的政治人物，以足智多謀、習慣用錢解決問題知名。他一方面公開批評美國以維繫自己的民眾支持率，同時又對美國的要求讓步，替未來發展打底。田中與包括美國官員在內的各方重要領導人進行了具體討論，以了解如何達成美日協議。他想辦法向紡織品業公司及其工人補償限制紡織品出口政策帶給他們的經濟損失，以滿足美國的最低要求——通過這個辦法解決了美國收取附加費造成的問題。既無法與美國維持好關係、也無力與中國建立邦交的佐藤，促成了田中這位受歡迎的解決問題者繼任首相之位。

田中以前所未有的民眾支持率於1972年7月7日走馬上任。日本民眾普遍期待他能快速改善對華的關係。9月25日，田中角榮就任首相才兩個多月，就已出訪北京。

第 **10** 章

合作與援助
1972–1992

　　1972年9月25日，田中角榮抵達北京，與周恩來會面。他們是一對奇特的組合。田中出身貧窮的農村家庭，後來成了小資產階級商人，隨後從政，但缺乏外交經驗。周恩來卻是世界上最老練的外交戰略家之一，外交經驗少有人及。但他們合作愉快。兩人都是傑出的政治家，具有解決問題的創造力，都在設法建立正式的中日外交關係，也知道該如何在國內尋求必要的政治支持。周恩來先制定了幾條兩國擴大外交關係前必須遵循的一般原則。在這些原則的基礎上，再加上籌備會面的兩國官員的協助，周恩來和田中角榮才能夠解決國內相關政治問題。

　　1972年7月7日田中角榮擔任首相後，與周恩來會面的準備事宜得以迅速推進。田中角榮宣布自己意圖推動中日邦交正常化，這一點有助其擊敗福田赳夫，當選自民黨總裁。甚至在尚未擔任首相前，他已在研究如何達成此目標。就任當天，田中即宣布將繼續推動兩國關係正常化。兩天後，周恩來表示中國歡迎田中的演說，並希望儘早實現中日邦交正常化。日本社會黨和與創價學會密切相關的公明黨隨即表示願意合作促成此事。

　　為兩國關係正常化進行的打底工作早在1972年4月就開始了。在滿洲長大、見多識廣的經濟規劃專家大來佐武郎被派往北京與周恩

來會面，探詢邦交正常化的可能性。在內容廣泛的交談中，周恩來告訴大來，他聽說東京因為汽車太多而污染嚴重，但北京沒有空氣污染的問題，因為北京的主要交通工具是城內一百五十萬輛自行車。四十年後，東京解決了空氣污染問題，而北京的汽車基本上取代了自行車，成為世界上污染最嚴重的城市之一。日本正在幫助中國解決污染問題。

田中就任首相後，任命大平正芳為外務大臣，負責處理邦交正常化協議的細節問題。大平出身於四國地區香川縣一個小鎮，背景普通，性格靦腆，為人十分誠懇且誠實。他希望改善和中國的關係。和多數戰後第一代領導人一樣，大平在仕途初期通過考試晉升為大藏省（今財務省）培養的精英，後被納入池田勇人門下。出於個人的哲學信仰，大平深信可以實現一個各國互相合作的和平世界。傳教士之子、時任美國駐日大使的賴世和非常敬重大平，日後還表示大平英年早逝是日本和世界的巨大損失。大平外表不修邊幅、不做作，內裏其實是一位深思遠慮的政治家，願意盡力為中日邦交正常化爭取達成政治共識。中國的政治領導人視他為特殊的朋友、當時最深受信任的日本領導人。

1972年7月10日，在田中就任首相後三天，東京工程學院（今東京工業大學）附屬預備部校友、「中日友好協會」副秘書長孫平化以官方特使的身份抵達東京。他帶來周恩來的口信，表示安排兩國領導人會面的時機到了。外務大臣大平正芳親自與孫平化會面，沒有將此事交給外務省官員。7月16日，周恩來在北京會見日本社會黨前委員長佐佐木更三時表示，中國歡迎田中來訪。7月22日，大平在會見孫平化時說，田中支持中日邦交正常化。但是日方希望確定，日本能繼續美日安保同盟，以及維持與台灣的經濟和文化關係，這也是六年後美中關係正常化時美國的原則。田中立即在外務省內組織了一個十五人的中國政策委員會，討論實現中日邦交正常化的必要細節。

　　中國明確表示，實現邦交正常化必須遵守三個基本原則：日本必須承認只有一個中國、承認中華人民共和國是代表中國的唯一合法政府，以及必須廢止與台灣的國民黨政府簽訂的所有條約。

　　眾多日本商人和政府官員希望出台一個「兩個中國」的解決方案，這樣日本就可以同時與中國大陸和台灣維持外交關係。但中國大陸立場強硬，堅持不接受該方案。此時，日本商界擔心美歐國家會在中國市場捷足先登，把日本甩在後面，因此急切希望實現對華邦交正常化。在這種壓力下，希望與中國大陸邦交正常化的一方，在與台灣斷交問題上取得足夠的支持。但日本仍希望找到維持對台經濟和文化關係的方式。

　　7月25日，與田中角榮關係親厚的公明黨委員長竹入義勝抵達北京，於27日至29日三天內與周恩來進行了長達十小時的會談。周恩來告訴竹入，維持美日安保同盟以及在尖閣諸島／釣魚島歸屬問題上維持現狀，都不是中日邦交正常化的障礙。另外，中國打算放棄向日本提出戰爭賠償的要求。但他一再強調，日本要廢止與國民黨簽訂的條約。竹入向周恩來保證，日本會同意這些條件。8月10日，自民黨同意田中角榮訪華。第二天，這一決定被轉知孫平化。8月15日，孫平化向田中報告，中國歡迎他去北京。

　　田中要求與尼克松會面，討論對華關係正常化的計劃。在8月31日至9月1日在夏威夷舉行的會議中，尼克松接受了田中提出的解決美日貿易爭端的方法。田中提出了總額約七億一千萬美元的特別採購案，並同意降低日本紡織品的對美出口數量。由於美國南方是紡織產業的集中地，該提案有助於尼克松鞏固其在南方的政治基本盤。尼克松遂投桃報李，不反對日本先於美國實現與中國邦交正常化。

　　9月中旬，距離田中訪問北京不到一個星期，國會議員小坂善太郎率領一個國會代表團前往北京與周恩來會談。國會其他成員的參與，有助於鞏固日本政界領袖支持政府為中日邦交正常化採取的必要措施。

9月18日和19日，與台灣關係密切的前外務大臣、自民黨副總裁椎名悦三郎被派往台灣從事一件令人不快的工作：通知台灣領導人日本計劃與北京建交，同時與台灣方面討論雙方繼續維持經貿和文化交流的方式。台灣方面得知消息後非常憤怒，蔣介石甚至拒絕會見椎名。但椎名還是見到了蔣介石之子蔣經國，兩人討論了在沒有正式外交關係的情況下，日本和台灣如何維持非官方關係。

9月25至30日，田中角榮和大平正芳在北京參加中日邦交正常化的談判。兩人都有備而來：他們已爭取到國會議員的支持、得到美國的首肯，正在安排今後繼續與台灣合作的方式，還與周恩來就主要議題達成了一項基本協議。

儘管準備如此周詳，田中訪華的最初兩日，北京的政治氣氛仍然緊張，日本也無法確定此次訪問能否成功建交。以毛澤東夫人江青為首的政治激進派「四人幫」及中方官員，對日本維持對台關係以及拒絕給出與台灣斷交的確切日期表示不滿。中國也對田中在會談首日晚宴上的講話表示不快。田中説，軍事侵略給中國「添了很大的麻煩」（多大のご迷惑），日本深表遺憾。日文的「迷惑」被譯為「麻煩」，由於「麻煩」在中文裏的意思很輕，田中的道歉被視為粉飾中國的苦難，不把道歉當回事。周恩來對田中的道歉提出批評，説「添了很大的麻煩」引起了中國人民強烈的反感。除了周恩來與田中角榮間進行的首腦會談，外交部長姬鵬飛與大平正芳從第二天開始就《中華人民共和國政府和日本國政府聯合聲明》（簡稱《中日聯合聲明》）的細節進行磋商。與大平會談時，姬鵬飛的紙條被送往另一個房間，再從那個房間中送出回應的信息。日本確信姬鵬飛借此方式與周恩來溝通。

第三天下午，田中詢問周恩來對尖閣諸島／釣魚島問題的看法。周恩來回答説，現在最好不要談這個問題。第三天晚上，出乎日本意料，毛澤東在中南海游泳池住處接見了田中角榮和大平正芳。毛澤東説，總要吵一些的，天下沒有不吵的，「吵出結果來就不吵了嘛」。毛

告訴田中，「添了麻煩」的説法太隨意，在中國，這是把水潑到女孩子裙子上時説的話。與毛澤東會晤的這一小時，氣氛融洽，使談判度過了最大的難關。

9月28日，周恩來與田中就日台關係進行了第四次會談。雙方確認在第二天舉行《中日聯合聲明》簽字儀式後，由大平正芳舉行記者招待會，宣佈斷絕日本與台灣的外交關係。9月29日，兩國國旗在鎂光燈前飄揚，田中角榮、周恩來、大平正芳和姬鵬飛共同簽署了《中日聯合聲明》。同日上午，周恩來和姬鵬飛按計劃陪同日本代表團訪問上海。9月30日，周恩來、廖承志和一群中國官員在上海機場送別代表團。

在1972年9月29日發表的《中日聯合聲明》中，日本同意對其在戰爭中給中國造成的傷害發表清晰、強烈的申明：「日本方面痛感日本國過去由於戰爭給中國人民造成的重大損害的責任，表示深刻的反省。」一開始，中國要求日本承認台灣是中國的一部份，但最後雙方接受了這樣的表述方式：日本理解中國的立場，但不聲明日方接受這一觀點。文件這樣寫道：「中華人民共和國政府重申：台灣是中華人民共和國不可分割的一部份。日本國政府充分理解和尊重中國政府的這一立場。」

在日本，中國的新朋友，也就是主流政治家和對中日貿易滿懷希望的商人，取代了中國的老朋友，即左翼人士。日本過去的主流觀點是不承認中國，左翼的社會主義者和共產主義者則持反對態度。有些1972年前的親中派，甚至覺得中國背叛了他們，因為中國現在開始和左翼的敵人、也就是主流政治家和商人打交道。正如羅伯特·霍彭斯（Robert Hoppens）所言，以前的親中派通常對愛國主義戒慎恐懼，因為它跟日本過去的侵略行為密切相關。1972年後，有些新的親中派希望日本可以通過改善與日本帝國軍事侵略的第一受害者中國之間的關係，重新正面地看待愛國主義，結束戰後初期日本國內非常普遍的負面的自我批評。

對很多日本人來說，無論政治立場為何，實現中日邦交正常化讓他們期待兩國人民可以通過共有的文化成為朋友。很多在二戰後成年的、思慮周密的日本人，因為太年輕，不覺得他們需要對日本二戰時的行為負責。他們認為，表達誠意的方式，不是為其成年前發生的事情道歉，而是設法幫助中國實現現代化，以及與其他國家合作，共同維護全球和平。

但對於很多1945年前曾去過中國、年紀較長的日本人來說，中國的開放喚起了他們對戰爭的記憶，因自己或親友傷害過中國而產生的罪惡感泉湧而出。有些人希望中國原諒日本犯下的暴行，有些人則希望忘記日本的所做所為，重新論述二戰中發生的事件，這樣日本就可以被視為是為了免受西方帝國主義者欺壓而被迫開戰的善良民族。

在中國，中日邦交正常化出自一小群領導人的決策。媒體並未向大眾全面呈現日本的政治和社會，而不了解日本政治和日本公眾情感的複雜之處，中國人很難設身處地理解日本人的想法。在中日姐妹城市、宗教團體或青年團體會面之時，雙方會有禮貌地表達善意，但卻很少深入討論兩國間那一段不幸的歷史。一旦兩國關係惡化，歷史問題又會浮出水面。

有限的開放

從1972年中日邦交正常化到1978年簽署《中日和平友好條約》，訪華的日本人迅速增多，周恩來、鄧小平和日本訪問者會見的次數也在快速增加，但中日商貿關係的發展卻很緩慢。兩國在1972年匆匆實現邦交正常化，但直到1978年中國內部才達成共識，開始大膽推動改革開放。1972年，毛澤東歡迎一些外國人參觀北京，但他尚未允許其在全國自由旅行。當時，外交官杉本信行獲得了難得的機會，在

北京語言學院 (今北京語言大學) 讀書，並與一位中國學生住在同一
個寢室。他說，這位室友只告訴他姓什麼，卻從未告知全名。室友會
說「你好」，但兩人從未有過其他交流。

　　1972年中日邦交正常化後，很多不同背景的日本人都想訪問中
國，包括商界人士、地方政府、媒體、宗教團體，以及曾在中國居住
的個人。他們期待中日友誼可以進入新時代，希望跟中國同行交朋
友，引導他們進入一個新時代。日商對貿易機會比較有遠見，也很耐
心，不急着賺錢。兩國間的旅客數量在1969年尚不足三千人，到
1973年已增加到一萬人 —— 當然，這個數字還不足三十年後遊客人
數的1%。其中，訪問中國的日本旅客佔了絕大多數。

　　毛澤東在逝世前最後幾年，並沒有明確給出迅速改善對日關係的
指示。他允許江青和「四人幫」的其他成員批評推動改革開放的人士，
也允許周恩來和鄧小平歡迎包括日本在內的諸多外賓。1973年後，周
恩來確診罹癌後減少活動，但之後兩年，他還持續會見來訪的日本重
要人士，並支持鄧小平會見外賓。1972至1976年，鄧小平親自接見
了四十多個日本團體。以訪問團的數目而論，日本遠遠超過其他國
家，因為中日邦交正常化後數年，很多日本人都想訪問中國。

　　通過周恩來、鄧小平和日本高層的討論，中國領導人開始更正面
地看待日本及美國的政策。基辛格曾告訴周恩來，日本要求與美國簽
訂安全條約的原因是讓美國為其提供國防安全，周恩來也同意這一看
法。在與日後成為首相的宮澤喜一會談時，周恩來甚至認可日本的確
需要自衛隊。然而，中國官員一直擔心，隨着經濟發展，日本可能利
用其強大的經濟實力建設一支強大的軍隊。

　　很多日本人都想對中國慷慨一點，不是因為害怕中國，而是他們
對曾侵略中國、造成中國人民的苦難感到愧疚。他們認為應該先回
饋，然後再從中國市場賺錢。當時，大多數日本人未曾想到中國經濟
會在幾十年間高速增長，也未曾真正擔心過中國會成為競爭對手。來

到中國的日本商人都希望發展長期合作關係。他們準備大方地幫助中國同行，就算虧損幾年也無所謂，因為他們的目的是建立持久的合作關係。

兩國貿易發展得相當快：1972年的雙邊貿易額為十一億美元，1975年增長為四十億美元左右。比起中國和任何其他國家的關係，當時中國與日本在貿易和其他方面的接觸都更為頻繁。1974年，中國對外貿易中的24%來自日本，而中國只佔日本貿易總額的3%。中國購買日本化肥以增加糧食產量；日本則幫助中國建設化纖工廠生產布料，以減少栽種棉花的農田面積，增加糧食生產。日本亦向中國輸送機床，助其建立工廠。當時，中國尚無任何工業產品可供外銷，但有原油——由於中國幾乎沒有汽車，國內對原油的需求很小。1973年，中國向日本出口一百萬噸原油；1975年增長到八百萬噸。中日專家均樂觀估計中國的原油出口將快速增長，帶給日本能源安全，減少其對中東原油的依賴，中國也得以增加從日本進口的機具數量。完全沒想到的是，二十年後因中國對原油的需求不斷增加，甚至需要與其他國家合作才能確保原油的穩定供應。

中國領導人繼續施壓，要求日本切斷與台灣的聯繫，以推進統一台灣的進程。但是日本和台灣都抗拒放棄1895至1945年的殖民時代建立的密切關係。1973年，有一萬名日本人前往中國大陸，而赴台旅行的日本人約有四十萬人。1970年代中期，日本與台灣的貿易額尚能跟與中國大陸的貿易額相匹敵。日本商社利用「空殼公司」得以維持與兩岸同時做生意的狀態。到1970年代末，大型日本商社與中國大陸的貿易往來增加，小型空殼公司因此得到更多與台灣做生意的機會。與台灣夙有密切聯繫的日本商界和政界人士仍然認為與台灣商人打交道更容易。不少台灣人在殖民時代學會了日文，而大陸人中，除了部份東北人，很少會說日文。因此，比起大陸人，台灣人與日本人相處更自在。那些準備在中國大陸擴大經營的日商僱用了一些1945年前

居住在中國、了解中國的日籍員工，以及一些在日本或台灣學過中文的年輕日籍僱員。

中日之間最頭疼的問題是處理往來兩國間的航班。為了向台灣施壓，以及確保正在成長的全球航空市場能集中在發展日本飛往大陸而非日本飛往台灣的航線，北京決定禁止飛台灣的日本航空公司在中國大陸降落。1974年，中日終於達成協議，「日本航空公司」（簡稱「日航」或JAL）結束了與台灣中華航空公司的合作。「日航」不能經營台灣飛往日本的航班，只能由私人航空公司經營，機身上不許有中華民國國旗。從中國大陸飛往日本的航班可在東京成田國際機場降落，而台灣飛往日本的航班只能降落在較小的、以國內航班為主的羽田機場。台灣官員們對這種安排非常憤怒，主動取消了所有來往日本的航班。一年多後，台灣才讓步，「私人航空公司」而非國家航空公司終於可以在羽田機場起降，飛航台灣。要到1986年，日本最大的私人航空公司「全日本空輸」（簡稱「全日空」或ANA）才獲得政府允許經營海外航線。因為飛往中國的航線對「全日空」的發展計劃如此重要，領導層開始培養與大陸官員之間的友誼，準備屆時在他們預測數量上會增長的中日航線上扮演關鍵角色。

1971年美日簽訂《美日琉球及大東協定》，準備在1972年5月美國正式將沖繩群島的管理權移交給日本之時，將尖閣諸島／釣魚島的管轄權也交給日本。1971年12月30日，中華人民共和國外交部發出聲明，指出這些島嶼是台灣的附屬島嶼，自古以來就是中國的領土，美日政府在歸還沖繩的協定中把它們列入歸還區域是非法的。但日本專家認為，中國擁有主權的法律基礎並不堅實。到1978年兩國簽訂《中日和平友好條約》時，訪問日本的鄧小平在東京的記者會上說，尖閣諸島／釣魚島的所有權問題可以先放在一邊，由後代做決定。因此，在鄧小平掌權時，尖閣諸島／釣魚島並非激烈爭論的議題，但到胡錦濤時代，這卻成了高度爭議的問題。

中日關係並沒有在1972年之後迅速發展，因為處理兩國關係時仍需解決很多實際問題。一個新條約，即通稱的《中日和平友好條約》，提供了日後制定貿易協定、發放簽證、收取關稅、設立領事館和建立航權的架構。但在條約談判過程中，中國為了強化日本政府的反蘇立場，堅持納入一個針對蘇聯的「反霸權條款」。日本雖然反對蘇聯，但覺得沒必要激怒蘇聯，拒絕將此條款寫入條約。1973年的石油危機使日本面臨中東可能切斷石油供給的威脅，因此他們擔心，若將反霸權條款寫入條約中，蘇聯可能會派軍艦和飛機騷擾北海道，並停止向日本出口石油。在這個新條約簽訂前，中日關係一直難以向前發展。

《中日和平友好條約》與鄧小平訪日

1977年夏天，曾經歷文革打擊、下放江西的鄧小平獲准復職，分管外交政策。他意識到，中國發展的當務之急是得到兩個國家的合作和協助，他們可以提供資金和技術指導，幫助中國建立現代工業經濟——這兩個國家就是日本和美國。與日本合作的第一步，是解決一些阻礙簽訂《中日和平友好條約》的問題。日本外交官提議，如果條約聲明反霸權條款並非針對第三國，他們也許能接受。日本預測，加上這一聲明，蘇聯也許不會氣憤到拒絕向日本出售石油或採取侵略性的軍事行動的地步。1978年7月21日，中日談判重啟。8月10日，經過十六次談判後，中國接受了日本的建議，加入反霸權不針對第三國的聲明。在談判桌旁，外務省條約局條約課首席事務官東鄉和彥聽到中國終於同意聲明時，高興地與上級在桌子底下握手。8月12日，條約在北京人民大會堂正式簽署。1972年，田中角榮訪問北京，簽訂邦交正常化協議。但直到1978年前未有中國高層領導人前往東京回

訪。一般來説，《中日和平友好條約》簽訂後，應該會有一位中國領導人訪問日本。但在中日關係史上，現任中國最高領導人從未訪問過日本；在過去二千二百年的歷史中，也從未有一位中國領導人與日本天皇會面。1978年10月，鄧小平訪問日本。陪同其訪日的廖承志，準備承擔提出建議和擔任翻譯的角色，並問候自己的日本老友。

鄧小平抵日後，宣布此行有三個願望：代表中國與日本互換批准書、感謝為改善兩國關係作出努力的日本友人，以及尋找當年徐福想找的「長生不老藥」。徐福的故事迄今仍然在中日兩國流傳，這是關於秦始皇的方士在大約二千二百年前去日本尋找長生不老藥的故事。鄧小平解釋，他找的「長生不老藥」，就是實現現代化的秘密。

1978年10月22日至29日鄧小平的訪日之行非比尋常，除了在歷史上獨一無二，還因為它開啟了有史以來中日關係最緊密的時期。10月25日，有四百多位記者參加了鄧小平在東京的日本記者俱樂部舉行的記者會，比出席英國女王伊莉莎白二世訪日記者會的人數還要多(可別忘了，日本人對王室特別感興趣)。在記者會上，鄧小平解釋中國的情形時説，長得很醜卻要打扮得像美人，是不行的。「我們是個落後的國家，需要向日本學習」。他説，儘管自己訪日時間短暫，但希望中日可以永久維持友好關係。在回答中國對於尖閣諸島／釣魚島爭議的看法時，鄧小平説中日還沒有就此達成協議，甚至連這些島嶼的稱呼都不一樣。但他説，中國和日本應該擱置爭議，找到合作的方法。會議結束時，記者們都站起來鼓掌，熱烈的掌聲持續了好幾分鐘。

日本公眾在電視上看到了鄧小平的來訪。當時中國擁有電視機的人不多，但是他們在電影院可以看到鄧小平訪日的錄像。在日本，鄧小平會見了曾在北京接見過的四十個代表團的多位來賓，稱他們是「老朋友」。中日人民從未見過兩國領導人會面，歷史上也從未有過一次外交事件把這麼多中日人民聯繫在一起。鄧小平訪問京都的二條城

時，日本東道主解釋說，他在京都看到的所有文化，都是他們的祖先
從中國學習並引進的。

鄧小平訪日期間參觀的工廠，都是精挑細選過的。儘管蔣介石
和毛澤東先後表示不要求日本進行戰爭賠償，但鄧小平有理由期待日
本比其他國家提供更多的經濟和技術，幫助中國實現現代化。大部
份日本人覺得他們對中國的幫助，是有賠償之實、無賠償之名的自願
援助。

新日本製鐵株式會社（簡稱「新日鐵」）的會長稻山嘉寬，是一群
支持援助中國的商界領袖們組成的日中經濟協會的會長。他親自陪同
鄧小平搭乘在中國尚不為人知的氣墊船橫跨東京灣，參觀當時世界最
高水平的鋼鐵廠君津製鐵所。參觀時，鄧小平戴着一頂該廠工人的安
全頭盔。那時，稻山已協助武漢鋼鐵廠成為中國最現代的鋼鐵廠。此
外，以君津製鐵所為範本，上海郊區建成了一個綜合性的新工廠寶山
鋼鐵廠（簡稱「寶鋼」）。由此，中國從一個不到十年前還在推動「土法
煉鋼」的國家一躍發展成先進的鋼鐵製造國。1977年，中國的鋼鐵總
產量為二千四百萬噸，而君津製鐵所的年產量已達一千萬噸。鄧小平
訪日前，寶鋼和君津已經開始聯絡；在訪日後不久的1978年12月22
日，中國與君津製鐵所的母公司新日鐵簽訂合同，寶鋼破土動工。上
海的寶鋼和渤海灣的聯合石油探勘廠這兩個巨型建設項目，都需要中
日兩國在規劃、管理、財務、技術、施工、法務與政府管理方面進行
密切的日常合作。

鄧小平也參觀了神奈川縣座間市的日產汽車廠。該廠剛在流水線
上引進了機器人，算是當時世界最先進的汽車廠。中國那時的主要交
通工具還是自行車。鄧小平得知座間工廠每位工人每年可以生產九十
四輛汽車，他說這比中國最好的汽車廠長春第一汽車製造廠工人每年
生產的汽車多九十三輛。長春的工業基地是二戰前由日本人所建，當
時滿洲是日本的工業中心。

　　至2015年，中國擁有一萬二千多英里的高速鐵路，比世界上其他國家高速鐵路長度的總和還要長。回到1978年鄧小平訪日之時，中國尚未開始興建高速鐵路。中國領導人第一次搭乘高鐵是在1978年，鄧小平坐上了1964年通車的、從東京開往大阪的東海道新幹線。日本高鐵建設取得初步成就後，歐洲國家也開始發展高速鐵路。中國有些人過去竭力貶低日本的工業成就，另一些人則對日本的現代工業崇拜得五體投地。訪日前，鄧小平決定讚美日本的成就，但絕不奴顏媚骨。有人問他搭乘新幹線的感受，他說：「很快。」不久，日本和歐洲的工程師和管理人員開始向中國工程師教授高鐵科技，但是中國得花上幾十年時間才能獲得基本的高鐵科技與管理知識，將他們從日本所學予以落實。舉例來說，中國到2008年才完成北京至天津的第一條高鐵線。此後，中國高鐵系統迅速發展。日本高鐵系統保持了驚人的高水準質量控制和安全紀錄，迄今搭乘新幹線的乘客已超過百億人，還沒有發生過一宗死亡事故。2011年，兩輛高鐵列車在溫州相撞，此後中國努力提高高鐵系統的安全性，一直維持着優良的安全紀錄。

　　鄧小平在京都參觀了日本汲取隋唐時期所學、遺留至今的文化景觀外，還前往大阪參觀松下電器產業工廠，會見了六十一年前創辦該公司的松下幸之助。松下的創業產品是以電池供電的自行車車燈，但他將公司發展成當時引領全球的消費性電子產品製造商。1978年鄧小平會見松下時，稱呼他為「經營之神」。這是大眾媒體給他起的綽號。松下的願景，是為中國所有貧窮的老百姓製造低價的電視機和其他電器。鄧小平建議他來中國建廠，他馬上同意了。但當鄧小平要求松下轉讓他的最新技術時，松下解釋說，私營企業耗費大量資源發明和開發新產品，這意味著投入不計其數的時間、心思和金錢，而公司靠這些技術盈利，才能繼續投資新技術。松下說他願意幫助中國發展低成本的消費性電子產品，供給中國的消費者，但就像其他地方的企業家一樣，要在市場上生存，就不可能分享高科技。

儘管如此，鄧小平和松下意氣相投。松下回應説可以迅速在中國建立多個消費性電子產品工廠，並傳授一部份技術和管理知識，但並非其最重要的核心技術。松下在中國多處興建工廠，其策略是某地的工廠為當地人提供工作機會，就會製造更多誘因吸引當地人購買他的產品。

鄧小平在訪日時諮詢了一些更大的問題，比如日本如何從二戰時期政府主導的經濟體制轉為市場主導的經濟體制。很明顯，鄧小平在思考他該如何領導類似的經濟轉型。

當時，田中角榮因為收受洛克希德(Lockheed)公司賄款以影響全日空購買洛克希德的飛機而遭到軟禁。但鄧小平堅持要拜訪田中私邸，以感謝其為改善兩國關係作出的貢獻。鄧小平的要求終獲同意。與田中見面時，他説了「飲水思源」這句話。他在會見1950年代為改善兩國關係做出貢獻的其他家庭，以及不久前在橫濱會見高碕達之助的女兒時，也都説了同樣的話。鄧小平告訴田中，田中訪華時他未曾出面迎接，因為那時他身在「桃源」(這是文革期間因政治錯誤遭到下放的一個委婉的説法)。鄧小平對田中説：「我們不會忘記你為兩國關係所作的貢獻」，並邀請田中以中國政府的客人的身份訪華。會面之後，田中告訴記者，簽訂《中日和平友好條約》是明治維新以來日本最大的一件喜事。他又説，在見過的外國領導人中，周恩來給他留下了最深刻的印象，見了鄧小平也有類似的感受。

在東京，鄧小平與昭和天皇在皇宮共進午餐兩小時。為了讓天皇在會客時可以暢所欲言，天皇的私人對話向來沒有任何記錄。陪同午餐的外交部長黃華注意到天皇提及「發生了不幸的事」，他認為這是天皇在為戰爭造成的傷害向中國人民道歉。

午餐會後，兩國外交部長黃華和園田直簽署了《中日和平友好條約》的正式文件，鄧小平給了首相福田赳夫一個擁抱。福田一開始還有些不知所措，但很快回過神來，認為這是一個善意的表示。在交談

中，鄧小平說：「中日兩國人民要友好，要團結，中日兩國要和睦，要合作，這是十億中日人民的共同願望，也是歷史發展的潮流……讓我們為中日兩國人民世世代代友好，為迎接中日關係更加光輝燦爛的前景，為亞洲和世界和平而共同努力吧。」[1]鄧小平訪日不久，民意調查顯示大約78%的日本民眾對中國有好感。

鄧小平回國後不久，一個由重要經濟官員組成的中國考察團訪問日本。他們在一份報告中表示，自馬克思時代以降，日本商界領袖已經對資本主義進行了幾項重要修正：日本資本家學會了通過為工人提供好的工作條件而獲利，與馬克思描述的那些被剝削的工人相比，日本工人工作更努力。這是一個聰明的解釋，既承認馬克思的觀察準確、有價值，同時指出中國正在引進的做法對工人有利。考察團也了解到日本質量控制的關鍵，即生產高質量的產品，從一開始就要進行質量控制，而不是依賴質量檢驗。此後數年，中國工廠都掛上了鼓舞人心的大幅標語，鼓勵工人學習日本的管理方法。

不少日商認為，他們這一代人回應日本侵略給中國帶來的傷害最好的辦法，不是不斷道歉，而是幫助中國發展工業，改善人民生活條件，從而使中國可以與鄰國和平相處。回應中方提供技術援助的請求，外務省轄下的「國際協力事業團」（今「國際協力機構」，JICA）派出一批又一批專家幫助中國工業發展。

1981年，前往日本的中國人超過一萬七千人，前往中國的日本人更是高達十一萬人。兩國互訪總人數幾乎是1978年的五倍。[2] 1981年，大約有二百五十個中國科技考察團訪問日本，了解各自負責的領域在日本發展的最新情況，總人數達一千一百名。1979至1982年，大約有四百八十名日本學生進入中國的高等教育機構學習，同時有九百六十名中國學生進入日本大學和研究機構深造。留日中國學生數量持續快速增長。那個時期，日本給予中國留學生的獎學金和貸款總數約二千六百一十億日元。[3]

中國的財政緊縮，1979–1981

　　1976年9月毛澤東去世，接班的華國鋒停止使用文革口號，開始從國外進口新技術，為經濟增長提供一個堅實的基礎。地方政府和各部委得到上級許可，爭先恐後地進口機器以建立模範工廠。中國官員熱切地與外國企業討論，鼓勵他們投標，爭取各種項目。被稱為「石油幫」的一群擁有組織大型石油探勘與開採經驗的官員，被指派監管多個新的工廠項目。他們兢兢業業，富有創意乃至極富勇氣，克服了運輸、能源和物資匱乏等問題，同時訓練沒有經驗的管理人員完成如大慶油田等項目。日商利用1972年邦交正常化以來改善的兩國關係，積極簽訂合同，參與基礎建設與工業設施建設。他們也很積極參與建設發電廠和石化廠。1978年12月23日，就在鄧小平訪問日本後僅兩個月，有多家日本公司參與的大型項目寶山鋼鐵廠舉行了奠基儀式。

　　中國的地方官員都很積極、甚至急切地建立新工廠，往往在沒有備妥土地、工人、技術或資金來源前，就貿然簽訂合同。高層官員要節制他們卻並不容易。有些官員，特別是財政部、計劃委員會和銀行的官員，對大躍進運動的冒進計劃造成的毀滅性錯誤心有餘悸，擔心中國資本不夠、準備不足，就頭腦發熱、急於求成。目睹過大躍進摧毀第一個五年計劃的陳雲，成為審慎看待財政預算的平衡派 (the balancers) 官員的代言人。*

　　1979年2月，中國發動對越反擊戰，需要大量經費支持戰爭，顯然已無法履行各地官員簽訂的興建新工廠的所有合同。在1979年2月的最後一天，平衡派的中方官員凍結了與日商簽訂的約26億美元的

---

*　譯註：本書沿用傅高義著《鄧小平時代》的做法，將「the builders」、「the balancers」直譯為「建設派」、「平衡派」，不採用「改革派」、「穩健派」等譯法。

合同，包括寶鋼。中方項目領導人和日商仍在努力尋找持續合作的辦法，大多以日商允許中方延後還款，以及銀行提供貸款的方式解決。但有一個項目被迫停止了。

1980年底，陳雲領導的平衡派在與建設派(the builders)的鬥爭中獲勝，叫停了部份項目。1978年，中國經濟規劃官員原期望石油產量持續增長，但1979至1981年的產量卻遭到停滯。随着國內石油需求的增長，中國開始限制對日出口石油，中國購買日本商品和支付日本在華投資變得困難重重。由於陳雲和平衡派佔上風，華國鋒被迫承擔簽訂超出能力範圍合同的責任。華國鋒曾預期，1985年前，石油產量每年增長20%。鄧小平和陳雲批評華國鋒此説極端樂觀，忽略了實際經濟狀況。1979年11月發生一起石油平台翻沉事件，成了批評項目領導人在石油探勘和鋼鐵生產上過度冒進的口實。華國鋒則成了管理不善的替罪羊。1980年底，陳雲和鄧小平為鞏固權力，對政策進行重大調整，並罷免了華國鋒。很多項目領導人也遭到解職。1980年的政策調整要求取消或推遲此前外國已同意的項目。在需要調整的對外合同中，過半數都是與日商簽訂的。1981年1月，中國政府向日商發出電報，宣布已經上馬的寶鋼第一期工程延期，第二期工程取消。

取消寶鋼建設工程對日本來説尤其傷腦筋，因其規模龐大、涉及日商數量眾多，其中不少企業已經投入巨資。希望落空的日本官員對日方的經濟損失及中國無視國際合同的做法非常不滿。一些日本人想知道，中國是否會恢復每個已經簽訂合同的項目。而中國不滿日方自大高傲地教訓他們遵守國際合同的重要性，他們認為，比起中日戰爭時日方施加在中國人身上的種種暴行，這不過是小事一椿。

中國最初期待擴大石油產量賺取外匯、用於貿易，但這個希望也落空了。1978年開始，中國對很多沿岸石油蘊藏區的開採前景表示樂觀，並就其缺乏的專業知識和技術，向國外公司求助。最後與一家法國公司和一家日本公司合作，分別開採位於越南海岸與渤海灣的油田。

　　鑑於寶鋼事件對中日關係產生的重大影響，鄧小平親自出面安撫日本政商界領導人。他於1981年2月接見了應谷牧之邀來到北京的大來佐武郎，並於3月會見了來訪的土光敏夫。前外務大臣大來佐武郎，在首相大平正芳去世後擔任日本對外關係政府代表。而工程師出身的土光敏夫當時已屆八十五歲高齡，為「經濟團體連合會」第四屆會長，因其為人正直廉明、生活簡樸而享有很高的道德威望。兩人都想方設法改進中日關係。鄧小平的性格並非平衡派，也不像很多日本人那樣會鞠躬道歉，但他能坦率地承認中國的錯誤，指出中國缺乏經驗。他直率地承認，中方的確犯了一些錯，沒有外國資本，也無法支付根據已簽訂合同要興建的工廠的費用。他明確表示，一旦中國具備了支付能力，會繼續推動這些計劃。

日本的經濟建議、協助與合作

　　大來佐武郎是一位頗受敬重、具有國際視野的經濟規劃官員。1914年，大來出生於大連，在大連一直住到小學畢業。他入讀東京帝國大學工學部電氣工學科，畢業後在遞信省工作。從1938年6月到1942年2月，他致力於制訂經濟計劃，以擴大滿洲的電話容量。到二戰末期，大來加入小團體「戰後問題研究會」，開始秘密計劃如何管理日本戰敗後的經濟。戰後，他在「經濟安定本部」工作，對經濟發展提供總體性的指導。1979年1月，他被派往中國，提醒中國領導人日商對中國取消合同非常不滿。在與分管經濟發展的副總理谷牧會面時，大來警告說，國際商界對中國的觀感，可能會因北京取消合同受到影響。大來返回日本後，向政商界領導人解釋，中國之所以在引進外國工廠一事上失察，是因為太多有經驗的官員在文革期間被解職，尚未復職履行該有的監督工作。

在中國時，大來佐武郎設法理解中日之間還可以做些什麼，才能繼續執行已經簽署了合同的項目。他建議成立一個日本援助項目，紓解中國外匯短缺的問題。回東京後，他逐一遊說政治領袖和政府官僚，爭取他們對這個援助項目的支持。1979年11月，大來就任日本外務大臣。一個月後，為正式成立專為中國設置的「日本海外開發援助計劃」，他與大平正芳再次來到北京。

此後二十年，即1979至1999年，日本所有雙邊合作的援助預算中約有56%都給了中國。對中國的援助有三類：主要用於健康、教育和其他社會基礎建設的補助款、技術援助，以及主要用於發展基礎建設的日元貸款。中國提出要尋求技術指導時，「國際協力事業團」就為其尋找合適的日本技術人員。該機構迄今共派出四千一百五十八名技術人員赴華，同時，中國派出約九千七百一十二名技術人員到日本受訓。從1979年到2001年，日本向中國提供了總值一百五十九億美元的援助。[4]

「國際協力事業團」並非只針對中國，也撥款補助澳大利亞，以獲得澳大利亞的煤和鐵，再以低價賣給中國。如此一來，迄今最大的日本資助項目寶鋼很快即可重新上馬。

谷牧邀請大來佐武郎組織一個高級顧問團訪問中國，介紹他們當年規劃日本經濟發展的經驗。到1979年，中國在大躍進和文革期間犯了災難性的錯誤，這一點已無可置疑，與此同時日本則實現了快速工業化。1979年初，谷牧率領一個為期五週的高級考察團，赴歐洲學習規劃經濟發展的不同方法。歐洲國家和美國的經濟規劃，主要通過制定法規以確保市場公平運作；而日本政府推動經濟發展的做法，除了提供合作和指導，還保證重要部門能獲得足夠的開發資金。谷牧及其幕僚認為，日本經驗比西方國家的經驗更適合中國。大來佐武郎就曾擔任「經濟安定本部」的調查課長，二戰結束後立即着手規劃日本的經濟活動，他最關心的是在各類物資短缺時如何控制通貨膨脹。

1955年，日本政府成立「經濟企劃廳」以便為經濟發展提供長期協調工作，大來於次年就任該廳計劃部部長、於1957年擔任綜合計劃局局長。因此，他具備穩定經濟與規劃經濟增長兩方面的經驗。

經過初步討論，諮詢機構「中日經濟知識交流會」成立，首次會議於1981年5月在東京附近的箱根舉行。谷牧請馬洪負責中方討論組。馬洪是著名經濟學家，日後將負責督導把市場經濟引入中國。大來請來一些在1955年後日本經濟發展中扮演重要角色、富有創意的退休資深官員與會：下河邊淳曾在構想如何進行區域規劃、如何計劃及整合區域增長所需各種元素的工作中發揮重要角色；宮崎勇是經濟規劃領域的重要學者和官員；永井道雄是日本唯一擔任過文部大臣的高等教育專家，他受邀參加有關高等教育議題的討論。永井的父親是眾議院的重要議員。

除了2013年和2014年因尖閣諸島／釣魚島爭議導致中日關係特別緊張，會議暫停外，「中日經濟知識交流會」每年都開會，其成員也歷經若干次適當的更替。「交流會」歷年討論的議題包括兩國的宏觀經濟、中日關係、中國的經濟改革和全球變遷。日方成員談及日本過去的經驗，包括注重發展民間經濟而非軍事力量、高素質的勞動力、政府和私營企業合作的本質、允許外國公司帶入觀念和技術的重要性，以及優先投資在獲利較快的部門。「交流會」一直維持非官方性質，不向外界公開討論的成果。中國與會人士則非常感激日方坦率的討論和建議，因為中國正在開放市場，與國際經濟接軌，非常需要這些建議。在引介熟悉社會主義經濟和熟悉市場經濟的經濟顧問一事上，世界銀行也起到很重要的作用：來自社會主義國家的經濟顧問曾在政府直接投資的制度下提供經濟指導；而西方經濟學家在政府的角色是制訂法規，不是主導經濟現代化。中國與日本經濟規劃人士合作，則不必通過世界銀行。他們能與領導日本現代化的先驅們直接合作。

到了1982年，很多被推遲的項目因獲得日方貸款得以重新啟動，包括最大的合作項目寶鋼二期工程。寶鋼未能依原定計劃在1983年投入生產，但由於中日管理階層和工人的超常努力，終於在1985年開始生產。寶鋼的完工使中國可以加速機具生產和工程建設，寶鋼也成為中國其他現代鋼鐵廠的榜樣。隨着寶山模式的鋼鐵廠數量增加，到2015年，中國每年可生產近八億噸粗鋼，幾乎是1977年鋼鐵產量的四十倍，超過了全世界鋼鐵總產量的一半。在寶山工作的中日官員和工程師發展出了良好的合作關係。多年以後，曾參與技術轉移的中日官員重聚一堂，慶祝合作成功。中國也得以向協助該項目的日本人表示感謝。

根據日中經濟協會估計，從1978年到1984年，中國從海外整廠進口和技術進口，共簽訂價值約一百一十七億美元的合同，其中日本就佔了六十多億美元。[5] 除了鋼鐵和石化，日本在合成纖維和化學肥料方面也在中國市場佔據領先地位。後者對生產布料和限制棉花田面積以提高農業產量發揮了重要作用。到1984年，中國開始從日本進口消費類商品，包括電視機、電冰箱、洗衣機和轎車（主要由官方使用）。然而，到了1986年，中國官員擔心通貨膨脹和支出平衡，大量減少從日本進口商品，再次取消了諸多訂單。

總之，剛走上工業化道路的中國雄心勃勃但缺少經驗，日本與中國合作，遭遇了不少挫折。但與1960年被召回國內的蘇聯科學家和技術人員相比，很多中日商人找到了繼續合作的方式。

1980年代的文化交流

鄧小平相信，維持中日間頻繁的經濟交流不可或缺的因素是加強深層的文化聯繫。1978年簽訂《中日和平友好條約》後，日本諸多宗

教和文化團體都派出代表團訪問中國，與對口團體交流，包括各種佛教協會、藝術和文化團體，涉及的領域有書法、圍棋、音樂和詩歌等。幾百個日本縣市與中國同級縣市建立了姐妹關係。這些文化團體有時會對經濟產生影響，因日本團體希望在中國尋找商機，而一些中國地方團體也在尋找來自日本的投資。

不少日文書被翻譯成中文。1980年代，日本電影在中國各地上映，包括中日男女間的浪漫故事。那時電視機剛進入中國，國產電視劇或歷史劇為數甚少，日劇譯製片廣受歡迎。家庭電視連續劇《阿信》，講述日本山形縣一個勤勉、節儉的農村家庭的故事，是迄今為止中國電視台播出的日本連續劇中最受歡迎的。該劇主角是一位窮困但律己甚嚴的母親阿信，她勤奮工作、一分一厘都省下來幫助孩子展開新的人生。阿信這個角色展現的正是中國領導人試圖灌輸給人民的道德品質。很多1980年代長大的中國青年，到現在還相當懷念日本的短篇小說、歌曲、電影和電視劇。

1984年9月，由胡耀邦總書記和中曾根康弘首相的安排，約三千名日本青年訪問中國，由胡錦濤領導的共青團擔任東道主，幫助兩國青年為中日未來發展培養友誼。1987年1月，胡耀邦遭批評和免職時，其中一條主要的批評就是他過分慷慨地用國家資源招待日本青年。不過，兩國青年交流時建立的關係後來起到了作用。一些參加了那次交流的中日青年日後升至高位，在處理兩國間的問題時，就利用了之前建立的人脈。

1984年，中日兩國在胡耀邦與中曾根康弘領導下，成立了「中日友好廿一世紀委員會」。這個由中日傑出代表組成的委員會，提供了一個持續交流的論壇。甚至在1992年中日關係惡化後，該委員會依然運作不輟。

1980年代的政治摩擦

與1992年後的政治困難相比，1978至1992年的中日交流可謂政治合作、文化交流、經濟聯繫和民間交流的黃金時期。即便在黃金時期也會產生政治摩擦，成為1990年代中日關係惡化的先兆。

在日本，二戰後成立的「日本教師工會」由左翼知識分子主導，他們批判日本戰時的所作所為，並批評岸信介和佐藤榮作等保守派政治官員。相反地，文部省則由企圖向年輕人灌輸愛國主義的保守派教育界人士主導。文部省每年都會頒布每一年級、每一門科目的教科書的課程大綱。1982年6月26日，日本報紙批評文部省企圖改變現代史課程大綱，比如說應該用「進出」而非「侵略」來描述日本軍隊的行動，淡化對導致二戰的軍國主義的批評（實際上，後來證明報紙的報導並不準確）。在日本報導此事近一個月內，中國媒體對該議題幾乎未曾留意。

但到1982年7月20日，針對他們所謂發生在日本的淡化二戰期間日軍的殘暴行徑的運動，中國媒體展開了全面攻擊。中國媒體刊出日本士兵將逮捕的中國人斬首的照片，以及成堆的中國人屍體的照片。關於南京大屠殺的報導指出，有三十六萬中國人遭到殺害，同時報紙刊出遭到肢解的中國人的屍體。日本在戰時以活人進行的細菌戰實驗，以及日軍在遭到中國游擊隊擊殺的地區實行的「三光」政策，也通過文字和照片曝光。在1982年8月15日，即日本投降三十七週年，媒體報導達到高潮，以年輕人為目標讀者的雜誌對此事的報導尤其鋪天蓋地。在1982年9月上旬召開的第十二次全國代表大會上，中國共產黨主席胡耀邦（他日後在推動中日青年友好關係上扮演了重要角色）發表講話，提出警告，要防止日本軍國主義復活。中國媒體的攻勢始於中國相信日本正在淡化對中日戰爭的自我檢討，反映了中國對日本暴行的深刻憤慨，這也是防止日本人重返軍國主義的警告。

　　1985年8月15日，日本首相中曾根康弘正式參拜靖國神社，向二百四十萬為國家犧牲的人民表達敬意。他是第一位任職期間參拜靖國神社的首相。中國人對於中曾根參拜合祀了十四名甲級戰犯的神社非常不滿，對他猛烈批評。頗為震驚的中曾根表示，他在戰爭結束四十年後參拜靖國神社，是為了向那些因戰爭獻出生命、並奉祀在那裏的日本人表示敬意。他解釋說，自己的弟弟也奉祀在靖國神社，參拜神社也是為了向弟弟表示敬意。中曾根於次年宣布，鑑於中國、朝鮮和其他國家人民的負面觀感，他不會再參拜靖國神社，會另尋他法紀念為國捐軀的同胞。

　　1985年夏，二十八集中國電視連續劇《四世同堂》播出，該劇描述一個中國家庭在日本統治下遭遇的苦難。1985年9月18日，在日本佔領滿洲五十四週年紀念日上，北京與全國各大城市的大學生進行反日遊行。他們的抗議主題呼應了先前幾代學生反日遊行的訴求：反對日本軍國主義、鼓吹抵制日貨。此外，學生中也有一些人不滿中國領導人對日本商人的諂媚態度。還有些學生發表演講，要求將尖閣諸島／釣魚島歸還中國。

　　另一方面，中國政府盡力平息反日情緒。《中國青年報》、《人民日報》等官方媒體承認，中國在日本統治下受苦受難，但它們同時指出，在這個新時代，中國和其他國家是平等的，國家關係應該基於互敬互惠。在一次「中日友好廿一世紀委員會」的會議上，胡耀邦指出，必須防止日本軍國主義復活，但中國人必須區分戰犯和普通人民。

　　1987年，京都一棟學生宿舍光華寮的使用問題導致中國學生發動反日遊行。光華寮是二戰前修建的樓房，台灣於1950年購入，為在京都大學留學的學生提供住宿。1972年中日邦交正常化後，出現該建築產權屬於台灣還是中國大陸的爭議。1977年，此案提交京都地方法院，法院判決：1972年日本政府與台灣斷交、與大陸建交後，中華人民共和國即擁有該宿舍的所有權。但在1982年，大阪高等法院撤消

原判決，發回地方法院重審。1986年，京都地方法院改判光華寮為台灣所有，該判決在1987年2月26日得到大阪高等法院的支持。（該案至今尚未結案。）中國當局和學生都很憤怒。長達數月，中文媒體持續報導光華寮所有權爭議問題，並將此事與日台關係以及日本軍國主義復活掛鉤。1984年，母語為日語、曾入讀京都大學的台灣本省政治家李登輝成為副總統。1987年，蔣經國過世後，一些外省人試圖阻止李登輝成為元首，但他在1987年獲得足夠支持當選為總統。李登輝掌權後，中國大陸擔心日本會加強與台灣的關係。

光華寮所有權爭議也與日本擁有越來越強的軍國主義傾向和變得越來越高傲自大的想法有關。從1980年代末到1990年代初經濟泡沫破滅前，日圓上升到與美元幾乎等值的程度。日本經濟還在快速增長，日商在美國及其他國家購置資產。除了紡織業，日本也在一些美國自認是強項的領域，比如電子業和汽車製造業取得優勢。1980年代末的日商在海外大手筆花錢，在西方及中國得到財大氣粗的惡名。有些中國人看到日本商人的行為，不由想起日軍在中日戰爭時的行徑。

自1970年代中期三木武夫內閣時代以來，日本政治領袖有一個共識，即國防經費不能超過國民生產毛額（GNP）的1%。但隨着1980年代經濟快速發展，就算1%的限額，也足以讓日本擴大國防開支。1987年，中曾根康弘首相取消限制，允許國防經費略超過GDP的1%。中國媒體表達了恐慌：說到底，日本精神的本質是武士道精神，驕傲的日本軍國主義正東山再起。

無論如何，在整個1980年代，中國與所有國家關係中，以日本最為親近。在1986年，中國一萬名外國專家中約有40%是日本人。日商和外交官比其他國家的駐華代表與中國的關係更好。在移轉技術與管理經驗等方面，日本扮演了重要角色。中日兩國相關人員也經常能夠發展很好的個人關係。

天安門事件後，日本迅速結束制裁

1989年6月4日在天安門廣場的悲劇發生後，與西方國民一樣，日本對北京街頭遭害的無辜示威群眾深感傷心。1988年的調查顯示，69%的日本人表示他們對中國有親近感，但天安門廣場發生暴力鎮壓後，只有52%的人表示跟中國有親近感。[6]

日本與西方國家都因中國政府攻擊示威群眾對其實施制裁。但日本領導人明白二戰期間日本帶給中國的痛苦，認為日本並無強有力的道德立場批評中國政府殺害國民。他們認為，孤立中國的制裁措施，不只會影響應為鎮壓負責的人，也會影響很多中國國民，最後只會使仇恨外國勢力介入的強硬派更加強硬。他們也知道，嚴厲制裁會傷害中日貿易，最終也會影響中日關係。

與西方政府的嚴厲制裁相比，日本政府的制裁措施相對輕微。在天安門悲劇發生後數星期的1989年7月中旬，召開了七大工業國（G7）經濟高峰會。在會上，日本與其他國家都譴責了中國政府，但是，日本同時呼籲他國不要再升級制裁措施。在次年7月的G7經濟高峰會上，日本首相海部俊樹宣布，日本決定恢復1989年6月4日後暫停的對華貸款。1991年，日本開始推進第三次對華貸款。歐美諸國中沒有哪個國家這麼快解除了對中國的制裁。

1991年8月，海部俊樹首相訪中。他是天安門事件後第一位訪華的重要國家領導人。作為唯一一個遭到核武器轟炸的國家，當時的日本正帶頭在國際上推動防止核武器擴散的行動。海部在北京時，中國官員對日本結束天安門事件後的經濟制裁表示感激，簽訂了《核不擴散條約》。海部和中國領導人也討論了如何利用中日邦交正常化二十週年（即1992年），加強兩國關係。他們討論的最大膽的想法就是日本天皇訪問中國的可能性。

第 11 章

中日關係的惡化
1992–2018

在中日接觸的一千五百年間，日本天皇或中國皇帝訪問對方國家的情況只發生過一次。無法想像中國會歡迎昭和天皇，這位日本侵略的最高象徵者來訪。1989年1月，昭和天皇駕崩後，起初日本政界領導人企圖淡化其戰爭責任。中國外交部長錢其琛在代表中方參加在東京舉行的昭和天皇葬禮時，為此指責日本，並告誡他們應該「正確對待歷史」。不僅中國發言人，就是西方人士，甚至很多日本各界領袖和作家都承認，昭和天皇曾出席過討論戰爭計劃的會議。

1989年繼承皇位的明仁，在二戰結束時只有十一歲，這就提供了一個強調中日兩國關係已進入和平新時代的好機會。對於在1989年6月鎮壓天安門廣場示威群眾而成為西方國家制裁對象的中國來說，也是展示已回到國際外交舞台的機會。

明仁天皇訪華

1992年4月6日至10日，中共中央總書記江澤民訪問日本，為明仁天皇訪華奠定基礎。在東京，江澤民與天皇、高層官員以及各界人士晤面。官員們希望中國政府不會利用天皇訪華宣傳日本戰時的暴行，中方對此作出了保證。

江澤民訪日期間，天皇中國之行的若干細節還未敲定，其訪華計劃尚未公之於眾。首相宮澤喜一和內閣官房長官加藤紘一負責規劃天皇訪華的行程以及與中方討論訪問的事宜。宮澤喜一受過良好的教育、具有國際視野，一般認為屬於親中派人士。加藤紘一是國會重要議員，能講中文，曾任外務省外交官。[1]

1992年10月23日，中國共產黨第十四次全國代表大會閉幕僅四天，明仁天皇就攜美智子皇后抵達中國，開始為期六天的訪問。在天安門廣場，天皇受到二十一響禮炮的歡迎，樂隊奏響日本國歌《君之代》。警察驅逐了街上可能參加抗議的人士，沒有發生任何意外事件。江澤民和國家主席楊尚昆熱情接待天皇，兩人對日本的批評都很克制。陪同明仁天皇遊覽長城的北京市長陳希同告訴媒體，天皇「對中國非常友好」，還加上一句「我們很歡迎他」。中國的電視節目形容，明仁天皇訪華象徵著日本現在是個愛好和平的國家。

外交部發言人吳建民表示，「天皇訪問期間發表什麼講話，是由日方決定的」。在北京的歡迎晚宴上，明仁天皇承認日本在二戰期間的侵略以及日本給中國造成的痛苦。他說：「在兩國關係悠久的歷史上，曾經有過一段我國給中國國民帶來深重苦難的不幸時期，我對此深感痛心。」明仁天皇訪問了對日本文明的形成起到關鍵作用的唐朝首都西安。在西安碑林博物館，天皇和皇后參觀了一塊刻著「地平天成」四個字的石碑（明仁天皇的年號「平成」的出處）。這是兩國之間深厚文化淵源的見證。天皇訪問全程沒有發生任何不愉快的事情，這一訪問成為兩國關係史上的一個高潮。

然而，1992年出現了一些影響兩國關係的新問題。那一年，中國通過了一部法律，首次為認定尖閣諸島／釣魚島屬於中國領土這一主張提供了法律根據。1996年，中國在島嶼附近探勘石油，開始進一步加強對尖閣諸島／釣魚島所有權的主張。島嶼歸屬問題日益緊張，兩國輿論開始轉向。2006年的調查顯示，只有27%的日本人表示他們

對中國持正面看法，而對日本抱持正面看法的中國人也只有21%。此後直至2015年，兩國關係持續惡化。

1992年後中日緊張關係的根源

中日關係惡化有多個原因，其中之一就是兩國政府都沒有關鍵的「搭橋者」，即像當年致力於邦交正常化的資深人士。

鄧小平、田中角榮和其他「搭橋者」的退場

1992年明仁天皇訪華前幾日召開了中國共產黨第十四次全國代表大會。會議結束時，鄧小平出現在會場，表示對江澤民的支持，這意味着江澤民正式成為了中共最高領導人。鄧小平對改善對日關係的態度一直非常堅定。鄧小平在黨內的經歷無懈可擊，又有七年抗日經驗，因此很難指責他對日本態度軟弱。江澤民的情形正相反。除了年輕和沒有抗日經歷外，江澤民的父親和其他生意人一樣，在戰時與日佔區官員有過一些往來。所以，一旦他對日本的態度被認定為軟弱，就難以招架隨之而來的批評。有人說江澤民腿上有一個被日本官員飼養的狗咬過後留下的疤痕。無論什麼原因，江澤民並不喜歡與日本領導人走得太近。他也不像鄧小平，從來沒有公開呼籲中國應與日本維持良好的關係。

1983年，廖承志去世。此後，沒有任何一位中國高層政治人物能像他那麼了解日本，以及與日本人建立那麼深厚的友誼。在中日建交的談判過程中，田中角榮、大平正芳和園田直與中國官員培養了私人交情，但在1992年他們都無法再為改善中日關係做出貢獻：田中在1976年被捕；大平於1980年去世；園田直也在1984年逝世。他們的繼任者仍與中國合作，但與為1972年中日關係正常化以及1978年簽

訂《中日和平友好條約》搭橋的人相比，這些繼任者既缺乏與中國領導人的私人交情，也沒有要維持友好關係的決心。

蘇聯解體

從1969年中蘇發生邊境衝突，到1991年蘇聯解體，中國、日本和美國有着共同的戰略利益，即聯合起來對抗蘇聯。但隨着蘇聯的崩潰，三國間的共同利益消失了。由於他們無法再繼續依靠過去的盟友，因此一種不確定感油然而生。隨着中日各自擴張軍力，並都主張擁有尖閣諸島／釣魚島的主權，這種不確定感越來越強烈。

日本援助的重要性下降

在1980年代初，日本的經濟和技術援助是中國發展工業的關鍵動力。1978年，中國的GDP總值只有一千四百九十五億美元。隨着中國經濟急遽增長，到1993年，GDP躍升至四千四百四十七億美元。1991年，由日本援助興建的寶山鋼鐵廠第二高爐啟用之時，中國資源已然充足，日本援助與否不再是關鍵。從1989年到1992年，日本在幫助中國突破國際經濟制裁方面扮演了關鍵角色。但到1992年，國際上制裁中國的壓力已經非常和緩。到1993年，很明顯，日本經濟已經無法回到1990年代初經濟泡沫破滅前的高增長狀態。對中國而言，日本不再是有吸引力的榜樣。

李登輝總統及日本與台灣本土主義的關係

1988年，蔣經國逝世，本省人取代外省人取得了台灣政府的領導權。北京高層官員擔心抗拒統一的台灣本土勢力因此得勢，日本也可

能會支持此一勢力。1975年蔣介石去世後，其子蔣經國繼任總統。蔣
經國認為，為了台灣的長期穩定，需要讓本省人扮演更重要的治理角
色，因此他選擇本省人李登輝擔任副總統。1988年，蔣經國病逝。儘
管遭到部份國民黨官員阻撓，李登輝還是順利以副總統身份繼任總統
之位。李登輝當選前，國民黨以有機會光復大陸為前提、「淪陷區」無
法改選為理由，無限期延任1947年在大陸選舉產生的第一屆國民大
會代表、立法委員和監察委員。李登輝安排全面改選，首次國民大會
改選在1991年進行，立法委員改選在1992年進行。此後，佔人口多
數的本省人能更多地參與台灣政治。

北京知道，日本曾支持兩個中國政策，且李登輝及其他本省人與
日本關係密切。幼年時，李登輝先學日語，後學中文。1944年和
1945年，他在日本軍隊服役，其兄還為日本戰死。他在台灣入讀日語
學校，並獲得獎學金到京都帝國大學短期留學。成為總統後，李登輝
與日本領導人保持緊密聯繫，其中有些領導人在1945年前曾在台灣
工作。中國政府官員擔心，日本會支持李登輝繼續讓台灣維持獨立於
大陸的狀態。

為了繼續向台灣施壓，使其接受大陸的管轄，北京官員設法限制
台灣官員的國際空間。作為邦交正常化的條件，中國要求日本和美國
同意限制其高層官員訪問台灣，也不允許台灣最高層官員訪問日美兩
國。李登輝試圖突破這一限制。1994年，他訪問數個仍然與台灣維持
正式外交關係的拉美國家時，要求美國允許其在回台途中在夏威夷停
留一晚，以便為乘坐的飛機加油。在權衡與中國的協議以及李登輝停
留夏威夷的請求後，美國決定同意他在夏威夷落地，但只准其在一個
軍事機場著陸，且不得離開機場。

李登輝將受限於夏威夷軍用機場一事公之於眾，引發很多美國人
的同情，認為美國在冷戰時期縱容獨裁者，現在該是支持民主原則的
時候了。他們追問，為什麼美國要聽從中國，一個槍殺天安門廣場附

近抗議學生的國家的意願，不允許民主國家台灣的領導人、一位在美留學數年並獲得了康乃爾大學博士學位的總統來訪？第二年，也就是1995年，康乃爾大學邀請李登輝在校友會上演講。眾議院以三百九十六票對零票，參議院以九十七票對一票，同意李登輝來美。比爾‧克林頓（Bill Cliton）總統別無他法，只能中止與大陸達成的不允許台灣高層官員訪美的協定。李登輝獲准入境，並善用當年6月在康乃爾大學演講的機會，吸引了大量聽眾、製造出正面的國際輿論。康乃爾對待他如同一位英勇的自由鬥士。

中國大陸對美國給予李登輝簽證一事甚為憤怒，而日本對李登輝獲邀訪美表示同情也引起大陸不滿。1995年7月，在李登輝訪問康乃爾大學後不久，為了對台灣試圖尋求獨立發出「警告」，中國進行了導彈試射。第一批導彈的目標區在距離台灣基隆港五十六公里的彭佳嶼海域附近。8月，中國在距離台灣北部八十到一百英里處海域進行第二批導彈試射，同時在與台灣隔海相望的福建省進行軍事演習。11月，中方進行兩棲登陸作戰演習。1996年3月，中國再度進行飛彈試射，目標區位於距離台灣北部基隆以及西南海港高雄約二十五至三十五英里的海域，擾亂附近的空中和海上交通。美國的立場是不反對台灣與大陸統一，但反對動用武力。美國官員擔心中國正在準備入侵台灣。3月導彈試射後，美國宣布派兩艘航空母艦到台灣附近，這是自越南戰爭後美國在亞洲最大規模的軍力展示。不久，中國進行了多次兩棲登陸作戰演習，並從俄國購入更多軍事裝備。很多人擔心會發生軍事衝突。江澤民敏銳地意識到，自從鄧小平在1978年決定促進經濟發展而非為軍事現代化進行大量投資後，中國的軍事力量變得非常虛弱。因此，他決定提高軍費支出。相反，鄧小平主張的是「韜光養晦」政策。

1980年代，台灣的本省人已經開始與大陸發展更親密的關係。但到二十一世紀初，本省人感覺被大陸的影響和壓力所宰制，很多人開始認同自己是台灣人而不是中國人。1949年後的幾十年間，外省人的

孩子和本省人的孩子都已長大，在一起上學。儘管兩個族群間的敵意尚未消失，但關係已經逐漸緩和。另一方面，台日關係逐漸變淡，但彼此間的好感沒有消失。中國官員一直擔心日本與台灣本省人親近，而本省人希望維持台灣獨立於大陸之外的狀態。

海灣戰爭後，中國越來越擔心日本軍事力量的復興

自從1945年日本戰敗後，中國領導人一直在擔心日本軍國主義的復活。在很多中國人看來，軍國主義是日本人的真實本性，體現在各個歷史階段：早在明代那些嗜血的日本倭寇身上就呈現了這一點；十六世紀末，殘暴的日本軍隊在豐臣秀吉的率領下企圖經朝鮮直逼中國；1894至1895年，氣勢洶洶的日軍進犯朝鮮和中國；很多中國人都記得1931至1945年日本對中國殘酷的軍事佔領，即便沒有親身經歷過的人也都聽說過。而在第二次世界大戰後，中國民眾與離開中國後的日本人沒有任何聯繫，因此他們沒有機會看到大多數日本國民是如何堅決地摒棄了軍國主義。

1969年，美國總統尼克松在關島舉行的記者會上宣布，就算美國會提供幫助，各國仍需為自己的安全負責。中國開始擔心日本會再度出現獨立的軍隊。1980年代中期，中國人擔心中曾根康弘正在恢復日本軍隊，同時他們把中曾根參拜靖國神社看成是對日本過去那一段軍事成就致敬的標誌。1980年代末，隨着日本經濟的快速發展，日美矛盾加劇，中國領導人擔心日本在日美關係中會設法增強獨立性。若果真如此，日本會利用通過美日同盟獲得的新軍事技術增強軍力嗎？1991年蘇聯解體後，中國領導人想知道，美日同盟這個用於控制日本軍國主義的瓶塞，是否還能繼續奏效？

1991年海灣戰爭結束後，美國對日本極其不滿，認為日本從中東進口那麼多石油，卻對這次戰爭的付出卻那麼少。美國對日本施壓，

當有國際問題發生時，要求日本派出「地面部隊」，為維持全球和平作出更多的貢獻。對中國來說，這增加了瓶塞脫離瓶子的風險。

此後數年，日本同意承擔更多的對國際事務的責任和財務支持，不僅承擔駐日美軍基地的支出，也分享更多軍事科技，在國際維和行動中扮演更重要的角色。1996年，日本同意，如果本國周邊發生突發事件，將提供後勤支援。

1990年代，日本媒體充斥着北韓發展核武器和綁架日本國民的新聞。1993年，北韓在離日本不遠的地方發射火箭，日本的焦慮因此升級，要求增強軍事力量的呼聲也變得更強。吉米·卡特（Jimmy Carter）就任總統前曾提出美軍應該撤離南韓。美國對日本國家安全政策的控制，始於同盟國軍事佔領，難道現在就要結束了嗎？日本的有些人想知道，是否還可以依靠美國的支持對抗北韓？如果不能，為什麼日本不能擴充軍力？總之，隨着冷戰的結束，中國有理由擔心美日同盟無法持續，美國再也不能將「瓶塞塞在瓶子裏」了。

日本越來越擔心中國的軍事實力

1989年天安門事件後，日本對中國政治制度本質的擔憂日益加強，日本媒體上充斥着批評中國的文章。日本也想知道，隨着中國經濟和軍事實力的增強，滿口反日言論的中國人將會怎麼做？

那時，中國的經濟尚無法與日本匹敵，但中國是一個正在崛起的強權，遲早會挑戰日本在東亞的主導地位。中國政府鎮壓了天安門附近的示威者後，外國對中國實行了經濟制裁，中國的經濟發展趨緩。但隨着1992年鄧小平南巡以及經濟制裁的鬆動，1992–1993年中國的經濟增長率已提高到14%，並呈現繼續增長的態勢。在1980年代，鄧小平曾壓低軍費，集中全力發展經濟。到1990年代，中國的經濟基礎已經比1978年鄧小平上台時大大增強，因此其繼任者增加了軍事預算

的比例。1995年台灣總統李登輝訪問康乃爾大學後局勢緊張，中國向台灣發射導彈，美國派出了兩個航空母艦戰鬥群。這段時期，中國軍費增長率高於經濟增長率，並且以年均10%左右的速度持續增長。

1990年代中期開始中日兩國在尖閣諸島／釣魚島問題上的摩擦，反映了日本對中國意圖的擔憂變得越來越強烈。在過去幾百年間，負責國防事務的日本官員一直擔心來自兩條戰線的威脅：一條是北線，即蘇聯；另一條是西線，即朝鮮半島。現在他們還不得不對付西南方向的第三條線：來自中國的針對台灣和尖閣諸島／釣魚島的威脅。

中國對美日同盟弱化的擔憂

1993至1994年在五角大樓工作的美國外交官傅立民（Chas Freeman）觀察到，蘇聯解體後，美國的軍事規劃者被一種他稱為「敵人缺失綜合症」（enemy deficit syndrome）的疾病所困擾。國防工業界試圖尋求國會的支持以獲得龐大的軍費預算，而在其支持下的美國軍官將關注的對象從蘇聯轉向了中國，美國也繼續發展軍事科技。中國方面一方面擔心美國將先進武器交給日本，另一方面也擔心日本獲得這些軍備裝備後會更加獨立行事。

從1991年到1996年，隨着海灣戰爭結束、蘇聯解體，未來美日聯盟的不確定性使中國越發擔心日本會成為一個獨立的軍事強權。1996年4月17日，克林頓總統和橋本龍太郎首相在東京會面，簽署《日美安全保障聯合宣言：面向二十一世紀的同盟》。此後中國反而更有信心，認為日本的軍事起碼在近期不會獨立。《宣言》指出，美日兩國都有興趣「與中國進一步合作」。但中國官員注意到西方擔心中國崛起，懷疑此一宣言意在遏制中國。第二年，美國和日本修改了《宣言》原則，允許日本可在「周邊區域」參與防衛行動，中國因而對日本在尖閣諸島／釣魚島和台灣的活動提高了警覺。

中國的愛國主義教育運動

1989年，在鎮壓了天安門廣場的抗議活動後，中國領導人有理由擔心自己能否繼續得到年輕人的支持。兩年後的1991年，眼見蘇聯解體、東歐社會主義終結，他們不禁擔心中國是否將面對類似的命運。面對這樣的局勢，中國領導人應如何回應呢？鄧小平的答案是發動愛國主義教育運動，加強國人、尤其是年輕人對國家的忠誠。

國共內戰期間，為了贏得民眾支持、反對國民黨，毛澤東呼籲進行階級鬥爭，煽動農民和工人打倒地主與資本家。遲至1966–1976年的文革期間，紅衛兵也被動員起來攻擊那些「階級出身不好的人」——即地主和資產階級。但隨着1978年的改革開放，中國領導人開始鼓勵個體經濟，並尋求與資本主義國家合作。為了實施現代化計劃，他們在爭取最優秀、最聰明的青年的支持，其中有些青年家庭成分很差。他們也尋求台灣商人的支持，包括一些蔣介石的追隨者。

中國媒體並沒有特別強調階級鬥爭已經結束，但在1987年召開第十三次黨代會以前，對階級鬥爭的宣傳已經弱化，對出身不好的「黑五類」的攻擊也已停止。昔日被指支持資本家和地主的蔣介石，也因為對國家的貢獻得到讚美。展覽古代陶器的博物館不再張貼告示，說明這些工藝品出自備受壓迫的工人階級之手，轉而強調陶器是工匠們的作品。

1992年，中國政府和共產黨贏得廣泛支持的方法是愛國主義，即回憶和慶祝所有中國人、所有社會階層以及所有少數民族反抗入侵的帝國主義者的鬥爭。媒體譴責帝國主義者在「屈辱的一百年」裏壓迫中國人。「屈辱的一百年」始於鴉片戰爭，延續至日本侵華以及日軍犯下的戰爭暴行。

在二十世紀，中國政治領袖在尋求更廣泛的民眾支持時訴諸愛國主義的做法，可謂根深蒂固。中國於1992年開始引入愛國主義教育運

動，不僅利用印刷媒體，也利用了1980年代開始普及的新媒體——
電視。這個運動的起源是1991年8月宣布的一個指示，要求每所學校
在三年內制訂一個完善的愛國主義教學大綱。1992年，新的初高中課
本開始出現。1993年9月，北京敗給悉尼，失去了主辦2000年奧運會
的資格，全國學生都被動員起來表達抗議。1989年曾譴責政府官員的
學生們現在支持官員對外國的批評，認為他們禁止北京申請舉辦2000
年夏季奧運會是出於對中國的歧視。愛國主義教育正在發揮作用。

　　1994年8月，根據中共中央委員會發出的指示，愛國主義教育運
動全面展開。這個運動的目標之一是加強凝聚力和民族自豪感。1994
年後，愛國主義教育課程成為初高中的必修課，高考也考察學生對愛
國主義教育課程內容的掌握程度。

　　愛國主義教育運動的核心內容，是宣講日本過去犯下的暴行以及
日本如何拒絕進行恰當的道歉。在早前的1980年代，為了與日本發
展友好關係，鄧小平努力建立兩國共同的文化基礎，中國觀眾有機會
看到展示日本方方面面的電影。但在1992年後，中國媒體將更多的
注意力放在諸如南京大屠殺、日本的生化實驗、日軍執行一般稱為
「殺光、燒光、搶光」的三光政策時犯下的暴行，以及日本利用「慰安
婦」滿足士兵性欲等議題。

　　1993年11月，中共中央委員會宣傳部發出了一個通知，要求通
過電影和電視連續劇加強愛國主義教育。那時的中國大約已有二億三
千萬台電視機。關於中日戰爭的愛國主義電影與電視劇，最典型的套
路就是描述日軍如何施暴，而中國軍隊、共產黨游擊隊以及中國青年
如何英勇抗擊日寇。在所有激發愛國主義情緒的主題中，揭露日軍惡
行的二戰電影最受歡迎。有些兒童電影講述的是中國小孩子如何勇敢
地協助大人抗日的故事。2000年，抗日電影《鬼子來了》被禁播，原
因是片中一位日本士兵對待中國村民過於友好。很多這類商業電影很
受歡迎，頗能盈利。比如2011年的電影《金陵十三釵》描述了南京大

屠殺期間日本人強暴婦女、用刺刀分屍的故事，該電影贏得了年度票房冠軍。有些商業抗日片因為過份誇張而遭到知識分子的嘲笑，比如在某部電影中，一個中國孩子扔出一顆手榴彈，炸掉了一架日本飛機。1993年後，中國影視觀眾經常能看到一些描述日本人如何可怕而中國人如何英勇的影視劇。

1931年9月18日作為日本入侵滿洲的紀念日，以及1915年5月9日作為中國被迫簽訂《二十一條》的國恥日，都成了動員反日情緒的日子。2005年8月15日是二戰結束六十週年紀念日，當天有多個大型反日遊行。此外，只要日本高官前往參拜奉祀甲級戰犯的靖國神社（該神社共奉祀二百四十六萬六千名為國犧牲的亡靈），中國就一定會表示憤怒。

1994年，中央要求各地方政府樹立紀念碑、建立博物館，紀念抗日事跡。博物館推出各種展現中國人英勇抗擊日本侵略的展覽。地方政府也建立了紀念碑，記載曾經發生的戰事，也在抗日英雄的墓地舉行紀念儀式。為推廣愛國主義教育，1995年挑選出四十個國家級愛國基地，有一些基地涉及外國，其中一半與日本有關。很多人還記得1931年日本侵華後發生的可怕事情，大可被請去現身說法、對青年進行愛國教育。根據皮尤研究中心（Pew Research Center）蒐集的數據，2006年有21%的中國人對日本有好印象，到2016年該數字已下降到14%。[2]

至於要強化高級知識分子的愛國心，最有效的方法之一就是出版《參考消息》。這份刊物專門將外國媒體上的文章翻譯為中文，原本只限黨員閱讀，但從1985年開始所有人可以訂閱。因為這些文章直接譯自外媒，成為最受包括學生在內的知識群體歡迎的新聞來源。通過選擇標題和應發表哪些文章，宣傳部門的官員可以將他們希望灌輸給大眾的信息傳遞出去。中國官員選擇刊登一些否定史實的日本極右派作家的文章，即使那些作者在日本寂寂無名，甚至被大多數人

認為荒唐可笑，但《參考消息》的讀者們卻以為他們代表了日本人的總體態度。由此，中國民眾就會高估了日本人否認某些歷史事件的程度。日本軍費在1990年後並未顯著增加，但《參考消息》選擇轉載的文章傳達的印象卻是：不斷高漲的日本軍國主義已經構成了嚴重問題。

1990年代中期以來表達反日情緒最激烈的，不是經歷過被日本佔領的那段歷史的長者，而是接受愛國主義教育的年輕人。1998年以來，兒童可以玩多種網絡電子遊戲，主角是英勇抵抗日本侵略者的中國英雄。愛國主義教育運動對增強反日情緒相當有效。

中國的愛國主義教育運動也加強戰時在日本統治下遭殃的其他國家的反日輿論，特別是韓國和東南亞。該運動也在西方國家引起迴響，例如中國批評日本沒有對二戰中的行為進行深刻反省，與對戰時暴行進行了深刻的自我批評的德國正好相反。

在日本，文部省對教科書的內容會提出指引，而指引只要求歷史教科書給現代史的內容很小的篇幅。當接受過愛國主義教育的中國青年遇到日本青年時，他們一般總結說日本學生也許知道日本入侵中國是錯誤的，也認為應該道歉，但他們對日本的侵略史所知很少，也沒有充分地面對他們的歷史。

日本遊客來華後，看到反日電影，在電視上看到中國人向日資商店與日本駐北京大使官邸扔石頭，警察卻不制止，或看到中國飛機和公務船干擾尖閣諸島／釣魚島附近的日本飛機和船隻等戲劇性的畫面，他們開始擔心害怕。日本對於和平主義和反軍國主義的堅定承諾並未消失，但中國的新聞卻加強了日本的民族主義情緒，特別是那些邊緣的少數右翼人士。很多日本人擔心來自中國的威脅，同時感覺今天的日本是虛假指控（指東京審判）下的犧牲品。

到1990年代中期，來中國的日本遊客迅速減少。皮尤研究中心2006年的調查數據顯示，對中國有好感的日本人人數已經下降到

27%。到2016年，該數據進一步下滑到11%，2017–2018年維持在這個比例。日本來中國的遊客人數也沒有增加。同一時期，中國受訪者對日本人的好感從2016年的14%的低點上升到2017–2018年的近40%。

1992年後中日關係持續緊張，伴隨着中國不斷增加的自信和日本的擔心 —— 即中國的經濟規模以及軍隊規模和武器將很快超過日本。

中國佔據亞洲主導地位

1993年，中國的GNP（國民生產總值）仍然只有四千四百三十億美元。人口只有中國十分之一的日本，當時GNP卻高達四萬四千億美元，幾乎是中國的十倍。但是，那年中國經濟增速高達14%，並顯示將持續以每年高於10%的速度增長；而日本經濟在1990年代初經濟泡沫破滅後開始停滯。1997年，日本遭遇亞洲金融危機，中國則沒有。此後，中國官員很自信地認為他們的經濟和社會制度比日本更好。2001年中國加入世界貿易組織（WTO），自信心進一步提升。

中國在1964年就有了核武器，日本選擇不發展核武器。1993年，日本自衛隊規模很小，但在技術和訓練上都超過了中國。從1996年開始，中國的軍事費用增長速度甚至比經濟增長還要快，而日本的軍費支出還不到已然停滯的GNP的1%。中國自信，他們很快將擁有比日本更多的軍艦和戰機。2015年，儘管日本軍事專家相信他們的軍事訓練和軍事科技水平仍在中國之上，但中國海軍艦艇總噸數已達到日本的3.2倍，戰機數量是日本的2.7倍，中國還擁有二百六十枚彈道導彈，而日本則沒有。[3]

2008年是中國自信不斷增長的一個重要里程碑：影響日本與西方的全球金融危機，對中國幾乎毫無影響；日本股價指數跌落至1989年最高峰的五分之一不到。中日領導人當時已經清楚，中國的經濟總

量很快將超過日本。西方金融危機進一步加強了中國的信念，認為自己的制度與西方的經濟制度一樣好。正如 1964 年東京奧運會象徵日本以一個現代的工業國家的姿態首次亮相，1988 年漢城奧運會代表韓國首次登上世界舞台，2008 年北京夏季奧運會展現的壯觀超過之前所有賽事，中國首次以正在超過日本、即將挑戰美國的世界大國形象亮相。兩年後的 2010 年 8 月，東京宣布，根據世界銀行的數據，2010 年 4 至 6 月中國的 GNP 是 1.38 萬億美元，日本是 1.28 萬億美元。

2010 年後，中國還面對很多尚未解決的困難，比如完成全國的現代化、幫助尚未達到中產階級生活水平的人口、創造覆蓋全民的社會服務安全網、轉型為消費者導向的服務經濟，以及建立一個世界級的高科技部門。無論如何，「屈辱的一百年」已經結束，中國不再會為西方的成就感到氣餒了。

1994 至 2012 年，日本政局不穩，使變化中的中日關係面臨更多的困難。那段時期中國領導層相對穩定：1992 至 2002 年，江澤民當選兩屆黨的總書記；2002 至 2012 年，胡錦濤出任兩屆黨的總書記。反觀日本政局，從 1955 年到 1993 年，日本政府在自民黨主政下度過一段穩定期。1994 年，為改變自民黨一黨獨大的局勢，日本改革了選舉制度。新制度取消了「中選舉區制」(每個選區可選出三至五位眾議院議員)，代以「單一選區制」(每個選區選出一位眾議院議員)，全國把一百二十六個選區重劃為三百個小選區。在新制度下，全國還規劃了十一個面積較大的比例代表選區，選出二百位依照政黨得票數分配的議員。因為一個小選區只能選出一位議員，部份來自多席位選區的議員因此失去了席位。很多眼光長遠、經驗豐富的資深議員在 1994 年後退出政壇。從 1994 年到 2012 年安倍晉三第二次當選首相的十八年間，日本共有十三位首相。有些首相努力改善與中國的關係，但領導層不斷更替，尤其是 2009 至 2012 年由缺乏經驗的民主黨執政時期，中日兩國領導人很難發展並維持長期的互信關係。

從1993年到2010年，造成中日緊張關係的最主要的焦點，就是針對位於中國東海的尖閣諸島／釣魚島的爭議。

尖閣諸島／釣魚島爭議

日本稱為「尖閣諸島」、中國稱為「釣魚島及其附屬島嶼」的這五個有爭議的島嶼，距離台灣東北部約一百英里，距離琉球群島的石垣島西北部約一百英里，距離中國大陸約二百英里。二戰以來，這些島嶼向來無人居住。1968年，聯合國亞洲遠東經濟委員會的調查報告指出，這些島嶼附近的海床可能蘊藏豐富的石油，中日兩國對控制該海域的興趣增強。1970年，美日達成協議，準備在1972年將沖繩島歸還日本時一併將尖閣諸島／釣魚島的管轄權轉移給日本。此舉引發港台積極人士發起「保釣運動」，他們宣稱這些島嶼是中國領土。1990年代，中日兩國漁民在枯竭了各自離岸較近的資源後，開始在更遠的海域捕撈。他們在尖閣諸島／釣魚島附近發生衝突，這些島嶼的捕撈權成為爭論焦點。當然，尖閣諸島／釣魚島爭議的白熱化，還是肇因於其戰略位置和兩國在該海域的軍事競爭。

1973年，在第三次聯合國海洋法會議的框架內，各國開始討論海洋使用權的問題。儘管會議並未確立主權歸屬的法規，但建立了處理專屬經濟區、低潮高地，及包括海床石油在內的海洋資源權利等方面的規則。各國開始爭搶西太平洋的島嶼主權，以及有爭議的尖閣諸島／釣魚島的主權。根據1982年通過的《聯合國海洋法公約》(LOS)，沿海國 (coastal state) 對離領海基線 (即大潮低潮線) 十二海里 (1海里等於1.15法定英里) 的水域享有主權。該公約也允許沿海國將領海基線二百海里內的海域劃為專屬經濟區。日本和中國陸地的距離是三百六十海里，兩國的專屬經濟區有部份是重疊的，但兩國間並未簽署協定規範權

利。包括日本和中國在內的世界上大多數國家都簽署了《聯合國海洋法公約》。美國也簽署了公約，並決定遵守，但國會一直沒有批准。

尖閣諸島／釣魚島成為關注焦點後，中日兩國都拿出歷史記錄強化自己對這些島嶼擁有主權的主張。中國出示的文件顯示，1534年就有中國船隻畫出了這些島嶼的地圖。中國還主張，1943年的《開羅宣言》規定，台灣及其附屬島嶼都將歸還中國。而日本指出，《開羅宣言》並沒有特別提到尖閣諸島／釣魚島屬於台灣的附屬島嶼。他們認為，傳統上，這些島嶼被所有航行者用作航行此海域的地標，不屬於任何國家。日本宣布，他們在1880年代對這些島嶼進行過調查，發現它們是無人島。而在1895年1月甲午戰爭結束前的一次內閣會議，日本已宣布對這些島嶼擁有主權（劃歸沖繩縣）。日本補充說，美國在1971年將沖繩還給日本時，這些島嶼也一併歸還給了日本。中國宣稱，這些島嶼通過甲午戰爭結束後簽訂的《馬關條約》割讓給了日本，1945年日本投降後，這些島嶼的主權即回到中國。

日本並不承認這些島嶼存在主權爭議。美國的立場是主權問題尚未解決，但日本對這些島嶼有管轄權。當中國的輪船和飛機在這些島嶼附近作業時，美國官員清楚地表明，如果日本人在島嶼上或靠近島嶼處遭到攻擊，美國將根據《美日安保條約》的第五條保護日本。

1978年4月，《中日和平友好條約》締約前數月，近百艘中國小漁船進入尖閣諸島／釣魚島海域，揮舞旗幟，宣稱這些島嶼為中國領土。鄧小平在1978年10月訪問日本時，在記者會上主張，中國和日本可以合作共享這些島嶼的經濟利益，主權問題可以由未來世代更聰明的領導人來解決。

到1990年代，日本開始對本國附近的海域加強防禦，而中國也在更廣大的地域擴大軍事力量，關於尖閣諸島／釣魚島的爭議升級了。中國使用武力統一台灣的可能性使附近的尖閣諸島／釣魚島更受矚目，一旦針對台灣的衝突升級，這些島嶼將具有戰略重要性。

1994年，中國派遣科學考察船在附近海域探勘海床。1995年台海危機後，中國大幅增加了海軍預算，為可能發生在台灣附近的衝突做好準備。1996年7月，一位右翼日本青年在尖閣諸島／釣魚島的一個小島（北小島）上設置燈塔。燈塔事件後，支持中國主權的港台積極人士試圖在這些島嶼登陸，十艘來自台灣的漁船出現在附近海域。日本人派出公務艦阻止中國船隻進入根據《聯合國海洋法公約》定義的日本海域。當中國取代日本成為亞洲最大的經濟體時，對尖閣諸島／釣魚島的情緒達到了頂峰。

向中國主導過渡，1993–2012

因為中國超過日本成為亞洲最大的經濟體，導致中日關係起伏不定的過程中，兩國關係高度緊張，但雙方都在努力防止衝突失控。

村山談話，1995

1995年，中日戰爭結束五十年後，日本首相村山富市為防止兩國關係惡化做了令人敬重的努力。在中國忽視日本停止核試驗的要求、兩國之間的緊張關係到達頂點之時，村山在1995年5月2–6日訪問中國，尋求改善關係。出身社會黨的村山於1994年6月30日至1996年1月11日領導聯合政府。他來自九州東北海岸大分縣的漁民家庭，為人謙和。他一貫認為日本應該承認二戰暴行。在訪問中國期間，村山來到西安，向這個日本學習甚多的古都致敬。他也參觀了盧溝橋，這是1937年中日戰爭爆發的地方，他對戰時中國人遭受的苦難表示同情，為日本的侵略行為道歉。

8月15日，村山發表了由谷野作太郎起草的紀念戰爭結束五十週

年談話，表達他希望中日在二十一世紀親密合作的願望。谷野於 1998 年出任駐華大使。村山說：「我國在不久的過去一段時間，國策有錯誤，走了戰爭的道路，使國民陷入存亡的危機，殖民統治和侵略給很多國家，特別是亞洲各國人民帶來了巨大的損害和痛苦……謹此再次表示深刻的反省和由衷的歉意。同時謹向在這段歷史中蒙受災難的所有國內外人士表示沉痛的哀悼。」村山的演說是日本最高領導人為二戰時期的侵略行為進行的最全面的道歉，未來其他首相會重複該演說的部份內容。村山在中國受到江澤民主席和李鵬總理的熱烈歡迎。

1997 年 9 月，為了進一步緩和緊張關係，村山的繼任者橋本龍太郎首相前往北京參加慶祝中日邦交正常化二十五週年的紀念活動。橋本再次解釋，重新定義《美日安保條約》並非針對中國，他也保證日本不支持台灣獨立。

江澤民訪日，1998

在《中日和平友好條約》簽署和鄧小平訪日二十週年之際，江澤民主席對日本進行了兩國歷史上第一次正式國事訪問。鄧小平於 1978 年 10 月訪問日本時，並非正式的中國最高領導人，因此日方並未以國事訪問的規格接待。在成為國家主席前，江澤民曾於 1992 年短暫訪問日本，協助安排天皇訪華事宜。在 1998 年 11 月 25 至 30 日進行的為期六天的國事訪問期間，江澤民受到首相小淵惠三的歡迎、安排了正式宴會、受到明仁天皇歡迎、得到政商界領袖的招待，並由首相陪同參觀仙台和北海道。這次國事訪問原是為了鞏固兩國的友好關係，沒想到卻導致了緊張關係升級。

江澤民的國事訪問原本安排在韓國總統金大中訪日之前，但中國發生的嚴重洪災使其訪問時間推遲到金大中之後。金大中訪日極其成功，相較之下，江澤民的訪問被認為較為遜色。金大中於 1998 年

10月8日在國會發表演講，提及二十五年前在東京被政敵綁架，在開往韓國的小船上幾乎被殺，感謝日本人救了他一命。他說，日本走上帝國主義道路時，確實給韓國和其他國家造成了巨大的痛苦。但他承認日本在二戰後已經改變，並期待未來兩國的合作。金大中的演講製造了日韓之間善意的高潮，感動了小淵惠三和日本民眾。在日韓兩國元首簽署的聯合聲明中，小淵首相對日本佔領朝鮮期間的行為表示深刻悔恨。

江澤民訪日時，中國從1993年開始恢復的快速經濟增長已經持續了五年。江澤民代表着一個越來越自信、且在1997年亞洲金融危機中受損比日本少得多的中國。此時北京政府對於美國可能站在日本一邊反對中國的擔憂更少了。1998年6月25日，為加強中美關係，克林頓總統對中國進行了為期九天的訪問。儘管一些日本官員力勸其返國時在日本停留，克林頓並未接受。

在江澤民訪問前，中日官員先就雙方要簽署的聲明的內容進行磋商，幾乎達成這樣一個共識：日本將表達悔恨之意但不必做長篇道歉。但小淵與金大中簽署的共同宣言中，卻包括較長的道歉文字，因此中國也要求在中日聲明中出現類似的道歉文字。

對江澤民以及絕大多數中國人來說，日本為自己的歷史道歉得很不夠。小淵在江澤民訪日時確實說了「在過去一段時期內，侵略中國時對中國國民造成重大的痛苦和傷害，日本並為此表示深深的反省」，但江澤民認為這還不夠。江澤民沒有意識到的是，日本人的心態已經發生改變，他們已經厭煩了中國不斷拿戰時暴行一事教訓日本，並三番五次要求道歉，卻不願接受日本已經作出的道歉，也不理會日本要求中國停止核試驗的要求。江澤民訪日時曾感謝日本給予中國的援助，但中國媒體卻沒有報導，一些日本人因此感到沮喪。

國事訪問期間，日本電視台播出了江澤民與明仁天皇晚宴的片段。在宴會上發表的簡短講話中，江澤民提出了日本該如何看待歷史

的意見。對中國人來說，江澤民的評論是合適的，但在日本人看來，則覺得非常不合時宜。宴會本來是一個慶祝的場合，他卻以類似老師教訓學生的方式，告訴日本應該做什麼。日本記者對此事的報導，反映日本人日益增加的憤怒，也加強了他們認為中國日益自大的觀感。

江澤民向小淵惠三施加壓力，要求簽署與日韓聲明類似的文件，並認為日本會像過去一樣妥協。但小淵選擇進行口頭道歉而非書面道歉，他拒絕簽署包含道歉文字的文件，這反映了他的政治判斷——日本民眾已經厭倦了中國的說教。他的判斷是正確的。但對中國來說，日本人此舉等於否定歷史和對中國領導人不尊重。

儘管有這些不愉快，中日官員還是討論了兩國合作可能的方法。他們簽署了一份在三十三個領域進行合作的聯合聲明，包括政府官員之間的交流、經濟和科學方面的合作、文化交流和環保項目等。這一聲明為多方面的合作鋪平了道路。1971 年中國大陸在聯合國獲得代表中國的席位後（取代之前在台灣的中華民國政府的席位），日本總體上支持中國參與聯合國的各項活動以及東亞地區事務。中國反對日本成為聯合國安理會常任理事國，但同意在剛成立的「東盟加三」峰會上與日本會面。[4] 江澤民訪日後，日本在中國的貿易和投資持續增長。1999 年，日中雙邊貿易總額達到六百六十億美元，是 1990 年的四倍。

小淵惠三訪華，1999 年 11 月

江澤民訪日翌年，為了進一步改善關係，日本首相小淵惠三訪問中國，參加中華人民共和國成立五十週年的慶典。中國外交官已經意識到江澤民在歷史問題上施壓在日本所造成的負面效果，因此在要求日本道歉時更加克制。會見小淵時，江澤民感謝他在東京的熱誠款待。小淵與總理朱鎔基會面時，表示支持中國加入 WTO。他繼續推動為江澤民訪日規劃的三十三個領域的合作項目，指出日本可以提供

援助給其中若干項目，特別是他個人特別感興趣的內蒙古項目。這次
訪問的確在一定程度上緩解了兩國關係的惡化。

朱鎔基訪日，2000

在小淵訪華翌年，在中日兩國都受到高度尊重的朱鎔基受命訪
日，試圖改善兩國關係，並鞏固日本對中國加入WTO的支持。在日
本，朱鎔基說日本人和中國人一樣，都在二戰期間受難，他也沒有要
求日本深刻道歉。10月14日，他來到東京廣播公司演播室，與百位
日本市民對話。參與對話的市民和電視機前的觀眾都表示，他們對
朱鎔基的知識、坦率以及他想發展良好貿易關係的願望印象深刻。
有些人甚至說，他們希望日本能有朱鎔基這麼一位政治家領導國家。
雙方官員都承認此次訪問有助於改善關係。朱鎔基訪日後不久，日
本民調反映日本人對中國的總體態度出現適度的改善，對中國持正面
態度的人數略高於持負面態度的人。

小泉純一郎與靖國神社問題，2001–2006

2001年接任首相後不久，小泉純一郎試圖在抗拒中國壓力和為日
本的戰時行為道歉之間找到平衡。其政治盟友加藤紘一諮詢中國官
員，得到的回應是，如果小泉在2001年8月13日，而不是8月15日
的官方停戰紀念日參拜靖國神社，中方的反應就不會太強烈。小泉在
8月13日參拜靖國神社後，中國媒體仍然激烈批評，要求小泉不再參
拜靖國神社。儘管如此，中國還是允許小泉不久後訪問中國。在那次
訪問期間，他參觀了盧溝橋的中國人民抗日戰爭紀念館，在那裏向侵
略戰爭的犧牲者表示哀悼，並稱日本不會再發動戰爭。之後，小泉每
年都會參拜靖國神社。

2006年發生中國人攻擊日本企業和日本國民的事件後，小泉最後一次參拜靖國神社。他知道幾年內中國就會成為比日本更大的經濟體，但他不願意低頭。小泉將最後一次參拜神社的日子選在8月15日，也就是停戰紀念日這個特別能激怒中國人的日期。他說：「我並非是要為過去的戰爭辯護或為軍國主義唱讚歌。我覺得我們不應該再發動戰爭，但我們不能忘記那些戰死者付出的代價。我不是為了那些甲級戰犯去神社參拜的。」中國外交部宣稱小泉參拜靖國神社「傷害了中國人民的感情」，且「破壞了中日關係的政治基礎」。[5]

對日本人來說，首相是否應該參拜靖國神社，這一問題的背後不是日本對二戰所犯罪行是否愧疚，日本民眾接受對戰時罪行的批評。問題在於，無論是日本人還是外國人，沒有任何人有資格告訴他不應該對那些為國犧牲的戰士表達敬意——小泉曾這樣告訴哥倫比亞大學教授柯傑瑞（Gerald L. Curtis）。他堅持參拜靖國神社的做法很受日本民眾歡迎。但對中國人而言，這象徵着日本對軍國主義者的敬意，說明日本人民不願意面對他們的歷史，以及不尊重中國的要求。這種不尊重令人無法接受，尤其是在中國正在崛起、經濟就要趕超日本的時候。在日本國內，有些官員和報紙批評小泉參拜靖國神社，造成日中和日韓關係緊張，但他仍然很受歡迎。2001至2006年小泉任職首相期間，中日關係達到戰後新低點。

胡錦濤努力改善關係，2003

於2002年就任黨的總書記後，胡錦濤努力改善對日關係。在1980年代，胡錦濤曾作為中國青年代表之一，歡迎三千名日本青年組成的訪華代表團，此後他與其中一些日本青年保持着聯繫。他未曾公開表達中國應該與日本改善關係，但允許出版和發表比主流心態更親日的書籍和報紙文章。

2002年4月，胡錦濤尚未上任之時，中國出版總署同意出版裴華的《中日外交風雲中的鄧小平》一書。該書如實描述了1978年10月鄧小平訪日的過程，表達了對接待鄧小平的日本人的好感。

同樣在2002年，曾為《中國青年報》工作、後調入《人民日報》的資深作家馬立誠被派駐日本一個多月，任務是寫一份他觀察到的日本的報告。他的文章〈對日關係新思維〉於年底發表在《戰略與管理》上，這份獲得高層支持的雜誌以在戰略問題上提出新觀點著稱。通過與很多不同領域的日本人談話，馬立誠發現，與中國人的通常所認知的相反，日本人都說他們反對軍國主義、希望追求和平。他也提到，在1980年有78%的日本人表示對中國持正面印象，但到了2000年，比例下降到只有49%。儘管如此，日本各界人民仍然希望與中國保持友好關係。

2003年，《戰略與管理》發表了時殷弘寫的一篇文章。時殷弘是一位有軍方背景的戰略研究者，也是中國人民大學的教授。他認為改善中日關係符合中國利益，中國應該支持日本爭取成為聯合國安全理事會的常任理事國。這些文章發表後幾個月，中日關係看起來似乎有可能得到改善。

2003年，中國開始製作十二集電視紀錄片《大國崛起》，於2006年在中央電視台經濟頻道首播。通過認真思考和研究十個世界大國崛起的過程，該多集紀錄片意圖在中國即將成為大國的時候給大眾提供指導。它平衡而尊重地呈現了包括日本在內的各國歷史，關於日本的部份當然討論了二戰以及日本的侵略，但也討論了工業化如何給日本人提供了更好的生活條件。

數年來，馬立誠和時殷弘對於日本的看法雖然能夠見諸報端，但從未成為主流。2003年後，他們的文章更少被關注。2004年中日對立情緒再次升溫時，有些人甚至說馬、時兩人都是漢奸。馬立誠從未放棄自己的觀點，但已很難在大陸工作，後來搬到了香港。時殷弘對日本的讚美沒有那麼大膽，仍然還在人民大學當教授。

中國對日本足球隊勝利的反應，2004

　　當聯合國討論是否增加安理會常任理事國席位之時，日本國家足球隊正在中國多個城市參加2004年亞足聯亞洲盃首輪賽事。日本隊在每個城市都贏得了比賽，引發激烈的反日示威。8月7日，在北京工人體育場舉行的決賽上，日本以三比一的得分戰勝中國，中國球迷情緒激動，高呼反日口號，呼籲抵制日貨。日本隊在警察護送下安全地離開，但憤怒的人群的騷亂仍在繼續，他們推擠日本駐華大使的汽車，打破車窗玻璃。其他幾個城市也出現了類似騷亂。日本電視節目播出了一幕幕憤怒群眾的畫面，並不斷加以重播。在中日兩國，仇恨和民族主義的情緒都達到了頂點。這種情緒尚未平復，就發生了日本在聯合國的席位問題。

中國阻撓日本進入聯合國安理會，2005

　　2005年3月，在決定哪個國家將成為未來聯合國安全理事會常任理事國的討論中，聯合國秘書長科菲・安南 (Kofi Annan) 表示支持日本成為常任理事國，而且日本看起來也已獲得三分之二以上會員國的支持，只是還需要安理會所有常任理事國通過才能生效。也就是說，在聯合國成立之時已成為常任理事國的中國，有權阻止日本成為常任理事國。崛起中的中國正在設法提高國際地位，如果投下唯一的反對票，將會顯得充滿惡意。於是中國鼓勵二戰時遭受日本侵略的東南亞國家一起反對日本入常。4月12日，中國總理溫家寶在投出日本入常反對票時指出，只有尊重歷史的國家才能在國際社會承擔責任。對熟悉歷史的中國愛國人士來說，這是1920年和1971年兩起事件的絕妙翻轉：1920年，當時日本已成為國聯理事會的常任理事，中國卻不得不去競爭非常任理事國席位；第二件事發生在1971年，日本支持美國阻止中國大陸取代台灣在聯合國的中國席位。

　　2005年春夏之際在中國發生多起反日抗議，目的在於告訴全世界，因為日本不能正確地對待自己的歷史，所以沒有資格成為安理會常任理事國。2005年4月，中國通過互聯網在全國進行反對日本入常連署簽名。西方學者白潔曦（Jessica Chen Weiss）找到了三十八個中國城市發生反日抗議的證據。在很多抗議活動中，日本人的財產遭到破壞。中國政府支持反日行為，用汽車運輸一萬多名學生到北京市中心參加抗議。抗議人士砸破日本餐館和銷售日貨的商店的窗戶、砸爛日本汽車、撕爛日本產品的廣告。4月9日，抗議群眾向日本大使的官邸投擲石塊和瓦片，砸碎了玻璃，日本大使阿南惟茂與妻子阿南史代嚇壞了。警察雖然阻止抗議者翻牆進入官邸，但在長達數小時的時間內並未採取措施阻止他們投擲石塊。最嚴重的暴力行為發生在上海，成千上萬的抗議人士砸破了多家日本商店的窗戶，日本領事館也遭到攻擊。中國官員通過警告學生不要有非法舉動的方式，給抗議行動降溫，但同時也讚揚他們的愛國表現。直到日本不能入常的形勢明朗後，抗議行動才逐漸平息。

　　日本外交官覺得中國背叛了日本。日本曾支持中國進入WTO及其他國際組織，中國卻通過煽動本國和東南亞民眾的反日情緒，阻止當時的世界第二大經濟體以及對聯合國貢獻第二大的日本成為安理會常任理事國。2005年12月，在中國的抗議運動結束後，《讀賣新聞》調查顯示，72%的日本被訪者表示不信任中國。此後日本民眾對中國的好感，再也沒有達到中國發生反日暴力抗議和阻止日本入常前的水準。

緩和矛盾與奧運外交，2006–2008

　　2005年發生反日抗議和破壞日本人財產的事件後，兩國領導人都試圖緩和緊張關係。小泉純一郎之後的幾位首相都沒有在任職期間參拜靖國神社，中國官員也敦促民眾在反日遊行時有所節制。雖然發生

了日本足球隊遭到攻擊的事件，日本在2005年已經成為中國最大的貿易夥伴，此後中日貿易額始終保持在前三名。2005年，中國的日資公司主要集中在製造業，他們僱用了約一千萬中國工人。

因小泉純一郎參拜靖國神社一事形成僵局後，中國領導人努力改善與繼任者安倍晉三的關係（這是安倍首次擔任首相，在任時間為2006年9月至2007年9月），儘管安倍在任時並未承諾不參拜靖國神社。新上任的日本首相通常會先出訪美國，但安倍在就職僅兩週後的2006年10月8日，即前往北京參加高峰會議。在會議上，安倍為戰爭時期日本對中國造成的巨大破壞和痛苦表達歉意。另一方面，胡錦濤意識到中國對日本領導人參拜靖國神社施壓導致兩國關係停滯不前，因此在這個問題上，避免公開給安倍壓力。安倍也選擇不參拜神社。胡錦濤和安倍同意建立一個由雙方代表組成的專家小組，一起研究歷史問題，這個項目由中國社會科學院近代史研究所所長步平和東京大學法學系教授北岡伸一主持。

隨着2008年北京奧運會日益臨近，中國領導人設法確認所有國家都會與中國全面合作，包括日本。繼安倍擔任首相的是福田康夫，其父福田赳夫曾在1978年10月接待訪日的鄧小平。福田康夫就職後，也設法與中國保持良好關係。2008年5月，離北京奧運會還有兩個月，福田首相歡迎胡錦濤到東京訪問。這是自1998年江澤民訪日後中國國家主席第一次訪問日本。和江澤民一樣，胡錦濤也會見了天皇。在訪問期間，中日開始制訂在東海聯合開發天然氣的合作項目。

就在福田康夫和胡錦濤改善關係之際，一起突發事件影響了日本民眾對中國的好感。2008年1月，日本媒體報導，數百位日本消費者食用中國生產的餃子後，因為食物中毒導致嚴重的嘔吐症狀。後來查出製造商河北「天洋食品廠」的餃子餡裏混有殺蟲劑。當遭到日本批評時，中國最初壓下了該事件，表示既然沒有人死亡，就不是問題。日本對中國官員的不作為頗為困擾，基於食品安全理由將日本市場上

的部份中國食品下架。數月後，就在奧運會即將開始前，中國官員終於承擔責任，停止了該餃子的生產，回收了所有已出口的餃子。

2008年5月12日四川汶川發生災難性的大地震，造成約六萬九千人死亡、三十七萬人受傷，近一萬八千人失蹤。地震發生後，日本迅速派出六十一名救援人員，是第一隻抵達災區的外國專業救援隊。日本政府曾計劃使用自衛隊的飛機運送救援物資，因中國民間強烈反對而改派民用飛機，向受災民眾提供棉被、帳篷等。中國對日本捐助災民的行為給了正面報導。自民黨總幹事長二階俊博曾率領執政黨議員團訪問災區並捐贈物資，他後來也以副會長身份帶領「支援北京奧運會議員會」前往北京。

福田康夫代表日本出席了北京奧運會的開幕式，日本隊也順利參加了2008年8月8日至24日舉行的奧運會。福田後來被任命為博鰲亞洲論壇理事長，這是中國版的達沃斯世界經濟論壇。在日本高層官員中，福田與中國領導人會面的次數之多無人能及。

中日關係的最低點，2010–2012

2009年9月，民主黨的鳩山由紀夫出任首相。他宣布要脫離自民黨依賴美國的政策，改以亞洲為其政策核心，並與中國發展更友好的關係。和安倍一樣，他在訪問美國前先行訪華，並在訪華時對日本的戰時行為表達了個人的誠摯歉意。鳩山在卸任首相後還曾參觀南京大屠殺紀念館，對於日本士兵的暴行表達哀痛。日本政府一貫堅持尖閣諸島/釣魚島的主權沒有爭議，鳩山由紀夫卻表示確有爭議，而且爭議是日本而非中國造成的。鳩山擔任首相不到九個月，就由民主黨的菅直人取代。菅直人也設法推動與中國的友好關係。多年來，他一直邀請日本的中國留學生到家裏作客。儘管民主黨表達了維持與中國友

好關係的意願，並在一些關鍵爭議上支持中國的立場，但在民主黨執政的2009年至2012年，中日關係卻走向了最低點。

尖閣諸島/釣魚島附近海域的衝突，2010

　　世界銀行宣布中國的經濟規模超過日本後數週，一起突發事件導致了兩國的衝突。該事件並非事先計劃，但現場官員沒能順利解決衝突，釀成了對高層官員意志的一次考驗。中日雙方都試圖逼迫對方讓步，點燃了兩國民眾的怒火。最終，當中國對日方施加的壓力升級到超過解決此類問題的常規做法時，日本妥協了。這起衝突事件三週後結束，但它造成的情緒將兩國關係推向了谷底。

　　2010年9月7日，日本海上保安廳的一艘巡視船發現中國拖網漁船「閩晉漁5179號」進入尖閣諸島/釣魚島東北7.5英里處，屬日本管轄海域。1972年日本對這些島嶼實行管轄後，兩國達成默契：為了避免衝突，中國船隻不進入島嶼附近的日本管轄海域；如漁船無意間進入日本海域，日本巡視船要求它離開的話，漁船應馬上離開。但這一次，當巡視船要求漁船離開日本海域時，漁船卻沒有離開。於是，巡視船要求允許日本官員登船檢查。漁船試圖逃逸，但數艘比漁船更大更快的巡視船將其團團圍住，切斷了退路。漁船船長詹其雄將船撞向一艘巡視船的一側，在試圖逃逸時，又撞到了另一艘巡視船。兩小時後，海上保安官登上漁船，扣押了詹其雄和所有船員。後來證實，漁船在該地區作業並未經過中國官方同意，而且當時詹其雄處於醉酒狀態。

　　日本海上保安官很少扣留尖閣諸島/釣魚島附近作業的中國船員，若是扣留，也會迅速交還中國。但這次，因為中國船長破壞了日本的巡視船，日方說必須在日本法庭審判船長。這一消息很快傳到北京，當天下午，中國外交部副部長宋濤約見日本駐華大使丹羽宇一

郎，要求日方立即放人放船。日本並未讓步。事件發生第二天，中國人開始在北京、上海的日本大使館以及一些日本企業外示威。

中國官員繼續要求日本趕快釋放漁船船長和船員。9月12日，事件發生五天後，國務委員戴秉國於凌晨3點召見丹羽宇一郎時說：「要有明智的政治決斷，立即送還漁民和漁船」。日本擔心衝突升級，第二天就送還了漁民和漁船，但仍然扣留船長，因為他破壞了日本的財物，要在地方法院聆訊。

9月20日，四名日本建築公司僱員因針對軍事管轄區進行非法錄像在河北石家莊被捕，他們是公司派駐中國移除戰時日軍留下的化學武器的。中國多個城市爆發了反日抗議，很多在中國生活的日本公民反映說自己感覺有生命危險。中國當時控制了世界上97%的稀土，稀土是電子產業不可或缺的化學物質。中國開始限制稀土出口日本。日本的電子公司馬上開始與其他國家討論擴大在其他地區開採與生產稀土。與此同時，中國政府勸阻計劃赴日旅行的中國公民取消行程。9月19日，中國宣布凍結所有與日方的高級別往來。9月21日，在紐約參加聯合國會議的溫家寶總理宣布，「我強烈敦促日方立即無條件放人」。溫家寶還表示，中國政府將進一步採取行動，由此產生的一切嚴重後果，日方要承擔「全部責任」。

雖然認為中國政府的反應太過極端，但日本領導人仍希望避免事件進一步升級。兩天後，日本官員承認緊張局勢傷害了中日關係，釋放了詹其雄，並沒有要求他受審。事件發生後的數週內，中日媒體連篇累牘地報導該事件及其結果。這次衝突加劇了兩國官員與民眾間的敵意。

漁船事件發生時，新任首相菅直人正在與小澤一郎競爭民主黨黨魁之位。理應花時間解決對華衝突問題的日本領導人，因專注於國內政治無法分身。在過去自民黨執政的幾十年間，每當中日關係緊張之際，經驗豐富的外務省資深中國專家會與自民黨合作，通過既有渠道

和中國相關人士溝通，多半能控制住事態的發展。但這一次，中日兩國外交官的溝通卻失敗了。

自民黨支持者批評民主黨缺乏經驗，未能妥善處理漁船事件。他們指責民主黨剛開始扣押漁民、堅持審判船長，態度如此強硬，但最後卻向中國徹底讓步。詹其雄回國時受到英雄般的歡迎。儘管沒有公開承認事件發生時喝醉了酒，幾個星期後他就被不聲不響地送到了鄉下。

漁船事件發生後，中國媒體刊載了更多尖銳的反日文章。中國政府更頻繁地巡視尖閣諸島／釣魚島附近海域，日本也加強了對這些島嶼的巡視和防衛。美國政府重申，一旦日本管轄範圍遭到攻擊，他們會保衛日本。

從漁船衝突事件發生前的2008年12月至2012年8月，中國只派遣過幾艘公務艦進入尖閣諸島／釣魚島十二海里區域。但從2012年9月起，中國幾乎每月要派遣十二艘以上公務艦。從2013年10月起中國減少了公務艦的數量，但每月仍會派出公務艦到十二海里海域巡邏。[6]

2011年3月11日發生東日本大地震後，中日之間的緊張關係稍有緩解。如同2008年汶川地震後日本對中國的援助，東日本大地震發生後，中國馬上對日本進行援助。2011年9月，野田佳彥在就任首相後馬上安排了為期兩天的訪華行程，並對中國在地震後提供的援助表示感謝。但是兩國關係始終比漁船事件發生前要緊張得多。

日本完成尖閣諸島／釣魚島「國有化」，2012

在2012年引爆中日關係的石原慎太郎，是一位在日本頗受歡迎、具有男子氣概的政治家，從政前是一位作家。早在1956年，作家和劇作家石原已是偶像人物。他和弟弟石原裕次郎拍了一部有名的電影，電影中兄弟倆成為堅定自信的日本新一代青年的象徵。由於追捧者眾多，石原從政以及後來當選東京都知事時，總是比其他政治人

物更受關注。因為太受歡迎，其他政治人物不願意公開批評他。當美國權力到達頂峰時，石原宣稱日本可以對美國説「不」。2010年，當中國經濟超過日本時，他又宣稱日本可以對中國説「不」。石原嚴厲斥責民主黨領導人對中國釋放漁船船長的要求的反應過於軟弱，他的觀點得到日本大眾的強烈共鳴。二戰以來，尖閣諸島／釣魚島一向無人居住，其中三座島嶼的正式所有人是栗原國起，他從鰹魚乾製造商古賀家購入這些島嶼。*2012年4月，在華盛頓的美國傳統基金會做演講時，石原慎太郎宣布東京都要購買栗原的三個島嶼，並在島上展開基礎建設。

民主黨首相野田佳彥意識到石原購島將激怒中國人，也擔心石原對島嶼所有權的處置方法會有不妥之處。因此，他決定最好由日本政府出面購買這三座島嶼，要是這些島嶼到了石原手上，難保會有激怒中國的危險。野田比他的兩位民主黨前輩鳩山由紀夫和菅直人更實際，但他也不想在面對中國政府的要求時顯得軟弱。這一次，他嚴重低估了中國在該地區稱霸的決心。

2012年7月6日，在與其他領導人進行了有限的諮詢後，野田佳彥決定日本政府將出資二千五百萬美元從栗原家族手中購買三座島嶼。他希望先對購島計劃保密，然後再與中國進行討論，希望藉此避免衝突升級。但是第二天，《朝日新聞》披露了野田的計劃，且在標題中用了「國有化」三個字。正如外務省估計的那樣，中國政府盛怒，並強烈反對日本將這些島嶼「國有化」。當時中國領導人自信中國是束亞的主導力量，購島問題成為對其政治意志的測試。中國很多城市發生街頭示威，日本人的商店和工廠遭到衝擊，根據日方估算，累計損失高達一億美元。至此為止，中國只派出海巡船進入爭議島嶼附近海域，但在9月14日，即日本政府完成購買島嶼手續三天後，中國派遣

---

* 譯註：栗原國起擁有的三個島為：釣魚島、北小島和南小島。

多艘國家海洋局的海監船在有爭議的島嶼附近執行「維權巡航執法」任務，有些船甚至進入日本管轄的十二海里領海區。通過這些措施，中國政府向日本表明，中國已準備好採取極端措施，證明自己是亞洲的主導力量，日本如不順從中國的要求就是自找麻煩。

到將近一年後的 2013 年 10 月，中日關係在尖閣諸島／釣魚島海域才開始穩定下來。此後中國每週派出多達四艘海監船進入附近海域。再後來，中國方面每十天派出三艘船，降低了擦槍走火的可能性。日本則不在島上設立任何建築，以避免衝突升級。

對日本來說，中國對其購買三個島嶼的反應看起來過於極端。但到 2012 年，日本領導人已經清楚地認識到，中國的軍事和經濟實力都已超過日本，他們別無選擇，只能接受現實。但就像從前一樣，日本也決不低頭。

對於很多不情願地承認甲午戰爭後日本比中國更強大、更現代的中國人來說，中國如今已經恢復了應有的國際地位，以及在對日關係中的恰當位置。現在，靠着更強大的軍事和經濟實力，以及偉大文明古國的遺產，中國可以再次鄙視日本了。但中國領導人尚未獲得美國於 1945 至 2008 年間擁有的作為無可質疑的第一強國的那種悠遊自在的自信。對中國來說，要求日本必須承認歷史，意味着不僅要承認日本過去的殘暴行徑，還必須承認中國已經成為亞洲最強大的國家。然而，如同推古天皇在 607 年的態度一樣，很多日本人堅持，即便日本承認中國的偉大，但中國必須尊重日本。

習近平、安倍晉三，以及中日關係日趨穩定

1994 至 2012 年間日本首相快速更迭，安倍晉三於 2012 年再次當選（目前任期至 2021 年），而習近平也於 2012 年出任國家主席（最快

於2022年卸任）。在鞏固各自的政治根基後，兩人之間長期、穩定的交往可以緩慢而穩妥地推進中日關係。

安倍晉三於2006至2007年首次擔任首相期間，中日領導人都希望中日關係在經過小泉純一郎時代的冷淡期後，能有所改善，因此安倍與胡錦濤之間的關係相對平順。但是安倍的政治基礎屬於保守派，他與外祖父岸信介關係很好。岸信介因二戰時期在日本經濟發展方向中起到主導作用，被指控為甲級戰犯。安倍想修改《和平憲法》第九條，使日本成為擁有常規軍隊的正常國家（而不是只有「自衛隊」）。2013年12月，即他再度擔任首相後的第二年，安倍通過參拜靖國神社顯示了其保守派本質。此舉不僅遭到中國和韓國的批評，西方國家也不以為然。安倍自信而愛國，但在他藉參拜靖國神社展現自己的政治態度後，就選擇當一個實用主義的領導人。此後，他再沒有參拜過靖國神社。

在經過1994至2012年的政治混亂期後，日本民眾渴望有一位能提供穩定領導的首相。再度出任首相的第一年，安倍引入了為經濟發展提供短期刺激的方針，這套被稱為「安倍經濟學」的政策提高了他的支持度。內閣官房長官菅義偉展現了與其他政治高層合作的技巧，落實了安倍的議程。安倍繼續支持與美國的國防盟國關係，同時避免刺激中國。他還能維持支持度，贏得復出後第三個任期，使其首相任期持續到2021年，即2020年東京奧運會結束後一年。

2012年安倍復出時，剛好是中日為日本政府購買尖閣諸島／釣魚島中的三個島嶼發生衝突的那幾個月。中國的船艦和飛機不斷進入該海域，對日本施壓。當時日本已建立防空識別區（ADIZ），要求所有在尖閣諸島／釣魚島上空通過的飛機都要事先知會日本。2013年，中國宣布在尖閣諸島／釣魚島上空建立自己的防空識別區。四家日本航空公司起初要求旗下航班遵守中方要求，在被日本政府告知不必知會中國後，他們取消了這條要求。

持續進行的經濟關係

在清朝和德川時代，中日之間政治聯繫不足，但貿易關係得以持續。同樣，1992年後，中日間儘管政治問題不少，貿易關係仍得以繼續發展。事實上，在兩國關係極度緊張的2004年，中日之間的貿易量仍超過了中美貿易量。

當中國的經濟規模超過日本時，日本人頗為擔心。其實，在很多方面，特別是在中國人均收入躍升至中產階級水平的當下，日本應該慶幸與這個世界上人口最多的國家為鄰。一百五十年來，日本商人的夢想就是進入中國市場。在十九世紀晚期，中國實在太窮，只有少數人買得起日本的絲綢、棉布、紫菜和墨魚乾等商品。今天，中國的人口是日本的十倍。對日本公司來說，這意味着一個由品味愈趨多元、並擁有大量可自由支配的收入的十四億消費者組成的市場。

許多日本企業的海外業務營業額與利潤已經高於國內業務。從2000年開始，日本從海外匯回本國的利潤已經增加了五倍，到2014年已高達每年二千億美元左右。最近數十年間，日本國內的GDP增長率最高只有1%，而海外業務的年增率卻高達5%以上。日本對中國的淨出口量總體而言是順差，與美國對中國的貿易逆差形成鮮明對比。

在1990年代中期，隨着中國經濟增長加速，日本在中國的投資開始增加。2001年中國加入WTO後，又出現一次日本投資增長。2010年後，新投資額略微下降，但2014年的貿易又開始增長了。在中國做生意的日本企業數量超過了其他任何國家。以2016年10月為例，在華日企約有三萬二千三百家；美企排名第二，約有八千四百家。

日本企業已經適應了中國不斷變化的商業機會，從生產技術含量低的輕工業產品到生產重工業和高科技產品。到二十一世紀，中國家庭收入增加，日本也增加了在中國的消費品銷售，並擴大了對服務業

的投資。例如，2006至2014年，日本在華投資中服務行業的比例從
24% 增加了到39%。

1980年代在中國投資的日本公司一般都著眼於長期回報。隨着經
濟的增長，中國開始學會利用中國市場大的優勢，要求外商在中國設
廠，並轉讓最新技術。很多西方公司為了短期利潤，不惜轉讓最新技
術。總的來說，日企對於在中國設廠並分享最新技術一事則更加謹
慎。他們注意到，外企的中國僱員在熟悉了外國技術和管理模式後，
常常會辭職開辦自己的公司。日企更願意為中國僱員提供住房等長期
激勵方式——等他們工作達到一定年份後，住房即可轉為個人財
產。或者，他們請中國公司從事生產，將高科技部份外包給在日本的
公司，這樣中國公司就不那麼容易與日本的合作夥伴脫鈎。

儘管兩國政治關係緊張，日本大型貿易公司在中國各地的行政中
心規模，與其在美國的行政中心已經不相上下、甚至更大。中國市場
最大的日本貿易公司「伊藤忠商事」，在十四個城市設立了辦公室。三
菱、三井和住友等重要貿易公司也在中國每個主要城市設有辦公室，
並且僱用了大量當地員工，在日本人領導下工作。這些日籍員工不僅
會講普通話，有些人甚至還會方言。他們了解當地的政治和市場，並
與當地官員建立了關係，學習如何在中國的環境下做生意。通過與中
國的大型日本貿易公司合作，小規模日企也可以獲得關於中國市場的
信息，並建立在中國做生意必須的與當地的聯繫。

中國的日企一般都保持低調，避免引發反日情緒，而且傾向於給
中國僱員支付比本地企業和西方企業稍高的工資，以紓緩其反日情
緒。日本產品的好口碑使日企得以持續獲利。甚至在反日示威期間，
中國示威者抵制日商、破壞日本人財產時，日企仍能盈利。所有這些
努力幫助日企在中國站穩腳跟，甚至頂住了中日衝突升級的非常時
期。中日企業間有效的工作關係，是穩定兩國關係的壓艙石。

與此同時，很多日企與其他亞洲國家合作，分散投資，以降低完

全在中國進行生產的風險。2012年發生打砸搶日本產品事件後，在中國投資的日本企業家間流行的一種說法是「中國加一」——即在中國建廠的同時，也要在別的國家建廠。如果中國的工廠因為民族主義遊行示威碰到麻煩，公司可以迅速擴大在其他國家工廠的產能，完成生產目標。2010年以來，日本在東南亞和印度工廠增加的投資超過了在中國的新投資，一個原因是考慮到中國人抵制日本商品和破壞日商財產的行為，第二個原因是中國的勞動力成本逐漸升高。日商在中國市場上仍然活躍，同時他們也找到了應對風險的方法。

日本總部的商社高層主管認為，他們的重要職責之一是與中國的中央及地方官員維持良好的合作關係。比如，前經濟產業大臣、現任自民黨幹事長、眾議院議員二階俊博到北京訪問時，通常會帶上數百位有意在華經商的人士。2018年10月安倍晉三訪華時，亦有五百多位對中國市場有興趣的日商隨行。現在東京和大阪與若干中國大城市之間都有直航班機，日商可以早上飛到中國開會，當天晚上飛回日本。

儘管中日政府間存在矛盾，1984年由胡耀邦和中曾根康弘倡議的一個項目一直持續進行，並未中斷。通過這個項目，中國地方政府邀請退休的日本技術勞工（超過六十歲）來到基層工作。到2018年為止，共有約四千七百名日本退休技工被中國地方政府聘請，人們十分感謝這些技工帶來的新技術。

2014年後中日緊張關係得到緩解

2014年7月，自2008年卸任首相後擔任博鰲亞洲論壇理事長的福田康夫來到北京會見習近平主席，並於10月再度訪華。福田訪華後，兩國關係開始緩慢但穩定地改善。11月7日，中國國務委員楊潔

篪與日本國家安全保障局局長谷內正太郎在北京會面，就處理和改善
中日關係達成了四項原則共識，以降低尖閣諸島／釣魚島附近海域因
單一事故釀成更大衝突的風險。

2012年安倍再度出任首相後的兩年間，中國一直拒絕日本安排安
倍與習近平會面的要求。2014年11月安倍前往北京參加「亞太經濟合
作組織」(APEC)峰會，兩人若不見面的話，將會非常尷尬。結果，
中日領導人在11月10日見了面，進行了二十分鐘的交談。為了向國
民表示沒有向對方示弱，他們在合影時都噘着嘴，擺出一副生氣的樣
子。不過，雙方幕僚均表示，兩位領導人在短暫會見時的氣氛非常友
好。在福建工作的十七年間，習近平經常會見日本訪客。與習近平交
談過的日本人表示，習像個生意人，本人並不反日。

2015年4月，在慶祝萬隆會議(周恩來曾扮演重要角色)召開六十
週年時，習近平與安倍進行了為時二十五分鐘的會面，再次討論兩國
如何合作以緩和緊張關係。這次合影時他們面帶友好的微笑，顯示兩
國關係取得了有限的進展，而且進展沒有大到讓中國的左派和日本的
右派不滿的程度。

中日高層政治領導人很少會面，外交官層面的會面則稍微頻繁一
些。中國派駐東京的外交官大多是唐家璇或王毅這樣日語很好的專
家，除了外交工作所需，他們並沒有在日本生活的經驗。日本駐華大
使館表示，中國外交官有時以一些套話嚴厲批評日本，這種行為讓日
方很難與他們維持友誼。然而，2010年起擔任駐日大使的程永華，曾
於1975年入讀創價大學(佛教團體創價學會創辦的大學)。因此在
1977年進入外交部前，他已經有機會與日本人發展私人關係。歷史
上，兩國佛教僧侶間的聯繫為中日奠定了互信基礎，鞏固了兩國的貿
易關係。程永華的夫人是東京大學博士，也有外交領域之外的日本熟
人。程永華與日本人維持了良好的工作關係，北京允許延長其駐日任
期直到2019年5月，是任期最長的中國駐日大使。

　　在日本，政府於2012年任命職業外交官、中美問題專家西宮伸
一代替丹羽宇一郎出任駐華大使。丹羽並非中國專家，曾擔任中國
最成功的日本貿易公司「伊藤忠商事」的總裁。但西宮伸一在上任前
突然過世。考慮到中日關係處於困境之中，日本選擇派遣非常資深
的外交官、法國問題專家木寺昌人赴京上任。不過，在擔任駐華大
使三年半的時間裏，他和外交部長王毅只在2013年見過一面，那次
王毅約見他，目的是對安倍參拜靖國神社一事表示不滿。[7] 在與其他
中國官員會面時，木寺總是會聽到一些經過苦心斟酌的對日本行為的
批評。日本官員準備與中國進行更頻繁、更富有成效的交流，中國
卻加以限制。

　　2016年3月，安倍任命經驗豐富的中國問題專家橫井裕就任駐華
大使。他曾任外務省亞洲局中國課課長、駐華大使館政治參贊、駐上
海總領事館總領事和駐土耳其特命全權大使。他與中國外交部的聯繫
在緩慢但穩定地發展。

　　儘管2010年中日關係緊張導致來到中國的日本遊客人數下降，
赴日的中國遊客人數，則因為中國生活水平提高與日圓貶值等因素，
從2013年起迅速增加。根據日本政府公布的數據，日本發給中國訪
客的簽證數量大幅增加，如下表所示：

表一：日本發給中國訪客的簽證數量（2012–2018）

年份	日本發給中國訪客的簽證數量
2012	1,425,100
2013	1,314,437
2014	2,409,158
2015	4,993,689
2016	6,373,564
2017	7,355,818
2018	8,380,034

因為日本產品在中國有很好的口碑，中國遊客在日本會購買電子產品、電器用品、智能廁所坐墊、嬰兒奶粉，及其他日本產品。日本主要旅遊城市的旅館和商店都僱用了在日本留過學的中國員工，幫助他們滿足中國顧客的需求。甚至連日本的大型商場也開始迎合中國遊客，引入了中文標識。有些商場的中文標識比英文還要多。

鑑於中國針對日本人的宣傳非常負面，很多第一次到日本的遊客驚訝地發現自己非常喜歡日本。赴日旅遊的中國人數量開始大幅增加時，他們一般是參加旅行團，但逐漸地一些家庭開始選擇自助遊。首次訪日的中國遊客大多選擇東京、京都、奈良和大阪的著名景點。之後一些遊客開始參觀北海道、九州和四國以及其他地方的景點。1950年代，來到歐洲和亞洲一些地方的美國遊客因舉止粗魯被稱為「醜陋的美國人」；1970年代，一些前往東南亞的日本遊客也經常被稱為「醜陋的日本人」；而中國第一批暴發戶到國外旅遊時，常因為吵鬧、不愛惜旅館財產、對周圍人士粗俗無禮而被稱為「醜陋的中國人」。 就像有旅遊經驗的美國遊客和日本遊客一樣，中國人也已經開始通過閱讀旅遊指南了解其他國家的行為規範，日本人對他們的抱怨也開始減少了。

受過良好教育的中產階層遊客來日本旅遊，發現他們親眼看到和親自碰到的日本人頗有禮貌，與二戰電影中所描繪的殘酷日軍截然不同。從日本回來的中國遊客一般認為，日本是一個有秩序、乾淨的國家，環境污染很少。他們認為日本人禮貌而客氣。在一個關於遊客是否會再次去某國旅遊的調查中，中國遊客表示願意再去日本旅遊的比例要比再去其他國家的比例高。中國領導人對安倍政府的務實態度，及其避免發表挑釁中國的言論表示歡迎。2012年，低於10%的受訪中國人對日本持正面印象，而2017年的調查顯示，多達40%的受訪中國人形成了對日本的好感。

日本人對中國印象的改變則要慢得多。他們記得中國在2010和2012年對日本施壓、日本商店遭到示威人群破壞的電視畫面、在尖閣

諸島/釣魚島海域鳴笛的日本巡視船、無數描寫英勇的中國士兵抗擊日軍的二戰電影，以及常規的抗日電影和宣傳。日本人對這些事的記憶太強烈、太新鮮，以至於很難對一個強大的中國將會如何處事持有放鬆的態度。

到2017年，中國開始減少電視台播映的二戰影視劇的數量，也減少了派遣飛機和船艦在尖閣諸島/釣魚島附近巡航的次數。中國也開始在高層官員的層面上加強與日本的合作。

2018年5月，為了紀念1978年《中日和平友好條約》締結四十週年，李克強總理訪問日本，並會見了明仁天皇，也與安倍首相討論如何改善兩國關係。為了表明中國對在華日企的接受度，李克強訪問了北海道的一家豐田汽車工廠，該工廠為中國的豐田汽車廠製造零件。日本和中國同意建立進一步的機制以擴大交流。中國明確表示，歡迎日本加入「一帶一路」。「一帶一路」項目試圖加強國際合作，並擴大與歐亞大陸國家在發展基礎設施、投資和貿易等領域的關係。李克強訪日反映了他的認識 —— 面對唐納德‧特朗普（Donald Trump）在貿易上施加的壓力，中日之間存在共同利益。

2018年10月，安倍訪問中國。這是自2012年兩國關係惡化以來日本首相首次訪問中國。安倍和習近平討論了加強兩國交流的方式，以及在其他國家開發合作項目的可能性。安倍在北京期間，即10月25日到27日，中日宣布了一個三百億美元的互惠外匯信貸來提高兩國貨幣的穩定性。安倍表示，兩國現在可以從競爭轉向合作，將中日關係推向新時代。安倍訪中時，很明顯中國已經是一個經濟和軍事強權。安倍返國後，兩國外交官繼續規劃邀請習近平於2019年前往大阪參加G20峰會事宜，這是2012年以來中國最高領導人首次訪日。安倍邀請習近平在2020年櫻花季以國賓身份訪日事宜也在議程之中。沒有人認為習近平訪日可以結束尖閣諸島/釣魚島的僵局，因為中日雙方均未準備放棄對這些島嶼的主權宣稱。但訪問無疑可以穩定局勢，進一步

減少發生衝突的風險。與歷史相似，特別是與十九世紀後半葉的歷史相似，如今中日在朝鮮半島問題上的矛盾再度激化。在南北韓問題上的競爭再次激化了日本和中國之間的衝突。為了防禦來自北韓的威脅，日本與南韓和美國合作發展薩德反導彈系統 (THAAD)，此舉拉近日本與南韓的關係。但中國關於日本拒絕面對歷史的宣傳，擴大了韓日之間依然存在的裂縫。

中美衝突加劇之際的日本，2017

　　1993年中國經濟規模開始超過日本，* 中國轉變為亞洲的主導力量，中日關係變得非常緊張。2017年，中國經濟總量看上去已開始趕超美國，因為中國的高科技、軍事力量和國際影響力在未來可能挑戰美國的主導地位，中美關係也變得更加緊張。

　　比起美國人，日本對中國成為亞洲主導強權的轉變要準備得更充分。在日本人的歷史記憶中，還存在那個主導亞洲的高度自信的文明（指中國），其官員是如何對待日本人的。幾百年來，日本與中國有更深的文化聯繫，書寫文字這個共有文化使中國人和日本人可以有比美國人和中國人更廣泛和深入的交流。更多的日本人在中國生活過，學會了如何和中國人相處。自從1870年代中日在朝鮮發生衝突以來，日本人已經習慣了與中國之間緊張的關係。更何況，日本與中國之間曾經歷過太多困難，所以不會有美國人在1972年尼克松訪華以來處理中國事務時表現出的幼稚的樂觀態度。

---

* 譯註：1993年，國際貨幣基金組織報告中指出，大中華經濟圈（包括中國大陸、台灣、香港和澳門）的經濟規模超過日本。2010年，中國國內生產總值（GDP）超過日本，成為世界第二大經濟體。

對於中國試圖追趕更現代的工業國家時表現出的經濟民族主義，日本有更深入的理解。誠然，日本和中國追求自身經濟利益的方式不同。二戰後，已經擁有強大工業基礎的日本試圖將軍事技術商業化，並為幼稚產業加入國際市場的競爭做準備，同時通過建立無關稅壁壘來增加外國在日本設立工廠的難度。1978 年，中國突然實行改革開放之時，其工業水準與國際水準相比差距是如此巨大，中國因此允許外國公司以共享技術為條件進入中國巨大的市場、設立工廠。中國預期，當他們的工業水平趕上來後，中國公司就可以開始取代外企。當中國公司變強、需要盡力減少外企時，日本人沒有像美國和其他國家的人那麼驚訝。日本公司在中國社會有更深的根基，有更長遠的眼光。他們對短期利潤興趣不大，對共享最寶貴的核心技術更加警惕，更多投資在與中國建立長期合作關係上。

日本不能冀望與中國發展高層次軍事合作，但他們能擴大彼此間的對話以減少衝突的風險，可以在處理自然災害和執行維和任務等方面加強合作。日本人在各個領域已經跟中國建立了密集的人脈網絡，在未來幾十年這一網絡似乎還會擴大。

面對一個強大的中國，日本人有充分的理由維持與美國的聯繫。日美關係從二戰結束後開始發展，這七十年來變得更堅實、更深入。日美兩國在各個領域都有緊密關係，包括軍事、政治、經濟和文化。美國人和日本人相處分外自在，可以公開交換想法，陳述意見。儘管一部份中國人有興趣擴大發展與日本的關係，但日本脫離美日軍事同盟對中國不利，因為日本一旦獨立，就會發展更強大的軍隊，也可能發展核武器自保。中國人還沒有抹去日本人是軍國主義侵略者的印象，他們相信美日同盟仍然可以拴住日本。日本戰略家注意到，中國的經濟總量很快將會是日本的幾倍，中國的軍事投資之多也是日本不能相比的，日本的兵源也無法和中國匹敵，因為中國的人口是日本的十倍。因此，日本與美軍合作的意願非常堅定。雖然日本已經準備好

與中國加強合作，但他們從1945年以來就與美國軍隊及政府合作。比起專制的、對日本表達了那麼多敵意的中國政府，日本人覺得與美國合作更放心。

不過，美國維持全球秩序的作用在降低，中國在全球事務中的地位正在上升，而中日兩國的關係也日趨穩定，這些都為兩國在地區和全球事務上加強合作提供了新的基礎。中日已經開始討論在湄公河三角洲的展開合作，他們也已經在「一帶一路」的建築項目中開始合作。美國一度向日本施壓，要求其不要加入「亞洲基礎設施投資銀行」（AIIB），日本當時對美國的要求有過妥協，但現在他們已經與AIIB合作，為各種亞洲項目提供資金。因為日本人與AIIB行長金立群相熟，因此中國和日本有了很好的渠道與AIIB合作。金立群曾出任日本主導的「亞洲發展銀行」副行長，是一位有世界眼光的國際人士。他多年來與日本、美國和其他國家的官員都維持着良好的關係。中日關係本來就非常緊密，在未來幾十年還有擴大的餘地。然而，雙方一直深受1870年代以來的歷史問題的困擾，中日關係也無法消解自1945年以來所發展出的日美之間極深的正面合作關係。

第**12**章

面向新時代

中國現在處在中日關係的主導地位，這是兩國面對的新時代。這個新時代的實質是什麼？兩國在新時代該如何合作，才能既造福彼此，又能有利於其他國家？

2014年後的中日關係

在西方探險家、商人和傳教士到來前，中日兩國是靠一個由中國文明主導的、鬆散的區域秩序聯結起來的。但現在，這兩個國家都是全球秩序的一部份，這一秩序儘管很不完美，卻是根據一套最初由西方國家建立、比中國秩序複雜得多的規則和程序來運作的。即使將來超過了美國成為世界第一大經濟體，中國仍是西方人創造的這個全球體系的一部份。中國在世界各地獲得影響力與籌碼後，已開始在現存的組織中發揮更大的作用。同時，中國也正在帶頭創建新的區域和全球制度。儘管為中國所建，這些制度在運作上與其說是按照中國處理與外部世界關係的傳統方式，不如說更像在美國及其他西方國家領導下所建立的制度下運作。自同盟國軍事佔領的那天就臣服於美國的日本，仍然是一個重要的全球經濟強國，並將

繼續在美日安全同盟的框架下運作。但自從特朗普政府上台以來，美國與區域及全球組織的聯繫日益鬆散，日本變得更加自主，慢慢開始在全球政治中扮演更積極的角色，在處理與中國的關係上也變得更加主動。

現在中日兩國人民彼此間的聯繫比歷史上任何時候都要多得多。1978年改革開放後最初幾十年間，中國的工業生產和交通運輸獲得長足的進步。時至今日，中日間商品交換和人員往來的規模是1972年兩國重新建立正式外交關係時的一百多倍，商品交換頻繁，遊客眾多。今天，兩國間單日人員往來與商品交換的數量，就超過清朝與德川時代十年間的總量。從二戰到1972年間，兩國年度貿易額從未超過十億美元；但到2017年，兩國年度貿易額已高達三千億美元。[1] 1965年是中日關係正常化前日本訪華人數最多的一年，除去參加廣州交易會的日本人，全年只有不到五千名日本遊客來到中國；[2] 而在2018年，日本政府發給中國旅客的簽證超過八百萬份，來華的日本人超過二百六十八萬。到2018年，中國旅客單日赴日人數約為兩萬多，該數字還在不斷增加。

中國現在有超過三萬家日本公司，比任何其他國家的外資公司都要多得多。即使一些負責地方經貿關係的中國官員在公開場合表達反日情緒，實際上卻很務實，願意與日本人合作。日本公司也通過電子商務為中國消費者提供產品。

儘管如此，與其他主要國家領導人的交流相比，中日領導人之間的交流，互信程度低、共鳴不多、坦誠交流的次數也很少。他們的交流方式比較嚴肅、更加官樣。沒有任何一方的高層政治領導人與對方國家的國民有私誼或深交。兩國最高領導人偶爾會趁參加區域或國際組織會議之便，安排一些短暫的場外會談，但他們長談的次數，五年間不會超過一次。按照中國接待外賓的標準，日本官員通常得不到高規格接待，有時甚至根本得不到接待。

　　1894–1895年甲午戰爭前，東部沿海大城市之外的大部份中國人幾乎沒有意識到日本的存在。甚至直到1937–1945年中日戰爭期間，除了那些生活在大城市或日本軍事基地附近的人，佔中國人口80%的農村人口沒有收音機，幾乎沒有人知道日軍在中國做了什麼。而現在，中日兩國幾乎所有人每天都能通過電子媒體得知關於對方國家的新聞和專題報導。在中國，主管國家媒體的官員們監控着傳播給大眾的信息的內容。1992至2014年，中國觀眾在媒體上到處可以看到日本侵略者的形象。現在的日本已沒有類似他們在二戰時期設立的那種有組織的宣傳部，但日本媒體關於中國的報導中，有中國示威者向日本商店投擲石塊、中國軍艦與飛機騷擾尖閣諸島/釣魚島附近的日本船隻這樣的電視畫面。兩國播出這類新聞所造成的後果，就是一種普遍的、互相的、公開的敵意，這種敵意在2010至2014年間到達高峰。儘管如此，隨着中國人均收入開始提高，日本工業產品倒是獲得了中國人的青睞。

　　因此，中日間廣泛的民眾交往以及經貿關係建築在一個脆弱的基礎上，受制於兩國民眾間普遍的敵意以及政治領導人間因缺乏互信而導致的兩國關係的波動。因為中日關係中的諸多情緒歸根到底來自對歷史的看法，除非他們處理好由歷史問題造成的情緒反覆，兩國關係就很難建立在一個更堅實、穩定的基礎上。

中國領導人的憂慮及其對歷史的利用

　　中國領導人對日本的憂慮反映在他們提出的有關歷史的問題。中國領導人最常提到的有三個議題：日本領導人參拜靖國神社、日本不承認南京大屠殺的殘酷，以及日本教科書沒有準確地講述中日戰爭。中國強調這三個議題，究竟是在擔心什麼？

靖國神社問題

在過去的一百二十五年間，很多日本領導人都對中國表達了善意，但中國終究因為日軍進犯而遭受巨大痛苦——不只包括1937至1945年的中日戰爭，還有1894至1895年的甲午戰爭、1927年的濟南事件、1931年的九一八事變，以及1932年的一二八事變。中國領導人也回想起豐臣秀吉越過朝鮮、佔領北京的企圖。他們在日本人身上看到了為國赴死的武士道精神。他們擔心日本可能再次成為富有侵略性的軍事強國，不相信日本宣稱的和平意願是能用來預測其行為的可靠指標。因此，他們對於任何軍國主義者可能再次在日本掌權的蛛絲馬跡都很警惕。對於日本增加軍費的討論、取消《和平憲法》第九條關於禁止以戰爭作為解決國際爭端的手段的提案，以及右翼活躍人士的言行等，中國領導人都很敏感。

對中國人來說，二戰後被判為甲級戰犯者的人入祀靖國神社，標誌着日本人仍然尊重那些侵略中國的人。靖國神社還入祀其他為國捐軀的日本人，而日本未曾將戰犯移出靖國神社——在中國人看來，這證明了日本在強化年輕人為國犧牲的意識。有些才識淵博的中國人也察覺到，靖國神社的遊就館還在美化日本的軍事成就。

遭受過日本侵略之苦的中國領導人，一旦看到任何日本可能變得更加軍事化的信號，就會強烈地感到不安。戰犯入祀靖國神社，以及此後日本領導人參拜靖國神社，都讓中國擔心日本軍國主義死灰復燃。從中國人的角度，領導人前往參拜奉祀戰犯之地，這種行為和他們關於和平的「空洞」言論相比，更道出了日本的真實意圖。

南京大屠殺

對中國人而言，南京大屠殺代表着日本軍人的邪惡本質。很多中國人對日本人如何殘暴的故事耳熟能詳。對日軍在南京施暴的報導，

正好契合了長期以來中國人所聽說的揮刀殺人的武士和嗜血的日本海
盜的故事。

當中國人聽到日本學者提出南京大屠殺中的遇難者人數並沒有中
國聲稱的那麼多時，他們認為這是日本學者試圖減輕日軍在中國所犯
罪行的嚴重程度。如果日本試圖淡化軍隊所犯暴行的殘暴程度，自然
會讓中國人懷疑他們是否真的放棄了前人的做法。

教科書問題

中國人擔心，由於未曾接受過譴責軍國主義歷史的教育，日本的
下一代將很容易成為前幾代那樣的侵略者。中國質問，如果日本確實
拋棄了軍國主義的過去，為什麼他們不以史為鑑，在教材中譴責過去
的行為呢？對中國人來說，教科書成為一種衡量日本學生如何接受教
育的可見的、具體的標誌。知識廣博的中國人意識到，日本高中的社
會科學課程所用的教科書幾乎沒有涉及兩次中日戰爭的背景知識。在
他們看來，今天日本的年輕人並未充分意識到日軍犯下的罪行是多麼
恐怖，因此他們並沒有完全拒絕發動戰爭。中國追問，如果日本青年
被其領導人徵召入伍，他們難道不會做出和其祖父、曾祖父一樣殘酷
的事情嗎？

中國領導人與日本的有限接觸

二戰以來，與在日本留學的中國學生不同，中國領導人和日本人
的接觸很少，因此沒有機會觀察到日本對和平的承諾有多麼堅定。他
們的看法和大多數中國老百姓一樣，更多地受到對二戰時期日軍暴行
記憶的影響。

中國領導人對歷史的利用

中國領導人在利用民眾的歷史記憶，提高中國對日本的影響力。中國政府假設：當日本領導人露出試圖復活軍國主義的苗頭時，強烈的批評和警告最終可以制止日本走上軍國主義道路。當他們發現日本有可能變得更加軍事化的跡象時，就會利用中國人民的憤怒警告日本。例如，中國領導人發動輿論，抗議中曾根康弘首相在1985年8月15日日本投降四十週年紀念日那天參拜靖國神社。又例如，日本宣布計劃於2010年在國內法庭審判在尖閣諸島／釣魚島附近衝撞兩艘日本巡邏船的中國漁船船長之時，中國發動了一場反日運動。當2012年日本宣布要將這些島嶼「國有化」時，中國再次組織了一場反日宣傳運動。

中國領導人時常會為了達到某種特定目的，喚起公眾對日本侵略歷史的關注。比如，1980年代日本對於是否延長現有的援助中國的計劃猶豫不決時，中國對日本處理歷史問題進行更加激烈的批評，直到日本同意繼續援助才減弱了批評力度。不少中國人和商人因為別的過錯，沒有從日本人或日本公司處獲得報酬時，也會拿日本過去的侵略說事兒。

當聯合國討論日本是否可以成為安全理事會常任理事國時，中國政府以日本過去的侵略行徑為由，表示無法接受。中國領導人還動員民眾簽署抗議書，參加反日遊行示威。

在1989年天安門廣場學生示威和1991年蘇聯因國內民眾的抗議解體之後，中國領導人開始引入愛國主義教育運動，在下一代中鼓吹愛國主義。為了建立對國家的忠誠，中國媒體上出現了大量批評日本戰時對華行徑的文章。中國政府也開始利用電影、電子遊戲及其他的數字媒體等新媒介，展示日軍的殘暴行徑，爭取年輕人給予正在保護國家免於落入敵手的領導人更多支持。例如，在2012年，中國政府

批准製作六十九部反日電視連續劇和一百部反日電影。自1915年中國反對日本的《二十一條》以來，中國領導人就已經發現，反日宣傳是建立對政府和領導人忠誠的有用工具。

日本的歷史問題

　　日本的歷史問題的實質在於，儘管日本人強烈地希望尋求和平道路，但是對祖先的尊重以及拒絕向中國人低頭的決心，使他們無法滿足中國的要求。日本人已經否定了軍國主義道路，但他們希望尊重自己的同胞，特別是為國犧牲的親屬。他們認為，即使先輩做了壞事，那也不是因為其本性邪惡，而是因為他們當時面對一個別無選擇的困境。

　　除了一些右翼團體的成員，日本人深信侵略中國是錯誤的，並對本國給對方造成如此深重的痛苦深表遺憾。但日本人也覺得他們已經付出了巨大代價，比如盟軍針對日本多個城市的大規模空襲、扔在日本境內的兩顆原子彈，以及為時七年的同盟國軍事佔領。日本民眾的主流觀點是，日本戰後處理戰時對中國造成的痛苦，最好的方式就是為中國的現代化提供援助。他們高興地看到，自己的國家對和平的追求以及對其他國家的慷慨援助，使日本獲得了良好的國際聲譽（除中韓兩國之外）。在普通民眾看來，日本已經對中國做出了巨大的貢獻，而這些貢獻卻沒有得到中國適當的肯定。

　　日本人承認，中國無論在軍事還是經濟上都變得更加強大。在處理對華關係問題上，日本希望被視為一個被尊重的平等國家，而不是被迫臣服於中國的要求。他們也認為，中國利用反日言論，維持國內的團結以及從日本獲得好處。因此，當憤怒的中國領導人教訓他們必須做什麼的時候，他們偏不肯配合。

　　日本相信，中國在利用歷史問題來達成某種對日本不利的目的。他們曾藉歷史問題向日本要求更多的協助與賠償，也曾藉此與那些遭

遇日本侵略的國家合作，使那些國家親近中國，疏離日本。中國特別
對南北韓用過這個方法，也對東南亞和美國做過類似的事情。日本注
意到，中國提醒外界，美中兩國曾在二戰期間攜手對付共同的敵人日
本。對於中國利用歷史問題阻撓日本成為聯合國安理會常任理事國，
日本深感失望：該行為罔顧日本是聯合國預算的第二大捐助國，以及
自1945年來日本一直在追求和平的事實。

　　日本很難找到一個有效的方式，回應外界對其侵略史的指控。日
本曾辯駁説，諸多對日本侵略行徑的指控是誇大其詞。他們也大嘆不
公：為什麼美國屠殺印地安人的歷史、比利時在比屬剛果的行徑、或
者英國及其他殖民強權剝削殖民地的作為，不再時時被人拿出來檢
討，而日本卻仍是批評的焦點？年輕人不禁要問，為什麼他們需要為
七十多年前發生的事情不斷向中國道歉（這些事發生在他們出世很多
年以前）？2016年的皮尤調查顯示，53%的日本受訪者認為日本已經
作了足夠的道歉，而只有10%的中國受訪者同意這種看法。

面對歷史，展望未來

　　當下關於中日關係史的討論，都集中在兩國關係中不幸的一面，
對於積極的一面卻關注較少，比如兩國間大規模文化借鑑的幾個時
期，尤其是日本大規模借鑑中國的600–838年，以及中國從日本借鑑
頗多的1895–1937年和1978–1990年代。中日文化都隨着歷史而變化，
但它們在書寫文字、文學、佛教、儒學、藝術、建築和音樂等方面仍
然保留着廣泛的共同之處，有些甚至已成為流行文化的一部份。如果
國家政策允許，這些共同之處可以成為兩國在未來繼續合作的基礎。

　　中日雙方都更強調自己如何有恩於對方，以及如何受到對方的壓
迫。這些鮮活的歷史形象被用於加強對本國及其領導人的忠誠。

　　中國一直在強調中日關係史上的陰暗面，尤其是通過賣座的中日戰爭電影強化這一點。很多中國人相信日本人本質上就是具有侵略性的。在中國的愛國主義論述中，1937–1945年的中日戰爭不過是暴露日本人本性的最新篇章。從這個角度來看，日本人儘管有禮貌，也只是表面的。就像在現代史上，日本人嘴裏講要合作，但最後他們製造事變，偷襲了中國和美國一樣。

　　中國人幾乎沒有意識到他們與日本關係中積極的一面，也沒有意識到他們從1895年後「學習日本」的各種項目以及1978年後的日本「發展援助」項目中受益巨大。他們沒有完全認識到1980年代和1990年代日本援助項目的慷慨程度，也並未意識到日本已作出的道歉程度之深，以及日本多麼徹底地放棄了軍國主義、追求和平。

　　通過兩國漫長的交往史，日本人對於中國要求別人臣服於自己的自大與傲慢有着深刻的認知。自607年以來，日本不願意向中國低頭，堅決要求被視為政治上的一個平等國家。對日本人來說，每次中國要求他們低聲下氣地道歉，就代表着中國試圖宣稱其優越性的最新版本。日本人願意道歉，但他們還不打算卑躬屈膝地按照中國要求的那樣去道歉。

　　日本人了解日本對滿洲和台灣的現代化，以及1895年和1978年後中國的現代化所做出的積極貢獻。在他們的集體歷史記憶中，對於日本對中國所造成的傷害和痛苦留意不多，而這恰恰又是中國不斷在強調的問題。日本政府有時不允許那些批評日本侵華的教科書進入課堂，很多出版物和公共討論都在粉飾日本在中國所犯下的暴行。

面對歷史，中日兩國能做什麼

　　通過向本國國民提供更完整、更準確的歷史敘事，以及對當下的兩國關係進行更持平的講述，兩國可以避免讓歷史造成的問題繼續惡

化。他們可以幫助國民更好地了解中日間長期的、互相交織的歷史，以此方式承認彼此學習的程度之深，並呈現彼此合作的正面經驗。

日本首相和其他高層官員應該作出決定，在任期內不參拜靖國神社。日本高中歷史必修課的課綱上，應該提供關於中日戰爭更全面的論述，特別在教科書中應該使用「侵略」一詞。日本可以製作更多電視節目，完整呈現日本侵略帶給中國人民的痛苦。每一個作為個體的日本人，都應更多地了解日本侵略中國的歷史、更好地理解中國社會以及中國人的態度。

中國人應向學生教授更多關於1895–1937年以及1978年後，中國從日本學到了什麼的歷史。他們可以為民眾提供更全面的陳述，包括日本在1945年後追求和平的努力、1978年以來日本對中國的貢獻，以及日本官員已經作出的道歉。他們可以減少二戰反日電影在中國製作和放映的數量，代之以在博物館、課堂以及媒體上對日本更公允的描述。

中國人也可以研究日本在二十世紀上半葉的歷史，以此警惕自己：國家富強後，一旦支持軍事擴張的力量強大到成為國家領導人都無法約束的極端愛國主義情緒時，最終可能會導向災難。

新願景：政暖經熱

中國和日本都習慣將兩國之間的關係描述為「政冷經熱」。儘管政治關係不佳，兩國卻有着廣泛的經貿關係。現在的問題是，兩國能否在經濟關係的基礎上進一步改善外交關係？

自2010年以來，改善關係的關鍵一直都在中國人手中，既因為中國在戰時受害更深，也因為中國現在是更大的經濟體，擁有更大的全球影響力。中國領導人當然也會考慮，在一些區域和國際問題上，與日本的合作能在多大程度上有利於中國的國家利益。最根本的問題

在於，中國領導人在多大程度上對老百姓的忠誠有足夠的自信，不必再利用反日節目進一步激發他們的民族主義情緒。1990年代，描寫日本敵人的戰爭題材電影是加強愛國主義的有效手段，當國家領導人對民眾的愛國主義有足夠自信時，就可以減少製作與利用這類電影。

中日之間因為歷史問題所產生的不滿情緒如此之深，迅速滋生信任感並成為親密朋友是不現實的。這可能是未來幾十年的目標。接下來十年的合理目標，應該是以直接、坦率、務實的方式處理兩國關係，使兩國可以成為可靠的合作夥伴。期待中日兩國在接下來的十年裏能夠享有「政熱」是不現實的。但如果他們能繼續擴大合作，達到「政暖」則並非不可能，比如「一帶一路」項目、發展聯合項目以解決環境問題，以及共同參與多國組織。

對美國來說，中日之間發展出更密切、更務實的關係應該不是一個問題。一些美國人可能會有警惕性的反應，但他們的警惕可能放錯了地方。中日關係不那麼緊張，加上西太平洋秩序日趨穩定，以及兩國對維持世界秩序作出貢獻，這些都符合美國及其他國家的利益。

中日合作議程

2006至2008年，中日兩國領導人和代表們舉行了一系列會議，討論如何合作實現雙贏，他們也設定了一個達到此目標的議程。

2007年4月，中國總理溫家寶訪問日本並發表了題為《為了友誼與合作》的重要演講。該演講以中文進行，被翻譯為日文，中文原稿又通過廣播播放給中國聽眾。在演講中，溫家寶公開說了日本領導人長久以來希望中國領導人說的話。他承認，在很多場合日本政府和領導人對受害國表示了深刻的反省和道歉，然後他對日本戰後選擇和平發展道路表達了讚賞。溫家寶建議以下五個原則將中日關係推向新

的歷史階段：「增進互信、履行承諾」、「顧全大局、求同存異」、「平
等互利，共同發展」、「著眼未來，加強交流」，以及「密切磋商、應對
挑戰」。

中日兩國官員當時同意實現的議程包括如下目標：

- 擴大領導人之間、部長之間、高層官員之間的交流和對話。
- 年輕人之間的交換項目。
- 中國人民解放軍海軍和日本海上自衛隊互訪。
- 在涉及北韓問題上的合作。
- 能源合作（包括節約能源和環境保護）。
- 針對能源問題建立部長級對話。
- 在農業、知識產權、藥物、中小企業、信息和通訊科技、金融、
  刑事司法等領域展開進一步合作。

這份2007年的議程有望成為符合中日利益的起點，也是全球和
平與秩序的起點。

中日關係史上的關鍵人物

按姓氏筆畫排序

田中角榮（1918–1993）

二戰後主導日本政壇的官僚大多出身精英家庭、受過良好教育。1972年7月至1974年12月擔任首相的田中角榮，卻出身農村，是沒有接受過多少正規教育的粗魯平民。可是，他被視為日本歷史上最傑出、最會打交道、或者說「能解決問題」的人物。因為能記住大量信息並迅速消化利用，他還被稱為「裝有電腦的推土機」。1972年，他出任首相後不到三個月，已經在北京進行中日邦交正常化的工作。這是二戰後日本國旗首次在北京上空飄揚。與周恩來簽署協定時，田中沒有用西方的鋼筆，用的是亞洲的毛筆。

田中協助精英背景的各位首相處理政治事務，幾乎就像是副總統林登・約翰遜（Lyndon Johnson）協助總統約翰・肯尼迪（John Kennedy）一樣。日本的官僚文化是小心謹慎、有條不紊，甚至有些清高。田中的作風完全不同：行事大膽、玩世不恭，有直來直往的魅力。他毫不在意用錢解決問題，因此交到很多朋友，但也導致下台甚至被軟禁的下場。

田中在貧窮的「雪國」新潟縣的一個小村莊長大。他的母親與大部份農民一樣，都很勤勞，但父親卻想方設法逃避體力勞動。日本農民多有「勤儉儲蓄」的習慣，父親卻將家中微薄的存款用來投資荷蘭

乳牛、買賣馬匹、賭馬，還蓋了一個巨大的鯉魚池。但這些投資大多以失敗告終。田中和父親一樣膽大、勇於冒險。他是獨子，不必像六位姐妹一樣要分擔家務。1934年，日本經濟還沒有從世界經濟大蕭條的影響中恢復，十五歲的田中退學來到東京。他住在朋友的親戚家，到處打工，到工地蓋房子、送報、當雜工，後來找到建築公司的工作，晚上還去上建築課。他十九歲時，開了一家土木工程公司，沒有合夥人，也沒有員工。

1939年3月，田中應徵入伍，在滿洲的騎兵連隊負責文書工作。一年後他得了嚴重的肺炎和胸膜炎，送回東京後很長一段時間才脫離危險期。但由於身體狀況他已經不能服役，所以退伍離開部隊。此後他獲得承包「理化學研究所」(簡稱「理研」)土木工程的工作，「理研」是研究先進科技的研究機構，當時下設的「理研產業團」是擁有六十三家公司和一百二十一家工廠的大型工業集團。戰時物資匱乏，但田中想辦法變通，獲得必須使用的材料，順利完成工作。他在那段時間收入頗豐。二十四歲時，與一位三十一歲的女士結婚，丈人是一位成功的建築商，幾個月前剛去世。田中繼承並擴展了岳家的生意。遭到美軍轟炸的東京滿目瘡痍，田中將一些「理研」的工廠搬到朝鮮半島南部。但「理研」尚未在朝鮮站穩腳跟，戰爭就結束了。這時田中已經靠搬遷工廠大賺了一筆。戰爭一結束，很多日本人都考慮從政。因為田中很有錢，一位朋友為政治活動向他募款，還鼓勵他從政。田中同意試一下。他拿出部份個人資金投入選舉，靠建築公司工人的支持，很快當選為國會議員。

田中在國會提案，要在自己的家鄉開鑿穿山隧道、興建公路，連接「雪鄉」新潟縣與西日本。他知道自己選區的哪個地方需要何種工程項目，並很快付諸實現。他對複雜的外交事務不太在行，但和外國人打交道時，能靠直截了當和創意解決問題。1971年，田中幫助佐藤榮作首相處理他承諾的限制日本紡織品出口美國的問題，該議題曾惹

惱尼克松總統。三個月內他就找到了方法：由政府補足日本紡織品公司減少出口後的損失。

自民黨內來自精英背景的官僚發現，田中是黨內非常重要的資產，因為他善於募款，也善於在地方選擇國會議員候選人。驚人的記憶力有助他了解每個選區的情況，推出有吸引力的候選人，以及傳達適當的訊息。田中能與精英合作，但從不假裝自己是精英。地方選民很高興地稱其為「角先生」，但對精英背景的官僚則用更正式的稱呼。田中十分親民，通過故事、幽默、往事以及玩世不恭的態度打動聽眾。對普通人來說，田中是他們的一分子。1972年，他成為二戰以來最年輕的首相，也是唯一沒有大學文憑的首相。

美國趕在日本之前與中國建立聯繫使日本領導人顏面盡失，田中在這件事發生後不久接任首相。在短短數月內，他不僅打開了與中國聯繫的渠道，且早於美國實現與中國邦交正常化。因為這個突破性進展，他贏得了中國領導人的讚揚。

新潟縣位於稱為「裏日本」的日本本州西面，與二戰後因對美貿易增加日益富裕的東海岸相比，相對不受重視。擔任國會議員時，田中非常留意家鄉的發展。他利用經營建築公司的經驗，爭取全國性支持在家鄉推動道路、隧道、隘口、發電機、火車路線和火車站等建設與製造項目，幫助相對落後地區的發展。

成為首相後，田中的內政計劃是將經濟建設擴大到尚未從正在擴大的工業化進程中受益的地區，這個計劃就是著名的「日本列島改造論」。回顧日本當時的經濟發展情形，提出這個計劃理所必然。如同二十年後中國經濟起飛的情況，日本的經濟發展始於東海岸的大都市圈，也就是靠近東京和大阪以及兩地之間的一些地方，全國其他地區則落在後面。田中很喜歡建設，將現代化推進到相對落後地區這一贏得全國支持的做法，等於是延伸他一直在家鄉進行的計劃。這個計劃起步時相當成功，但時間久了就出現投資越多、回報越少的現象。第

一座連結本州與四國的大橋帶來了巨大經濟效益，但到第三座橋最多只有微小的收益。* 幾年後，有些人批評田中過於浪費，因為他把錢都花在建設上，沒有考慮環境問題和改善生活質量。

田中在1973至1974年訪問美國和歐洲時頗受歡迎，但1974年訪問印度尼西亞和馬來西亞時，當地人懷恨日本二戰時的侵略行徑，上街抗議，最終演變為暴動。田中及其他日本領導人很快就得到啟示。此後大平正芳和福田赳夫在訪問東南亞時承諾實行援助，對他們的接待就友好得多。

田中的軟肋是針對他的腐敗指控。他與商界大亨小佐野賢治共謀，獲得一家公共巴士公司及諸多不動產。1974年，大眾雜誌《文藝春秋》揭露，幾位田中的友人在某地的新公共發展計劃宣布前，獲准購買當地不動產。這幾個人靠地產快速升值獲得巨利。該文還揭露田中的女友也通過此一途徑獲利。田中並未在國會作證，於同年辭去首相和自民黨總裁職位。

1976年，美國飛機公司洛克希德副總裁在法庭調查公司付款流向時供認，該公司曾在1972年賄賂田中角榮，由田中安排讓全日空購買二十一架洛克希德公司的飛機。田中被捕。1977至1983年的七年間，他每星期都被東京地區法院傳喚。調查發現，他收受兩百萬美元的賄款，最後被判刑四年。雖然背負受賄嫌疑，田中的受歡迎程度卻提高了。1976年洛克希德醜聞爆發時，田中派系還不到八十人，到1981年增加為一百多人。在法庭宣判田中受賄後不久舉行的1983年眾議院議員大選中，他以全國第一的高票當選。在1985年因中風退

---

* 譯註：第一座橋指連結岡山縣倉敷市兒島與香川縣坂出市的瀨戶大橋，於1988年建成通車。第二座橋為連結兵庫縣神戶市與德島縣鳴門市的神戶—鳴門線（包括明石海峽大橋），於1998年開通。第三座橋是連結廣島縣尾道市和愛媛縣今治市的瀨戶內島波海道，1999年全面開通。

出政壇前，田中一直擁有很深的政治影響力。田中於1993年過世。
在日本，有人崇拜他、也有人批評他；但在新潟縣，他是受到愛戴和
景仰的英雄。

進一步閱讀

Schlesinger, Jacob M. *Shadow Shoguns: The Rise and Fall of Japan's Postwar Political Machine*. New York: Simon & Schuster, 1997.

石原莞爾 (1889–1949)

石原莞爾是狂熱的佛教日蓮宗信徒，也是傑出的軍事分析家和戰
略家。1931年，他違抗軍部上級，策劃了「九一八」事變。但在1936
年，他成了鎮壓皇道派青年軍官發動的「二二六事變」的關鍵人士。
1937年，他反對發動侵華戰爭。

石原出生於1889年1月18日，父親是一名警察。石原家祖上曾
是低階武士，生活在本州島西北部一個貧困的農業區，即山形縣庄內
町平原。江戶時期的庄內藩處於德川將軍的直接統治之下，曾站在德
川幕府一邊，共同抵制明治維新。石原與同鄉大川周明都變成了狂熱
的愛國主義者，以此向明治領導人證明，他們對德川家族沒有任何殘
留的忠誠。石原極端愛國、意志堅強、心志獨立、為人坦率。

十三歲時，石原進入一所軍事預備學校 (仙台陸軍地方幼年學
校)，十八歲入讀陸軍士官學校。1910年，他作為少尉被派往剛被日
本併吞的朝鮮半島。1915年，石原通過競爭激烈的考試，進入陸軍大
學校，1918年以第二名的成績畢業。他志願去中國服役，1920年被
派往華中的武漢守備部隊。在中國一年期間，為了多了解中國，他經
常去鄉下走走看看。他看到一些日本遊客粗魯對待中國人，比如搭人
力車付錢時把銅錢扔在地上，深為反感。石原希望中日這一對亞洲兄

弟,能夠聯合對抗西方。在旅行途中,他眼見中國普遍的混亂與貧窮,深感難過與失望。他得出的結論是,中國無法靠自己成為一個現代國家,需要日本援助才能達到其領導層設定的現代化目標。

石原也對日本的一些社會現象表示厭惡,尤其是自私的資本主義。他最初對神道感興趣,但認為它不能提供足夠的動力。接著,他轉向十三世紀激進愛國者日蓮創立的佛教日蓮宗。1919年石原時年三十歲時,成為虔誠的日蓮宗信徒。他相信日本必須向世界佈道:經過一場史無前例的混亂戰爭,世界將進入一個永遠和平與和諧的黃金時代。石原每天閱讀日蓮宗經書,遵循日蓮宗的日常儀式。

1922年,石原被派到德國三年,先學習德語,後學習軍事史。他學習了第一次世界大戰時首次出現的武器,如戰車和戰鬥機,這些武器使用了新技術,遠比日本在甲午戰爭和日俄戰爭中使用的武器先進。石原認為,人類歷史上早期的戰爭只有專業軍人參與。但在民族情緒和民主意識興起後,一戰成為總體戰,除了專業軍人,每一名肢體健全的男性和平民都被捲入戰爭。他明白,新技術是未來戰爭的關鍵,特別是飛機,飛機可以在瞬間摧毀一個城市。長期總體戰的勝負不僅取決於軍事因素,也取決於經濟和社會因素。因為日本的資源和經濟實力都不夠,無法長期應付總體戰,因此,他認為一旦進入敵對狀態,日本應該進行短期戰爭,以壓倒性兵力速戰速決。石原的分析極有遠見。

1925年,石原離開德國,乘坐西伯利亞鐵路的火車來到哈爾濱。回國後,石原在陸軍大學校教授軍事史三年。廣博的戰略分析和堅信不疑的日蓮宗信仰,使他成為那一代傑出的年輕軍官中最有影響的戰略家。

1928年10月20日,石原調赴滿洲關東軍擔任作戰主任參謀。他在駐滿洲日軍中極具影響力,並非因為職位,而是他身為日本重要戰略家的聲譽。

　　1930年，石原指出，日本和美國在利益、勢力範圍和意識形態上都存在衝突，終須一戰。這一天來臨時，美國會封鎖日本，因此日本應該建立強大的海軍。與美國的戰爭非常可能是持久戰，而滿洲可以為持久戰提供廣闊的經濟基礎。石原相信，通過在滿洲建立強大的工業基地，日本將贏得與美國的總體戰。這是一個將帶來嚴重後果的錯誤判斷。

　　依靠滿鐵研究人員的支持，石原蒐集了滿洲的軍事和經濟情報。他認為滿洲原先不屬於中國，而屬於當地部落，因此日本對滿洲的權利和中國一樣。但與中國軍閥鎮壓滿洲當地人不同，石原及其日本同事是為滿洲人的利益服務的。

　　1931年9月18日，在石原和板垣征四郎大佐的領導下，日軍在瀋陽附近的一段鐵路上引爆一顆炸彈。他們一開始宣稱是中國人放置了炸彈，但幾個星期內就證明是日本人所放置。鐵路爆炸事件爆發後兩週，駐紮在滿洲附近的日軍人數超過了中國軍隊。東京的參謀本部指示石原和板垣，將鐵路歸還中國。但石原和板垣那時已經成功地在民眾中製造了混亂，他們辯解說，為了保護滿洲日僑的安全，有必要採取軍事行動。以鐵路爆炸事件為藉口，日軍快速佔領了附近城市：1932年1月佔領錦州；1932年春佔領哈爾濱；到1933年1月，他們已佔領了位於滿洲和華北之間的山海關。沒有證據顯示，關東軍在滿洲的軍事行動事先曾經知會東京。

　　石原及其他關東軍軍官計劃建立滿洲國，並安排1911年辛亥革命後被迫退位的滿族皇帝溥儀作為該傀儡政權的首腦。九一八事變六個月後，溥儀就任滿洲國的「執政」。日本當時對外宣稱，成立獨立的滿洲國是為了推動民族和諧。實際上，滿洲國被關東軍把持，日本控制了國防、外交、交通運輸以及通訊。不僅非日本人沒有管理權力，甚至在滿洲的日本平民的權力也很有限。更有甚者，東京的日本政府對滿洲國政府也沒有什麼影響力，權力全由關東軍把持。

　　滿洲的日本平民有時會遭到中國人的攻擊，總是擔心安全問題，
石原的大膽行動讓他們感到人身安全有了更多的保障。日商也歡迎日
軍以強有力的行動制止中國人抵制日貨。駐守滿洲的年輕軍官認為石
原既傑出又有奉獻精神，對他表示全力支持。

　　1932年初，石原開始將滿洲看成一個大和民族（日本人）、滿族、
漢族、蒙古族和朝鮮族五個民族和諧共處的地方。在此前的1931年，
他更加樂觀，認為中國人應在滿洲國政府出任領導角色，日本政府可以
不再控制滿洲的事情。關東軍負責協助維持和平，但不應干預政府。
滿洲的日本人不應獲得任何特權，日本官員的工資也要降低到與滿族和
漢族官員同工同酬。滿洲將由推動各族群「民族協和」的「協和會」領導。

　　西方和中國不支持石原推動建立和諧的滿洲政府的努力，因為該
政府實際上由日本控制，當時日本遭到了西方的批評與中國的仇視。
東京高層的軍事和政治領導人因石原不聽指揮表示不滿。殘酷的事實
是，滿洲的關東軍控制了政府，石原對滿洲未來角色的規劃也加劇了
日美之間的緊張關係，最終導致太平洋戰爭的發生。

　　1932年8月石原回到日本時滿懷欣喜，因為他成功地將滿洲變成
了日本的一部份。他成為參謀本部的一員，駐守在日本東北部。他還
以隨員身份參加國際聯盟討論滿洲問題的會議。在說服鮎川義介發展
滿洲經濟一事上，石原也起到了一定作用。他相信未來戰爭中飛機的
重要性，因此特別關心飛機生產的問題。

　　1936年2月26日，日本一些激進的陸軍軍官殺害數位內閣成員、
製造了「二二六事變」。石原很早就得到消息。他趕往軍事警察總部，
在安排政府資源應對、調動軍隊鎮壓叛亂上發揮了重要功能。在軍事
警察總部開會時，很多軍官不願派軍隊鎮壓，石原發言表示：「陸軍
可以等到2月28日中午，此後必須展開攻擊、粉碎叛亂。」這一具體
命令得以執行，不是靠石原的職位，而是他的人格。但在參與政變的
軍人中，很多人曾經是他的下屬。

作為1931年九一八事變的主角，石原卻強烈反對將戰爭擴大到滿洲南部，從而再蔓延至中國大陸。他相信日本應該專注於發展經濟，準備將來可能與蘇聯或美國開戰。1937年，石原覺得中國的民族主義已發展得比1931年時更激烈，因此準備與蔣介石合作。

1937年7月7日的盧溝橋事變導致中日戰爭全面爆發，當時在東京市市谷參謀本部的石原，敦促日軍保持克制。蔣介石8月派軍隊開赴上海時，石原認為日本應該撤軍、撤僑，避免觸發與中國軍隊的全面衝突。

石原建議，為防止與中國發生重大衝突，首相近衛文麿應該赴華與蔣介石談判。近衛經過一番考慮後拒絕了他的提議。雖然過去的同僚都不支持他，但石原依舊公開反對與中國開戰，還公開批評同僚們道德淪喪。1937年9月，參謀本部將其調職。那年秋天，他回到滿洲擔任關東軍副參謀長。他批評關東軍軍官的特權、推動民族平等。他全身帶刺的個性和對同僚的批評，讓滿洲其他高層對其敬而遠之，因此，到1938年末，他決定回到日本。

1938年石原回到東京後，呼籲成立一個提倡亞洲各民族平等的共同體。1941年3月1日，他正式退伍，到立命館大學擔任講師。他認為太平洋戰爭是個災難性的錯誤，甚至批評自己沒能多做一些事制止事態的惡化。他私下也批評偷襲珍珠港，並預測日本終將戰敗，因為日本的經濟基礎還沒有強到能與美國抗衡的程度。在離開陸軍後，石原開始嚴重質疑日本的走向，但他的說法並非總是一致。他失去了過去的自信，變得無精打采。1941年9月，他從立命館大學辭職，回到老家山形縣。戰後，國際軍事法庭傳喚他，但因為生病，允許他在山形縣受審。他列名禁止就任公職名單，但未遭判刑。石原莞爾於1949年8月15日過世。

進一步閱讀

Peattie, Mark R. *Ishiwara Kanji and Japan's Confrontation with the West.* Princeton, N.J.: Princeton University Press, 1975.

石橋湛山（1884–1973）

石橋湛山是一位聰明且有影響力的政經評論家。因預見到侵略的嚴重後果，他反對日本的殖民野心，及其於1920和1930年代對中國的侵略。但是，好戰的軍事領袖和軟弱的政治領導人把他的警告當成耳邊風，於1931年入侵滿洲、1937年入侵華北。二戰結束後，石橋在1946年吉田茂第一次組閣時擔任大藏大臣，1954年在鳩山一郎內閣擔任通商產業大臣，從1956年12月到1957年2月短期擔任首相。當時與他競爭首相的岸信介支持截然不同的政策。在冷戰時期，岸信介以與美國聯合作為政治基礎，而石橋則主張保持中立以及支持與中國重建外交關係。石橋特別受到學生、和平主義者以及自民黨內左翼人士的歡迎。

石橋的父親是佛教日蓮宗僧侶。石橋十歲時，在山梨縣一間寺廟當見習生、學習佛教，後入讀由威廉・克拉克（William Clark）的弟子經營的山梨縣立尋常中學校。克拉克是美國著名教育家，他的口號「少年啊，要胸懷大志」啟發了一整代日本年輕人。1907年，石橋從早稻田大學畢業，獲得哲學學位，該校是日本獨立自由派思想的重鎮。

1911年，石橋進入「東洋經濟新報社」，該公司出版包括《東洋經濟新報》在內的多份經貿雜誌。他先被派去《東洋時論》工作，這是一份專門發表政治和社會評論的雜誌。他利用自己的哲學訓練，制定了一套基本原則。這些原則後來成為他寫文章的基本框架。其中一個原則是「絕對個人主義」，即經濟、政治和社會制度的存在是為個人福祉服務，而不是相反。他也熱心提倡性別平等和節育，這點與「絕對個人主義」原則一致。

石橋不斷批評日本人對於中國人和朝鮮人的偏見，也反對旨在鼓吹日本人優越性的日本例外主義言論。他對明治天皇非常尊重，但也經常批評天皇制為「帝國主義體制的神秘詛咒」。

石橋是某些理念和原則的信徒，但也是一位見多識廣的現實主義者。他的讀者有商界領袖、銀行工作者、政府官員以及政治人士。他反對日本的擴張主義殖民政策，因為根據他的估計，殖民地是一個會枯竭經濟的瀝水網，而且被剝奪了基本自決權的被殖民者，不可避免地會憎恨殖民者，製造一些日本難以解決的問題。

石橋激烈反對日本入侵中國。他認為軍部低估了中國人的抵抗能力，冒進中國最後會陷日本於無意義的困境。他認為，受媒體影響的大部份日本人民，尤其是軍人，都不尊重中國人，因此中國人才一直反日。

1920年，因為批評日軍出兵西伯利亞干涉俄國內戰，石橋遭到軍部警告，他勇敢地刊出軍部的警告，一字不落，並繼續批評軍部的行動。在戰後的1947年，石橋被佔領政府列為禁止擔任公職人士。就像以前一樣，他也將佔領政府的通知一字不落地刊載在《東洋經濟新報》上。

1940年代，石橋不僅是「東洋經濟新報社」社長，還是該公司的總裁，管理二百五十名員工。政府審查《東洋經濟新報》的各種文章，減少墨和紙張的配額，以限制其發行。石橋只有兩個選擇，要麼被迫停刊，將剩下的現金分給員工，要麼服從政府的審查。最後，石橋找到了折衷的方法。和很多日本人一樣，他覺得日本即將在中國和太平洋戰爭中失敗，因此，規劃戰敗後的計劃就很重要。他和員工擬定了個編輯方針，既遵守政府指示以便繞過審查，又保證刊出的文章文意清楚。比如，提到日本對朝鮮和台灣的政策，不用「殖民地」的稱呼，改叫「日本的經濟區」。

當德國在歐洲向盟軍投降時，《東洋經濟新報》的標題是：「我們不能再期待現下的戰爭會出現奇蹟」。當天皇終於在1945年8月15日投降時，石橋的社論第一句話就是：「我們正在日本重生的門口，而前途是無窮的」。石橋當然想歡呼戰敗，但這麼做會冒犯讀者，因為

很多人在戰爭中痛失心愛的人，實際上石橋也失去了一個兒子。但他開始規劃日本的未來，而不是陷溺在失敗中。

在吉田茂內閣擔任大藏大臣時，石橋曾對抗駐日盟軍總司令的政策。該政策要求佔領軍官員的大部份費用由日本支付，包括房租、職員工資，以及賓館、高爾夫球、備有司機的汽車等奢侈消費。這筆支出高達日本政府全年財政總預算的三分之一，使日本沒有資金修復遭到戰火破壞的基礎設施。

在擔任首相的兩個月裏，石橋想要改善與中國的關係。他想要訪問中國，作為中日邦交正常化的第一步，但還沒動身就生病了。等到他離職並康復後，曾分別在1959年和1963年兩度訪華，並會見了周恩來。1972年，田中角榮在展開具有歷史意義的訪華之旅前，拜訪了當時奄奄一息的石橋，向他發誓要實現其中日邦交正常化的夢想。石橋活着的時候，看到日本否定了殖民帝國，在去世前，也看到中日關係正常化走出了第一步。他應該感到欣慰。

進一步閱讀

Nolte, Sharon H. *Liberalism in Modern Japan: Ishibashi Tanzan and His Teachers, 1905–1960*. Berkeley: University of California Press, 1987.

Okamoto, Shumpei. "Ishibashi Tanzan and the Twenty-One Demands." In *The Chinese and the Japanese: Essays in Political and Cultural Interactions*, edited by Akira Iriye, 148–198. Princeton, N.J.: Princeton University Press, 1980.

松尾尊兌編：《石橋湛山評論集》。東京：岩波書店，1984。

伊藤博文（1841–1909）

伊藤博文是起草《明治憲法》的樞密院議長、日本第一位首相、明治天皇最重要的顧問。他可以說是明治改革最重要的設計師。他不

僅幫助建立了日本的政治制度，還於1885–1888年、1892–1896年、1898年1–6月，以及1900–1901年四度擔任首相。在明治維新前，伊藤就學會了流利的英語。在明治時期，日本與西方、中國、朝鮮和俄國的談判，他都扮演關鍵角色。在日本，他以能夠根據國家長遠利益作出睿智的戰略判斷以及穩健的外交見解為人稱道；但在中國，他代表甲午戰爭結束後，逼迫中國接受嚴苛條款的日本領導人；在朝鮮，他也因為迫使朝鮮接受日本統治而遭憎恨。1909年朝鮮刺客安重根在哈爾濱槍殺伊藤後，被尊為民族英雄。伊藤的父親原來是農民，但被武士收養。就像其他在明治維新中擔任重要角色的長州藩武士一樣，伊藤曾入讀吉田松陰辦的鄉村私塾。吉田松陰是一位有獻身精神的老師，他對日本面對的各種軍事威脅憂心忡忡，哪裏可以學到更多的軍事知識，他都願意去。

1863年，早在明治維新開始前，伊藤被視為可造之材，選送英國學習英語和海軍軍事科學。1870年，他又被送往美國學習貨幣制度，回國後成為大藏省租稅頭。他參加了岩倉使節團（1871–1873），之後獲任命為工部卿。1881年，他成為制訂憲法主要鼓吹者。為了準備制憲，他花了十八個月在德國跟隨重要憲法專家學習。制憲時，伊藤還起草過《皇室典範》，為皇室提供土地和經費，使皇室在經濟上可以獨立於政府。1885年，現代內閣制度引入日本政府後，伊藤成為第一任首相。《明治憲法》於1889年宣布，1890年施行。1890年，日本選出了第一屆國會議員。

1893年，日本國會──也就是亞洲第一個議會，開始辯論一個日本非常重視的議題：廢除不平等條約。1894年，伊藤與外務大臣陸奧宗光成功說服英國取消在日本的治外法權。伊藤多次代表日方與李鴻章進行中日問題談判，1895年甲午戰爭後《馬關條約》的談判就是一例。

伊藤認為，在政黨政治中，很多從政人士的動機都是基於自利，無法根據國家整體需要，客觀地處理問題。他認為議會制度應該允許

政治人物發表不同觀點，但不應該給議會決策權。他更尊重專業文官，因為他們比政客更關心國家的總體利益。但他也認為黨派是代表不同觀點的管道，從1900到1903年他曾自組政黨支持政府，但很快就放棄了政黨政治，集中精力思考他認為是關係國家長遠利益的問題。

1901年，伊藤訪問俄國，提出給俄國對滿洲政策的主導權，以換取俄國給日本對朝鮮政策的主導權。但俄國不同意。三年後，日俄戰爭爆發，日本擊敗俄國，取得了對朝鮮外交政策的主導權，實現了伊藤追求的目標。

從1906年到1909年，伊藤是日本駐朝鮮統監府的統監，負責關於朝鮮成為日本的保護國的談判細節。在日本他被視為穩健派，希望與中國和朝鮮妥協，以維持友好關係。作為政府喉舌，他也代表着日本的擴張野心。1909年，他在哈爾濱遇刺身亡後，中國和朝鮮都拍手稱快。因為伊藤遭到暗殺，1910年日本併吞朝鮮後推行了更嚴厲的統治手段。

進一步閱讀

Craig, Albert M. *Choshu in the Meiji Restoration*. Cambridge, Mass.: Harvard University Press, 1961.

Hisahiko, Okazaki. *From Uraga to San Francisco: A Century of Japanese Diplomacy, 1853–1952*. Tokyo: Japan Echo, 2007.

Kazuhiro, Takii. *Ito Hirobumi: Japan's First Prime Minister and Father of the Meiji Constitution*. Translated by Takechi Manabu. Abindgon, U.K.; New York: Routledge, 2014.【瀧井一博：《伊藤博文：知の政治家》。東京：中央公論新社，2010。】

吉田茂（1878–1967）

在同盟國軍事佔領期間及佔領結束不久後的1946至1952年間，吉田茂是一位卓越的日本領導人，將二戰後的日本帶上了新的政治道

路。他精英出身，曾擔任外交官，在1946至1954年的多數時間內擔任首相，努力在同盟國軍事佔領官員面前爭取日本的國家利益。他知道美國官員有最終決定權，也願意接受現實，執行他們訂定的大部份政策。吉田擔心，很多在新民主制度下當選的政治領導人缺乏知識和方法實現善治，遂邀請那些熟悉政府治理的資深官員復出從政。這些官員就是所謂的「吉田派」。他們想辦法維持日美同盟關係，支持通過由政府指導的市場經濟促進經濟增長，也累積了足夠的政績——戰後不到二十年，絕大部份日本國民都成為中產階級。戰後四十年間，日本首相大多都是吉田派的成員，包括池田勇人、佐藤榮作、福田赳夫、大平正芳和宮澤喜一。

吉田茂生於東京，幼時被沒有子嗣的富商吉田健三收養。他過的是優渥的貴族生活，上精英學校和東京帝國大學，娶了伯爵牧野伸顯之女，這次聯姻使吉田在官員中享有很高的地位。牧野伸顯是明治初期重臣大久保利通的次子，過繼給牧野家為養子。

在外務省任職時，吉田被視為英美派。他對英國政治制度頗為崇敬，不過他在中國工作的時間遠多於在英語國家任職。吉田於1906年進入外務省後曾任奉天總領事（1907–1908），1912至1916年他在中朝邊境的丹東（當時叫安東）擔任領事，1918年被派往山東濟南。1922至1925年，他擔任港口城市天津的日本總領事。1925至1928年，擔任瀋陽總領事。

被派到丹東後，吉田茂寫了份報告，反對日本強迫中國接受《二十一條》。他寫道：有必要與中國建立互信和合作的關係，在中國策劃陰謀、蒐集情報的「支那浪人」，對日中發展友好商貿關係造成了困難。吉田反對《二十一條》的立場，在外務省內遭到批評，他被派去管理檔案，由此失去了在華盛頓工作的美差。吉田參加了1919年在凡爾賽舉行的巴黎和會，在那裏他開始相信國家實力比理想主義更有影響力。他得知加州歧視日本人的情形非常嚴重，就再也不把美國那套理想主義的說辭當真了。

在1920年代，吉田很快滋生出一種悲觀論調，認為中國的領導人中找不到一個人可以統一中國、並且能有效領導國家。在1920年代末，他對張作霖的作為表示失望，因為張作霖不擅處理問題、說話不可信。他的結論是，中國領導人吃硬不吃軟，因此他支持對中國採取強硬政策。

1936至1938年，吉田出任駐英大使。這段期間他一直在尋找恢復英日友好關係的方法。1937年7月7日日軍入侵華北後，任何恢復關係的希望都不復存在了。1938年他回到東京。

1942年，認為日本無法贏得戰爭的吉田開始與其他人合作，試圖議和。日本警察稱該團體為「吉田反戰」。他和1940年到1941年短暫出任首相的近衛文麿公爵合作，撰寫奏文（「近衛上奏文」）力勸天皇投降。近衛於1945年2月14日獲准向天皇呈遞奏文，但天皇當時不同意停戰。1945年4月15日，吉田因支持近衛鼓吹日本投降而遭到逮捕。

1946年4月10日戰後首次國會議員選舉，鳩山一郎的自由黨贏得大多數席位，人們預期鳩山會成為戰後第一任首相。但因為他在1930年代曾讚美希特勒和墨索里尼，同盟國軍事佔領軍已經發出禁止他出任公職的文書。鳩山接到通知後，要求好友吉田出面成立新政府。1946年5月，吉田成為日本首相。佔領軍最高指揮官麥克阿瑟和吉田發現，他們的合作頗為順暢。從1946年到1952年，吉田除了因為敗選下台（1947年5月到1948年10月），一直擔任首相。

對佔領軍官員而言，吉田是當時首相的不二人選。他的英語不錯，被認為是親英美派，且曾因敦促停戰而遭到軍國主義者關押。他跟1932至1941年的美國駐日大使、頗受景仰的約瑟夫・格魯（Joseph Grew）交情非比尋常。格魯夫人和吉田夫人是好朋友。吉田夫人患絕症過世前幾個月，格魯夫婦幫了非常大的忙。珍珠港事件後，當格魯遭到拘留等待遣返回國時，吉田冒着危險給他送食物和其他物資。

1946年，美國人需要一位既善於溝通、又可以信任的日本首相，以吉田的背景，自然非他莫屬。

1945年9月20日，時任外務大臣的吉田第一次與麥克阿瑟見面。他身高不足五英呎，比麥克阿瑟矮一個頭，但兩人談話時，吉田自然而然流露出貴族家庭培養的精英身上那種泰然自若的姿態與尊貴。麥克阿瑟一邊踱步、一邊對吉田「說教」（這是日本人用來形容麥克阿瑟講話的詞彙），吉田笑了出來。麥克阿瑟問他為什麼笑，吉田回說，他覺得自己就像在獅子坑裏被訓話的但以理（Daniel）。*據說，麥克阿瑟先是瞪着吉田，然後笑了出來。

與麥克阿瑟會面時，吉田提出一個他日後以不同方式反覆宣講的觀點：想要民主生根，先要改善經濟。但美國要到1947年才開始強調日本經濟增長。吉田在那次會面中還建議麥克阿瑟會見天皇，這個建議在一週後就付諸實現了。

作為一名直言不諱的貴族，吉田不是民粹主義者，在出身普通的國會議員圈子中也不受歡迎。1953年3月，由於對一位持社會主義立場的議員高喊「笨蛋」（馬鹿やろう），眾議院通過了對吉田內閣的不信任案。但很多普通日本民眾還是尊重他，因為即使日本處於弱勢地位，他在與同盟國佔領軍官員談話時，仍能坦率以對、維持尊嚴。

在佔領時期擔任首相的數年間，吉田接受日本的外交和內政大計都由同盟國軍隊決定的現實，但他不斷建議應該允許日本復興經濟。他爭取日本獲准改善與中國的經貿關係、反對懲罰數量過多的「戰犯」、因為會妨礙經濟增長而反對拆分日本企業——但這些建言效果有限。他提出的「吉田主義」也主張由美國為日本提供軍事安全，日

---

* 譯註：《聖經‧但以理書》第六章說，但以理受大流士王信任，朝中妒者陰之，要求王下令嚴禁人民向神禱告，違者丟進獅子坑。但以理向耶和華禱告遭告發，王將其丟進獅子坑，翌日發現他毫髮無傷。

本可以減少軍費，集中資源復甦經濟。吉田是一位聰明、頑強的談判者，他在避免承諾日本建立一支龐大軍隊的情形下，結束了同盟國軍事佔領。

在其職業生涯的早期，吉田堅定地信仰1922年才結束的英日同盟。該同盟源自英日兩國對俄國共同的恐懼，這種恐懼甚至在俄國革命前很多年就已存在。對吉田來說，美日同盟的道理也一樣，因為他相信對日本最大的威脅還是俄國，即使俄羅斯帝國換成了蘇聯也不會改變對日本的威脅。

吉田認為，如果日本能發展與中國的貿易，將有利於從蘇聯手中爭取中國，但美國不肯讓步。吉田一直維持着對中國的濃厚興趣，也願意發展中日和平關係。他相信中日經貿關係越多，對兩國越有利。他認為英國在中共建政後幾個月的1950年1月就決定承認中華人民共和國是明智的決定，美國沒有建交實為不智。雖然沒有權力強迫佔領軍同意日本擴大與中國的貿易，他希望中日貿易量達到美國能接受的最大限度，以鋪好道路，等待解除貿易量限制的時機來臨。同時，他利用日本佔領台灣半個世紀以來建立的關係，繼續與台灣貿易。

同盟國軍事佔領於1952年4月28日結束，此後吉田繼續擔任首相達兩年半。他遵守1951年12月寫給美國國務卿約翰·杜勒斯的信，承諾他將維持與台灣的關係，不會親近中國大陸。

在佔領結束後的主政時期，吉田提出的重大政策是將1950年成立的「警察預備隊」於1952年改為「保安隊」，並於1954年改編為法定編制十五萬二千一百一十五人的「自衛隊」。吉田退休後，以非正式政治家的角色，在家鄉接待來訪的政治人士和外國訪客。麥克阿瑟於1964年4月去世時，時年八十六歲的吉田到美國參加葬禮，顯示了兩人之間，以及美日兩國之間依然保有的緊密關係。三年後，吉田茂過世。

進一步閱讀

Dower, John. *Empire and Aftermath: Yoshida Shigeru and the Japanese Experience, 1878–1954*. Cambridge, Mass.: Council on East Asian Studies, Harvard University, 1979.【ジョン・ダワー著，大窪愿二譯：《吉田茂とその時代》。東京：中央公論新社，2014。】

Finn, Richard B. *Winners in Peace: MacArthur, Yoshida, and Postwar Japan*. Berkeley: University of California Press, 1992.

李鴻章（1823–1901）

李鴻章是一位天賦過人、成就卓然的官員。他是一位儒士、軍事將領、政治領袖以及外交關係的操盤手。他身高超過六英尺，充滿自信，對中國的落後有全面認識，也得到了朝廷的支持展開洋務運動，推進清朝的工業和軍事發展。當時大部份清廷高官並沒有指導外交政策的清晰思路，李鴻章卻在被貶稱為「國賊」時，依舊研究外交政策，並從1870至1895年主導晚清外交。

1847年，年僅二十四歲的李鴻章考取進士，列二甲第十三名。儘管李鴻章是學有所成的儒生，書法詩詞皆有造詣，並受到其他儒生的歡迎，但在成為進士後，他決定建功立業，放棄追求學問。

在通過會試前，李鴻章曾是曾國藩的門生。以平定太平軍出名的曾國藩，是當時最受敬重的政治和軍事領袖，與李鴻章的父親李文安有同年之誼。李鴻章早前曾在家鄉安徽協理團練，與太平軍作戰。1858年冬，曾國藩邀請李鴻章入幕府，讓他擔任書記。自1859年後三年間，李鴻章負責起草曾國藩上呈北京的文件和書信。後被派往安徽募勇，於1862年建成淮軍，淮軍被認為是中國當時最現代、最成功的軍隊之一。

李鴻章曾協助恭親王辦理洋務，始終忠於恭親王和慈禧太后。他是滿人朝廷的漢官，知道必須要恭敬和謹慎。李鴻章三十九歲時，曾

國藩因其有功保奏他出任江蘇巡撫。李鴻章在上海看到外國軍隊的現代化武器遠在自己的淮軍之上，敏銳地意識到西方的威脅。李鴻章相信，中國必須訓練自己的軍隊，第一步是必須有製造現代武器的技術，要做到這點必須要有資金。

1870年之後的二十五年間，李鴻章擔任過直隸總督（清朝最重要的總督，所轄地區包括今天的河北省、北京和天津）和北洋通商大臣（駐天津，因此他可以在外國訪問者去京前先會見他們），並主管北洋水師，因此他在外交事務上一言九鼎。但李鴻章能成為處理外交問題的不二人選，更有賴他熟悉外交事務、勇於任事，加上清楚朝廷授予自己多少權力。

李鴻章意識到，僅僅通過購買外國的船艦和武器或依靠外國軍隊，中國無法變得強大。因此，他最早提出洋務運動，試圖建立一個軍事和工業基地加強軍事實力。他建立了江南製造局和大沽船塢，使中國可以製造更多現代軍艦以及步槍等武器。1872–1873年，他建立了輪船招商局，幫助中國商人與外國輪船公司競爭，到1970年代末該公司的規模已經超過英國的貿易公司。李鴻章知道中國必須派人出國學習外語，不只是為了當翻譯，還要研究外國的發展情況。除此之外，他建立了讓中國人能掌握現代工程技術的訓練機構，擴大對鐵和煤的開採，減少購買外國能源帶來的財政壓力。與他同時代的人過度自信，認為所有中國事物均優於西方，但李鴻章很清楚中國政府的組織能力與西方列強和日本相比還很弱小。在中國的實力還很弱時，他避免與西方國家發生衝突。

在上海任職時，李鴻章目睹日本以及西方列強的實力。早在1863年，他就對日本先進的軍備和軍事技術訓練表示敬佩，認為其足以作為中國軍事自強的榜樣。1871年，他作為清廷的談判代表與日方簽訂第一個條約，在兩國之間設定固定貿易稅。然而，日本對朝鮮別有所圖，及其處理琉球漁民問題的做法，讓李鴻章深信，

日本儘管表面上彬彬有禮，但野心勃勃、狡獪異常。他始終警惕自己，要提防日本的意圖，但也致力找到與日本維持穩定的和平關係的方法。

李鴻章有分析問題的才能，但沒有接受過深入的外交訓練，與外國領導人未有深交，對外交戰略也缺乏深入研究。相反，日本方面的談判對手伊藤博文，有留學國外的經驗，也擁有日本政府系統蒐集和分析的外國情報。李鴻章要推動洋務運動，前提是必須接受那個時代的科舉、行政以及教育等制度。因此，洋務運動的成果主要是在軍事和技術上，與日本的制度變革相比要狹窄得多。

1884年恭親王失勢，洋務運動式微。接着在1894–1895年，中國捲入甲午戰爭，對中國來説，這些都是災難。甲午戰後，儘管知道自己會被保守派斥責讓步過多，也知道清朝根本無法抗拒來自日本的壓力，李鴻章還是受命赴日負責《馬關條約》的談判。談判期間，一名激進的日本刺客開槍擊中了他的左臉。幾天後他大體康復，但決定不取出眼睛旁邊的子彈。李鴻章的悲劇是，因為與日本簽訂了一個屈辱的條約，中國歷史就記上一筆，指責他是賣國賊。但日本所以能逼使清朝接受《馬關條約》，是因為清國積弱。而國家積弱，正是李鴻章不顧國內保守勢力反對、力圖改變的現狀。

進一步閱讀

Chu, Samuel C., and Kwang-Ching Liu, eds. *Li Hung-chang and China's Early Modernization*. Armonk, N.Y.: M. E. Sharpe, 1994.

汪精衛 (1883–1944)

1903至1905年在日本留學時，汪精衛遇到了廣東老鄉孫中山。和孫中山一樣，汪精衛堅信滿人統治者不能解決中國的問題。他加入

同盟會，成為孫中山一生中十分親近的個人助理。1925年孫中山過世時，汪精衛是最被看好的接班人之一。沒想到，不到一年，蔣介石成了孫中山的繼任者。汪精衛一直不認為蔣介石是合法接班人。汪精衛在日本讀書時非常優秀，日語比蔣介石好得多。日本侵華後他短暫加入蔣介石的重慶政府，但多年來兩人一直是政治對手。1940年3月，佔領中國的日本指揮官，需要一張中國臉孔管理南京的傀儡政府。汪精衛曾是國民黨高層領導人、日語純熟，是合理的人選。日本人決定請他出任政府主席。經過冗長的談判，日本將主席的功能調整到讓汪精衛可以接受。汪精衛宣稱，他擔任南京國民政府代主席兼行政院院長時始終愛國，並利用職權幫助中國。其實，日本人嚴密控制他的言行，他能自主的空間非常有限。

汪精衛出生於廣州西北郊區的三水縣。1904年他考取官費獎學金赴日留學，1906年畢業於日本法政大學。回國後，汪精衛繼續廣泛閱讀法律理論和西方哲學。梁啟超相信中國需要一個皇帝，而汪精衛相信中國需要更多表達民意的法律。1910年，汪精衛因謀刺滿清攝政王載灃被捕入獄，一直到1911年辛亥革命才出獄。獲釋不久，他成了一位頗受歡迎的演說家，吸引了大量聽眾。他也是一位散文家和詩人。

第一次世界大戰期間，汪精衛前往法國學習法國文學。1917年回到中國，成為孫中山的個人助理，替孫中山代筆寫了很多文章，並隨行左右。汪精衛在黃埔軍校教授國民黨史，1924年成為國民黨中央執行委員會成員。1925年3月12日孫中山去世時，他就在病榻旁，是孫中山遺囑的執筆者。

孫中山過世後，1925年7月1日廣東國民政府成立，委員十六人，汪精衛被推選為主席兼軍事委員會主席。蔣介石當時既不是國民政府十六名委員之一，也沒有人認為他是孫中山的接班人，但他得到了國民黨軍隊各級指揮官的敬重。1925年8月20日，另一位孫中山接班候選人廖仲愷遭到暗殺。1926年1月，蔣介石在第二次全國代表大

會後當選為中央執行委員和中央常務委員。6月5日，蔣介石被任命為國民革命軍總司令。一個月後，他成了國民黨的軍事最高指揮官，誓師北伐。蘇聯顧問鮑羅廷和桂系領袖李宗仁認為汪精衛的野心使他變得不可預測和無法信賴。當軍隊宣布支持蔣介石時，汪精衛深覺意外。如同1912年軍人袁世凱、而不是政治家孫中山成為中華民國首任大總統一樣，現在對政治所知甚少的軍人蔣介石，而不是汪精衛成了最高政治領袖。汪精衛認為孫中山的接班人理當是他，這個位置卻被蔣介石偷走了。中山艦事件後，他離開南方，輾轉抵達法國。

1927年蔣介石在南京建立國民政府，之前汪精衛也在武漢成立了一個政府，他希望武漢能成為國民政府總部。但汪精衛的武漢政府獲得的支持不多，不久只好放棄。1930年，汪精衛聯合軍閥閻錫山和馮玉祥，成立了一個反蔣政府。

1935年，國民黨中央執行委員會合照時，一名記者對汪精衛連開數槍，其中一顆子彈造成嚴重傷害。因為蔣介石沒有參與照相，有人懷疑是蔣介石下令進行暗殺。汪精衛夫婦到歐洲，花幾個月的時間進行康復治療和學習。在日本侵華、蔣介石撤退到重慶後，汪精衛隨其來到重慶，在蔣介石手下短期擔任國防最高會議副主席。

1937年11月，德國駐華大使陶德曼與蔣介石的會談，試圖調停中日衝突，但調停失敗了。為了制止戰爭，減少生命損失，汪精衛繼續與日本要員見面，即使在他離開重慶、出走河內時，仍試圖與日本達成和談協議。當時達成協議並非沒有可能。但最後蔣介石下決心抗戰，汪精衛的努力被說成是不愛國的「和平陰謀」。在河內，汪精衛再次遇刺受傷，這次刺殺明顯是國民黨指使。

1940年3月，日本人請汪精衛出任國民政府代主席。猶豫數星期後，他接受了這一職位，宣布自己與日本合作是為了抵抗共產主義和西方帝國主義。此後，日本在南京建立傀儡政府，宣傳這個政府才是真正回歸的國民黨政府。汪精衛沒有軍隊，因此無力抵制日本。據說，

汪精衛多次想說服日本不要壓迫太甚，卻鮮有成效，因此患了憂鬱症。他1944年健康惡化，送往日本名古屋的醫院治療，不久在那裏病逝。

那些認為汪精衛是叛徒的人指出，汪精衛發表過支持大東亞共榮圈的演講，並在1940年11月簽訂了《關於日本國中華民國基本關係的條約》（簡稱「日華基本條約」）——他們宣稱，簽訂此條約堪比當年接受《二十一條》。汪精衛過世後，國共兩黨都譴責其為漢奸，並發動大規模的批判。他在南京的墳墓被蔣介石軍隊破壞。今天，國共兩黨的歷史書都譴責汪精衛為中國歷史上最臭名昭著的漢奸，無視他與孫中山的親近關係。

進一步閱讀

Bunker, Gerald. *The Peace Conspiracy: Wang Ching-wei and the China War, 1937–1941*. Cambridge, Mass.: Harvard University Press, 1972.

周恩來（1898–1976）

美國國務卿亨利・基辛格（Henry Kissinger）以「兩三位讓他印象最深刻的人之一」、「耐心無限、極其睿智、心細如髮」描述中國的傳奇總理和外交部長周恩來。1917至1919年，正值民族主義在中國勃興之際，周恩來在日本留學十九個月。1920至1924年，他在法國，當時歐洲正從一戰中恢復，俄國革命的重要性日益凸顯。周恩來在中共建黨的1921年加入中國共產黨。1949年中華人民共和國成立後擔任總理，直到1976年過世為止，一直負責外交事務。他記憶力驚人，處理細節的能力令人讚嘆，又能設計國家戰略，找到與其他國家合作的辦法。

周恩來生於一個中產的讀書家庭，有兩個弟弟。父母同意讓他過繼給叔父為嗣，因叔父罹患肺結核，將不久於人世，周恩來過繼後可以有後。嗣母陳夫人十分寵愛他，提供最好的傳統教育，他的學業也

很出色。養母過世時，周恩來只有十歲。當時其生母剛過世一年，父
親也離鄉工作，沒有孩子的伯父關心周恩來的教育，帶他到瀋陽，安
排他入讀當地最好的小學。伯父後來帶他來到天津。周恩來考入天津
南開中學，從十五歲至十九歲在南開就讀。南開以美國的菲利普斯學
院 (Phillips Academy) 為榜樣，是當時中國最好的中學之一。該校是一
所制度森嚴的住宿學校。學生們一起住宿舍、早起、上新式課程、一
起用餐，發展出濃厚友情。周恩來在南開很活躍，替校報寫文章、在
戲劇演出中扮演主角，畢業成績在全年級並列第一，他還因為一篇出
色的中文文章贏得畢業獎。很受老師喜愛、同學尊重。

　　1917年赴日前，周恩來已經相當熟悉日本的生活方式。在瀋陽讀
小學的時候，當地約有二十萬名日本僑民。到了東京後，他先住在一
家中國旅館，但很快搬到一所更安靜的日本旅館。沒多久為了能自己
開伙，又搬到一所中國學生宿舍。他先入讀東亞高等預備學校日語
班，該校有大約一千名中國學生，準備進修日語後入讀日本常規學
校。他在東京的朋友大多來自一個由三十位南開中學畢業生組成的團
體。伯父給他寄錢支付東京的花銷，但周恩來經常手頭拮据，靠幾位
南開中學的校友接濟。

　　在學了幾個月的日語和英語後，周恩來應考東京高等師範學校，
但未獲錄取。後來應考第一高等學校，亦未錄取。他在日記中批評自
己的失敗、記錄悲傷的心情：家人去世、生母和嗣母的墓地荒蕪、幫
助過他的另一位叔父過世，以及自己沒有能力照顧家人。他的朋友都
說，周恩來因此非常抑鬱。他沒能通過入學考試，覺得無地自容，因
為他在南開是優秀學生，因為很多昔日同窗都通過了考試，也因為他
在日本不得不靠朋友的接濟。

　　周恩來沒有特別親近的日本朋友，但有一些日本熟人。他表達了
對東亞高等預備學校校長松本龜次郎的感謝，松本曾任教於嘉納治五
郎的弘文學院（周恩來遺孀鄧穎超於1979年4月訪日時，曾向松本的

孫子致意)。與周恩來同宿舍的藝術學生保田龍門,曾替周恩來畫了一張肖像。這位畫家的兒子於2000年將這幅素描捐給了天津的周恩來鄧穎超紀念館。周恩來後來曾在文章中批評對中國有帝國主義野心的日本政治家和軍國主義者。但他也批評一些中國人稱有日本朋友的中國人為「叛徒」。他後來雖然參加過幾次反日遊行,但沒有表達過對日本人民的反感。在其公職生涯的後期接待日本訪客時,神情十分自在。談到年輕時在日本的種種,也露出親切懷念之意,特別是提起他去逛神田的書店和遊歷京都的經歷。

周恩來在日記中還讚美日本人有組織、有紀律。他感嘆中國人組織性差,現代化腳步太慢。他閱讀關於俄國革命的報刊以及關於馬克思主義的日文書籍。周恩來最感興趣的日本作家是河上肇,其著作《貧乏物語》分析貧窮的成因和蔓延情形,以及國家如何解決貧窮問題。周恩來從中得知,即使富裕國家也有窮人。與河上肇一樣,他在舒適的家庭環境成長,逐漸開始關心道德議題,包括思考幫助窮人的必要性。周恩來很想入讀京都帝國大學追隨河上肇學習,但沒有成功。也和河上肇一樣,他當時還不是馬克思主義者,但這些關心的問題後來帶領他成為堅定的馬克思主義者。

1918年夏,日本發生「米騷動」,周恩來對此事頗覺困惑。一群農村婦女阻止將村子裏的米運到城裏的市場販賣。通貨膨脹嚴重,米商發了大財,但米農賣米的價格卻很低。據估計,大約七十萬人參與了這次暴動,包括一些極度不滿通貨膨脹導致物價暴漲的城市居民。對周恩來來說,暴動突顯了貧農的正義問題。貧農被資本主義制度壓榨,只有商人獲利。在就讀南開時,他寫過一些讚美日本經濟進步的文章,但「米騷動」提醒他,中國是否應該模仿日本的經濟制度?如果要,政策應該如何修改?1918年12月,他也留意到另一件抗議事件:隨着朝鮮獨立運動的壯大,東京神田朝鮮基督教青年會的學生在遊行示威。兩年後,周恩來加入了中國共產黨。

1919年3月，周恩來再度參加日本大學入學考試落第。依靠朋友救濟的周恩來決定，與其增加中國朋友的負擔，不如回國。回國前，他在京都一位南開的朋友處住了一個月，最後一次參觀京都的公園，寫了幾首歌詠公園之美的詩。他寫道，「萬綠中擁出一叢櫻，淡紅嬌嫩，惹得人心醉。自然美，不假人工，不受人拘束。」

4月底，周恩來從神戶登船到釜山、轉赴北京。回國時正巧是五四運動前夕，他馬上投入呼籲民族覺醒的示威行動。周恩來還成立了喚醒民族意識的秘密組織「覺悟社」，成員包括他在日本的一些朋友，其中有些人後來成為共產黨員。在日本兩年，他苦思貧窮、資本主義和帝國主義等議題，為其在1919年五四運動後成為一位才能型領導人奠定了基礎。

1920年1月，周恩來和「覺悟社」部份社員因參加示威在天津被捕。約六個月後被釋放。周恩來和其他人搭船到法國繼續學習。此行讓他對歐洲的社會狀況加深了了解，也讓他對在中國該做什麼事有了更清晰的想法。與大多數在法國勤工儉學的青年學生不同，周恩來的生活費來自為天津《益世報》寫稿的稿酬，因此他可以全職寫作和做組織工作。到法國勤工儉學的中國青年都是中國最優秀的精英學生，但法國當時經濟大蕭條，在工廠「勤工」的工資根本不夠繳學費。因此，他們沒辦法在課堂上學習，只能在課堂外通過觀察、閱讀、組織討論組詳細考察新觀念的方式學習。周恩來回中國後仍與這些朋友保持聯繫。1921年，中共建黨後幾個月，周恩來和一些人在法國組織了一個中國共產黨小組，他由此成為全職黨員，負責發展組織。他到英國、比利時和德國幫助歐洲的中國學生擴大中共組織。1923年，周恩來也加入了國民黨。他此時已然經歷過牢獄生活，也有很多朋友生活在被逮捕的恐懼中，他的意志更加堅強。

1924年秋，周恩來返回中國。中共基於統一戰線的需要，指派他到黃埔軍校擔任政治部主任，在蔣介石領導下工作。第二年，他與鄧

穎超結婚。鄧穎超也是「覺悟社」社員。終其一生，鄧穎超是周恩來的妻子和共產主義事業的伴侶。

　　1926年，周恩來離開黃埔軍校，到上海從事組織工作。1927年4月國共分裂，周恩來及其他共產黨員投入了與國民黨的生死戰。他負責蒐集國民黨情報。1934年他接到密報，幫助中共突破國民黨封鎖，開始長征。即使在1936年12月再度建立統一戰線，國共兩黨仍然互相猜忌，不知道抗戰結束後對方會如何行事。周恩來負責與國民黨談判，同時尋找能提供國民黨情報的線人。抗日戰爭時期，周恩來在國民黨總部重慶待了一段時間，與國民黨談判，並會見西方人士；也有一些時間他呆在延安，與毛澤東等人聚首。1945年底到1947年，美國陸軍將領馬歇爾率領使華團在重慶調停內戰，周恩來與毛澤東都參加了談判。

　　由於他戰略視角寬廣，極其注重細節，能不可思議地長時間工作，以及與主要領導人關係良好，從1949年中共奪權至1976年周恩來去世，無論是內政還是外交，在中共的所有政策制定以及所有重要談判中，周恩來都是中流砥柱。毛澤東手握所有重要政策的最終決定權，比如參與韓戰、與蘇聯結盟、其後與蘇聯決裂、對西方開放等。周恩來則負責具體談判：1950年《中蘇友好同盟互助條約》由他負責談判；與韓戰有關的談判也是他出面；1955年，毛澤東同意他參加萬隆會議，擴大中國的外交範圍，改善與日本和西方國家的外交關係；他與基辛格從1971年開始進行恢復中美外交關係的談判，已經成為一個傳奇。

　　毛澤東肅清了很多重要的黨內領導人，特別是在1942–1943年、1957–1959年以及1966–1967年這三個時段。他經常批評周恩來，不滿很多官員尊敬周恩來甚於尊敬他。周恩來總是自我批評，總是服從毛澤東，他能準確摸到毛澤東的脾氣。毛澤東也意識到，在外交知識以及被外國領導人尊重的程度上，沒有人可以和周恩來媲美。

1950年代日本開始實行經濟增長計劃時，周恩來非常擔心日本會利用新獲得的經濟實力，重新走上軍國主義道路。但在1949年建國後周恩來一直歡迎來訪的日本「朋友」，1972年後更是歡迎跨越各種政治立場的日本來賓，而所有人都將周恩來看成是他們的偶像。

1975年底，周恩來躺在醫院病床上行將就木的那幾個星期，毛澤東從沒有去探訪他。1976年1月8日周恩來逝世，毛澤東並未參加葬禮，還禁止外國代表團弔唁。北京官方知道很多人認為周恩來的喪禮規格配不上他的貢獻，心懷不滿，他們估計不少人會趁清明節紀念周恩來。4月3日，在清明節前兩天，他們發布毛澤東的命令，不准人們去天安門廣場送花圈。然而在清明節當天，有感於周恩來五十多年來為中國作出的貢獻，尤其是不倦不息地防止大躍進和文革越走越極端，估計由兩百萬人來到天安門廣場紀念他。那時臥病在床毛澤東明白，周恩來比自己更受百姓愛戴。五個月後，毛澤東去世。

進一步閱讀

Gao, Wenqian. *Zhou Enlai: The Last Perfect Revolutionary: A Biography*. New York: Public Affairs, 2007.【高文謙：《周恩來晚年歲月》。香港：明鏡出版社，2013。】

Itoh, Miyumi. *The Origins of Contemporary Sino-Japanese Relations: Zhou Enlai and Japan*. New York: Palgrave Macmillan, 2016.

Kissinger, Henry. *White House Years*. Boston: Little, Brown, 1979.【亨利·基辛格 (Henry Kissinger) 著，方輝盛等譯：《白宮歲月：基辛格回憶錄》(全四冊)。上海：上海譯文出版社，2016。】

孫中山 (1866–1925)

　　孫中山是個會說英文的廣東人。他在海外四處奔走尋求支持，在推翻清朝一事中扮演了重要角色。辛亥革命後他擔任中華民國首任臨時大總統，過世後被尊稱為「中華民國國父」。1912年2月，在就任臨時大總統六個星期後，孫中山不得不讓位予袁世凱，因為袁世凱有軍隊，而孫中山沒有。4月1日，他正式退位。1912至1920年，孫中山並未擔任政府要職。1920年，軍閥在北京掌權時，孫中山利用1919年在上海重組的國民黨在廣州建立了根據地。並在蘇聯協助下建立黃埔軍校，由蔣介石擔任校長，培養軍官。這些軍官將在建立國民革命軍、統一國家方面發揮主導作用。孫中山吸引了許多進步青年領袖來到廣州。其中，周恩來進入黃埔軍校擔任政治部主任，毛澤東在廣州主持了農民運動講習所。孫中山想把共產黨員留在國民黨內，但他過世兩年後，即1927年，一度歡迎共產黨的國民黨開始清除共產黨，國共走向分裂。

　　孫中山與日本關係密切，在日本住過多年。本名「孫文」的孫中山因為在中國推動革命，生命受到威脅，逃往日本，化名「中山樵」作為掩護。二次革命後，他與袁世凱決裂，再次到日本避難。孫中山在日本有很多支持者，例如近二十年來忠誠、得力的助手宮崎寅藏。

　　孫中山出生於廣東香山翠亨村的客家家庭。翠亨村位於珠江三角洲西面、緊鄰澳門 (香山於1925年改名為中山)。1879年，十三歲的孫中山念完私塾，前往檀香山，跟隨大哥一起生活，並在當地上學，一直到1883年才回到中國。此後三年，他在香港上學，也在這段期間受洗成為基督徒。1887至1892年，他在香港學西醫。他了解中國的科學遠遠落後於西方，認為中國需要進行巨變。1894年，孫中山和一群朋友成立興中會。興中會成員對中國現代化失敗以及1895年甲午戰爭中國敗於日本的情形非常失望，計劃進攻兩廣總督府，但消息洩露，起義完全失敗。通熟儒學經典的北京掌權派覺得孫中山沒讀過什麼書、不成氣候，並未將1895年廣東起義視為一大威脅。

　　1895年起義後，孫中山逃往日本，轉赴美國和歐洲。1896年在歐洲時，他被中國駐英使館逮捕，並準備處決。英國友人展開營救，公開他被俘的情形。孫中山被關押十二天後獲釋。這次事件讓他在英國聲名大噪，也成為全世界華人都知道的公眾人物。正如法國學者白吉爾 (Marie-Claire Bergère) 所言，孫中山是一位高明的宣傳家，擅於傳遞聽眾喜歡聽的內容以達到其政治目的。他在不同的國家演說，內容或有差異，但不變的核心是，他認為自己所行之事是對中國成為強大的現代國家最有用的事。

　　1900年，他協助策劃在廣州以東的惠州發動起義，仍以失敗告終。他於1905年再到日本，當時大部份中國留學生以省份為單位組成同鄉會。他與其他同志共組同盟會，形成一個全國性的組織，初期成員以湖南、湖北、上海、廣東等地的學生為主。他繼續奔走海外籌款。聽說發生1911年辛亥革命時，他正在美國科羅拉多募款。

　　1911年12月29日，支持革命的各省代表齊聚南京，選舉孫中山為新成立的共和國的領袖。孫中山於1912年1月1日正式就任臨時大總統。作為有能力的宣傳家和籌款人，孫中山在海外華人圈中名望頗高。他在1905年提出的「三民主義」(民族主義、民主主義和民生主義)，並不是發展完善的哲學，此後數年其內容還會不斷修改，但它成了一支動員海外華人支持革命的有效旗幟。

　　白吉爾清楚地指出，孫中山在政治上運籌帷幄的能力，不及他的演說能力。二次革命後，孫中山於1913年8月流亡日本。此次赴日避難，他不再是一位有前途的革命者和未來的中國總統，而是前途不明的難民，而且過去的日本盟友都在尋找與掌權者袁世凱做生意的機會。孫中山秘密追求富商宋嘉澍的女兒宋慶齡，儘管宋慶齡比自己小了一輩。1915年，宋慶齡違抗父命，離家到東京與孫中山結婚(宋慶齡是宋家三女中的二姐，三妹宋美齡後來嫁給蔣介石)。宋慶齡離家出走嫁給他後，孫中山也失去宋嘉澍、一些強調孝順的中國人，以及

海內外一些基督徒的支持。他們反對孫中山還沒與前妻離婚就娶了宋慶齡。從1918年到1920年，孫中山和宋慶齡住在上海法租界，很少參加公共活動。

1920年，孫中山為了重新取得政治權力，成為全國領袖，開始在廣州經營根據地，但是他與當地軍閥陳炯明不合。陳炯明希望畫地為王，不願意浪費資源幫助孫中山重新奪回全國政權。在廣東基礎不穩的孫中山，在1923年初轉向蘇聯，靠蘇聯的幫助打敗了陳炯明。

孫中山吸引了包括左派人士在內的諸多政治人才來到廣東，這些人有不少成為1921年中共成立時的創黨元老。1924年1月，孫中山任命蔣介石負責新建的黃埔軍校的籌備工作，該校意在為未來統一全國的國民革命軍訓練軍官。1924年5月，首批入學學員就有五百名之多。軍校的政治訓練由廖仲愷與周恩來負責。孫中山曾邀請毛澤東到廣州討論如何通過農民運動講習所訓練幹部，這些幹部在培訓後將會派往農村動員農民、宣傳共產主義。

1924年11月1日，孫中山接到軍閥馮玉祥的正式邀請，赴京討論統一大業。孫中山認為自己有機會扮演重要角色，接受了邀請。11月14日，他搭船從香港到上海，再到神戶，最後抵達天津。他於11月24日到30日在神戶停留時，發表了一次題為〈大亞洲主義〉的演說，讚美日本已經掙脫西方文明的統治，並倡議東亞國家合作廢除不平等條約。孫中山抵達天津時已身患重病，第二天即入院治療。12月31日，他抱病來到北京。孫中山去世前，國民黨要員集中在其病榻旁一起討論黨的未來。3月11日，在去世前一天，他簽署了由汪精衛代擬的遺囑。

西方研究孫中山的學者承認，他是位稱職的宣傳家以及他的歷史重要性，但他們不認為孫中山具有高超的領袖手腕或理論視野。然而，在中國官方的論述中，他被提升到非常崇高的位置。孫中山過世兩年後，國共兩黨即告分裂，雙方都稱自己才是孫中山的正統繼承者。在關於孫中山的敘述中，國共都將他美化為辛亥革命的發起人、

偉大的愛國領袖，勇敢、英明地致力於國家統一。蔣介石表現出自己
是孫中山的忠誠信徒，致力於實現孫中山未盡之業。1929年，蔣介石
將孫中山的靈柩移到南京紫金山，放入一個必須爬過很多台階才能達
到的巨大的墳墓（即中山陵）。二戰期間，國共兩黨書寫孫中山的行誼
時，都沒有提到孫中山與日本的關係。

進一步閱讀

Bergère, Marie-Claire. *Sun Yat-sen.* Stanford, Calif.: Stanford University
　　Press, 1998.【白吉爾（Marie-Claire Bergère）著，溫洽溢譯：《孫逸
　　仙》。台北：時報文化出版企業部份有限公司，2010。】
Jansen, Marius B. *The Japanese and Sun Yat-sen.* Stanford, Calif.: Stanford
　　University Press, 1970.【馬里厄爾‧詹遜（Marius B. Jansen）著，吳
　　偉明譯：《日本人與孫中山》。香港：商務印書館，2015。】

高碕達之助（1885–1964）

　　商人高碕達之助於1942至1945年間擔任滿洲重工業開發株式會
社（滿業）總裁。滿業是工業集團，滿洲所有工廠都屬於滿業。高碕
擔任總裁期間，除了提高工業效率，還要應付對貿易一無所知的關東
軍指揮官。1944至1945年，他多了一項工作：處理被美國空襲破壞
的工廠。二戰結束後的1945至1948年，他擔任滯留滿洲的日本人會
會長，先後與蘇聯、國民黨和中共就滿洲日僑的生計和遣返問題，以
及維持工廠生產的問題進行談判。回到日本後，高碕致力推動中日貿
易。1962年他代表日本與廖承志談判，訂定《廖高貿易協定》（或稱
《LT貿易》），增進兩國貿易。

　　高碕在京都與大阪間的一個村莊的農民家庭長大。他小時候以淘
氣和喜歡冒險著稱。在學校時，一位老師告訴全班同學，日本可耕地

太少，無法種植需要的所有食物。應該把日本近海的魚裝入罐頭，出口到其他國家賺取收入，用來買糧食，養活日本人。這位老師的話影響了他。當時日本只有一所訓練水產業人才的學校，即農商務省的水產講習所（今東京海洋大學）。這是一所位於東京的三年制技術專科學校，前身是1889年大日本水產會開設的水產傳習所。1902年9月，高碕初中畢業，進入水產講習所，專業是製造業。在講習所學習時，日俄戰爭爆發，為了滿足日軍對魚罐頭的大量需求，講習所的學生被派往沿海地區的罐頭食品廠幫忙。因此，高碕很早就接觸了製造業。畢業後，他有幾年在東洋水產株式會社擔任魚罐頭生產技師。隨後，他到美國為日本魚罐頭拓展市場。他先在聖地亞哥一家小型罐頭食品廠工作，幾年下來，累積了在加州和墨西哥沿岸多家魚罐頭廠的工作經驗。他還幫助加州人改進吞拿魚罐頭的製作工藝。

在加州，高碕遇到有意前往中國唐山探查礦藏的採礦工程師赫伯特・胡佛（Herbert Hoover），兩人成為終身的朋友。胡佛後來當選為美國總統。高碕和胡佛都相信，貿易的目標是帶給人類幸福，提供社會服務，讓員工成為股東。

在北美住了幾年後，高碕回到日本。他於1917年成立東洋製罐株式會社，生產水產業需要的罐頭。他聘請兩位美國罐頭工程師，進口美國的罐頭生產機器，該機器比當時他在日本的競爭對手用的機器先進很多。他將產品標準化，擴大生產其他用途的罐頭。幾年後東洋製罐成為日本最大的罐頭公司。

顧慮到日本入侵中國的情形，美國限制鋼鐵和錫出口日本，高碕曾多次到滿洲尋找其他原料來源。滿洲重工業開發株式會社（簡稱「滿業」）總裁鮎川義介很欣賞高碕，邀請他加入滿業。多年來，高碕一直拒絕，到1941年2月才接受滿業副總裁一職。高碕和鮎川都反對日本與德國、意大利的協定，也反對對美宣戰，但他們都承擔了提高國家工業能力的責任。

日本在滿洲的工廠原本由陸軍經營。軍方對待工人如同奴隸，只關心產量、不管效率。高碕和鮎川都覺得與陸軍合作不容易，也都想辦法提高效率和工作環境。1942年，鮎川在滿洲的任期結束回到日本，高碕升任滿業總裁。儘管軍方壓力仍在，高碕還是著手整頓工廠，使生產更有效率，並與工人建立更好的關係。工廠的工人大部份是日本人，而服務人員大多是中國人。1944年7月，美軍佔領塞班島，B-29轟炸機從塞班起飛後可直抵滿洲，工廠因此經常遭到轟炸。高碕的責任就是要監督修理受損機器，維持生產。

高碕的家人在戰爭結束前回到日本，他則滯留滿洲。日軍在戰爭結束後不久即開始回國，留下很多日本平民。幾位在滿洲夙負人望的平民開始組織救援行動，為陷入困境的同胞提供食物和避難所，以及協助安排遣返工作。他們請求高碕擔任救援組織的會長。至1946年3月，大約有二萬五千名困在長春的日本人死亡。對於蘇聯以及隨後趕到滿洲的國民黨部隊來說，作為滿業負責人高碕的用處很大，因為兩國都不希望工廠停產。因此，由高碕出面與蘇聯溝通，幫助日本人救援組織找食物和避難所最為有效。1945年國共內戰開始，1948年中共佔領長春。高碕發現中共官兵紀律嚴明，中共官兵也可以接受與高碕合作。

1946年5月，國民黨奪回長春。高碕轉而與國民黨合作。國民黨希望工廠恢復生產，高碕可以幫忙管理工廠與生產。高碕也希望恢復他花了無數心血建立的工業基地，希望能幫上中國人的忙。1946年7月，國民黨為了處理滯留滿洲的日本人問題重組行政機構，但留下高碕繼續擔任日本人會的會長。大部份日本人都希望遣返，但他們願意繼續工作直到啟程回國為止。1946年5月到10月間，百萬以上滯留滿洲的日本人回到祖國。到1946年12月，仍有九千多位國民黨僱用的日本工程師以及二萬一千名家屬留在滿洲。隨着生產原料減少，日本工程師的人數也在降低。1947年9月，滿業所有工廠的日籍工程師只

剩不到一千四百名，家屬不到五千名。高碕得知有些日本人要繼續留在滿洲，決定待到所有想回國的日本人都回去為止。1947年10月，國民黨派高碕赴日，與日本的鋼鐵工廠進行戰爭賠償的談判。沒多久，同盟國軍事佔領官員決定不強迫日本人支付賠款。1947年11月，他被同盟國軍事佔領總部列為不准出任公職人士，但在1951年8月解除了該限制。

1952年，首相吉田茂任命高碕為新建的「電源開發株式會社」(J-Power) 總裁，幫助日本重建電力產業。1954年，高碕擔任鳩山一郎內閣新成立的經濟審議廳（後改為「經濟企劃廳」）長官，1955年當選為眾議院議員，1958年任第二次岸信介內閣通商產業大臣。

高碕非常希望幫助中國重建工業，並改善中日關係。1955年，他出席印度尼西亞的萬隆會議。這次會議是中國加強與其他國家關係的機會。在會議上，周恩來通過他的翻譯廖承志，邀請高碕回中國看看他當年在滿洲建立的工廠。周恩來解釋說，雖然蘇聯拿走了大部份的設備，但中國恢復了工廠運作。高碕願意接受周恩來的邀請，開始商討擴大中日貿易，但他要先得到日本政府的允許。即使如此，雙方在1955年的會面，為未來通過《廖高貿易協定》正式建立中日貿易關係鋪平了道路。1960年春，高碕訪美時告訴美國參議員，「日本應該幫助中國，為侵略行為贖罪」。當時，高碕收到日本右翼團體的恐嚇信，1960年10月，甚至有兩名年輕人受指使暗殺高碕，但未獲成功。高碕相信，改善對華關係符合日本的利益，因此他繼續重建對華關係、擴大對華貿易。1962年，廖承志和高碕達之助在一份長期的全面貿易協定上簽字。這份以半正式做法擴大兩國貿易的《廖高貿易協定》在1964年高碕去世之前獲得更新。1978年10月鄧小平訪問大阪時，特別提出希望會見高碕的女兒，對她父親為中日關係的貢獻表示感謝。

進一步閱讀

Itoh, Mayumi. *Pioneers of Sino-Japanese Relations: Liao and Takasaki.* New York: Palgrave Macmillan, 2012.

廖承志（1908–1983）

政治家廖承志是唯一與日本人有深入和密切私人關係的中共政治局委員。他的祖父是來自粵東惠州的客家人，曾擔任匯豐銀行在舊金山的代表，廖承志的父親廖仲愷就出生於舊金山。

1893年廖仲愷回到中國，1896年前往香港，1902年前往日本早稻田大學和中央大學留學。在日本他遇到了廣東同鄉孫中山，成為同盟會的創始人之一。他與孫中山關係密切，在宣傳孫中山的思想上貢獻很大，經常陪同孫中山四處奔走。回到中國後，廖仲愷出任廣東軍政府總參議以及國民黨中央執行委員等職。

1908年，廖承志出生於日本。他隨全家搬到香港數年後，於1913年回到日本，1915年入讀東京曉星小學二年級。這是一所天主教精英學校，教授日語、英語和法語。廖承志是全班三十位學生中唯一的外國人。他和很多一起玩耍和學習的日本孩子交上了朋友。別的同學嘲笑他是中國人，和他要好的日本同學會為他辯護。因為家境富裕，他住在中上階層的住宅區，家裏僱用多位下人。

孫中山過世後，廖仲愷和汪精衛、胡漢民三人都有可能接班。但廖仲愷在1925年遭到暗殺，一般推測是國民黨右派胡漢民指使殺手所為。廖承志的姐姐廖夢醒比他大五歲，當時也在日本讀書，後來成了孫中山遺孀宋慶齡的秘書。

父親廖仲愷遭國民黨右派暗殺後，廖承志堅決地轉向左派。1927年蔣介石開始清黨、殺害國民黨內的共產黨人。廖承志逃到日本，於1927至1928年入讀早稻田大學。1928年5月3日發生濟南事件後，他

參加批評日本政府的活動，結果被驅逐出境，回到上海。同年8月在上海加入中國共產黨。他仍與日本友人保持聯繫，但要到1954年，才得以中國官方代表團成員的身份回到日本。

1928年廖承志返回中國，短暫停留即前往德國，再赴蘇聯入讀莫斯科中山大學。在中山大學，他與蔣介石的兒子蔣經國同窗。兩人的父親在孫中山手下共事時，廖承志與蔣經國就已經認識了。廖承志再回中國後，在上海從事地下黨活動，後因為上海危險，他轉移到四川農村。在長征隊伍經過四川時，他加入了奔赴延安的部隊。

二戰期間，廖承志從延安派赴離老家惠州不遠的香港，從事中共地下黨工作。1942年，他被國民黨逮捕入獄，直到1946年被營救出獄。國共內戰期間，他從事宣傳工作，一度擔任新華社社長，負責與外國聯繫。

早在1924年擔任黃埔軍校政治部主任時，周恩來就與廖承志相識。1952年，他分派廖承志負責中日民間友好工作。1952年之後的三十年間，廖承志都是負責接待日本客人的中方主要官員。他也負責與海外華人、非洲人、蘇聯人建立統一戰線的工作。日本高層官員會見毛澤東時，通常由廖承志擔任翻譯。日本訪客將廖承志視為偶像及日本的友人。因為他很有名，日語講得跟母語一樣好，可以像自己人一樣，拿日本的事情開玩笑，也因為日本人認為他在中國共產黨高層中很有影響力，因此都希望見到他、與他合影。他的訪客包括日本社會黨和共產黨黨員，也有主流政治家。1954年他接待的一個日本代表團成員中，就有後來的首相中曾根康弘和外務大臣園田直這兩位日後在中日邦交正常化中發揮重要作用的人士。

1954年廖承志以中國紅十字會代表團成員的身份訪問日本。這是他自1928年被驅逐出境後首次進入日本。在日本訪問期間，他與從事中日友好工作的各個團體的日本友人重新取得了聯繫。

儘管曾在日本、德國、蘇聯和中國被逮捕多達十二次，而且在1942到1946年間被國民黨關押，廖承志始終保持着熱情、奔放、自信，與幽默感。在中日關係尚未正常化前，他維持了與日本的關係，與高碕達之助合作擴大中日貿易。1978年10月《中日和平友好條約》簽訂後，鄧小平為了尋求援助推動改革開放，決定訪日，他請廖承志隨行。廖承志於1983年過世。

進一步閱讀

Itoh, Mayumi. *Pioneers of Sino-Japanese Relations: Liao and Takasaki.* New York: Palgrave Macmillan, 2012.

Klein, Donald W., and Anne B. Clark. "Liao Ch'eng-chih." In *Biographic Dictionary of Chinese Communism, 1921–1965*, 2 vols. Cambridge, Mass.: Harvard University Press, 1971.

蔣介石（1887–1975）

1926年，蔣介石還是位能力普通的愛國軍官，繼孫中山之後成為國民黨最高軍事政治領袖。從1928年至1975年過世，蔣介石是國民黨的軍事和政治領袖（先在大陸，1949年後在台灣）。他缺乏其長達四十多年的競爭對手毛澤東那樣的政治技巧與魅力，也沒能獲得毛澤東那樣的巨大成功。但在統一中國（1930年代）、抗日戰爭（1937–1945），以及國共內戰（1946–1949）中遭遇失敗時，蔣介石卻顯現了堅忍卓絕的一面。戰時，他巨細靡遺，經常親自指揮前線指揮官；而在南京國民政府時期（1927–1937）和台灣時期（1949–1975），他選擇超然的統治方式，穩定了社會秩序、帶來了經濟發展。他被指為是右翼威權統治者，卻在台灣順利推動了土地改革——因支持度不夠，他在大陸無法推行土改。

　　蔣介石與日本的關係非常複雜。1908年開始，他在東京振武學校留學，很欣賞日本軍人的尚武精神及隨時為國犧牲的決心。1912年，在刺殺反清組織光復會首領陶成章後，他曾逃往日本藏匿幾月。1927年國民黨內部發生寧漢分裂，蔣介石暫時引退，前往日本會見田中義一。九一八事變後，蔣介石意識到日本的軍事力量遠在中國之上，因此寧願忍受一些愛國主義者的嘲諷，實行不抵抗政策。中日戰爭期間，他在上海、武漢與日本展開數次大規模會戰，並對日軍的殘酷行為表達了強烈的憤恨。但在二戰後，他並未向日本要求支付戰爭賠償。到台灣後，他還歡迎日本商人來台灣做生意，對台灣經濟的發展助力甚大。

　　蔣介石出生於浙江奉化的商人家庭。奉化位於上海以南一百五十英里處，離寧波很近。他從小依靠蔣家資財入讀私塾學習儒家經典，後於1903至1906年轉讀數所新式學堂。蔣介石聽說日本於1895年擊敗清朝後又於1905年打敗了俄國，不到一年即剪髮明志，表明反滿立場，並赴日學習日本軍事成功的秘密。他立志從軍，實現中國統一、復興中華文明的目標。在日本學習日語幾個月後，蔣介石回國考入陸軍速成學堂（即保定陸軍軍官學校前身），接受了一年的軍事訓練。之後，他獲官方選送進入東京振武學校，這是一所為有志進入日本軍校的中國學生開辦的預備學校。蔣介石的成績不太優秀，在同期六十二名學生中排名第五十五。1910年11月，他從振武學校畢業，被派往日本陸軍第十三師團野炮兵第十九聯隊見習。他行止拘謹，卻獲得了認真、誠實、忠誠和戮力為國的美名。

　　1908年，21歲的蔣介石在日本加入孫中山的同盟會。1911年武昌起義的消息傳到日本時，他與同學張群、陳星樞馬上啟程回國，於10月30日在長崎乘坐日本貨輪，在上海日租界碼頭登陸。在日本生活了將近三年的蔣介石說、讀日文的能力不錯，但並未結交日本密友。蔣介石認為，奉獻犧牲精神是日軍贏得甲午戰爭和日俄戰爭的關

鍵。他也激賞日本人的做事效率以及他們成功地建立了現代工業基礎
和交通系統，兩者是現代軍事力量之所繫。蔣介石希望在中國也建立
類似的工業基礎以及一支具有獻身精神的軍隊。

1913年孫中山首次見到蔣介石時，蔣還只是一名中級軍官，但孫
中山對其奉獻精神印象深刻。1915年日本宣布《二十一條》，孫中山
仍然寄望於日本，寫信表示自己支持日本的立場。結果，很多追隨孫
中山的革命同志認為他對日本過於軟弱，棄其而去，但蔣介石仍然忠
心耿耿。1916年初，身在上海的蔣介石想要靠日本的資助建立軍事根
據地，推翻北方軍閥。他寫信給孫中山，提出軍事戰略的對策。* 蔣
介石的崛起，除了在軍事上的傑出表現，更因為他與孫中山的個人關
係。孫中山看重他的忠誠，欣賞他奉獻國家的精神以及軍事才能。

1924年，孫中山在廣州附近的黃埔建立了一所陸軍軍官學校（通
稱「黃埔軍校」），任命時年37歲的蔣介石擔任校長。儘管軍校的資金
由蘇聯提供，軍隊模式也仿效蘇聯軍隊，蔣介石還是希望將其在日本
所見的重榮譽、不畏犧牲的武士道精神灌輸給學校學生。孫中山與蔣
介石都希望訓練出有奉獻精神、能互相合作、實現國家統一的軍官。
儘管對孫中山包容共產黨的聯合戰線政策有所懷疑，蔣介石成功訓練
了一批優秀軍官，不久即投入統一中國的北伐戰爭。

孫中山於1925年3月12日逝世後不久，蔣介石和跟日本淵源更
深的汪精衛之間出現接班人之爭。最初汪精衛獲得政治優勢，但蔣介
石有軍事優勢。一年後，蔣介石崛起為孫中山的接班人，汪精衛被推
選為國民黨中央政治委員會主席。

---

* 譯註：指1917年9月20日的〈對北軍作戰計劃書〉和10月1日的〈滇粵兩軍對於閩浙單
獨作戰之計劃書〉，書信全文收入秦孝儀主編：《總統蔣公思想言論總集》（台北：中國
國民黨中央委員會黨史會，1984），卷三十六。

1922年，蔣介石向富商宋嘉澍之女、宋子文妹妹宋美齡求婚遭拒。1927年10月，宋美齡與姊姊宋藹齡及母親在日本。蔣介石赴日向宋美齡出示與前妻毛福梅的離婚文件，也同意讀聖經、信基督。這一次宋美齡接受了蔣介石的求婚：當時她二十九歲，他四十歲。宋家給蔣介石提供了接近巨商圈子的機會，美國衛斯理學院畢業的宋美齡則為他提供了接觸中外基督徒的渠道。二戰期間，宋美齡在美國巡迴演講，爭取美國對中國的支持，取得了巨大的成功。

在1925年去世之前的幾年，孫中山在國民黨內成功地維持了國共聯合戰線。但在1927年蔣介石領導國民黨後，因為擔心政變，決定與共產黨分裂，並準備殺害所有中共領導人。國共兩黨曾是盟友，卻都懷疑黨內諸多同志是對方黨派的間諜。到1930年代初，蔣介石對中共在江西發展根據地一事耿耿於懷。他認為日本是外部威脅，共產黨則是內部的直接威脅，關係中國之生死存亡，因此發動了一系列針對共產黨的圍剿行動。1934年，共產黨突破蔣介石的圍剿，最後向西北地區長征，在延安建立了根據地。

1926至1936年，蔣介石大體上專注對付擁兵自重的地方軍閥，推進國家統一。1925年，蔣介石將黃埔軍校訓練的精銳軍官編為國民革命軍，於1926年誓師北伐。黃埔軍官與部份軍閥聯手的北伐行動，消滅了其他軍閥的反抗勢力。之後，他與盟友建立國民政府，定都南京。即使如此，中國很多地方仍然由軍閥割據，蔣介石努力和較有實力的軍閥聯合，仍無法統一全國。從1927年到1937年中日戰爭爆發之間的「南京十年」，蔣介石吸引了不少幹練官員到首都工作，在改善經濟、擴大教育以及穩定南京附近省份等方面取得進展，表面上維持了一個小型的全國政府。

1928年，中日軍隊在濟南發生武裝衝突，日軍俘虜了國民政府外交官員蔡公時，割其耳鼻舌頭，挖出眼睛，槍殺了蔡及其十幾位隨員。幾天后，蔣介石第一次在日記中用了「倭寇」這個古代咒罵日本人

的詞彙。蔣介石知道中國沒有足夠的軍事力量抵抗日本，但他在日記中寫道，他會「每日記雪恥一則」。蔣介石在判斷中日軍事實力的差距方面始終很務實，因此多年來招致共產黨和其他愛國人士不抗日的批評。有好幾次，他試圖與日本談判以避免軍事衝突。1949年赴台後，他通過與日本合作，推進台灣經濟現代化，給這個島嶼帶來了穩定。

蔣介石對中日總體形勢的判斷極其準確。1934年，他告訴一群資深政治領袖，日本將在一千一百天內開戰，而實際開戰的時間是一千零五十七天以後。他和蔣百里想法一致，即一旦日本侵略中國，便可撤退到西南抗日。蔣介石相信日軍會在十年內被拖垮。當時，他還無法預測到蘇聯參戰、1945年美國轟炸日本城市以及使用核武器的影響。但蔣介石是有預見性的：中日戰爭實際上只持續了八年。

中日戰爭發生後最初數月，蔣介石利用其訓練有素的國民革命軍在上海和武漢積極抗日，之後與部隊一起撤退到四川的重慶，在那裏進行持久抗戰。作為國民政府的實際領導人，他被愛國者批評為消極抗日。蔣介石未雨綢繆，在重慶維持了龐大的官僚體系與軍隊，但在維持紀律和士氣上卻遭遇困難。美國官員與記者質疑他未曾盡力杜絕腐敗。美國將軍約瑟夫・史迪威（Joseph Stilwell）是他的尖銳批評者，甚至貶斥其為「花生米」。2006年，目前暫存於美國史丹佛大學胡佛研究所檔案館的《蔣介石日記》向公眾開放後，學界倒是更肯定他保留國民黨實力、以待戰後對抗共產黨的做法。

1945年日本投降後，蔣介石不願看到日本倒向中共，因此並未要求日本支付戰爭賠款。在國共內戰期間（1945–1949），中共提出的方案既能吸引想從中共土改政策獲益的貧農，亦能滿足堅持強硬對日的極端愛國人士。蔣介石卻無法提出一套能與中共比肩的方案。蔣介石是國民革命軍的最高指揮官，也是巨細靡遺的管理者，每每要求各地指揮官聽他指揮，但他並不盡然次次對戰場形勢都瞭然於胸，從而作出英明決定。

內戰失利、逃到台灣後，蔣介石實行了土改等進步措施，但也利用軍隊嚴密控制視其為軍事獨裁者的本省人。他堅持反攻大陸，最初得到美國支持，但實現這個目標的希望越來越渺茫。到1971年中國大陸取代台灣在聯合國的中國席位後，其反攻大陸的心願可說是壽終正寢了。

進一步閱讀

Taylor, Jay. *The Generalissimo: Chiang Kai-shek and the Struggle for Modern China.* Cambridge, Mass.: Belknap Press of Harvard University Press, 2009.【陶涵（Jay Taylor）著，林添貴譯：《蔣介石與現代中國的奮鬥》（上、下冊）。台北：時報文化出版企業股份有限公司，2010。】

蔣百里（1882–1938）

蔣百里是一位軍事戰略家、教育家和散文家，對日本有着深刻的理解。作為最早赴日留學的中國學生之一，蔣百里於1905年以第一名的成績畢業於陸軍士官學校。到德國繼續深造後回國，他被袁世凱任命為保定陸軍軍官學校校長。早在1923年，蔣百里已經預見到中日遲早要開戰。他提出「持久戰」戰略，認為中國可以在日本入侵後獲勝。

蔣百里出生於浙江省海寧州的一個大家庭，家族中有富裕地主，也有士紳。其父蔣學烺是家中十九個孩子之一，因天生殘疾，被家人送去當地寺廟撫養。蔣百里的母親是一位自學識字的孤女，全心投入教育早慧的兒子。蔣百里四歲啟蒙，稍長由母親教他學習四書，他特別喜歡閱讀關於英雄豪傑的經典著作，如《水滸傳》和《三國演義》。他在一個大家庭裏過着一種有文化的生活，沉浸於音樂、詩歌、書法和傳統藝術。

　　甲午戰爭爆發時，蔣百里十二歲，開始對時務感興趣。他和朋友閱讀所有能找到的報紙，即使是一兩個月前的報紙也讀得津津有味。1900年，蔣百里入讀杭州求是書院（浙江大學前身）。1901年，他成為首批赴日留學的中國學生之一。到日本後幾個月，他遇到了梁啟超，並擔任梁啟超主辦的雜誌《新民叢報》的兼職編輯。

　　和梁啟超及其他中國學生一樣，蔣百里讀過福澤諭吉等日本作家的著作。他是一位多產的散文家，寫了很多關於歐洲與日本民族主義演變的文章。蔣百里認為，日本是亞洲唯一一個民族主義落地生根的國家。他也注意到，福澤諭吉等日本作家描述的民族主義受到赫伯特·斯賓賽的影響；其「適者生存」的主張，傾向於支持民族擴張，對弱小民族不利。

　　蔣百里在陸軍士官學校的很多同校生，以後都成為日軍資深軍官，包括策劃華北戰略的土肥原賢二、1945年日本投降時任中國派遣軍總司令官的岡村寧次、與石原莞爾共同策劃九一八事變的板垣征四郎，以及陸軍統制派的核心人物永田鐵山。在1920年代和1930年代，蔣百里經常往返於中日之間，不時與以前的同學會面。1935年，蔣百里敬重的朋友永田鐵山遭到暗殺。在關於永田的文章中，蔣百里警告他的日本同僚，青年軍官已經變得如此不聽指令，使日本沒有能力發展出首尾一致的軍事戰略。

　　蔣百里在袁世凱當國時出任保定陸軍軍官學校校長後，眼見腐敗猖獗，極度失望。他尤其不滿任命軍官、錄用軍校學員過程中的腐敗，以及高層不支持他的學校。他曾在學員集合時試圖自殺，還好子彈沒有擊中心臟。他在北京附近的一所日本醫院養病後恢復健康。照顧他的日本護士佐藤屋登（婚後改名蔣左梅）告訴他，應該學習禪宗的「我慢」（即忍耐、自制）。他和佐藤相戀、結婚，成為一對特別恩愛的夫妻。

　　和多數留日生一樣，蔣百里欽佩日本人，但同時感到日本和中國將來必有一戰。他跟隨梁啟超去了一趟歐洲，在那裏他分析了一戰中的德法戰爭。回國後，為了準備中日開戰，他專注研究日本的軍事能力、設計軍事戰略。1929年，因以前的學生唐生智反蔣，蔣百里被牽連入獄。近兩年的囚徒生活在生死邊緣度過。妻子和女兒們每天都來探望他。在監獄裏，蔣百里聽貝多芬和瓦格納的音樂、抄佛經、給女兒們讀古典小說。1931年12月他獲釋回上海居住。1933年被蔣介石派往日本考察軍事，研擬國防計劃。

　　1937年底日本侵略中國後，蔣百里完成著作《日本人：一個外國人的研究》，分析日本的優缺點。在書中，他解釋了中國如何可以通過耐心的、長期的抵抗戰勝日本。該書至今暢銷，既有紙本書，也有電子書。蔣百里常受邀演說，解釋其抗日策略。1938年11月在巡迴演講途中，因心臟病發作不幸去世。

進一步閱讀

Yan, Lu. *Re-Understanding Japan: Chinese Perspectives, 1895–1945*. Honolulu: Association for Asian Studies and University of Hawai'i Press, 2004.

鄧小平（1904–1997）

　　鄧小平是1978年12月至1992年10月間中國的最高領導人。他在這段時期實施的改革開放政策改變了中國，在四十年內將貧窮落後的中國發展成世界最大的經濟體（以「購買力平價」衡量）。1978年，中國的人均收入低於二百美元，到2018年已超過八千美元。

　　1937至1945年，鄧小平擔任共產黨軍隊高階政委，參加抗日戰爭。1973至1976年間，他卻代表中國歡迎日本領導人訪華。1978年，這位政治戰略家訪問日本，爭取到日本重要的金融和科技界領袖的支持。1980年代中國開始工業化時，這些人發揮了關鍵作用。

　　1978年12月，鄧小平成為中國的實際領導人。此時他已經累積了難以置信的豐富經驗，足以擔當治理國家的重任。1920至1925年他在法國生活五年之久，觀察現代西方國家運作體制的同時，在工廠做工，參加多個馬列主義和俄國革命學習小組。他在法國加入了共產黨，並在黨部工作。1926年，他成為蘇聯為「國際共產主義運動」訓練中國領導人而開辦的莫斯科中山大學的首批成員。回到中國後，鄧小平指導了廣西省的共產黨起義，參加周恩來領導的上海共產黨地下組織，在毛澤東領導下在江西工作，參加長征，並參加了延安的政治工作。他在中共軍隊當了十二年的政委，與另一位中共最能幹的將領劉伯承合作。1949至1952年，中共中央將全國劃分為六個大行政區，任命其為人口超過一億的西南局的第一書記，在當地鞏固中共統治。1952年他被召回北京，任命為政務院副總理。1953至1954年，他擔任財政部長一年。1954年，他上任中共中央秘書長。從1956年到1966年，他擔任中共中央書記處總書記，負責全國黨務工作。由此，他得以在一個重要職位上觀察大躍進的問題及其後果。

　　在1950年代，鄧小平曾被視為毛澤東接班人的主要人選之一。但1966年文革開始後，他成為繼劉少奇之後毛澤東的第二個打擊對象。從1969年10月到1973年2月，鄧小平下放江西省「逍遙」了三年，期間他有很多機會思考中共的錯誤：如果他有機會回北京擔任重要職位，該改變什麼政策？如何結束毛澤東的政策，但不致造成國家分裂？1973年毛澤東允許鄧小平恢復工作時，周恩來已經罹患癌症，鄧小平替代他處理外交問題，會見外賓。

　　1972年，中日邦交正常化。從1973年到1976年，鄧小平以負責外交的中共領導人身份，接待超過四十個訪華的日本代表團，日本是他接待的來訪代表團最多的國家。儘管中日間五十年來互為對手，鄧小平相信兩國應該發展友好與和平的關係，讓日本幫助中國實現現代化。由於他曾參加抗日戰爭，所以，他雖然支持新的對日友好政策，也不會被指責對日本太過軟弱。

　　1976年，毛澤東選擇華國鋒為接班人。鄧小平再次被批判，遭到免職。但他在1977年夏恢復工作，主動要求負責教育和文化等不會威脅華國鋒政治權力的工作。1977年8月，鄧小平召集全國主要教育工作者開會，在他們的支持下，他決定重新恢復停止了十年的高考。鄧小平認為，中國需要高質量的教育，培養新的領導人，他替傑出的中國畢業生創造出國機會，學習先進技術後帶回中國。

　　1978年夏季，鄧小平同意與日本簽訂《中日和平友好條約》時，通過說明反霸權條款不針對第三國（比如蘇聯）的聲明，克服了簽約障礙。1978年10月，他赴日互換批准書時，受到熱烈歡迎。鄧小平此行為1980年代日本為中國提供重要援助鋪平了道路。

　　在1978年12月召開的中共中央十一屆三中全會上，中共元老認為鄧小平有權力、威望與智慧處理黨在政策上的巨變，選擇他擔任中共最高領導人。鄧引述毛澤東「實事求是」的說法，一方面顯示他尊重毛澤東，同時也結束了毛澤東一些造成全國性災難的失敗政策。為避免剛從鄉下回來待業的城市青年製造社會不安，鄧小平允許他們做生意。幾年前這種活動還會被指責為走資本主義道路，但保守派接受了這一開放市場的做法。鄧小平跟安徽省委第一書記萬里說，要想辦法結束該省的饑荒問題。在安徽農村，有些地方的生產隊實行包產到戶後提高了糧食產量，解決了飢荒問題。鄧小平允許萬里等人公開宣傳他們的成功經驗。當其他地區也發現這一方法有效後，鄧小平表示只要當地情況允許，村民也願意這麼做，政府不應該反對用包產到戶的辦法解決糧食生產問題。即使保守派也很難反對這一新政策。不久，大部份地區都取消了毛澤東推廣的人民公社，允許以家庭為單位從事耕種。

　　鄧小平極大地擴大了民眾的表達自由，但當1986年12月開始的學生運動（「八六學潮」）威脅社會穩定之時，他加強了控制。1989年5月20日，不計其數的示威學生和市民堵塞了北京的交通，鄧小平命

令非武裝部隊進入北京恢復秩序。然而，部隊進城時遭到有組織的示威團體堵塞道路，只好撤退到郊區，示威者繼續佔領天安門廣場。6月3日，鄧小平通過廣播和電視宣布，不許任何人留在街上。當晚，他下令部隊可採取一切必要措施結束示威，意即允許使用武器對付示威者。據估計，6月3日晚上至4日凌晨，街頭被殺的人數在幾百到三千之間。很多中國領導人認為，為了恢復秩序，他們別無選擇。但鄧小平在中外都因此受到了嚴厲譴責。

1989年，鄧小平辭掉所有正式職務。但在1992年1月到2月，當感覺到保守派領導人開始阻礙中國進步時，他進行了一次「家庭休假」。鄧小平「南巡」再度點燃了改革開放的火炬。他在1992年10月的第十四次黨代會後徹底退休。直到1997年去世，他始終遠離政治。

進一步閱讀

Vogel, Ezra F. *Deng Xiaoping and the Transformation of China*. Cambridge, Mass.: Belknap Press of Harvard University Press, 2011.【傅高義著，馮克利譯，香港中文大學出版社編輯部譯校：《鄧小平時代》。香港：中文大學出版社，2012。】

註　釋

第 1 章

　　* 我對 600–838 年這一時期的研究，特別是建築史方面，受益於約基奧・李皮特 (Yukio Lippit) 和羅伯特・伯根 (Robert Borgen) 的指導。對於此歷史時期的整體情況，我特別參考了《劍橋日本史》(*The Cambridge History of Japan: Tradition and Transformation* by Fairbank, Reischauer, and Craig) 前兩卷及 Fairbank、Reischauer 及 Craig 所著 *East Asia: Tradition and Transformation* 一書。本章對氏姓制度的描述倚重理查德・米勒 (Richard Miller) 的研究。感謝畢伊頓 (Mark Byington) 幫助我了解朝鮮人對日本歷史的影響。有關日語的發展，我參考了大衛・魯瑞 (David Lurie) 的著作。至於日本軍事史，我特別依賴威廉・韋恩・法里斯 (William Wayne Farris) 的研究。我也獲得了羅伯特・伯根、理查德・戴瑞克、安德魯・戈登 (Andrew Gordon) 和李廷江的寶貴意見。

　　1. 為方便起見，我使用「中國」、「日本」、「朝鮮」描述當時的政治單元，儘管這三個地區當時還沒有發展出民族國家的完備政治制度，也沒有擁有今天這樣廣闊的疆域。

　　2. 我用「氏族」(clan) 來指代日語的「氏」(*uji*)。「氏」基本上是一個父系血緣集團，但它也包括入贅者和另一些加入的人。目前沒有充分史料記錄確定究竟是哪些人可以加入父系血緣集團。

　　3. 關於聖德太子是否確有其人的問題，專家們聚訟紛紜。他是過世之後才被稱為聖德太子的。有佛教徒認為他是一個轉世的中國和尚。關於聖德太子過世後的諸種傳聞，見 Michael I. Como, *Shotoku: Ethnicity, Ritual, and Violence in the Japanese Buddhist Tradition* (Oxford: Oxford University Press, 2008)。我對聖德太子的陳述採信大多數歷史學家的觀點。

4. Gina L. Barnes, *Archaeology of East Asia: The Rise of Civilization in China, Korea and Japan* (Philadelphia: Oxbow Books, 2015), 270–271.

5. 有些學者假定「倭人」的「倭」意味着日本人身材矮小，但更多晚近的研究對此說提出質疑。

6. Inoue Mitsusada, with Delmer M. Brown, "The Century of Reform," in *The Cambridge History of Japan: Volume 1, Ancient Japan*, ed., Delmer Brown (Cambridge: Cambridge University Press, 1993), 182.

7. William Wayne Farris, *Heavenly Warriors: Evolution of Japan's Military, 500–1300* (Cambridge, Mass.: Council on East Asian Studies, Harvard University Press, 1992), 38–39.

第2章

* 寶拉・赫瑞(Paula Harrell)和羅伯特・英尼斯(Robert Innes)針對本章各部份提出的詳細建議使我受益匪淺。我也得益於以下諸位學者的建議，其中包括羅伯特・伯根、萬志英(Richard von Glahn)和包弼德(Peter Bol)對宋代部份的意見；宋怡明(Michael Szonyi)關於明代的建議；羅納德・托比(Ronald P. Toby)關於中日貿易的點評。關於僧侶的作用，我特別受益於李怡文的博士論文，她梳理了838至1403年中日沒有朝貢關係的六個世紀中，僧侶所起的作用。對於徐光啟觀點的描述，我參考了傅佛果(Joshua Fogel)編輯的 *Sagacious Monks and Bloodthirsty Warriors* 一書中卜正民(Timothy Brook)的文章。關於日本海盜給人的根深蒂固的印象，我參考了前述傅佛果所編著作中王勇撰寫的文章。

1. 1970年代發現的兩艘裝滿中國貨品的宋元沉船，豐富了我們對中日貿易的了解。1976年，在南韓沿海發現了一艘1323年從寧波開往日本博多途中沉沒的船，現稱「新安船」。「新安船」由中國商人建造並擁有。船上發現了很多史料，所載貨品包括大約二萬八千噸銅幣和二萬片中國陶瓷。貨品貼有超過三百五十塊木條，標明每件貨品歸誰所有。顯然「新安船」上大部份都是日本人，所有商品都與博多的承天寺有關。另一艘南宋沉船於1974年在福建省泉州灣發現。船上很多貨物屬於京都的東福寺，有些貨物則為商人所有。1970年代博多在建設地鐵時，也發現了成千上萬的中國錢幣以及陶瓷碎片。

幾十年來，日本佛教徒相信，人死之時有必要將佛經埋入塚中，以防止在下一個彌勒菩薩到來之前世界墮落衰敗。從十一世紀到十九世紀，日本出現了幾千個這樣的經塚。在二十世紀，日本各地都發現了這種經塚。經塚

所見之地主要在九州和京都周邊，但在四國以及中國商品從九州運往京都附近的瀨戶內海也很多見。經塚中發現了成千上萬的中國商品，尤其是中國製造的經筒。但在中國則沒有發現這樣的經塚。在早至十一到十三世紀的經塚裏也發現了錢幣、刀具和佛像。經塚中存在這麼多來自中國的商品，反映了當時中國商品的崇高地位。

2. 據估計，九世紀有大約五十艘中國船隻到達日本，十世紀大約有一百艘，十一世紀一百艘，十二世紀達一百二十艘，十三世紀有大約五十艘，到了十四與十五世紀則很少，到十六世紀有近一百艘。從十世紀到十二世紀，少有日本船隻冒險去海外，但到十三世紀則有二百艘日本船前往中國。十四世紀出海的日本船幾乎沒有，但學到明朝先進的造船技術後，日本造出了更好的船，於十五到十六世紀每年派出超過一千艘船前往中國。參見Richard von Glahn, "The Ningbo-Hakata Merchant Network and the Reorientation of East Asian Maritime Trade, 1150–1350," *Harvard Journal of Asiatic Studies* 74, no. 2 (2014): 249–279.

3. 參考Richard von Glahn, "The Ningbo-Hakata Merchant Network."

4. Jurgis Elisonas [George Elison], "The Inseparable Trinity: Japan's Relations with China and Korea," in *The Cambridge History of Japan: Volume 4, Early Modern Japan*, ed. John Whitney Hall and James L. McClain (Cambridge: Cambridge University Press, 1991), 235–300. 日軍死亡三分之一的信息見此書第278頁，作者引用當時在日本的耶穌會傳教士路易斯‧弗洛伊斯 (Luís Fróis) 所言。

5. Xing Hang, "The Shogun's Chinese Partners: The Alliance between Tokugawa Japan and the Zheng Family in Seventeenth-Century Maritime East Asia," *Journal of Asian Studies* 75, no. 1 (2016): 111–136.

6. Marius B. Jansen, *China in the Tokugawa World* (Cambridge, Mass.: Harvard University Press, 1992), 12.

7. 同上，頁29。

第3章

1. Masao Miyoshi, *As We Saw Them: The First Japanese Embassy to the United States* (Philadelphia: Paul Dry Books, 2005), 2.

2. Foo Ah Fong, "The Seven Lamps of a Sustainable City," in *Sustainable Cities of the 21st Century*, ed. A. F. Foo and Belinda Yuen (Singapore: National University of Singapore Press and World Scientific, 1999), 118.

第4章

　＊　卡特·埃克特（Carter Eckert）、希拉·耶格（Sheila Miyoshi Jager）和杜登（Alexis Dudden）三位學者閱讀了本章並提出了建議。我也感謝皇甫崢崢（Jenny Huangfu Day）與我分享她的研究。關於甲午戰爭前朝鮮的狀況以及日本在朝鮮的角色，我參考了多位學者的著作，包括法蘭西斯·希拉里·康羅伊（Francis Hilary Conroy）、杜婷娜（Martina Deuchler）、杜登、埃克特、傅佛果、喬治·謝蘭德（George L. Kallander）、柯克·拉森（Kirk W. Larsen）、岡崎久、詹姆斯·帕萊斯（James B. Palais），以及任達（Douglas R. Reynolds）與卡羅·雷諾茲（Carol T. Reynolds）。錢復年輕時在耶魯大學完成博士論文，後來成為重要的台灣外交官，他曾擔任台灣駐華府的代表。關於甲午戰爭的基本背景、戰爭過程和戰爭的影響，我特別引用了布魯斯·艾里曼（Bruce A. Elleman）、莎拉·潘恩（Sarah C. M. Paine），以及大衛·艾文斯（David C. Evans）和馬克·皮蒂（Mark R. Peattie）的研究。杜斯（Peter Duus）、入江昭（Arika Iriye）、馬里厄斯·詹森（Marius B. Jansen）和施恩德（Andre Schmid）的研究也討論了甲午戰爭的影響。由步平和北岡伸一主編的中文版《中日共同歷史研究報告》（亦有日本版）由中日兩國學者合作寫成，目的在於形成雙方都能接受的歷史觀點，這本書為我提供了兩國學術觀點的大要。

　1. Ki-Baik Lee, *A New History of Korea* (Cambridge, Mass.: Published for the Harvard-Yenching Institute by Harvard University Press, 1984), 282.

　2. Bruce A. Elleman, *Modern Chinese Warfare, 1795–1989* (London: Routledge, 2001), 101.

第5章

　＊　本章基於寶拉·赫瑞兩本專著的研究與分析：*Asia for the Asians: China in the Lives of Five Meiji Japanese* 和 *Sowing the Seeds of Change: Chinese Students, Japanese Teachers, 1895–1905*。尤其是書中引用的一手史料，包括會田勉著《川島浪速翁》、房兆楹輯《清末民初洋學學生題名錄初輯》、有賀長雄於1898至1920年發表於《外交時報》的文章、服部宇之吉著《北京籠城日記》、《近衛篤麿日記》、東京都立圖書館所藏「實藤文庫」中1898至1906年晚晴官員的赴日考察報告，以及《中國人日本留學史》等所有實藤惠秀的巨著。作者參考的檔案資料有日本外務省外交史料館收藏的在華日本教習的資料（1902–

1915），以及中國國民黨黨史史料編纂委員會於1968年再版的《湖北學生界》、《江蘇》、《浙江潮》等學生刊物。

任達的史料集 *China, 1898–1912* 及其關於東亞同文書院的研究成果都是權威的參考資料，見Douglas R. Reynolds, "Training Young China Hands: Tōa Dōbun Shoin and Its Precursors, 1886–1945," in Peter Duus, Ramon H. Myers, and Mark R. Peattie, eds., *The Japanese Informal Empire in China, 1895–1937* (Princeton, N.J.: Princeton University Press, 1989). 作者參考的其他研究包括：Paul A. Cohen, *History in Three Keys*; Marius B. Jansen, *The Japanese and Sun Yat-sen*; Luke S. K. Kwong, *A Mosaic of the Hundred Days*; Edward J. M. Rhoads, *Manchus and Han*. 關於下田歌子和嘉納治五郎的討論，見Paula Harrell, "The Meiji 'New Woman' and China," in Joshua A. Fogel, ed., *Late Qing China and Meiji Japan*. 作者也向平山長富提出的意見表示感謝。

1. 引文轉自：Paula S. Harrell, *Asia for the Asians: China in the Lives of Five Meiji Japanese* (Portland, Maine: Merwin Asia, 2012), 43. 原文見：近衛篤麿日記刊行会編：《近衛篤麿日記》別卷（東京：鹿島研究所出版会，1969），頁62。

2. 同上，頁21。原文見：《近衛篤麿日記》第二卷，頁195。

3. 同上，頁57。原文見：《近衛篤麿日記》第二卷，頁444。

4. 同上，頁59。原文見：《近衛篤麿日記》第二卷，頁455。

5. Paula Harrell, *Sowing the Seeds of Change: Chinese Students, Japanese Teachers, 1895–1905* (Stanford, Calif.: Stanford University Press, 1992), 66. 引文原文來自《北華捷報》（*North China Herald*）1902年9月24日第2版武昌記者的英文報導。

6. 引文轉自Paula Harrell, *Sowing the Seeds of Change*, 45. 引文原文見：王景禧：《日遊筆記》據光緒甲辰（1904）學務處排印局校印本影印（杭州：杭州大學出版社，1999），頁647。

7. 同上，頁46。原文見：長白文:《東遊日記》（1907），頁11a–b。

8. 同上，頁50。引文原文見：朱綬：《東遊紀程》據光緒己亥（1899）夏鴻寶堂開雕本影印（杭州：杭州大學出版社，1999），頁114。

9. 同上，頁53。周學熙〈跋〉（1903），見沈翊清、周學熙：《沈翊清東遊日記·周學熙東遊日記》（長沙：嶽麓書社，2016）。

10. 引文轉自：Paula S. Harrell, *Asia for the Asians*, 111. 日文原文出自東亜同文会：《続対支回顧録》（東京：原書房，1981），頁747。

11. Theodore Roosevelt, *The Works of Theodore Roosevelt*, vol. VIII (New York: Charles Scribner's Sons, 1926), 336.

12. 引文轉自 Paula Harrell, *Sowing the Seeds of Change*, 34. 日文原文出自嘉納先生伝記編纂会編纂:《嘉納治五郎》(東京:講道館,1964),頁169。

第6章

1. Thomas R. Gottschang and Diana Lary, *Swallows and Settlers: The Great Migration from North China to Manchuria* (Ann Arbor: Center for Chinese Studies, University of Michigan, 2000), 2.

第7章

1. Lu Yan, *Re-Understanding Japan: Chinese Perspectives, 1895–1945* (Honolulu: Association for Asian Studies and University of Hawai'i Press, 2004), 204–205. 原文出自蔣百里:〈世界軍事大勢與中國國情(在教育會同學諸人歡迎會演説辭)〉,《解放與改造》(北京),第三卷第九號(1921年8月),頁59。

第8章

* 本章內容仰賴一系列中日戰爭研討會的與會學者的研究成果。這幾次會議多年間在數個不同地點召開,如哈佛大學、夏威夷毛伊島、日本的箱根和中國的重慶。我組織了第一次研討會,並與楊天石、山田辰雄、麥金農、戴安娜·拉里、馬克·皮蒂(Mark R. Peattie)、平野健一郎和方德萬(Hans van de Ven)合作。皮蒂是組織第二次會議的主角,山田與平野組織了第三次會議,楊天石組織了第四次會議。方德萬是系列會議結束後不斷進行研究的領軍人士。這些會議聚齊了來自中國、日本和西方的學者,嘗試全面理解中日戰爭。我在本書中對數次戰役的分析,尤其得益於皮蒂、敦葉(Edward Drea)和方德萬主編的論文集,論文集中的文章來自他們三位以及參加中日戰爭研討會的中國、日本和西方學者的論文。對於南京大屠殺過程的記載,我參考的材料主要是拉貝日記、卜正民蒐集的文件、楊大慶的著作,以及傅佛果編輯的論文集。

1. 如本書〈序言〉所提,我在此處使用「北平」而非「北京」,因其當時並非首都。

2. Mark R. Peattie, Edward J. Drea, and Hans J. van de Ven, eds., *The Battle for China: Essays on the Military History of the Sino-Japanese War of 1937–1945* (Stanford, Calif.: Stanford University Press, 2011), 115.

3. David Askew, "Part of the Numbers Issue: Demography and Civilian Victims," in *The Nanking Atrocity, 1937–1938: Complicating the Picture*, ed. Bob Tadashi Wakabayashi (New York: Berghahn Books, 2007), 86–114.

4. 同上。

5. Frederic E. Wakeman Jr., *Spymaster: Dai Li and the Chinese Secret Service* (Berkeley: University of California Press, 2003).

6. Lyman Van Slyke, "The Chinese Communist Movement during the Sino-Japanese War 1937–1945," in *The Cambridge History of China, Volume 13: Republican China 1912–1949, Part 2*, ed. John K. Fairbank and Albert Feuerwerker (Cambridge: Cambridge University Press, 1986), 629.

7. 同上，頁620–621。

8. Parks M. Coble, *Chinese Capitalists in Japan's New Order: The Occupied Lower Yangzi, 1937–1945* (Berkeley: University of California Press, 2003), 1. 其他的估算或高或低，目前尚無可靠數據。

第9章

* 本章涉及歷史事件的大事記和概要，請參考國分良成、添谷芳秀、高原明生和川島真四人的著作。關於昭和天皇的角色，參見賀伯特‧畢克斯 (Herbert P. Bix) 的著作。關於「中日友好協會」，參考弗朗齊斯卡‧賽拉芬 (Franziska Seraphim) 的著作。關於戰爭罪行和處理戰爭國際背景，請參閱顧若鵬 (Barak Kushner) 的研究。關於遣返回日的殖民移住民的經歷，我參考了華樂瑞 (Lori Watt) 的著作。關於朝鮮戰爭，我特別仰賴陳兼、布魯斯‧康明思 (Bruce Cumings)、希拉‧耶格、唐‧奧伯多弗 (Don Oberdorfer) 和徐澤榮的著作。我第一次訪問台灣是在1958年，從林宗義博士等台灣友人口中聽聞了他們在日治時代的生活經歷、以及日本人離台後再度適應的經歷。在1958至1960年進行有關日本家庭的田野調查時，我也聽到一些遣返回國的移住民朋友的故事，包括我的友人中曾根康弘和大來佐武郎。我也有機會和很多日本、中國以及西方研究這些題目的學者交換意見。

1. Franziska Seraphim, *War Memory and Social Politics in Japan, 1945–2005* (Cambridge, Mass.: Harvard University Asia Center, 2006), 124–125.

2. Lori Watt, *When Empire Comes Home: Repatriation and Reintegration in Postwar Japan* (Cambridge, Mass.: Harvard University Asia Center, 2009), 1–2.

3. Amy King, *China-Japan Relations after World War II: Empire, Industry and War, 1949–1971* (Cambridge: Cambridge University Press, 2016), 61–63.

4. James P. Harrison, *The Long March to Power: A History of the Chinese Communist Party, 1921–1972* (New York: Praeger, 1972).

5. Tsukasa Takamine, *Japan's Development Aid to China: The Long-Running Foreign Policy of Engagement* (London: Routledge, 2006), 27.

6. Barak Kushner, *Men to Devils, Devils to Men: Japanese War Crimes and Chinese Justice* (Cambridge, Mass.: Harvard University Press, 2015), 8.

7. Chak Wing David Tsui, *China's Military Intervention in Korea: Its Origin and Objectives* (Bloomington, Ind.: Trafford Publishing, 2015).

8. Don Oberdorfer, *Two Koreas: A Contemporary History* (Reading, Mass.: Addison-Wesley, 1997), 9.

9. John W. Dower, *Empire and Aftermath: Yoshida Shigeru and the Japanese Experience, 1878–1954* (Cambridge, Mass.: Council on East Asian Studies, Harvard University, 1979), 407.

10. 同上，頁403。

11. Chae-Jin Lee, *Japan Faces China: Political and Economic Relations in the Postwar Era* (Baltimore: Johns Hopkins University Press, 1976), 79.

12. Mayumi Itoh, *Pioneers of Sino-Japanese Relations: Liao and Takasaki* (New York: Palgrave Macmillan, 2012), 101–103.

第10章

1. 裴華：《中日外交風雲中的鄧小平》（北京：中央文獻出版社，2002），頁125。

2. Chae-Jin Lee, *China and Japan: New Economic Diplomacy* (Stanford, Calif.: Hoover Insitution Press, 1984), 19.

3. 同上，頁140–141。

4. Tsukasa Takamine, *Japan's Development Aid to China: The Long-Running Foreign Policy of Engagement* (London: Routledge, 2006), 5–6.

5. Ryosei Kokubun, "The Politics of Foreign Economic Policy-Making in China: The Case of Plant Cancellations with Japan," *China Quarterly*, no. 105 (March 1986): 34.

6. 日本政府民意調查，見Takahara Akio文章，收入 Ezra F. Vogel, Yuan Ming, and Akihiko Tanaka, eds., *The Age of Uncertainty: The U.S.-China-Japan Triangle from Tiananmen (1989) to 9/11 (2001)* (Cambridge, Mass.: Harvard University Asia Centre, 2004), 256.

第11章

    * 很多學者研究1972年以降的中日關係，他們的研究成果讓我受益良多，包括托馬斯‧伯格 (Thomas U. Berger)、金德芳 (June Teufel Dreyer)、彼得‧達頓 (Peter Dutton)、傅泰林 (Taylor Fravel)、入江昭、藍平兒、馬利德 (Richard McGregor)、喬里奧‧普格列瑟 (Giulio Pugliese) 和奧雷利奧‧因西薩 (Aurelio Insisa)、吳瑞利 (James Reilly)、卡羅琳‧羅斯 (Caroline Rose)、弗朗齊斯卡‧賽拉芬 (Franziska Seraphim)、希拉‧史密斯 (Sheila A. Smith)、萬明、白潔曦 (Jessica Chen Weiss) 和楊大慶。以及曾參與袁明、田中明彦和我組織的會議和主編的文集《不確定的年代：從天安門事件 (1989) 到9/11 (2001) 的美中日三角關係》(*The Age of Uncertainty: The U.S.-China-Japan Triangle from Tiananmen [1989] to 9/11 [2001]*) 的作者。我也受惠於和我討論這些議題的友人。其中日籍友人包括：加藤紘一 (已故)、衛藤瀋吉 (已故) 和秋元諭宏、阿南史代、阿南惟茂、福田康夫、平野健一郎、五百頭真、磯部晃一、片山和之、加藤嘉一、川島真、北岡伸一、小嶋華津子、國分良成、道井綠一郎、峯村健司、本雄二、森和子、丹羽宇一郎、大內浩、瀨口清之、添谷芳秀、鈴木道彦、高原明生、谷野作太郎、東鄉和彥、山田辰雄。我還要感謝益尾知佐子的建議以及我在日本工作時她在各方面對我不斷的指點與協助。

    我和日本中央大學的李廷江教授交談過多次，他幫助我安排採訪諸多日本和中國學者。中國社會科學院日本研究所的吳懷中教授花了幾個月幫助我理解中國的文獻。曾幫助我進一步理解本書所涉及的問題的華人有程永華、程中原、鄭力行 (Bob Ching)、鍾延麟、崔天凱、何方 (已故)、李銳 (已故)、李薇、馬立誠、任意、王輯思、王毅、吳心伯、袁明、章百家、張沱生、朱佳木。本書也得到竇新元的大力協助。他長期以來擔任我的研究助理，不幸於2018年底突然去世。曾與我討論中日關係的美國學者包括托馬斯‧伯格、卜睿哲 (Richard Bush)、柯傑瑞 (Gerald L. Curtis)、安德魯‧戈登、羅伯特‧

霍平斯（Robert Hoppins）、邁克‧望月（Mike Mochizuki）、高貴禮（Gregory W. Noble）、歐偉倫（William H. Overholt）、包道格（Douglas H. Paal）、蘇珊‧法爾（Susan Pharr）、理查德‧薩繆爾斯（Richard Samuels）、約瑟夫‧史梅爾贊斯（Joseph Schmelzeis）、弗朗齊斯卡‧賽拉芬、史文（Michael Swaine）和楊大慶。我也感謝赫拓德（Todd Hall）對本章及第12章的建議。

1. 加藤紘一在哈佛大學讀書時，我有幸擔任其碩士論文導師。在他當選眾議院議員後，我們仍時常見面。

2. Bruce Stokes, "Hostile Neighbors: China vs. Japan," Pew Research Center: Global Attitudes & Trends, September 13, 2016, www.pewglobal.org/2016/09/13/hostile-neighbors-china-vs-japan/.

3. Yukio Okamoto, "Journey through U.S.-Japan Relations," unpublished manuscript, 2018.

4. 「東盟加三」的「三」，指中國、日本和韓國。

5. Justin McCurry, "Koizumi's Final Shrine Trip Draws Protests," *Guardian*, August 15, 2006, www.theguardian.com/world/2006/aug/15/japan.justinmccurry (accessed January 6, 2019).

6. Sheila A. Smith, *Intimate Rivals: Japanese Domestic Politics and a Rising China* (New York: Columbia University Press, 2014), 229.

7. 谷野作太郎：《中国‧アジア外交秘話：あるチャイナハンドの回想》（東洋經濟新報社，2017），頁315。

第12章

1. Chae-Jin Lee, *Japan Faces China: Political and Economic Relations in the Postwar Era* (Baltimore: Johns Hopkins University Press, 1976), 144.

2. 同上，79。

進一步閱讀書目

英文書目按字母排序
中文書目按筆畫排序
日文書目按五十音排序

第1章

Asakawa, Kan'ichi. *The Early Institutional Life of Japan: A Study in the Reform of 645 A.D.* 2nd ed. New York: Paragon Book Reprint, 1963.

Barnes, Gina L. *Archaeology of East Asia: The Rise of Civilization in China, Korea and Japan.* Philadelphia: Oxbow Books, 2015.

Batten, Bruce L. *Gateway to Japan: Hakata in War and Peace, 500–1300.* Honolulu: University of Hawai'i Press, 2006.

Best, Jonathan W. "Introduction: The Transmission and Transformation of Early Buddhist Culture in Korea and Japan." In *Transmitting the Forms of Divinity: Early Buddhist Art from Korea and Japan*, by Washizuka Hiromitsu, Park Youngbok, and Kang Woo-bang, edited by Naomi Noble Richard, 18–45. New York: Japan Society, 2003.

Borgen, Robert. *Sugawara no Michizane and the Early Heian Court.* Cambridge, Mass.: Council on East Asian Studies, Harvard University, 1986.

Brown, Delmar M., ed. *The Cambridge History of Japan: Volume 1, Ancient Japan.* Cambridge: Cambridge University Press, 1993.

Como, Michael I. *Shotoku: Ethnicity, Ritual, and Violence in the Japanese Buddhist Tradition.* Oxford: Oxford University Press, 2008.

Deal, William E., and Brian Rupert. *A Cultural History of Japanese Buddhism.* Chichester, West Sussex: Wiley Blackwell, 2015.

Duthie, Torquil. *Man'yoshū and the Imperial Imagination in Early Japan*. Leiden: Brill, 2014.

Fairbank, John K., Edwin O. Reischauer, and Albert M. Craig. *East Asia: Tradition and Transformation*. Rev. ed. Boston: Houghton Mifflin, 1989.

Farris, William Wayne. *Heavenly Warriors: Evolution of Japan's Military, 500–1300*. Cambridge, Mass.: Council on East Asian Studies, Harvard University Press, 1992.

Hall, John W., and Jeffrey P. Maas, eds. *Medieval Japan: Essays in Institutional History*. New Haven, Conn.: Yale University Press, 1974.

Hardacre, Helen. *Shinto: A History*. Oxford: Oxford University Press, 2016.

Holcombe, Charles. *The Genesis of East Asia, 221 B.C.–A.D. 907*. Honolulu: Association for Asian Studies and University of Hawaiʻi Press, 2001.

Liu, Lydia H. *Translingual Practice: Literature, National Culture, and Translated Modernity—China, 1900–1937*. Stanford, Calif.: Stanford University Press, 1995.

Lurie, David B. *Realms of Literacy: Early Japan and the History of Writing*. Cambridge, Mass.: Harvard University Asia Center, 2011.

Miller, Richard J. *Ancient Japanese Nobility: The Kabane Ranking System*. Berkeley: University of California Press, 1974.

Mitsusada, Inoue, with Delmer M. Brown. "The Century of Reform." In *The Cambridge History of Japan: Volume 1, Ancient Japan*, edited by Delmer M. Brown, 163–220. Cambridge: Cambridge University Press, 1993.

Piggott, Joan R. *The Emergence of Japanese Kingship*. Stanford, Calif.: Stanford University Press, 1997.

Reischauer, Edwin O., trans. *Ennin's Diary: The Record of a Pilgrimage to China in Search of the Law*. New York: Ronald Press, 1955.

———. *Ennin's Travels in T'ang China*. New York: Ronald Press, 1955.

Rosenfeld, John M. *Portraits of Chogen: The Transformation of Buddhist Art in Early Medieval Japan*. Leiden: Brill, 2011.

Rossabi, Morris, ed. *China among Equals: The Middle Kingdom and Its Neighbors, 10th–14th Centuries*. Berkeley: University of California Press, 1983.

Saeki, Arikiyo. *Treatise on the People of Wa in the Chronicle of the Kingdom of Wei: The World's Earliest Written Text on Japan*. Translated by Joshua A. Fogel. Portland, Maine: MerwinAsia, 2018.

Sansom, George. *A History of Japan to 1334*. 3 vols. Stanford, Calif.: Stanford University Press, 1958–1963.

Shively, Donald H., and William H. McCullough. *The Cambridge History of Japan: Volume 2, Heian Japan*. Cambridge: Cambridge University Press, 1999.

Tsunoda, Ryūsaku, and L. Carrington Goodrich. *Japan in the Chinese Dynastic Histories: Later Han through Ming Dynasties*. South Pasadena, Calif.: P. D. and Ione Perkins, 1951.

Twitchett, Denis C., ed. *The Cambridge History of China: Volume 3, Sui and T'ang China, 589–906 AD, Part 1*. Cambridge: Cambridge University Press, 1979.

Verschuer, Charlotte von. *Across the Perilous Sea: Japanese Trade with China and Korea from the Seventh to the Sixteenth Centuries*. Translated by Kristen Lee Hunter. Ithaca, N.Y.: East Asia Program, Cornell University, 2006.

Wang Zhenping. *Ambassadors from the Islands of Immortals: China-Japan Relations in the Han-Tang Period*. Honolulu: University of Hawai'i Press, 2005.

王勇主編:《歷代正史日本傳考註:隋唐卷》。上海:上海交通大學出版社,2016。

第 2 章

Batten, Bruce L. *To the Ends of Japan: Premodern Frontiers, Boundaries, and Interactions*. Honolulu: University of Hawai'i Press, 2003.

Berry, Mary Elizabeth. *Hideyoshi*. Cambridge, Mass.: Council on East Asian Studies, Harvard University, 1989.

Borgen, Robert. *Sugawara Michizane and the Early Heian Court*. Cambridge, Mass.: Council on East Asian Studies, Harvard University, 1986.

Dore, R. P. *Education in Tokugawa Japan*. Berkeley: University of California Press, 1965.

Eikenberry, Karl W. "The Imjin War." *Military Review* 68, no. 2 (February 1988): 74–82.

Elisonas, Jurgis [George Elison]. "The Inseparable Trinity: Japan's Relations with China and Korea." In *The Cambridge History of Japan: Volume 4, Early Modern Japan*, edited by John Whitney Hall and James L. McClain, 235–300. Cambridge: Cambridge University Press, 1991.

Fairbank, John King, ed. *The Chinese World Order: Traditional China's Foreign Relations*. Cambridge, Mass.: Harvard University Press, 1968.

Fogel, Joshua A., ed. *Crossing the Yellow Sea: Sino-Japanese Cultural Contacts, 1600–1950*. Norwalk, Conn.: Eastbridge, 2007.

———. *The Literature of Travel in the Japanese Rediscovery of China, 1862–1945*. Stanford, Calif.: Stanford University Press, 1996.

———. *Sagacious Monks and Bloodthirsty Warriors: Chinese Views of Japan in the Ming-Qing Period*. Norwalk, Conn.: Eastbridge, 2002.

Hang, Xing. "The Shogun's Chinese Partners: The Alliance between Tokugawa Japan and the Zheng Family in Seventeenth Century Maritime East Asia." *Journal of Asian Studies* 75, no. 1 (February 2016): 111–136.

Hansen, Valerie. *The Open Empire: A History of China to 1800*. 2nd ed. New York: Norton, 2015.

Ikegami, Eiko. *The Taming of the Samurai: Honorific Individualism and the Making of Modern Japan*. Cambridge, Mass.: Harvard University Press, 1995.

Innes, Robert LeRoy. "The Door Ajar: Japan's Foreign Trade in the Seventeenth Century." PhD diss., University of Michigan, 1980.

Jansen, Marius B. *China in the Tokugawa World*. Cambridge, Mass.: Harvard University Press, 1992.

Kang, David C. *East Asia before the West: Five Centuries of Trade and Tribute*. New York: Columbia University Press, 2010.

Ledyard, Gari. "Confucianism and War: The Korean Security Crisis of 1598." *Journal of Korean Studies* 6 (1988–1989): 81–119.

Li, Yiwen. "Networks of Profit and Faith: Spanning the Sea of Japan and the East China Sea, 838–1403." PhD diss., Yale University, 2017.

Nakai, Kate Wildman. "Naturalization of Confucianism in Tokugawa Japan: The Problem of Sinocentrism." *Harvard Journal of Asiatic Studies* 40, no. 1 (June 1980): 157–199.

Ōba, Osamu. *Books and Boats: Sino-Japanese Relations in the Seventeenth and Eighteenth Centuries*. Translated by Joshua A. Fogel. Portland, Maine: MerwinAsia, 2012.

Rawski, Evelyn S. *Early Modern China and Northeast Asia: Cross-Border Perspectives*. Cambridge: Cambridge University Press, 2015.

Reischauer, Edwin O., and John King Fairbank. *East Asia: The Great Tradition*. Boston: Houghton Mifflin, 1960.

Rossabi, Morris, ed. *China among Equals: The Middle Kingdom and Its Neighbors, 10ᵗʰ–14ᵗʰ Centuries*. Berkeley: University of California Press, 1983.

Segal, Ethan Isaac. *Coins, Trade, and the State: Economic Growth in Early Medieval Japan*. Cambridge, Mass.: Harvard University Asia Center, 2011.

Swope, Kenneth. "Crouching Tigers, Secret Weapons: Military Technology Employed during the Sino-Japanese-Korean War, 1592–1598." *Journal of Military History* 69, no. 1 (January 2005): 11–41.

Szonyi, Michael. *The Art of Being Governed: Everyday Politics in Late Imperial China*. Princeton, N.J.: Princeton University Press, 2017.

Toby, Ronald P. *State and Diplomacy in Early Modern Japan: Asia in the Development of the Tokugawa Bakufu*. Princeton, N.J.: Princeton University Press, 1984.

Turnbull, Stephen. *Samurai Invasion: Japan's Korea War, 1592–98*. London: Cassell & Co., 2002.

Verschuer, Charlotte von. *Across the Perilous Sea: Japanese Trade with China and Korea from the Seventh to the Sixteenth Centuries*. Translated by Kristen Lee Hunter. Ithaca, N.Y.: East Asia Program, Cornell University, 2006.

von Glahn, Richard. *The Economic History of China: From Antiquity to the Nineteenth Century*. Cambridge: Cambridge University Press, 2016.

———. "The Ningbo-Hakata Merchant Network and the Reorientation of East Asian Maritime Trade, 1150–1350." *Harvard Journal of Asiatic Studies* 74, no. 2 (2014): 249–279.

Wu, Jiang. *Leaving for the Rising Sun: Zen Master Yinyuan and the Authenticity Crisis in Early Modern East Asia*. Oxford: Oxford University Press, 2014.

佐藤三郎：《近代日中交涉史の研究》。東京：吉川弘文館，1984。【佐藤三郎著，徐靜波、李建雲譯：《近代日中交涉史研究》。上海：上海人民出版社，2013。】

第3章

Chen, Frederick Foo. *The Opening of Korea, 1876–1885*. N.p.: Kaun Tang International Publications, 2008.

Chu, Samuel C., and Kwang-Ching Liu, eds. *Li Hung-chang and China's Early Modernization*. Armonk, N.Y.: M.E. Sharpe, 1994.

Conroy, Hilary. *The Japanese Seizure of Korea, 1868–1910: A Study of Realism and Idealism in International Relations*. Philadelphia: University of Pennsylvania Press, 1960.

Day, Jenny Huangfu. *Qing Travelers to the Far West: Diplomacy and Information Order in Late Imperial China*. Cambridge: Cambridge University Press, 2018.

Fairbank, John K., ed. *The Cambridge History of China: Volume 10, Late Ch'ing, 1800–1911, Part 1*. Cambridge: Cambridge University Press, 1978.

Fogel, Joshua A. *Between China and Japan: The Writings of Joshua Fogel*. Leiden: Brill, 2015.

———. *The Cultural Dimension of Sino-Japanese Relations: Essays on the Nineteenth and Twentieth Centuries*. Armonk, N.Y.: M.E. Sharpe, 1995.

———, ed. *Late Qing China and Meiji Japan: Political and Cultural Aspects*. Norwalk, Conn.: Eastbridge, 2004.

———. *The Literature of Travel in the Japanese Rediscovery of China, 1862–1945*. Stanford, Calif.: Stanford University Press, 1996.

————. Maiden Voyage: *The Senzaimaru and the Creation of Modern Sino-Japanese Relations*. Berkeley: University of California Press, 2014.

————. *Politics and Sinology: The Case of Naito Konan, 1866–1934*. Cambridge, Mass.: Harvard University Press, 1984.

Iriye, Akira, ed. *The Chinese and the Japanese: Essays in Political and Cultural Interactions*. Princeton, N.J.: Princeton University Press, 1980.

Jansen, Marius B. *China in the Tokugawa World*. Cambridge, Mass.: Harvard University Press, 1992.

————. *Japan and China: From War to Peace, 1894–1972*. Chicago: Rand McNally College Publishing, 1975.

————. *The Japanese and Sun Yat-sen*. Stanford, Calif.: Stanford University Press, 1970.

Kamachi, Noriko. *Reform in China: Huang Tsun-hsien and the Japanese Model*. Cambridge, Mass.: Council on East Asian Studies, Harvard University, 1981.

Keene, Donald. *Emperor of Japan: Meiji and His World, 1852–1912*. New York: Columbia University Press, 2002.

Kume, Kunitake. *Japan Rising: The Iwakura Embassy to the USA and Europe, 1871–1873*. Cambridge: Cambridge University Press, 2009.

Kuo, Ting-yee, comp., and James W. Morley, ed. *Sino-Japanese Relations, 1862–1927: A Checklist of the Chinese Foreign Ministry Archives*. New York: East Asian Institute, Columbia University, 1965.

Larsen, Kirk W. *Tradition, Treaties, and Trade: Qing Imperialism and Choson Korea, 1850–1910*. Cambridge, Mass.: Harvard University Asia Center, 2008.

Miyoshi, Masao. *As We Saw Them: The First Japanese Embassy to the United States (1860)*. Berkeley: University of California Press, 1979.

Morley, James William, ed. *Japan's Foreign Policy, 1868–1941: A Research Guide*. New York: Columbia University Press, 1974. See esp. chap. 5 by Eto Shinkichi, "Japan's Policies toward China," 236–264.

Okazaki, Hisahiko. *From Uraga to San Francisco: A Century of Japanese Diplomacy, 1853–1952*. Tokyo: Japan Echo, 2007.

Reynolds, Douglas, with Carol T. Reynolds. *East Meets East: Chinese Discover the Modern World in Japan, 1854–1898: A Window on the Intellectual and Social Transformation of Modern China.* Ann Arbor, Mich.: Association for Asian Studies, 2014.

Rudolph, Jennifer. *Negotiated Power in Late Imperial China: The Zongli Yamen and the Politics of Reform.* Ithaca, N.Y.: East Asia Program, Cornell University, 2008.

van de Ven, Hans J. *Breaking with the Past: The Maritime Customs Service and the Global Origins of Modernity in China.* New York: Columbia University Press, 2014.

Wright, Mary C. *The Last Stand of Chinese Conservatism: The T'ung Chih Restoration, 1862–1874.* Stanford, Calif.: Stanford University Press, 1957.

Yang, Daqing et al., eds. *Toward a History beyond Borders: Contentious Issues in Sino-Japanese Relations.* Cambridge, Mass.: Harvard University Asia Center, 2012.

步平、北岡伸一主編：《中日共同歷史研究報告》。北京：社會科學文獻出版社，2014。

《近代日中関係史年表》編集委員会編：《近代日中関係史年表：1799–1949》。東京：岩波書店，2006。

第4章

Chandra, Vipan. *Imperialism, Resistance, and Reform in Late Nineteenth-Century Korea: Enlightenment and the Independence Club.* Berkeley: Institute of East Asian Studies, University of California, 1988.

Chien, Fredrick Foo. *The Opening of Korea: A Study of Chinese Diplomacy, 1876–1885.* N.p.: Kaun Tang International Publications, 2008.

Ch'oe, Yŏng-ho. "The Kapsin Coup of 1884: A Reassessment." *Korean Studies* 6 (1982): 105–124.

Chu, Samuel C., and Kwang-Ching Liu. *Li Hung-chang and China's Early Modernization.* Armonk, N.Y.: M.E. Sharpe, 1994.

Conroy, Hilary. *The Japanese Seizure of Korea, 1868–1910: A Study of Realism and Idealism in International Relations*. Philadelphia: University of Pennsylvania Press, 1960.

Cumings, Bruce. *Korea's Place in the Sun: A Modern History*. New York: W. W. Norton, 1997.

Day, Jenny Huangfu. *Qing Travelers to the Far West: Diplomacy and Information Order in Late Imperial China*. Cambridge: Cambridge University Press, 2018.

Deuchler, Martina. *Confucian Gentlemen and Barbarian Envoys: The Opening of Korea, 1875–1885*. Seattle: University of Washington Press, 1977.

Dudden, Alexis. *Japan's Colonization of Korea: Discourse and Power*. Honolulu: University of Hawai'i Press, 2005.

Duus, Peter. *The Abacus and the Sword: The Japanese Penetration of Korea, 1895–1910*. Berkeley: University of California Press, 1995.

Duus, Peter, Ramon H. Myers, and Mark R. Peattie, eds. *The Japanese Informal Empire in China, 1895–1937*. Princeton, N.J.: Princeton University Press, 1989.

Eckert, Carter J., et al. *Korea Old and New: A History*. Cambridge, Mass.: Korea Institute, Harvard University, 1990.

Elleman, Bruce A. *Modern Chinese Warfare, 1795–1989*. London: Routledge, 2001.

Evans, David C., and Mark R. Peattie. *Kaigun: Strategy, Tactics, and Technology in the Imperial Japanese Navy, 1887–1941*. Annapolis, Md.: Naval Institute Press, 1997.

Fogel, Joshua A. *The Literature of Travel in the Japanese Rediscovery of China, 1862–1945*. Stanford, Calif.: Stanford University Press, 1996.

Fukuzawa, Yukichi. *The Autobiography of Fukuzawa Yukichi*. New York: Columbia University Press, 2007.

Hackett, Roger F. *Yamagata Aritomo in the Rise of Modern Japan, 1838–1922*. Cambridge, Mass.: Harvard University Press, 1971.

Iriye, Akira. *China and Japan in the Global Setting*. Cambridge, Mass.: Harvard University Press, 1992.

————, ed. *The Chinese and the Japanese: Essays in Political and Cultural Interactions*. Princeton, N.J.: Princeton University Press, 1980.

Jansen, Marius B., ed. *The Cambridge History of Japan: Volume 5, The Nineteenth Century*. Cambridge: Cambridge University Press, 1989.

————. *Japan and China: From War to Peace, 1894–1972*. Chicago: Rand McNally College Publishing, 1975.

Jaundrill, D. Colin. *Samurai to Soldier: Remaking Military Service in Nineteenth-Century Japan*. Ithaca, N.Y.: Cornell University Press, 2016.

Kallander, George L. *Salvation through Dissent: Tonghak Heterodoxy and Early Modern Korea*. Honolulu: University of Hawai'i Press, 2013.

Kim, Key-Hiuk. *The Last Phase of the East Asian World Order: Korea, Japan, and the Chinese Empire, 1860–1882*. Berkeley: University of California Press, 1980.

Larsen, Kirk W. *Tradition, Treaties, and Trade: Qing Imperialism and Choson Korea, 1850–1910*. Cambridge, Mass.: Harvard University Asia Center, 2008.

Mutsu, Munemitsu. *Kenkenroku: A Diplomatic Record of the Sino-Japanese War, 1894–95*. Edited and translated by Gordon Mark Berger. Princeton, N.J.: Princeton University Press, 1982.

Nakae, Chomin. *Discourse by Three Drunkards on Government*. New York: Weatherhill, 1984.

Okazaki, Hisahiko. *From Uraga to San Francisco: A Century of Japanese Diplomacy, 1853–1952*. Tokyo: Japan Echo, 2007.

Paine, S. C. M. *The Sino-Japanese War of 1894–1895: Perceptions, Power, and Primacy*. Cambridge: Cambridge University Press, 2003.

Palais, James B. *Politics and Policy in Traditional Korea*. Cambridge, Mass.: Harvard University Press, 1975.

Reynolds, Douglas R., with Carol T. Reynolds. East Meets *East: Chinese Discover the Modern World in Japan, 1854–1898: A Window on the Intellectual and Social Transformation of Modern China*. Ann Arbor, Mich.: Association for Asian Studies, 2014.

Samuels, Richard J. *"Rich Nation, Strong Army": National Security and the Technological Transformation of Japan*. Ithaca, N.Y.: Cornell University Press, 1994.

Schmid, Andre. *Korea between Empires, 1895–1919*. New York: Columbia University Press, 2002.

Stephan, John J. *The Russian Far East: A History.* Stanford, Calif.: Stanford University Press, 1994.

步平、北岡伸一主編:《中日共同歷史研究報告》。北京:社會科學文獻出版社,2014。

第5章

Akimoto, Satohiro. "The Development Corporation in Japan's Early Modernization." PhD diss., Harvard University, 1994.

Cohen, Paul A. *History in Three Keys: The Boxers as Event, Experience, and Myth.* New York: Columbia University Press, 1997.

Harrell, Paula S. *Asia for the Asians: China in the Lives of Five Meiji Japanese.* Portland, Maine: MerwinAsia, 2012.

———. "The Meiji 'New Woman' and China." In *Late Qing China and Meiji Japan: Political and Cultural Aspects*, edited by Joshua A. Fogel. Norwalk, Conn.: Eastbridge, 2004.

———. *Sowing the Seeds of Change: Chinese Students, Japanese Teachers, 1895–1905.* Stanford, Calif.: Stanford University Press, 1992.

Jansen, Marius B., *The Japanese and Sun Yat-sen.* Stanford, Calif.: Stanford University Press, 1970.

Kwong, Luke S. K. *A Mosaic of the Hundred Days: Personalities, Politics, and Ideas of 1898.* Cambridge, Mass.: Council on East Asian Studies, Harvard University, 1984.

Reynolds, Douglas R. *China, 1898–1912: The Xinzheng Revolution and Japan.* Cambridge, Mass.: Council on East Asian Studies, Harvard University, 1993.

Rhoads, Edward J. M. *Manchus and Han: Ethnic Relations and Political Power in Late Qing and Early Republican China, 1861–1928.* Seattle: University of Washington Press, 2000.

房兆楹輯:《清末民初洋學學生題名錄初輯》。台北:中央研究院近代史研究所,1962。

會田勉、川島浪速:《川島浪速翁》。東京:文粹閣,1936。

《外交時報》,1898–1998。(1898年至1906年不定期出版,1912年至1944年3月為半月刊)

近衛篤麿日記刊行会編:《近衛篤麿日記》五卷並別卷。東京:鹿島研究所出版会,1968。

實藤惠秀:《中国人日本留学史》。東京:くろしお出版,1960。

東京都立日比谷図書館編:《実藤文庫目録》。東京:東京都立日比谷圖書館,1966。

服部宇之吉:〈北京籠城日記〉。見柴五郎述、大山梓編:《北京籠城》。東京:平凡社,1965。

第6章

Coble, Parks M. *Facing Japan: Chinese Politics and Japanese Imperialism, 1931–1937*. Cambridge, Mass.: Council on East Asian Studies, Harvard University, 1991.

Croizier, Ralph C. *Koxinga and Chinese Nationalism: History, Myth, and the Hero*. Cambridge, Mass.: East Asian Research Center, Harvard University, 1977.

Culver, Annika A. *Glorify the Empire: Japanese Avant-Garde Propaganda in Manchuria*. Vancouver: University of British Columbia Press, 2013.

Duara, Prasenjit. *Sovereignty and Authenticity: Manchukuo and the East Asian Modern*. Lanham, Md.: Rowman & Littlefield, 2003.

Duus, Peter, Ramon Hawley Myers, and Mark R. Peattie, eds. *The Japanese Informal Empire in China, 1895–1937*. Princeton, N.J.: Princeton University Press, 1989.

———. *The Japanese Wartime Empire, 1931–1945*. Princeton, N.J.: Princeton University Press, 1996.

Fairbank, John K., and Kwang-Ching Liu, eds. *The Cambridge History of China: Volume 11, Late Ch'ing, 1800–1911, Part 2*. Cambridge: Cambridge University Press, 1980.

Gottschang, Thomas R., and Diana Lary. *Swallows and Settlers: The Great Migration from North China to Manchuria.* Ann Arbor: Center for Chinese Studies, University of Michigan, 2000.

Iguchi, Haruo. *Unfinished Business: Ayukawa Yoshisuke and U.S.-Japan Relations, 1937–1953.* Cambridge, Mass.: Harvard University Asia Center, 2003.

Ito, Takeo. *Life along the South Manchurian Railway: The Memoirs of Ito Takeo.* Translated by Joshua A. Fogel. Armonk, N.Y.: M.E. Sharpe, 1988.

Jukes, Geoffrey. *The Russo-Japanese War, 1904–1905.* Oxford: Osprey Publishing, 2002.

Lin, Tsung-Yi. *An Introduction to 2-28 Tragedy in Taiwan: For World Citizens.* Taipei: Taiwan Renaissance Foundation Press, 1998.

Matsusaka, Yoshihisa Tak. *The Making of Japanese Manchuria, 1904–1932.* Cambridge, Mass.: Harvard University Asia Center, 2001.

Mitter, Rana. *The Manchurian Myth: Nationalism, Resistance, and Collaboration in Modern China.* Berkeley: University of California Press, 2000.

Myers, Ramon Hawley, and Mark R. Peattie, eds. *The Japanese Colonial Empire, 1895–1945.* Princeton, N.J.: Princeton University Press, 1984.

O'Dwyer, Emer. *Significant Soil: Settler Colonialism and Japan's Urban Empire in Manchuria.* Cambridge, Mass.: Harvard University Asia Center, 2015.

Ogata, Sadako N. *Defiance in Manchuria: The Making of Japanese Foreign Policy, 1931–1932.* Berkeley: University of California Press, 1964.

Roberts, John G. *Mitsui: Three Centuries of Japanese Business.* New York: Weatherhill, 1973.

Smith, Norman. *Intoxicating Manchuria: Alcohol, Opium, and Culture in China's Northeast.* Vancouver: University of British Columbia Press, 2012.

Tsurumi, E. Patricia. *Japanese Colonial Education in Taiwan, 1895–1945.* Cambridge, Mass.: Harvard University Press, 1977.

Watt, Lori. *When Empire Comes Home: Repatriation and Reintegration in Postwar Japan.* Cambridge, Mass.: Harvard University Asia Center, 2009.

Wu, Bohao. "Beyond Thanotourism and *Lieu de Memoire*: A Critical Review of the Commemoration of Japanese Immigrants at Different Memorial Sites." Unpublished paper, 2018.

Yang, Daqing. *Technology of Empire: Telecommunications and Japanese Expansion in Asia, 1883–1945*. Cambridge, Mass.: Harvard University Asia Center, 2010.

Young, Louise. *Japan's Total Empire: Manchuria and the Culture of Wartime Imperialism*. Berkeley: University of California Press, 1998.

蔣耀輝：《大連開埠建市》。大連：大連出版社，2013。

第7章

Akita, George. *Foundations of Constitutional Government in Modern Japan, 1868–1900*. Cambridge, Mass.: Harvard University Press, 1967.

Asada, Sadao. *From Mahan to Pearl Harbor: The Imperial Japanese Navy and the United States*. Annapolis, Md.: Naval Institute Press, 2006.

Bamba, Nobuya. *Japanese Diplomacy in a Dilemma: New Light on Japan's China Policy, 1924–1929*. Vancouver: University of British Columbia Press, 1971.

Benedict, Ruth. *The Chrysanthemum and the Sword: Patterns of Japanese Culture*. With a foreword by Ezra F. Vogel. Boston: Houghton Mifflin, 1989.

Coble, Parks M. *Facing Japan: Chinese Politics and Japanese Imperialism, 1931–1937*. Cambridge, Mass.: Council on East Asian Studies, Harvard University, 1991.

Crowley, James. *Japan's Thrust for Autonomy*. Princeton, N.J.: Princeton University Press, 1966.

Drea, Edward J. *Japan's Imperial Army: Its Rise and Fall, 1853–1945*. Lawrence: University Press of Kansas, 2009.

Duus, Peter. *Party Rivalry and Political Change in Taishō Japan*. Cambridge, Mass.: Harvard University Press, 1968.

Embree, John. *Suye Mura: A Japanese Village*. Chicago : University of Chicago Press, 1939.

Fairbank, John K., ed. *The Cambridge History of China: Volume 12, Republican China, 1912–1949*. Cambridge: Cambridge University Press, 1983.

Fogel, Joshua A. "'Shanghai-Japan': The Japanese Residents' Association of Shanghai." *Journal of Asian Studies* 59, no. 4 (November 2000): 927–950.

Gifford, Sydney. *Japan among the Powers, 1890–1990*. New Haven, Conn.: Yale University Press, 1994.

Gluck, Carol. *Japan's Modern Myths: Ideology in the Late Meiji Period*. Princeton, N.J.: Princeton University Press, 1985.

Goto-Shibata, Harumi. *Japan and Britain in Shanghai, 1925–31*. New York: St. Martin's Press, 1995.

Havens, Thomas R. H. *Farm and Nation in Modern Japan: Agrarian Nationalism, 1870–1940*. Princeton, N.J.: Princeton University Press, 1940.

Humphreys, Leonard. *The Way of the Heavenly Sword: The Japanese Army in the 1920's*. Stanford, Calif.: Stanford University Press, 1995.

Hunsberger, Warren S., ed. *Japan's Quest: The Search for International Role, Recognition, and Respect*. Armonk, N.Y.: M.E. Sharpe, 1997.

Iriye, Akira. *After Imperialism: The Search for a New Order in the Far East, 1921–1931*. Cambridge, Mass.: Harvard University Press, 1965.

———, ed. *The Chinese and the Japanese: Essays in Political and Cultural Interactions*. Princeton, N.J.: Princeton University Press, 1980.

Jansen, Marius B. *Japan and China: From War to Peace, 1894–1972*. Chicago: Rand McNally College Publishing, 1975.

———. *The Japanese and Sun Yat-sen*. Stanford, Calif.: Stanford University Press, 1970.

Jordan, Donald A. *China's Trial by Fire: The Shanghai War of 1932*. Ann Arbor: University of Michigan Press, 2001.

———. *Chinese Boycotts versus Japanese Bombs: The Failure of China's "Revolutionary Diplomacy," 1931–32*. Ann Arbor: University of Michigan Press, 1991.

Keene, Donald. *Emperor of Japan: Meiji and His World, 1852–1912*. New York: Columbia University Press, 2002.

Lary, Diana. *Warlord Soldiers: Chinese Common Soldiers, 1911–1937*. Cambridge: Cambridge University Press, 2010.

Maruyama, Masao. *Thought and Behaviour in Modern Japanese Politics.* London: Oxford University Press, 1963.

Morris, Ivan. *The Nobility of Failure: Tragic Heroes in the History of Japan.* New York: Holt, Rinehart and Winston, 1975.

Najita, Tetsuo. *Hara Kei in the Politics of Compromise: 1905–1915.* Cambridge, Mass.: Harvard University Press, 1967.

Orbach, Danny. *Curse on This Country: The Rebellious Army of Imperial Japan.* Ithaca, N.Y.: Cornell University Press, 2017.

Pollard, Robert T. *China's Foreign Relations, 1917–1931.* New York: Macmillan, 1933.

Scalapino, Robert A. *Democracy and the Party Movement in Prewar Japan: The Failure of the First Attempt.* Berkeley: University of California Press, 1953.

Sheridan, James E. *China in Disintegration: The Republican Era in Chinese History, 1912–1949.* New York: Free Press, 1975.

Smethurst, Richard J. *A Social Basis for Prewar Japanese Militarism: The Army and the Rural Community.* Berkeley: University of California Press, 1974.

Takii, Kazuhiro. *The Meiji Constitution: The Japanese Experience of the West and the Shaping of the Modern State.* Tokyo: International House of Japan, 2007.

Tawney, R. H. *A Memorandum on Agriculture and Industry in China.* Honolulu: Institute of Pacific Relations, 1932. [A report commissioned by the Institute of Pacific Relations for the Shanghai Conference in 1931.)

Taylor, Jay. *The Generalissimo: Chiang Kai-shek and the Struggle for Modern China.* Cambridge, Mass.: Belknap Press of Harvard University Press, 2009.

White, James W., Michio Umegaki, and Thomas R. H. Havens, eds. *The Ambivalence of Nationalism: Modern Japan between East and West.* Lanham, Md.: University Press of America, 1990.

Wray, William D. *Mitsubishi and the N.Y.K., 1870–1914.* Cambridge, Mass.: Council on East Asian Studies, Harvard University, 1984.

Young, Earnest. "Politics in the Aftermath of Revolution: The Era of Yuan Shih-k'ai, 1912–16." In T*he Cambridge History of China: Volume 12, Republican China, 1912–1949, Part I*, edited by John K. Fairbank, 208–255. Cambridge: Cambridge University Press, 1983.

内海愛子：《日本軍の捕虜政策》。東京：青木書店，2005。

山口一郎：《近代中国対日観の研究》。東京：亞洲經濟研究所，1970。

王元：《中華民国の権力構造における帰国留学生の位置づけ：南京政府 (1928–1949年) を中心として》。東京：白帝社，2010。

第8章

Benton, Gregor. *New Fourth Army: Communist Resistance along the Yangtze and the Huai, 1938–1841*. Berkeley: University of California Press, 1999.

Bianco, Lucien. *Origins of the Chinese Revolution, 1915–1949*. Stanford, Calif.: Stanford University Press, 1971.

Brook, Timothy. *Collaboration: Japanese Agents and Local Elites in Wartime China*. Cambridge, Mass.: Harvard University Press, 2005.

———. *Documents on the Rape of Nanking*. Ann Arbor: University of Michigan Press, 1999.

Coble, Parks M. *Chinese Capitalists in Japan's New Order: The Occupied Lower Yangzi, 1937–1945*. Berkeley: University of California Press, 2003.

Dower, John W. *War Without Mercy: Race and Power in the Pacific War*. New York: Pantheon Books, 1986.

Embree, John F. *The Japanese Nation: A Social Survey*. New York: Farrar & Rinehart, 1945.

———. *Suye Mura: A Japanese Village*. Chicago: University of Chicago Press, 1939.

Fairbank, John K., and Albert Feuerworker, eds. *The Cambridge History of China: Volume 13, Republican China 1912–1949, Part 2*. Cambridge: Cambridge University Press, 1986. See esp. chap. 10–12.

Feng Chongyi, and David S. G. Goodman, eds. *North China at War: The Social Ecology of Revolution, 1937–1945*. Lanham, Md.: Rowman & Littlefield, 2000.

Fogel, Joshua A. *Nakae Ushikichi in China: The Mourning of Spirit*. Cambridge, Mass.: Council on East Asian Studies, Harvard University, 1989.

————, ed. *The Nanjing Massacre in History and Historiography*. Berkeley: University of California Press, 2000.

Henriot, Christian, and Wen-Hsin Yeh, eds. *In the Shadow of the Rising Sun: Shanghai under Japanese Occupation*. Cambridge: Cambridge University Press, 2004.

Honda, Katsuichi. *The Nanjing Massacre: A Japanese Journalist Confronts Japan's National Shame*. Translated by Karen Sandness. Armonk, N.Y.: M.E. Sharpe, 1999.

Hotta, Eri. *Pan-Asianism and Japan's War, 1931–1945*. New York: Palgrave Macmillan, 2005.

Iriye, Akira. *Power and Culture: The Japanese-American War, 1941–1945*. Cambridge, Mass.: Harvard University Press, 1981.

Lary, Diana, and Stephen MacKinnon, eds. *Scars of War: The Impact of Warfare on Modern China*. Vancouver: University of British Columbia Press, 2001.

McKinnon, Stephen R., Diana Lary, and Ezra F. Vogel, eds. *China at War: Regions of China, 1937–45*. Stanford, Calif.: Stanford University Press, 2007.

Mitter, Rana. *Forgotten Ally: China's World War II, 1937–1945*. Boston: Houghton Mifflin, 2013.

Morley, James W., ed. *The China Quagmire: Japan's Expansion on the Asian Continent, 1933–1941: Selected Translations*. New York: East Asian Institute, Columbia University, 1983.

Okita, Saburo. *Japan's Challenging Years: Reflections on My Lifetime*. Canberra: Australia-Japan Research Centre, Australian National University, 1983.

Peattie, Mark R., Edward J. Drea, and Hans J. van de Ven, eds. *The Battle for China: Essays on the Military History of the Sino-Japanese War of 1937–1945*. Stanford, Calif.: Stanford University Press, 2011.

Pomfret, John. *The Beautiful Country and the Middle Kingdom: America and China, 1776 to the Present.* New York: Henry Holt, 2016.

Qiu, Peipei. *Chinese Comfort Women: Testimonies from Imperial Japan's Sex Slaves.* Vancouver: University of British Columbia Press, 2013.

Rabe, John. *The Good Man of Nanking: The Diaries of John Rabe*, edited by Erwin Wickert. New York: Knopf, 1998.

Taylor, Jay. *The Generalissimo: Chiang Kai-shek and the Struggle for Modern China.* Cambridge, Mass.: Belknap Press of Harvard University Press, 2009.

van de Ven, Hans J., Diana Lary, and Stephen R. MacKinnon, eds. *Negotiating China's Destiny in World War II.* Stanford, Calif.: Stanford University Press, 2015.

Wakabayashi, Bob Tadashi, ed. *The Nanking Atrocity, 1937–38: Complicating the Picture.* New York: Berghahn Books, 2007.

Wakeman, Frederic E., Jr. *Spymaster: Dai Li and the Chinese Secret Service.* Berkeley: University of California Press, 2003.

秦郁彥:《南京事件:「虐殺」の構造》。東京:中央公論社,1986。

第9章

Barnett, A. Doak. *China and the Major Powers in East Asia.* Washington, D.C.: Brookings Institution, 1977. See esp. part 2, "China and Japan."

Bix, Herbert P. *Hirohito and the Making of Modern Japan.* New York: HarperCollins, 2000.【賀伯特・畢克斯著,林添貴譯:《昭和天皇:裕仁與近代日本的形成》。台北:遠足文化,2017。】

Braddock, C. W. *Japan and the Sino-Soviet Alliance, 1950–1964: In the Shadow of the Monolith.* New York: Palgrave Macmillan, 2004.

Chen, Jian. *China's Road to the Korean War: The Making of the Sino-American Confrontation.* New York: Columbia University Press, 1994.

Cumings, Bruce. *Korea's Place in the Sun: A Modern History.* New York: W. W. Norton, 1997.

Curtis, Gerald L. *The Japanese Way of Politics.* New York: Columbia University Press, 1988.

————. *The Logic of Japanese Politics: Leaders, Institutions, and the Limits of Change*. New York: Columbia University Press, 1999.

Dower, John W. *Empire and Aftermath: Yoshida Shigeru and the Japanese Experience, 1878–1954*. Cambridge, Mass.: Council on East Asian Studies, Harvard University, 1979.

Dreyer, June Teufel. *Middle Kingdom and Empire of the Rising Sun: Sino-Japanese Relations, Past and Present*. Oxford: Oxford University Press, 2016.

Finn, Richard B. *Winners in Peace: MacArthur, Yoshida, and Postwar Japan*. Berkeley: University of California Press, 1992.

Fogel, Joshua A. *Nakae Ushikichi in China: The Mourning of Spirit*. Cambridge, Mass.: Council on East Asian Studies, Harvard University, 1989.

Fuess, Harald, ed. *The Japanese Empire in East Asia and Its Postwar Legacy*. Munich: Iudicium, 1998.

Fukui, Haruhiko. *Party in Power: The Japanese Liberal-Democrats and Policy-Making*. Berkeley: University of California Press, 1970.

Harrison, James P. *The Long March to Power: A History of the Chinese Communist Party, 1921–72*. New York: Praeger, 1972.

Heer, Paul J. *Mr. X and the Pacific: George F. Kennan and American Policy in East Asia*. Ithaca, N.Y.: Cornell University Press, 2018.

Hoppens, Robert. *The China Problem in Postwar Japan: Japanese National Identity and Sino-Japanese Relations*. London: Bloomsbury Academic, 2015.

Itoh, Mayumi. *Pioneers of Sino-Japanese Relations: Liao and Takasaki*. New York: Palgrave Macmillan, 2012.

Jager, Sheila Miyoshi. *Brothers at War: The Unending Conflict in Korea*. New York: W. W. Norton, 2013.

Kawai, Kazuo. *Japan's American Interlude*. Chicago: University of Chicago Press, 1960.

King, Amy. *China-Japan Relations after World War Two: Empire, Industry and War, 1949–1971*. Cambridge: Cambridge University Press, 2016.

Kokubun, Ryosei, Soeya Yoshihide, Takahara Akio, and Kawashima Shin. *Japan-China Relations in the Modern Era*, edited by Keith Krulak. London: Routledge, 2017.

Kushner, Barak. *Men to Devils, Devils to Men: Japanese War Crimes and Chinese Justice*. Cambridge, Mass.: Harvard University Press, 2015.

Lee, Chae-Jin. *China and Japan: New Economic Diplomacy*. Stanford, Calif.: Hoover Institution Press, 1984.

———. *Japan Faces China: Political and Economic Relations in the Postwar Era*. Baltimore: Johns Hopkins University Press, 1976.

Levine, Steven I. *Anvil of Victory: The Communist Revolution in Manchuria, 1945–1948*. New York: Columbia University Press, 1987.

Minear, Richard. *Victor's Justice: The Tokyo War Crimes Trial*. Princeton, N.J.: Princeton University Press, 1971.

Oberdorfer, Don. *Senator Mansfield: The Extraordinary Life of a Great American Statesman and Diplomat*. Washington, D.C.: Smithsonian Books, 2003.

———. *Two Koreas: A Contemporary History*. Reading, Mass.: Addison-Wesley, 1997.

Ogata, Sadako. "The Business Community and Japanese Foreign Policy: Normalization of Relations with the People's Republic of China." In *The Foreign Policy of Modern Japan*, edited by Robert A. Scalapino. Berkeley: University of California Press, 1977.

Okita, Saburo. *Japan's Challenging Years: Reflections on My Lifetime*. Canberra: Australia-Japan Research Centre, Australian National University, 1983.

Pomfret, John. *The Beautiful Country and the Middle Kingdom: America and China, 1776 to the Present*. New York: Henry Holt, 2016.

Pyle, Kenneth B. *Japan in the American Century*. Cambridge, Mass.: Belknap Press of Harvard University Press, 2018.

Samuels, Richard J. *"Rich Nation, Strong Army": National Security and the Technological Transformation of Japan*. Ithaca, N.Y.: Cornell University Press, 1994.

Schaller, Michael. *The American Occupation of Japan: The Origins of the Cold War in Asia*. Oxford: Oxford University Press, 1985.

Seraphim, Franziska. *War Memory and Social Politics in Japan, 1945–2005*. Cambridge, Mass.: Harvard University Asia Center, 2006.

Shiroyama, Saburo. *War Criminal: The Life and Death of Hirota Koki.* Tokyo: Kodansha, 1974.

Soeya, Yoshihide. *Japan's Economic Diplomacy with China, 1945–1978.* Oxford: Clarendon Press, 1998.

Takamine, Tsukasa. *Japan's Development Aid to China: The Long-Running Foreign Policy of Engagement.* London: Routledge, 2006.

Thayer, Nathaniel B. *How the Conservatives Rule Japan.* Princeton, N.J.: Princeton University Press, 1969.

Togo, Kazuhiko. *Japan's Foreign Policy, 1954–2003: The Quest for a Proactive Policy.* Leiden: Brill, 2005.

Tsui, Chak Wing David. *China's Military Intervention in Korea: Its Origin and Objectives.* Bloomington, Ind.: Trafford Publishing, 2015.

Wakabayashi, Bob Tadashi, ed. *The Nanking Atrocity, 1937–38: Complicating the Picture.* New York: Berghahn Books, 2007.

Walder, Andrew G. *China under Mao: A Revolution Derailed.* Cambridge, Mass.: Harvard University Press, 2015.

Watt, Lori. *When Empire Comes Home: Repatriation and Reintegration in Postwar Japan.* Cambridge, Mass.: Harvard University Asia Center, 2009.

Whiting, Allen S. *China Eyes Japan.* Berkeley: University of California Press, 1989.

第10章

Armstrong, Shiro Patrick. "The Japan-China Relationship: Distance, Institutions, and Politics." PhD diss., Australian National University, 2009.

Barnett, A. Doak. *China and the Major Powers in East Asia.* Washington, D.C.: Brookings Institution, 1977.

Berger, Thomas U. *Cultures of Antimilitarism: National Security in Germany and Japan.* Baltimore: Johns Hopkins University Press, 1998.

———. *War, Guilt, and World Politics after World War II.* Cambridge: Cambridge University Press, 2012.

Destler, I. M., Haruhiko Fukui, and Hideo Sato. *The Textile Wrangle: Conflict in Japanese-American Relations, 1969–1979.* Ithaca, N.Y.: Cornell University Press, 1979.

Finger, Thomas, ed. *Uneasy Partnerships: China's Engagement with Japan, the Koreas, and Russia in the Era of Reform.* Stanford, Calif.: Stanford University Press, 2017.

Fuess, Harald, ed. *The Japanese Empire in East Asia and Its Postwar Legacy.* Munich: Iudicium, 1998.

Funabashi, Yoichi, ed. *Reconciliation in the Asia-Pacific.* Washington, D.C.: United States Institute of Peace Press, 2003.

Hoppens, Robert. *The China Problem in Postwar Japan: Japanese National Identity and Sino-Japanese Relations.* London: Bloomsbury Academic, 2015.

Kokubun, Ryosei. "The Politics of Foreign Economic Policy-Making in China: The Case of Plant Cancellations with Japan." *China Quarterly,* no. 105 (March 1986): 19–44.

Lee, Chae-Jin. *China and Japan: New Economic Diplomacy.* Stanford, Calif.: Hoover Institution Press, 1984.

———. *Japan Faces China: Political and Economic Relations in the Postwar Era.* Baltimore: Johns Hopkins University Press, 1976.

Okita, Saburo. *A Life in Economic Diplomacy.* Canberra: Australia-Japan Research Centre, Australian National University, 1993.

Qian Qichen. *Ten Episodes in China's Diplomacy.* With a foreword by Ezra F. Vogel. New York: HarperCollins, 2005.

Rose, Caroline. *Interpreting History in Sino-Japanese Relations: A Case Study in Political Decision-Making.* London: Routledge, 1998.

Sato, Seizaburo, Ken'ichi Koyama, and Shumpei Kumon. *Postwar Politician: The Life of Former Prime Minister Masayoshi Ohira.* Translated by William R. Carter. Tokyo: Kodansha, 1990.

Schaller, Michael. *Altered States: The United States and Japan since the Occupation.* Oxford: Oxford University Press, 1997.

Soeya, Yoshihide. *Japan's Economic Diplomacy with China, 1945–1978.* Oxford: Clarendon Press, 1998.

Takamine, Tsukasa. *Japan's Development Aid to China: The Long-Running Foreign Policy of Engagement.* London: Routledge, 2006.

Vogel, Ezra F. *Deng Xiaoping and the Transformation of China.* Cambridge, Mass.: Belknap Press of Harvard University Press, 2011.

Vogel, Ezra F., Yuan Ming, and Akihiko Tanaka, eds. *The Age of Uncertainty: The U.S.-China-Japan Triangle from Tiananmen (1989) to 9/11 (2001).* Cambridge, Mass.: Harvard University Asia Center, 2004.

———. *The Golden Age of the U.S.-China-Japan Triangle, 1972–1989.* Cambridge, Mass.: Harvard University Asia Center, 2002.

Whiting, Allen. *China Eyes Japan.* Berkeley: University of California Press, 1989.

Zhao, Quansheng. *Japanese Policymaking: The Politics behind Politics: Informal Mechanisms and the Making of China Policy.* Westport, Conn.: Praeger, 1993.

裴華著：《中日外交風雲中的鄧小平》。北京：中央文獻出版社，2002。

杉本信行：《大地の咆哮：元上海総領事が見た中国》。東京：PHP 研究所，2006。

第11章

Berger, Thomas U. *War, Guilt, and World Politics after World War II.* Cambridge: Cambridge University Press, 2012.

Bush, Richard C. *The Perils of Proximity: China-Japan Security Relations.* Washington, D.C.: Brookings Institution Press, 2010.

Curtis, Gerald, Ryosei Kokubun, and Wang Jisi, eds. *Getting the Triangle Straight: Managing China-Japan-US Relations.* Tokyo: Japan Center for International Exchange, 2010.

Dreyer, June Teufel. *Middle Kingdom and Empire of the Rising Sun: Sino-Japanese Relations, Past and Present.* Oxford: Oxford University Press, 2016.

Drysdale, Peter, and Dong Zhang, eds. *Japan and China: Rivalry or Cooperation in East Asia?* Canberra: Asia-Pacific Press of Australian National University, 2000.

Emmott, Bill. *Rivals: How the Power Struggle between China, India, and Japan Will Shape Our Next Decade.* Orlando, Fla.: Harcourt, 2008.

Fogel, Joshua A., ed. *The Nanjing Massacre in History and Historiography.* Berkeley: University of California Press, 2000.

Fravel, M. Taylor. *Active Defense: China's Military Strategy since 1949.* Princeton, N.J.: Princeton University Press, 2019.

―――. "Explaining China's Escalation over the Senkaku (Diaoyu) Islands." *Global Summitry* 2, no. 1 (June 2016): 24–37.

―――. *Strong Borders, Secure Nation: Cooperation and Conflict in China's Territorial Disputes.* Princeton, N.J.: Princeton University Press, 2008.

French, Howard W. *Everything under the Heavens: How the Past Helps Shape China's Push for Global Power.* New York: Knopf, 2017.

Green, Michael J., and Patrick M. Cronin, eds. *The U.S.-Japan Alliance: Past, Present, and Future.* New York: Council on Foreign Relations Press, 1999.

Gries, Peter Hays. *China's New Nationalism: Pride, Politics, and Diplomacy.* Berkeley: University of California Press, 2004.

Hayton, Bill. *The South China Sea: The Struggle for Power in Asia.* New Haven, Conn.: Yale University Press, 2014.

He, Yinan. *The Search for Reconciliation: Sino-Japanese and German-Polish Relations since World War II.* Cambridge: Cambridge University Press, 2009.

Jager, Sheila Miyoshi, and Rana Mitter, eds. *Ruptured Histories: War, Memory, and the Post-Cold War in Asia.* Cambridge, Mass.: Harvard University Press, 2007.

King, Ambrose Yeo-chi. *China's Great Transformation: Selected Essays on Confucianism, Modernization, and Democracy.* Hong Kong: The Chinese University Press, 2018.

Kokubun, Ryosei, Yoshihide Soeya, Akio Takahara, and Shin Kawashima. *Japan-China Relations in the Modern Era*. Translated by Keith Krulak. London: Routledge, 2017.

Lam, Peng Er. *China-Japan Relations in the 21ˢᵗ Century: Antagonism Despite Interdependency*. London: Palgrave Macmillan, 2017.

Okamoto, Yukio. "Journey through U.S.-Japan Relations." Unpublished manuscript, 2018.

Pugliese, Giulio, and Aurelio Insasa. *Sino-Japanese Power Politics: Might, Money and Minds*. London: Palgrave Macmillan, 2017.

Reilly, James. *Strong Society, Smart State: The Rise of Public Opinion in China's Japan Policy*. New York: Columbia University Press, 2012.

Rose, Caroline. *Interpreting History in Sino-Japanese Relations: A Case Study in Political Decision-Making*. London: Routledge, 1998.

Seraphim, Franziska. *War Memory and Social Politics in Japan, 1945–2005*. Cambridge, Mass.: Harvard University Asia Center, 2006.

Shambaugh, David, ed. *Power Shift: China and Asia's New Dynamics*. Berkeley: University of California Press, 2006.

Smith, Sheila A. *Intimate Rivals: Japanese Domestic Politics and a Rising China*. New York: Columbia University Press, 2014.

Soeya, Yoshihide. *Japan's Economic Diplomacy with China, 1945–1978*. Oxford: Clarendon Press, 1998.

Suganuma, Unryu. *Sovereign Rights and Territorial Space in Sino-Japanese Relations: Irredentism and the Diaoyu/Senkaku Islands*. Honolulu: University of Hawai'i Press, 2000.

Takamine, Tsukasa. *Japan's Development Aid to China: The Long-Running Foreign Policy of Engagement*. London: Routledge, 2006.

Tam, King-fai, Timothy Y. Tsu, and Sandra Wilson, eds. *Chinese and Japanese Films on the Second World War*. London: Routledge, 2014.

Tanaka, Yuki. *Hidden Horrors: Japanese War Crimes in World War II*. Boulder, Colo.: Westview Press, 1996.

Togo, Kazuhiko. *Japan's Foreign Policy, 1945–2003*. 3ʳᵈ ed. Boston: Brill, 2010.

Vogel, Ezra F., Yuan Ming, and Akihiko Tanaka, eds. *The Age of Uncertainty: The U.S.-China-Japan Triangle from Tiananmen (1989) to 9/11 (2001).* Cambridge, Mass.: Harvard University Asia Center, 2004.

Wan, Ming. *Sino-Japanese Relations: Interaction, Logic, and Transformation.* Washington, D.C.: Woodrow Wilson Center Press; Stanford, Calif.: Stanford University Press, 2006.

Wang, Gungwu. *Ideas Won't Keep: The Struggle for China's Future.* Singapore: Eastern Universities Press, 2003.

Wang, Zheng. "National Humiliation, History Education, and the Politics of Historical Memory: Patriotic Education Campaign in China." *International Studies Quarterly* 52, no. 4 (December 2008): 783–806.

Weiss, Jessica Chen. *Powerful Patriots: National Protest in China's Foreign Relations.* Oxford: Oxford University Press, 2014.

Yang, Daqing, et al., eds. *Toward a History Beyond Borders: Contentious Issues in Sino-Japanese Relations.* Cambridge, Mass.: Harvard University Asia Center, 2012.

馬立誠：《仇恨沒有未來：中日關係新思維》。香港：香港中和出版有限公司，2013。

致 謝

本書有兩位合作者，他們是寶拉‧赫瑞（Paula S. Harrell）和理查德‧戴瑞克（Richard Dyck）。第5章的內容主要根據寶拉的研究寫成，她是這一章的主要作者。她也閱讀了初稿各章，提供了詳細、有見地的意見。在終稿即將完成時，又重讀了每一章，提供了關於內容和結構的一些充滿睿智的修改建議。理查德是第7章的主要作者，這一章的內容就是基於他的研究，也是附錄〈中日關係史上的關鍵人物〉中蔣百里簡介的作者。他在經商之餘，閱讀量之大令人歎為觀止。他對本書的其他章節也提供了很多有用的建議。對我來說，與寶拉和理查德合作，既充滿了啟發，也是一種愉悅。

傅佛果（Joshua Fogel）通讀了整部書稿，提出修改意見，我要特別感謝他。他是國際上研究中日關係史的重要學者，在這個領域埋頭深耕了四十年。其研究、著作、翻譯和編輯的書籍，極大地提升了我們對於中日關係的理解。

哈佛大學中國史榮休教授柯文（Paul Cohen）為整部書稿提供了詳細的評論，我因此更正了很多錯誤。安德魯‧戈登（Andrew Gordon）是日本史的傑出學者，承蒙他閱讀了書稿中與其專長相關的部份，開闊了我的視野。柯傑瑞（Gerald L. Curtis）是西方研究現代日本政治的卓越專家，他熱心地閱讀了有關戰後的章節並提出看法。在寫最後幾

章時，包義文 (Paul Evans)、鍾延麟、加藤嘉一和約瑟夫‧史梅爾贊斯 (Joseph Schmelzeis) 給予慷慨幫助，讓我在看問題時能夠放寬自己的視野。哈佛大學費正清中國研究中心 (Fairbank Center for Chinese Studies)、賴世和日本研究所 (Reischauer Institute of Japanese Studies)、哈佛大學亞洲中心 (Harvard University Asia Center) 和哈佛國際事務中心美日關係項目 (Program on U.S.-Japan Relations) 給我提供了無與倫比的學術環境。這幾個研究中心的工作人員提供了一切可能的幫助。我要特別感謝歐偉倫 (William H. Overholt)、蕭慶倫 (William Hsiao)、安和麗 (Holly Angell)、豪爾赫‧埃斯帕達 (Jorge Espada) 和藤平新樹。本書各章內容的寫作受益於不少專家學者的幫助，已在〈註釋〉部份每章開頭列出。

在我研究中國的三十多年裏，竇新元一直都是我的朋友、助理和老師。早在1980年代我在廣東做田野調查時，他就為我當嚮導。從那時起我一直依靠他理解中國人的想法。可他最近突然離世了，竟不能再等幾個月看到書稿殺青。我感謝中國社會科學院日本研究所研究員吳懷中、北京清華大學和日本中央大學教授李廷江、九州大學副教授益尾知佐子，他們對書稿內容提出了詳細的建議，並找到其他學者和資料推進我的研究。大澤肇、岩谷將、葉敏磊和香港中文大學出版社的工作人員及其匿名評審人也幫助我糾正了不少錯誤。在某些地方，我的結論和那些與我分享過看法的學者不盡相同，沒有任何人需要為我的結論負責。南希 (Nancy Hearst) 是一位出色的圖書館員，負責哈佛大學馮氏圖書館 (Fung Library) 的費正清藏書部。她是我的顧問、尋找資料的研究助理、本書稿的校對人和編輯。

我的太太艾秀慈 (Charlotte Ikels) 盡力容忍一個工作狂用多年時間完成這本書。在我試圖對中日關係的不同歷史時期形成總體看法的最初階段，她是一位極好的顧問。她閱讀了整部書稿，曾給予專業知識和編輯方面的意見。

索 引

按筆畫排序

四劃

八劃